3D 액세서리디자인

- CLO 5.2 -

최 영 림

교학연구사

머 리 말

이 책은 CLO Network OnlineAuth 5.2 버전을 이용하여 액세서리 3D 샘플을 제작하는 기초과정을 교육하기 위하여 개발되었습니다. CLO는 (주)클로버추얼패션에서 개발된 3D 가상 샘플 제작 소프트웨어로서, 어패럴 패턴을 기반으로 가상의상을 제작하고 디자인하는 솔루션을 제공하고 있습니다. 3D 가상의상 제작 기술이 패션 분야에 도입되고 있는 현재, CLO는 국내외 패션 기업에서 가장 광범위하게 사용되고 있는 소프트웨어이며, 대학 및 학원 등에서 교육되고 있습니다. 이에 본 저자는 CLO의 실제 교육에 활용될 수 있는 실습 위주의 교재를 제공하고자 하였습니다.

이 책은 CLO의 기본 기능을 습득한 학습자들을 위한 입문서로, 패턴 제도에서 액세서리 완성까지 전 과정을 상세히 기술하여 다양한 기능들을 활용할 수 있도록 하였습니다. 이를 위하여 난이도에 따라 디자인 17종을 선정하였고, 각각의 아이템을 완성하는 전 단계를 그림과 함께 제시하고 있습니다. 메뉴와 툴을 먼저 습득하고 실습하는 것이 더 자연스러운 학습 과정일 수도 있으나, 패션 아이템을 완성하는 과정을 통하여 자연스럽게 툴을 학습할 수 있도록 실습 위주로 구성하였습니다. 1장에서는 CLO 소프트웨어의 구성을 소개하였고 2장부터 14장에서는 D링, O링, □링, 버클, 연결고리, 헤어핀, 태슬, 폼폼, 리본, 버킷햇, 클로슈, 개츠비, 야구모자, 쇼퍼백, 버킷백, 백팩의 제작과정을 설명하여 다양한 액세서리 제작과정을 실습해보도록 하였습니다. 부록으로 실습에 사용된 패턴의 이미지를 첨부하여 학습자들이 스캔하여 패턴을 직접 그릴 수 있도록 준비하였습니다. 패턴 이미지는 페이지 하단에 표기된 비율에 맞추어 제작되었고 본 저서의 모든 단위는 mm입니다. 또한, 자주하는 질문을 본문에 정리하였고 이에 대한 목차를 부록에 첨부하여 학습과정에서 발생하는 질문과 해결방안을 제시하였습니다. 이 책의 사용자들이 교재의 설명과 패턴을 이용하여 CLO의 기능들을 충분히 습득하여 패션 액세서리를 제작하고 디자인할 수 있는 수준으로 발전하기를 기대합니다.

CLO를 교육하고 연구할 수 있도록 지속적으로 지원해주신 ㈜클로버추얼패션과 ㈜유스하이텍에 깊은 감사를 드립니다. 또한 이 책이 나오기까지 큰 도움을 주신 김경선 박사님과 김민경 박사님께 감사드립니다.

2020년 8월

저자

차 례

3D 액세서리디자인

- CLO 5.2 -

1 CLO 소프트웨어의 구성

CLO S/W Information

1.1 윈도우 구성

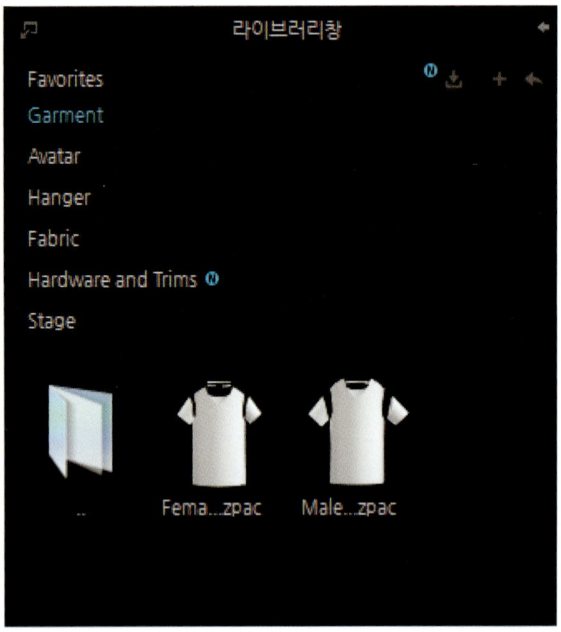

1.1.1 라이브러리창(Library)

[라이브러리창]은 프로그램 안에서 파일을 직관적으로 관리하고 편리하게 로드할 수 있다. 등록한 폴더에서 원하는 파일을 3D창이나 2D창에 드래그 & 드롭 하거나 마우스 왼쪽 버튼(MLB)을 더블 클릭하여 쉽게 로드할 수 있다.

1.1.2 3D창

[3D창]은 의상을 시뮬레이션하고 아바타를 움직여 애니메이션을 제작할 수 있는 3차원 공간이다.

1.1.3 2D창

[2D창]은 패턴을 제도하고, 재봉선을 설정하고, 원단의 텍스처를 편집 할 수 있는 2차원 공간이다.

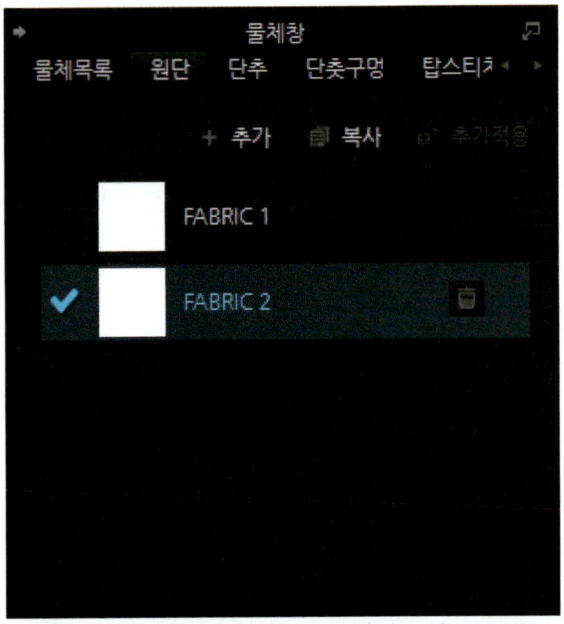

1.1.4 물체창(Object Browser)

[물체창]은 물체목록, 원단, 단추, 단춧구멍, 탑스티치, 퍼커링, 그레이딩, POM 탭으로 구성되어 각각의 물체를 생성하고 편집할 수 있다.

1.1.5 속성창(Property Editor)

[속성창]은 선택한 개체에 대한 해당 속성들을 편집할 수 있다. [속성창]은 메인 메뉴의 [보기]-[창]-[속성창]을 클릭하여 보기/숨기기 할 수 있다.

패턴, 내부도형, 재봉선, 스티치, 재봉 스타일, 원단, 단추, 단춧구멍, 아바타, 시뮬레이션, 바람, 2D창 등 모든 물체의 속성을 확인할 수 있다.

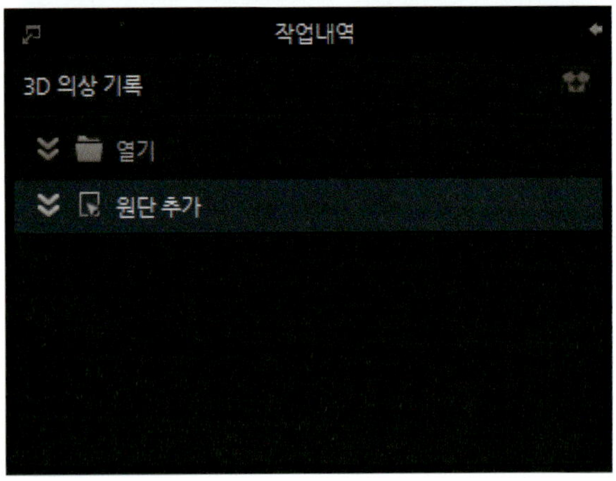

1.1.6 작업내역창(History)

[History(작업내역)]은 작업 과정이 기록되어 원하는 지점으로 한 번에 돌아갈 수 있다. 또한, 디자인 과정을 3D상태로 저장하여 비교 및 확인할 수 있다.

1.2 메뉴

1.2.1 메인 메뉴

CLO 왼쪽 상단에 위치하며 각 기능에 대한 메뉴를 볼 수 있습니다.

1.2.2 3D창 팝업메뉴

[3D창 배경], [3D 의상], [아바타]에서 MRB(마우스오른쪽버튼)를 클릭하면 팝업메뉴가 열려, 각각의 오브젝트에 필요한 메뉴를 선택할 수 있다.

3D창 배경에서 MRB

3차원 환경에 대한 팝업메뉴

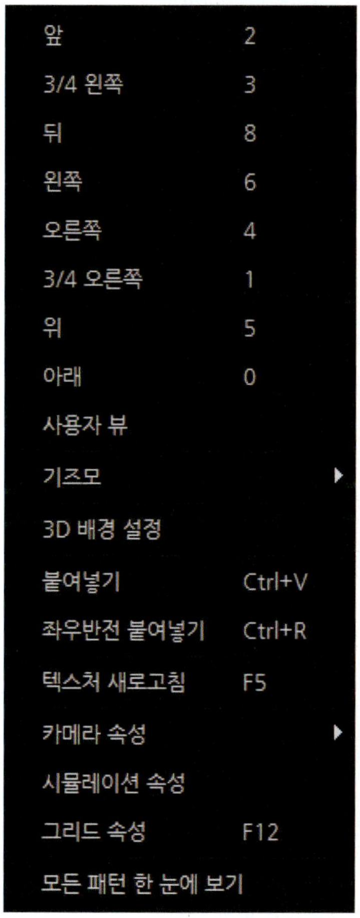

3D 의상에서 MRB

의상 패턴에 대한 팝업메뉴

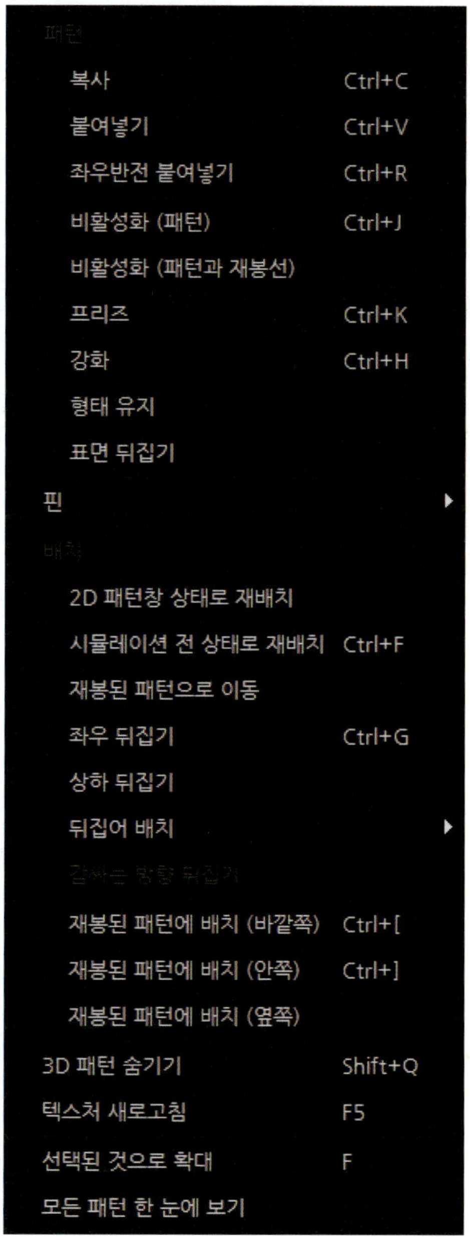

아바타 MRB

아바타에 대한 팝업메뉴

1.2.3 2D창 팝업메뉴

[2D창 배경], [패턴], [선분], [점], [그래픽], [재봉선], [텍스처], [탑스티치]에서 MRB(마우스오른쪽버튼)를 클릭하면 팝업메뉴가 열려, 각각의 오브젝트에 필요한 메뉴를 선택할 수 있다.

2D창 배경에서 MRB

패턴창의 속성에 대한 메뉴

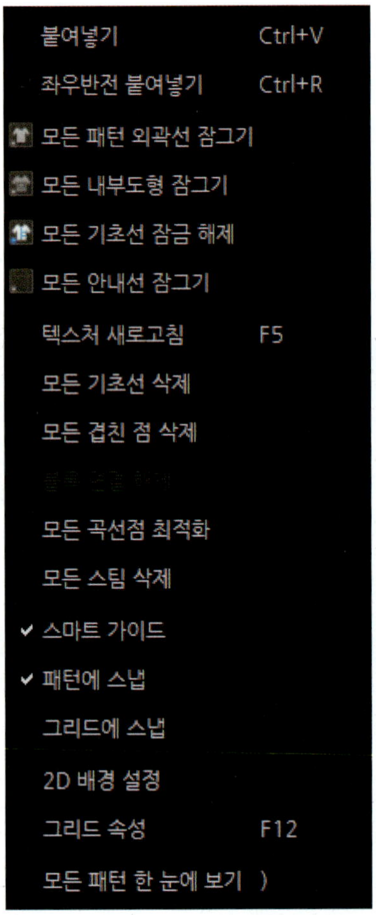

패턴에서 MRB

패턴 편집에 대한 메뉴

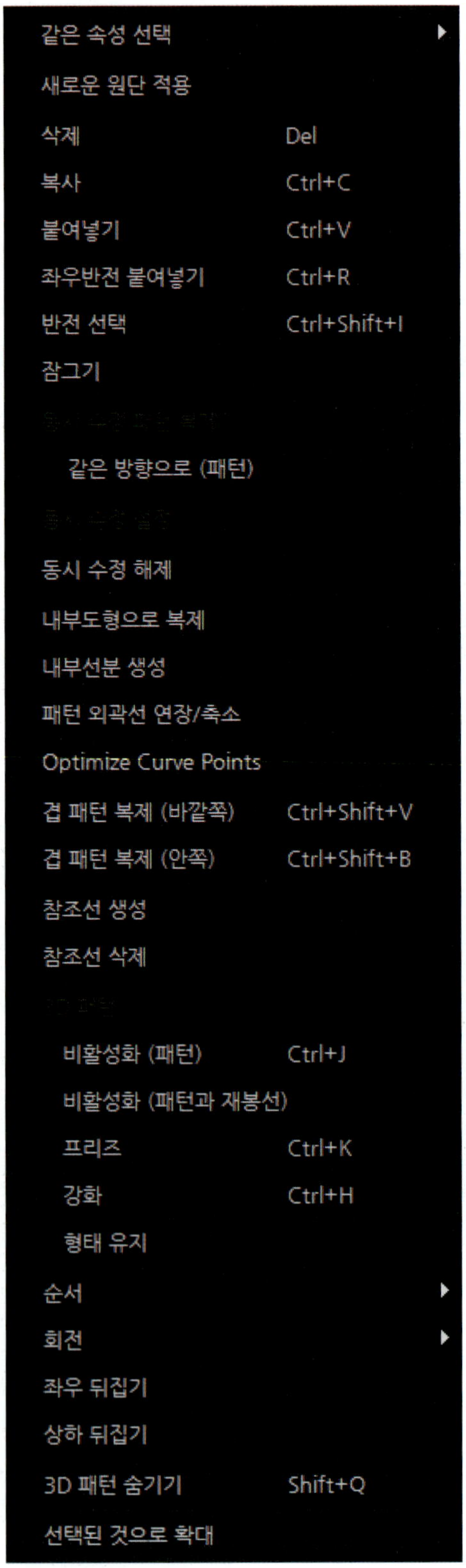

선분에서 MRB

선분 편집에 대한 팝업메뉴

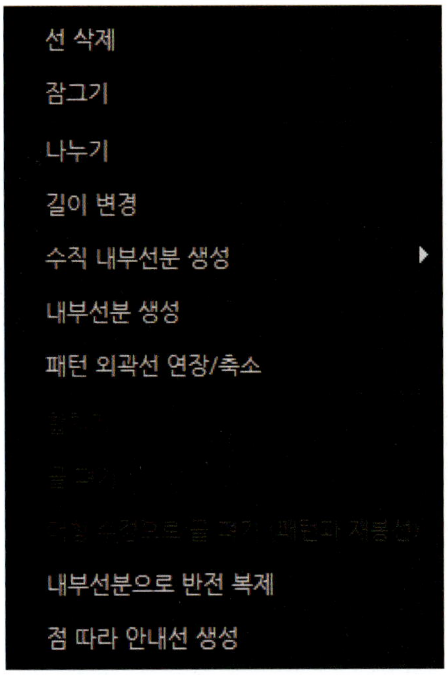

점에서 MRB

점 편집에 대한 팝업메뉴

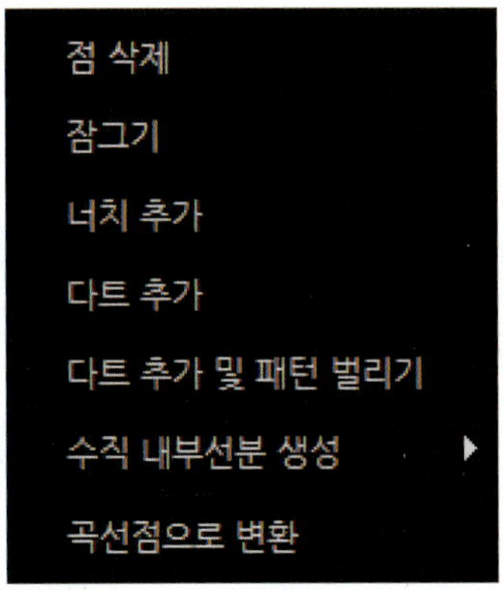

그래픽에서 MRB

그래픽 편집에 대한 팝업메뉴

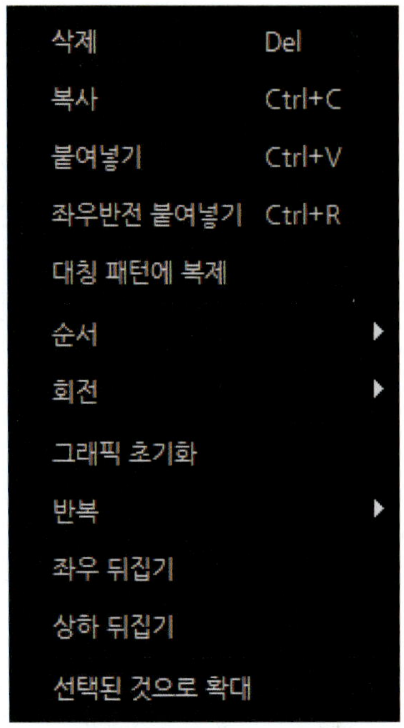

재봉선에서 MRB

재봉선 편집에 대한 팝업메뉴

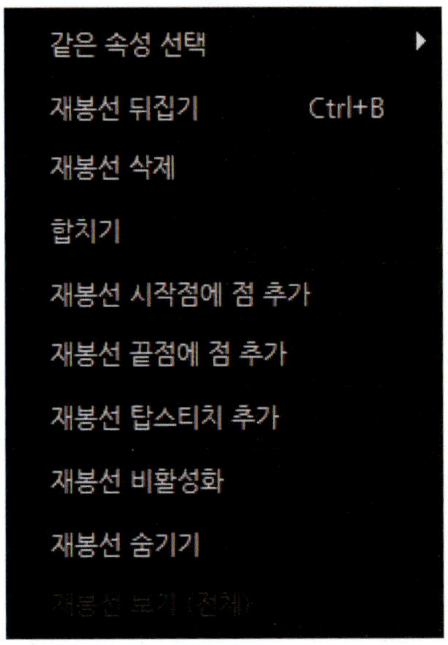

텍스처에서 MRB

텍스처 편집에 대한 팝업메뉴

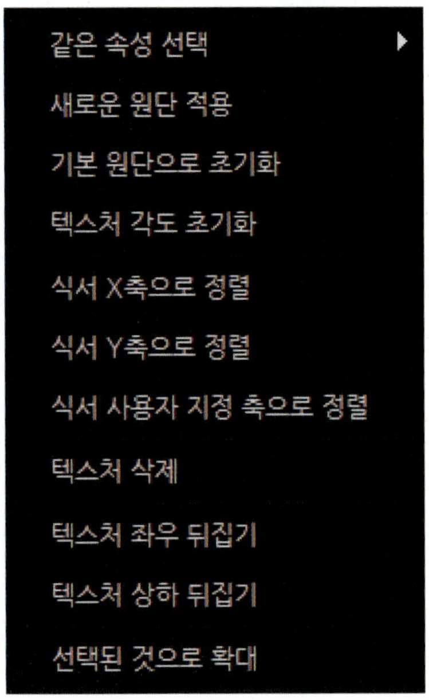

탑스티치에서 MRB

탑스티치 편집에 대한 팝업메뉴

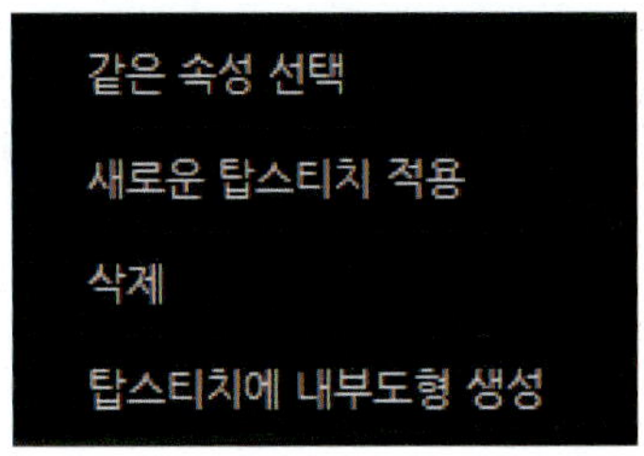

1.3 툴바

[3D창]에는 시뮬레이션, 선택, 재봉선, 시침, 배치, 의상 완성도, 아바타 테이프, 줄자, 모션, 3D 펜 (의상), 3D 펜 (아바타), 텍스처/그래픽, 단추, 지퍼, 파이핑, 바인딩, 프레스, 의상 줄자 총 18개의 툴바가 있다. [2D창]에는 패턴, 패턴 길이 비교, POM, 패턴 주석, 플리츠, 그레이딩, 재봉선, 스팀, 심지 테이프, 텍스처/그래픽, 탑스티치, 퍼커링, 서브레이어, UV 총 14개의 툴바가 있다.

창 위쪽에 툴바가 보이지 않으면 툴바에서 MRB(마우스오른쪽버튼) 클릭하여 툴바를 체크하거나, [메인메뉴]-[보기]-[3D툴바] 또는 [2D툴바]에서 필요한 툴바를 체크하면 나타난다. 창의 크기가 작아서 툴이 보이지 않는 경우에는 툴바 오른쪽의 [》]를 클릭하면 가려진 툴 아이콘을 확인할 수 있다.

1.3.1 3D창 툴바

구분	툴
시뮬레이션	빠른 속도 (GPU)
	보통 속도 (기본)
	피팅 (정확한 원단 물성)
선택	선택/이동
	핀칭
	메시 선택 (박스)
	메시 선택 (올가미)
	핀 (박스)
	핀 (올가미)
재봉선	재봉선 수정
	선분 재봉
	M:N 선분 재봉
	자유 재봉
	M:N 자유 재봉
시침	시침 수정
	시침
	아바타에 시침
배치	접어 배치
	2D창 상태로 재배치
	시뮬레이션 전 상태로 재배치
	아바타에 맞춰 재착장

구분	툴
의상 완성도	의상완성도 높이기
	의상완성도 낮추기
	사용자 완성도
아바타 테이프	아바타 테이프 수정
	아바타 둘레 테이프 생성
	직선 아바타 테이프
	아바타 테이프에 붙이기
줄자	줄자 수정
	둘레 줄자
	표면 둘레 줄자
	길이 줄자
	표면 길이 줄자
	높이 줄자
모션	모션 재생
	모션 정지
3D 펜 (의상)	3D 펜 수정 (의상)
	3D 펜 (의상)
3D 펜 (아바타)	3D 펜 수정 (아바타)
	3D 펜 (아바타)
	플래트닝

텍스처/ 그래픽	텍스처 수정 (3D)
	그래픽 변환
	그래픽 (3D 패턴)
단추	단추/단춧구멍 수정
	단추
	단춧구멍
	단추 잠그기
지퍼	지퍼

파이핑	파이핑 수정
	파이핑
바인딩	바인딩 선택
	바인딩
프레스	프레스
의상 줄자	의상 줄자 수정
	의상 직선 줄자
	의상 표면 둘레 줄자

1.3.2 2D창 툴바

패턴	패턴 이동/변환
	점/선 수정
	점/선분 변환
	곡선점 수정
	곡률 수정
	자연스러운 곡선 만들기
	점 추가/선분 나누기
	너치
	패턴 벌리기 (점)
	패턴 벌리기 (선분)
	다각형 패턴
	사각형 패턴

패턴	원
	내부 다각형/선
	내부 사각형
	내부 원
	다트
	기초 다각형
	기초 사각형
	기초 원
	기초 다트
	트레이스
	너치
	시접

패턴 길이 비교	패턴 길이 비교
POM	줄자 수정
	줄자
패턴 주석	주석/기호 수정
	패턴 주석
	패턴 기호
플리츠	플리츠
	플리츠 접기
	플리츠 재봉
그레이딩	그레이딩
	자동 그레이딩
재봉선	재봉선 수정
	선분 재봉
	M:N 선분 재봉
	자유 재봉
	M:N 자유 재봉
	재봉선 길이 검사

스팀	스팀 브러쉬
심지 테이프	심지 테이프
텍스처/그래픽	텍스처 수정 (2D)
	그래픽 변환
	그래픽 (2D 패턴)
탑스티치	탑스티치 수정
	선분 탑스티치
	자유 탑스티치
	재봉선 탑스티치
퍼커링	퍼커링 수정
	선분 퍼커링
	자유 퍼커링
	재봉선 퍼커링
서브레이어	서브레이어 설정
UV	UV 수정

1.4 화면 보기

1.4.1 3D창 보기

[3D창]에서 (고품질 렌더 (3D창)), (3D 의상 보기), (3D 부자재 보기), (아바타 보기), (의상 렌더링), (의상 핏 맵), (아바타 렌더링), (3D 환경 보기) 아이콘을 클릭하여 의상과 아바타 보기를 선택할 수 있다.

고품질 렌더 (3D창)

3D 의상 보기

- 의상 보기
- 솔기선 보기
- 내부도형 보기
- 기초선 보기
- 3D 펜 보기(의상)
- 재봉선 보기
- 핀 보기
- 의상 줄자 보기
- 2D 줄자 보기
- 디자인선 보기

3D 부자재 보기

- 단추 보기
- 파이핑 보기
- 본딩/스카이빙 보기
- 퍼커링 보기
- 부자재 보기

아바타 보기

- 아바타 보기
- 배치포인트 보기
- 배치판 보기
- X-ray 관절점 보기
- 아바타 줄자 보기
- 아바타 테이프 보기
- 3D 펜 보기(아바타)

의상 렌더링

- 두꺼운 텍스처
- 텍스처
- 단색
- 반투명
- 메시
- 자동 색상

의상 핏 맵

- 응력 분포
- 변형률 분포
- 피팅 오류 검사
- 접촉점 보기

아바타 렌더링

- 텍스처
- 단색
- 메시

3D 환경 보기

- 조명 보기 (3D)
- 조명 보기 (렌더)
- 바람 컨트롤러 보기
- 3D 그림자 보기
- 3D 그리드 보기

1.4.2 2D창 보기

[2D창]에서 (재봉선 보기), (2D 패턴 보기), (2D 정보 보기), (텍스처 보기), (2D 패턴 잠그기) 아이콘을 클릭하여 패턴의 구성요소가 보이거나 숨겨지도록 On/Off할 수 있다.

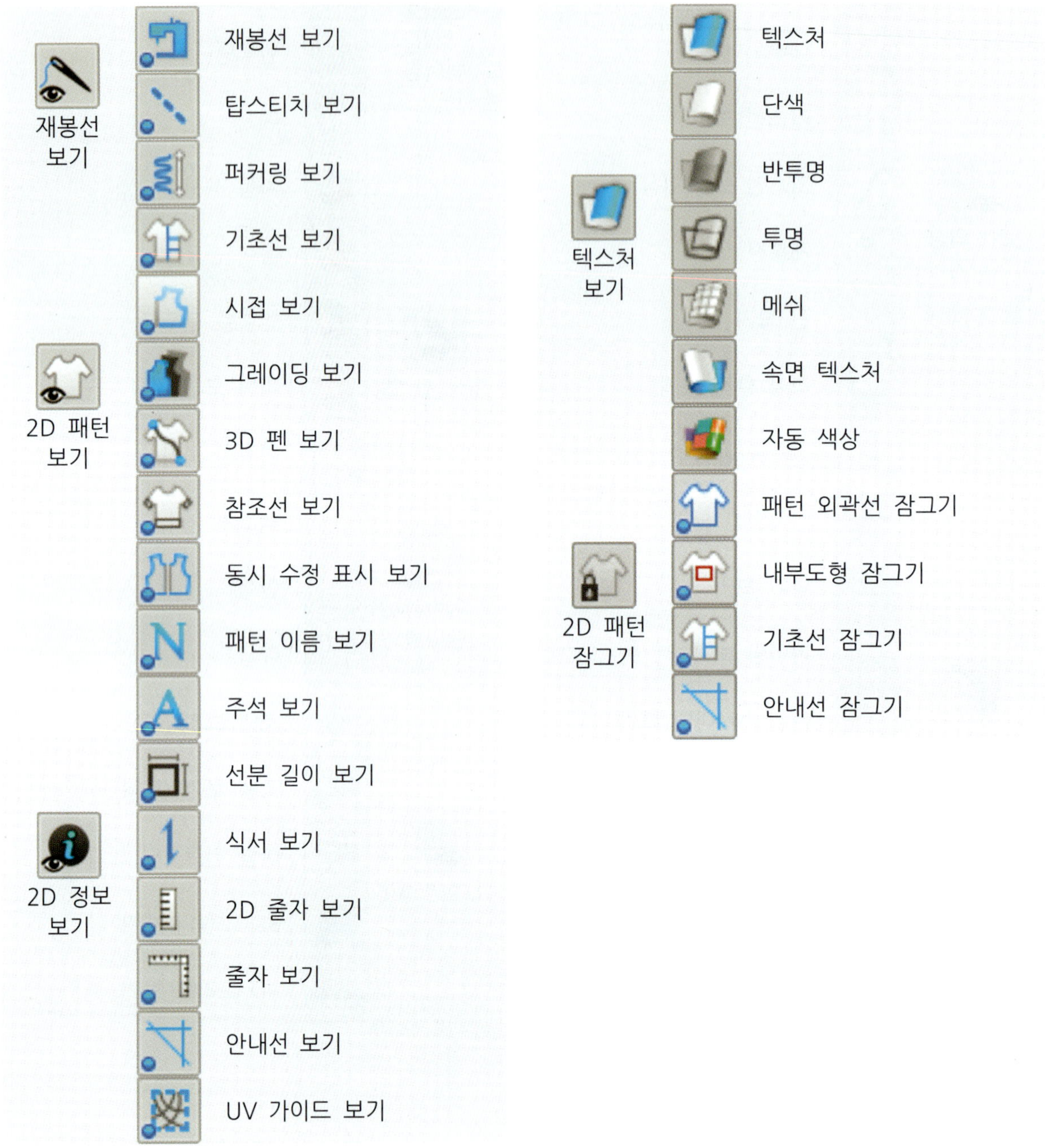

1.5 뷰제어

1.5.1 3D창 뷰제어

마우스의 휠과 MRB(마우스오른쪽버튼)를 이용하여 화면을 제어한다. [3D창]에서 화면 이동은 마우스 휠을 눌러서, 확대/축소는 마우스 휠을 돌려서 조절한다. [3D창]에서 MRB(마우스오른쪽버튼)를 드래그 하면 화면을 3차원으로 회전할 수 있다. 또한 키보드의 숫자키를 이용하여 뷰포인트를 제어할 수 있다.

화면 이동

[3D창]에서 마우스 휠을 누른 상태로 드래그하면 화면이 이동된다.

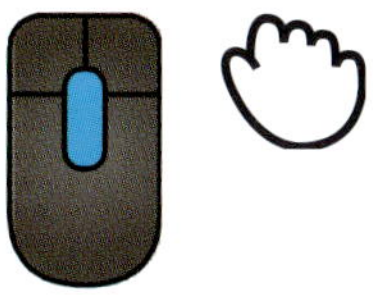

확대/축소

[3D창]에서 마우스 휠을 돌리면 화면이 확대/축소된다.

회전

[3D창]에서 MRB(마우스오른쪽버튼)를 누른 상태로 드래그 하면 화면이 3차원으로 회전된다.

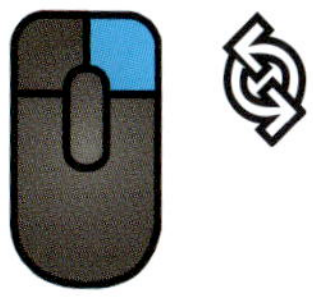

숫자키

[3D창]에서 키보드의 숫자키를 이용하여 뷰포인트를 제어할 수 있다.

앞(2) 오른(4) 왼(6)

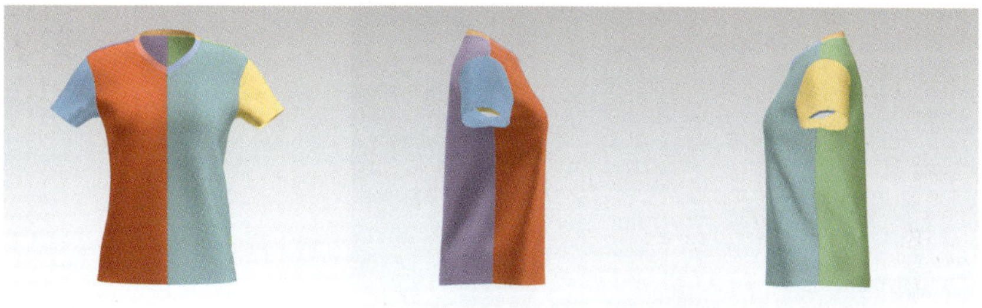

뒤(8) 3/4오른(1) 3/4왼(3)

위(5) 아래(0)

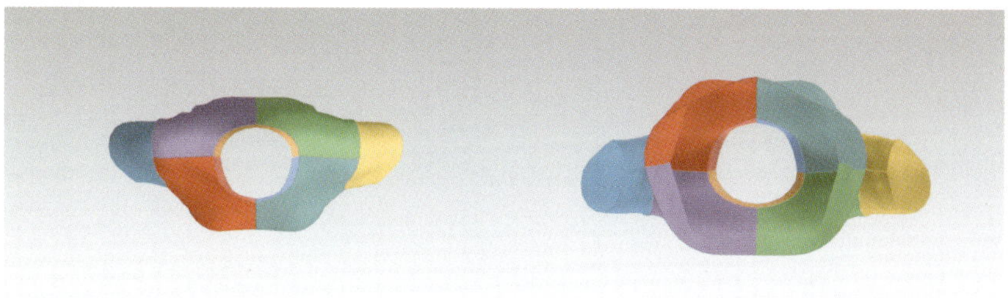

1.5.2 2D창 뷰제어

마우스의 휠과 MRB(마우스오른쪽버튼)를 이용하여 화면을 제어한다. [2D창]에서 화면이동은 마우스 휠을 눌러서, 확대/축소는 마우스 휠을 돌려서 조절한다.

화면이동

[2D창]에서 마우스 휠을 누른 상태로 드래그하면 화면이 이동된다.

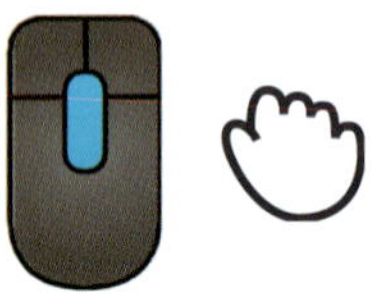

확대/축소

[2D창]에서 마우스 휠을 돌리면 화면이 확대/축소된다.

모든 패턴을 한눈에 보기

[2D창]에서 [MRB 팝업메뉴]-[모든 패턴 한눈에 보기]를 선택하거나 단축키 [ )]를 누르면 모든 패턴이 [2D창]에 보이도록 배율이 조절된다.

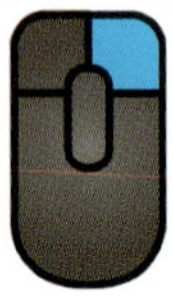

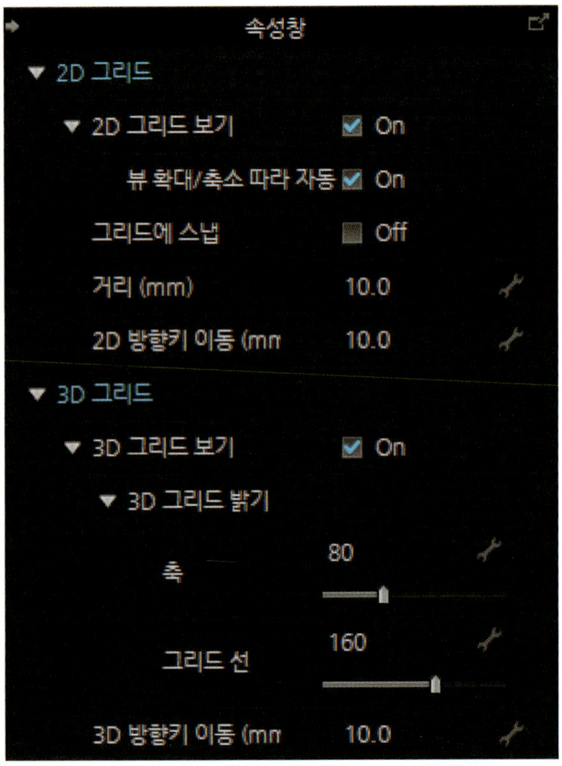

방향키

방향키를 이용하여 패턴을 상, 하, 좌, 우로 이동시킬 수 있다. 방향키에 의한 패턴 이동량은 [2D창] 배경에서 [MRB(마우스오른쪽버튼) 팝업메뉴]-[그리드 속성] 선택하여 [속성창]-[2D 방향키 이동]에서 입력하여 조절할 수 있다.

[3D창]에서도 의상을 선택하여 방향키로 이동할 수 있다.

2 D링, O링, □링

D ring, O ring, □ ring

2.1 디자인

난이도 ································ 하
패턴 ·································· D링, O링, □링 패턴(248페이지)
주요 활용 기능 ············· 패턴 이미지 불러오기, 다각형 패턴, 내부 다각형/선, 점/선 수정, 내부선분 생성, 곡선점 수정, 원, 내부 원, 사각형

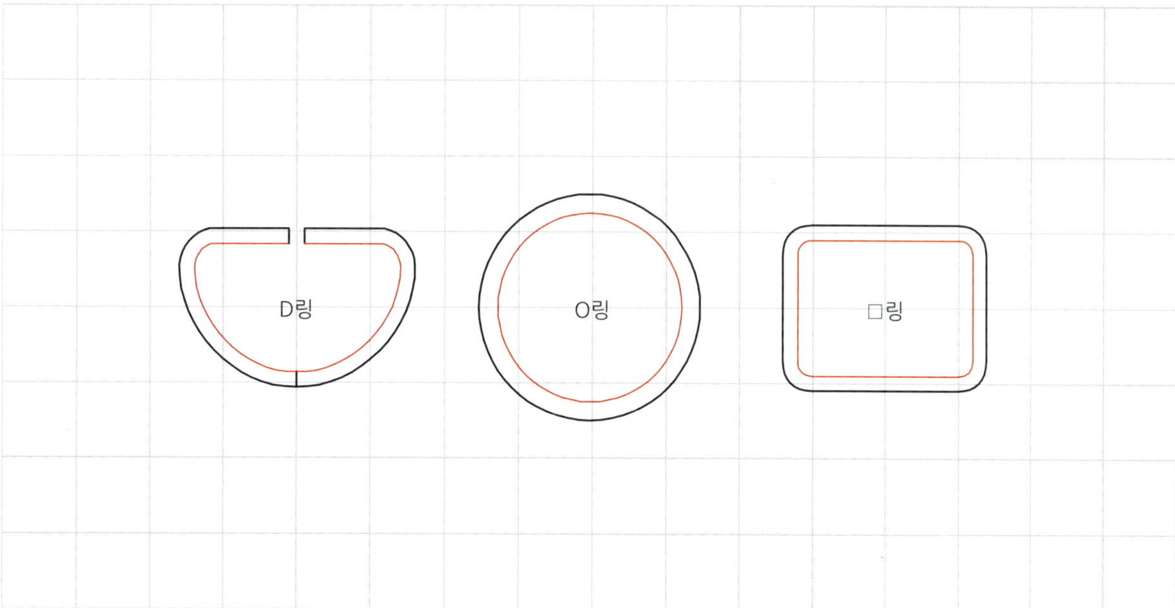

2.2 D링

2.2.1 D링 패턴 그리기

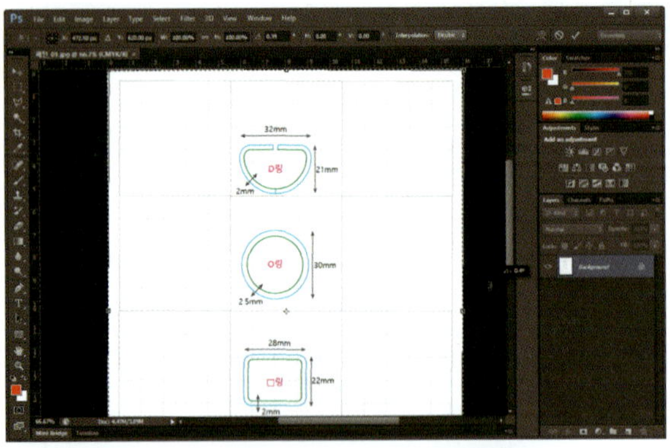

포토샵에서 패턴 이미지 정리

248페이지의 패턴 이미지를 스캔한다. 스캔한 이미지를 포토샵에서 수직, 수평을 맞추어 회전시키고 패턴 영역만 [자르기(crop)]하여 jpg 또는 png 포맷으로 저장한다.

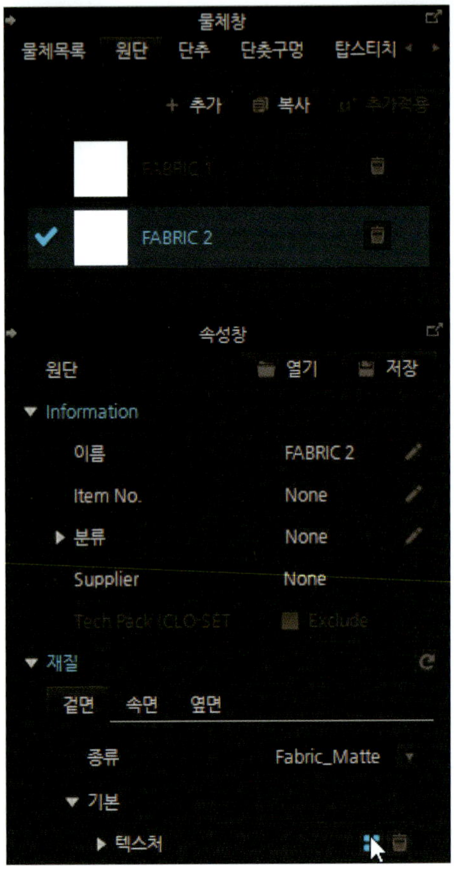

패턴 이미지 불러오기

[물체창]-[원단] 탭에서 + 추가(추가)를 클릭하여 새 원단을 생성한다(FABRIC 2). [FABRIC 2]를 선택하고 [속성창]-[재질]-[텍스처]의 (탐색) 버튼을 클릭하면 [파일 열기] 윈도우가 열린다.

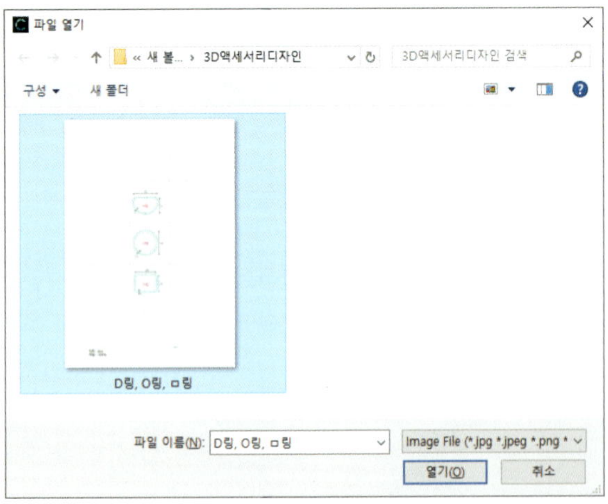

포토샵에서 저장한 패턴 이미지 파일을 선택한다.

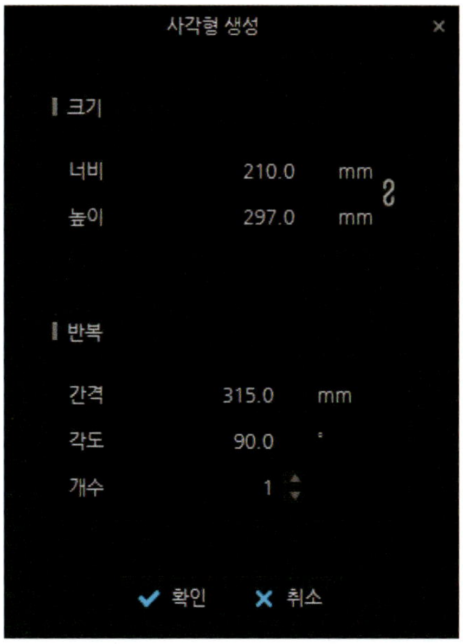

(사각형 패턴)툴을 이용하여 [너비 210], [높이 297]의 사각형을 그린다. [물체창]-[원단] 탭에서 [FABRIC 2]를 선택하여 이 사각형에 드래그 & 드롭하여 적용한다.

이 책의 모든 길이 단위는 mm 이다.

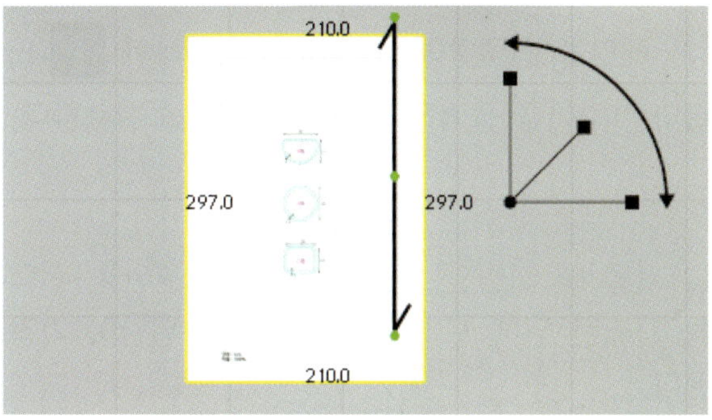

D링 패턴이 사각형의 중앙에 위치하도록 텍스처를 이동시킨다. (텍스처 수정(2D))툴을 선택하여 패턴을 클릭 & 드래그하면 텍스처가 이동된다.

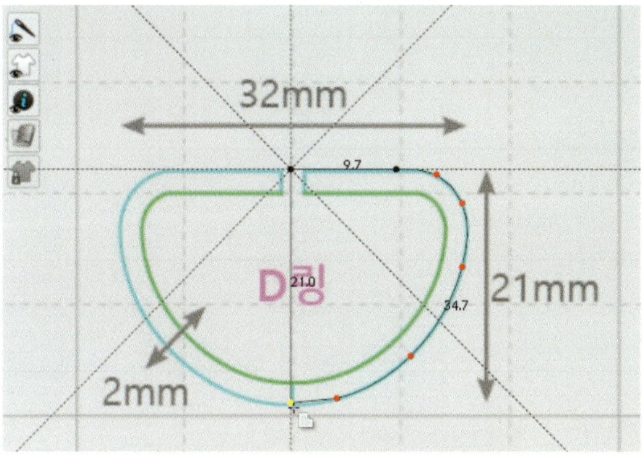

D링 외곽선 생성

(다각형 패턴)툴을 선택하여 D링의 외곽선을 그린다. 내부선분은 [내부선분 생성]을 이용하므로, 그림과 같이 패턴의 외곽선만 그린다. (다각형 패턴)툴을 이용하여 패턴을 그릴 때, [Ctrl] 키를 누른 상태로 클릭하면 [곡선점]이 생성되며 패턴을 완성한 후에는 첫 번째 클릭했던 점을 다시 클릭하여야 폐곡선 형태로 패턴이 완성된다.

패턴의 외곽선은 검정색으로 표시되며 직선점은 검정색(●), 곡선점은 붉은색(●)으로 표시된다.

Q 포토샵에서 저장한 패턴 이미지는 CLO에서 텍스처로 사용했을 때 어떤 비율로 적용되는가.

A 포토샵에서 저장하였던 사이즈 그대로 적용된다. 따라서, 248페이지의 패턴을 스캔하여 포토샵에서 사이즈를 변경하지 않고 저장하여 CLO에서 텍스처로 적용한다면, 100% 비율로 적용된다.

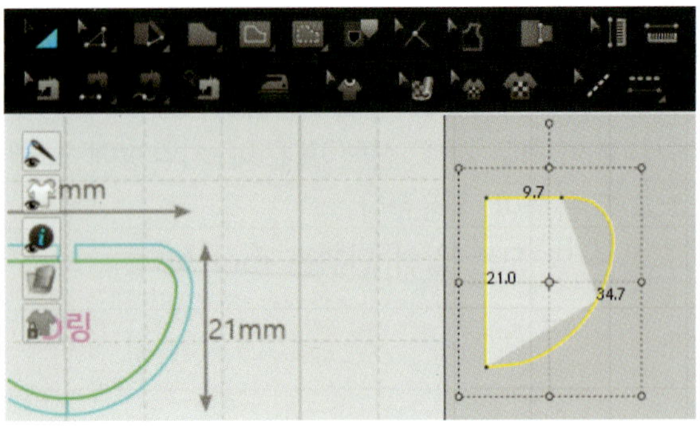

[2D창]에서 사각형 패턴과 D링 패턴이 겹쳐있어서 확인이 어려운 경우에는, (패턴 이동/변환)툴을 이용하여 D링 패턴을 이동시켜서 사각형 패턴과 겹치지 않도록 한다.

- 패턴을 생성할 때는, (내부 다각형/선)툴이 아닌 (다각형 패턴)툴을 사용하도록 주의한다.
- D링 패턴에 [FABRIC 2]가 지정되어 있으면 [FABRIC 1]로 변경한다.

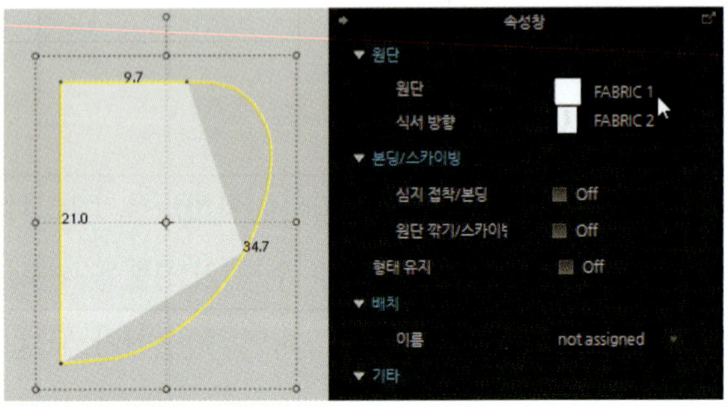

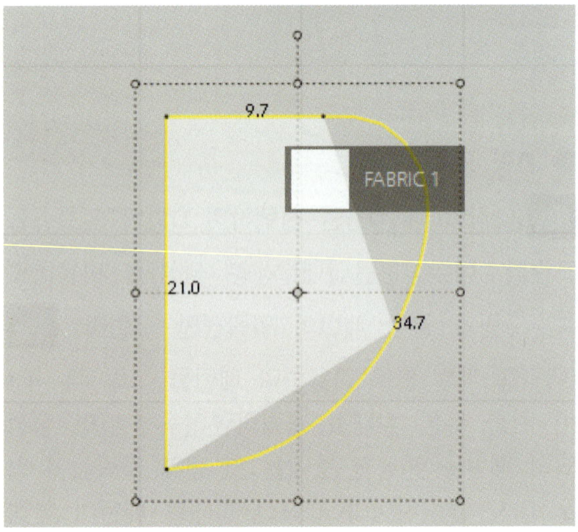

패턴에 원단 지정

패턴의 원단을 변경하기 위해서는 아래 2가지 방법 중, 선택하여 사용한다.

(1) 패턴을 선택하여 [속성창]-[원단]에서 (드롭다운메뉴)를 클릭하여 지정할 원단을 선택한다.

(2) [물체창]-[원단] 탭에서 지정할 원단을 선택하고 패턴 위에 드래그 & 드롭하면 원단이 지정된다.

Q 2D창에서 원단 이미지(패턴 이미지)가 너무 진하게 보여서 (다각형 패턴)툴을 이용하여 겹쳐서 패턴을 그렸을 때 패턴이 잘 보이지 않는다. 패턴 이미지를 [반투명]하게 보이는 방법은?

A [2D창]의 텍스처보기 메뉴 중에서 [반투명]을 선택하면 원단의 텍스처가 반투명으로 보이게 되어 패턴을 겹쳐 그리기 편리하다.

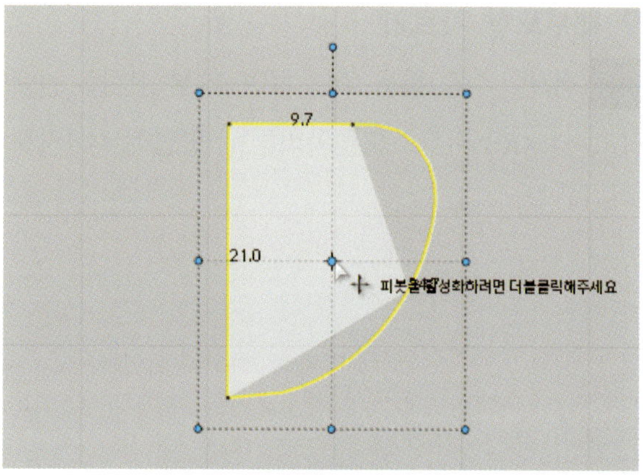

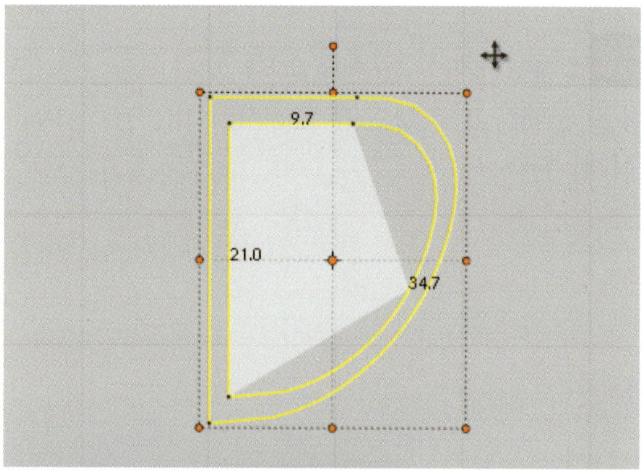

D링 패턴 크기 조절

(패턴 이동/변환)툴을 이용하여 패턴을 선택한 후, 피봇포인트를 더블클릭하면 피봇이 활성화된다.

피봇을 활성화한 후, (패턴 이동/변환)툴을 이용하여 스케일 조절 박스의 모서리를 드래그하면 패턴의 크기가 조절된다. 이때 정확한 크기로 변형하고자 한다면, 드래그 도중에 MRB(마우스오른쪽버튼)를 클릭하거나 [F1]을 탭하여 [변형] 대화상자에 비율 또는 치수를 입력하면 정확한 크기로 변형할 수 있다.

- 다각형 패턴의 크기가 248페이지 패턴 치수와 유사하다면 다각형 패턴 크기 조절을 생략할 수 있다.
- 피봇이 활성화되면 가이드의 점이 오렌지색으로 변경된다.

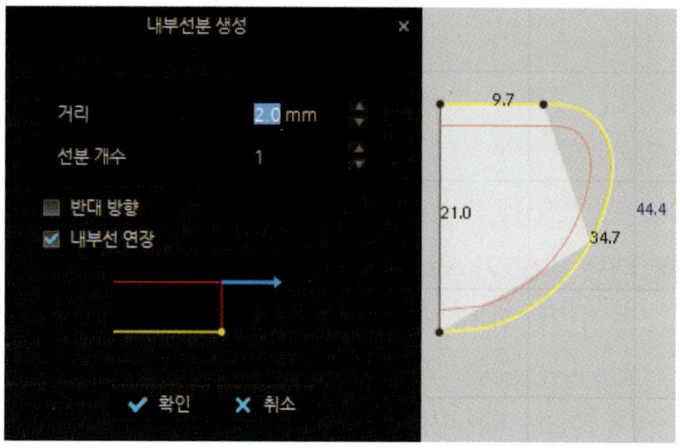

D링 내부도형 생성

(점/선 수정)툴을 이용하여 D링 패턴의 외곽선을 모두 선택하고 [MRB(마우스오른쪽버튼) 팝업메뉴]-[내부선분 생성]을 선택한다. [내부선분 생성] 대화창에 [거리 2]하여 내부선분을 생성한다.

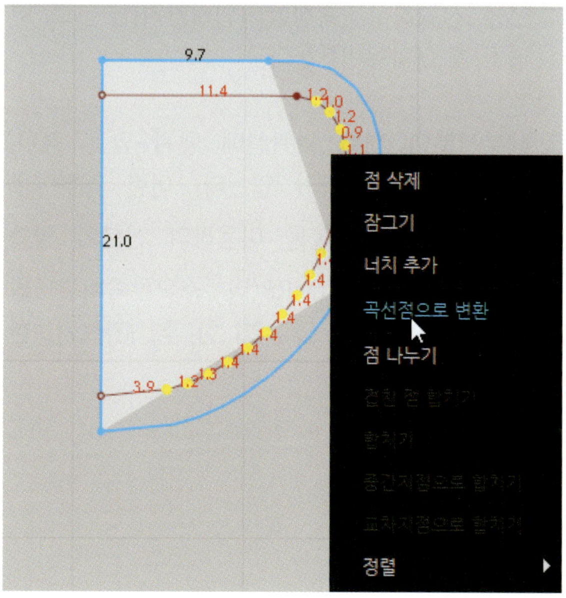

내부도형 편집

곡선에 [내부선분 생성]하면 그림과 같이 짧은 여러 개의 직선으로 생성되기도 한다. 이런 경우에는 (점/선 수정)툴을 이용하여 직선에 해당되는 구역을 제외한 나머지 직선점들을 모두 선택하고 [MRB(마우스오른쪽버튼) 팝업메뉴]-[곡선점으로 변환] 한다.

- 곡선의 형태에 따라 [내부선분 생성]으로 생성된 선의 형태와 점 숫자에 차이가 발생한다. 따라서 실습 결과물이 그림과 차이가 있을 수 있다.

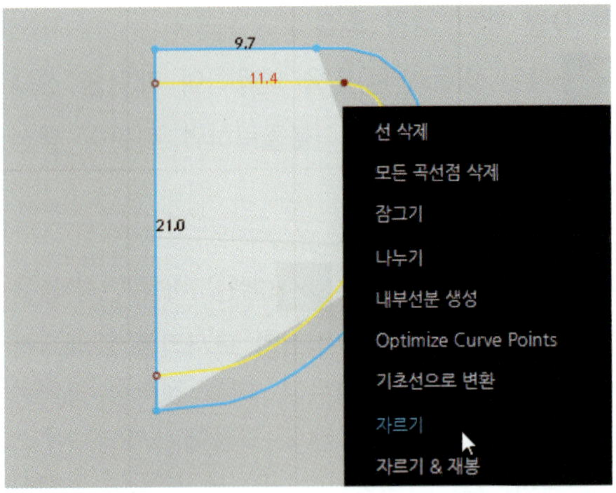

내부도형 자르기

(점/선 수정)툴을 이용하여 내부선분을 선택하고 [MRB(마우스오른쪽버튼) 팝업메뉴]-[자르기] 한다.

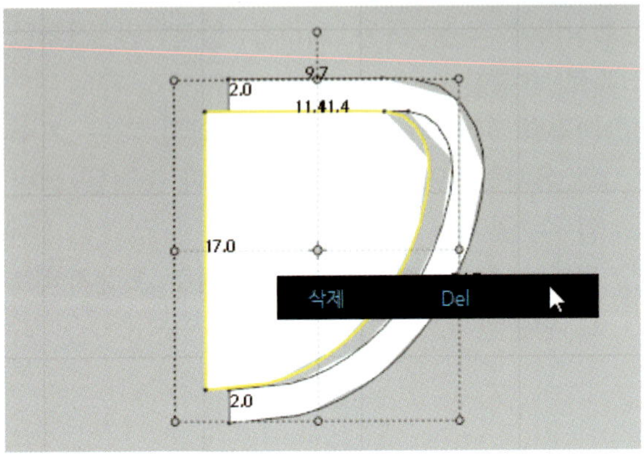

(패턴 이동/변환)툴을 이용하여 자르기한 도형을 선택하고 키보드의 [Delete] 버튼을 누르고 [삭제] 한다.

Q 패턴 내부선분을 기준으로 [자르기]가 되지 않는다.

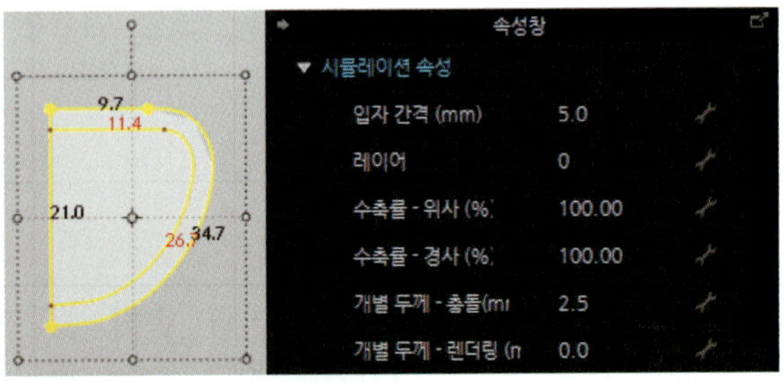

A 패턴 피스가 작은 경우, 입자간격이 크면 [자르기]가 되지 않고 [일부 패턴을 자를 수 없습니다. 패턴 외곽선이나 홀이 서로 교차됩니다.]라는 메시지가 열린다. 이런 경우에는 패턴을 선택하고 [속성창]-[입자간격]을 5로 변경한 후, [자르기] 한다.

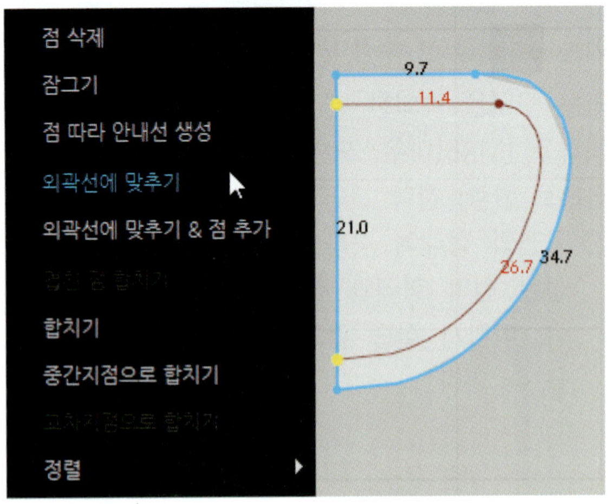

A 내부선분이 패턴 외곽선에 닿지 않는 경우, 제대로 [자르기]되지 않는다. 이런 경우에는 (점/선 수정)툴을 이용하여 선분의 양쪽 끝점을 선택하고 [MRB(마우스오른쪽버튼) 팝업메뉴]-[외곽선에 맞추기] 한 후, [자르기] 한다.

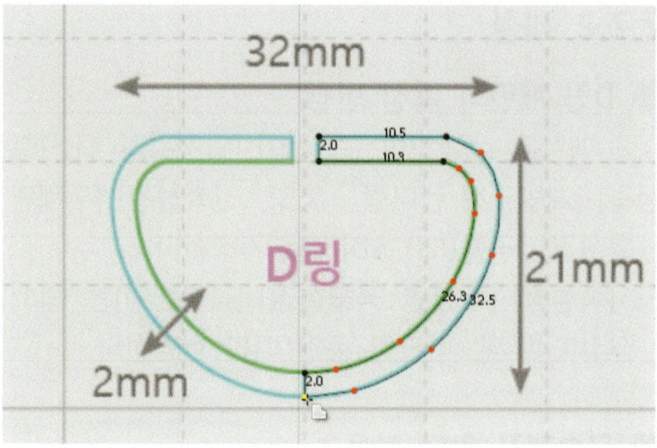

- 내부선분을 생성하는 대신, (다각형 패턴) 툴을 이용하여 패턴 이미지대로 패턴을 제도하는 방법도 있다. 대신, D링 아래쪽의 세로선은 반드시 수직선으로 그린다.
- (다각형 패턴)툴을 이용하여 도형을 그릴 때, 수직/수평 방향으로 마우스가 움직이면 핑크색 가이드가 나타난다. 수직선과 수평선을 그리는 경우, 핑크색 가이드를 참고한다.

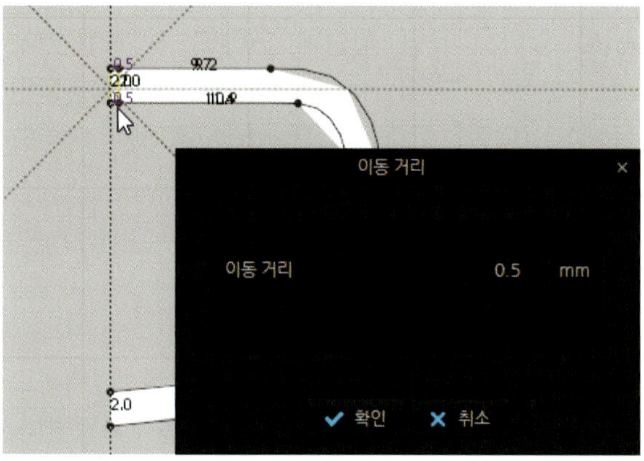

D링 패턴 완성

(점/선 수정)툴을 이용하여 위쪽의 세로선을 선택하고 드래그하여 패턴 안쪽으로 이동시키면서 [Shift] 버튼을 누른 상태로 0.5mm 정도 이동시킨다.

- 정확한 분량을 이동시키고자 한다면 드래그하는 중에 [MRB(마우스오른쪽버튼)] 또는 [F1]을 탭하여 [이동 거리] 대화상자가 열고 [이동거리]에 수치를 입력하여 이동시킨다.

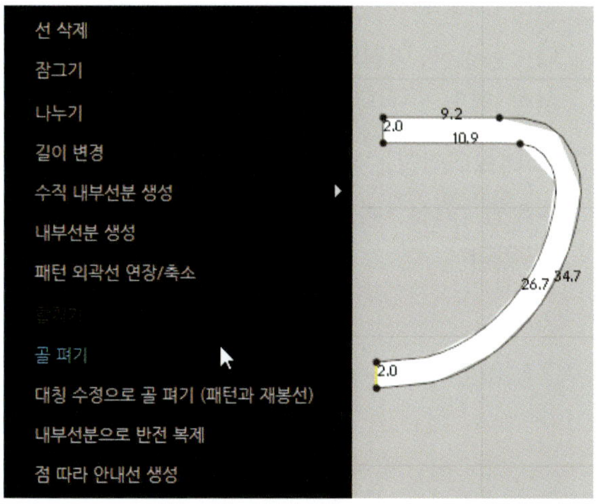

(점/선 수정)툴을 이용하여 아래쪽의 세로선을 선택하고 [MRB(마우스오른쪽버튼) 팝업메뉴]-[골 펴기] 한다.

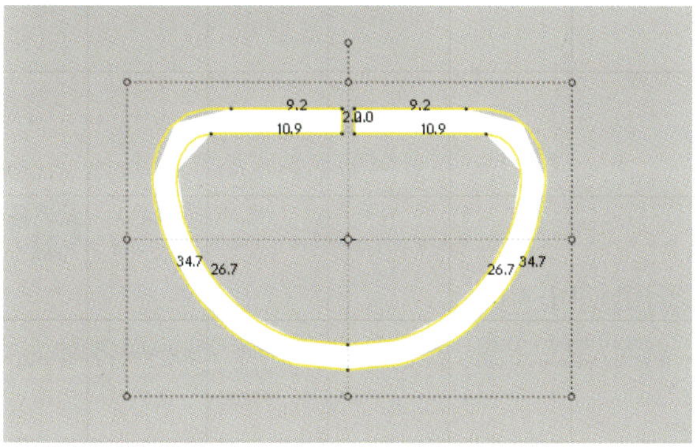

2.2.2 재질

D링 패턴의 속성 변경

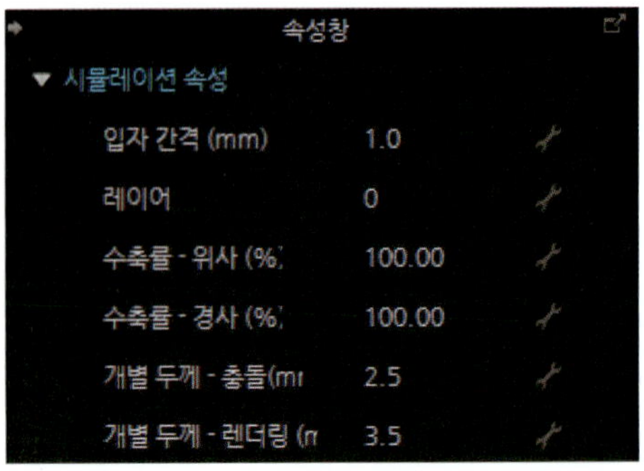

D링 패턴을 선택하여 [속성창]-[입자간격 1], [속성창]-[개별두께-렌더링 3.5], [속성창]-[두께면 곡률설정]-[곡률(%) 50]으로 지정한다.

- [속성창]-[두께면 곡률설정]-[곡률(%)]은 링의 너비, 두께, 디자인 등에 따라 변경한다.

금속재질 원단 적용

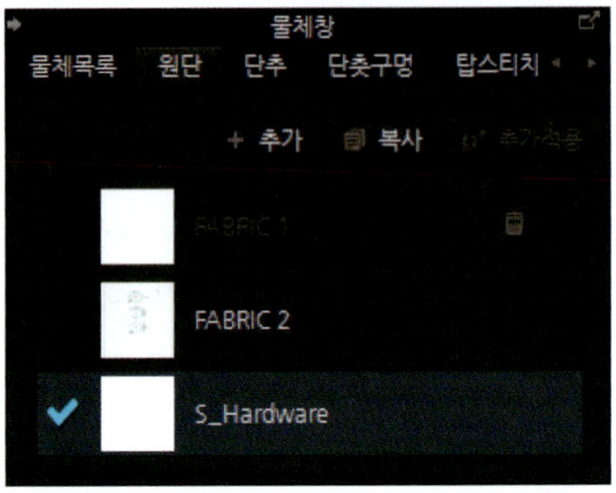

[라이브러리창]-[Fabric]에서 [Trim_Hardware.zfab]를 찾아서 D링 패턴에 드래그 & 드롭한다. D링 패턴에 [Trim_Hardware.zfab]이 적용되면 [물체창]-[원단] 탭에 [S_Hardware]라는 이름으로 원단이 생성된다.

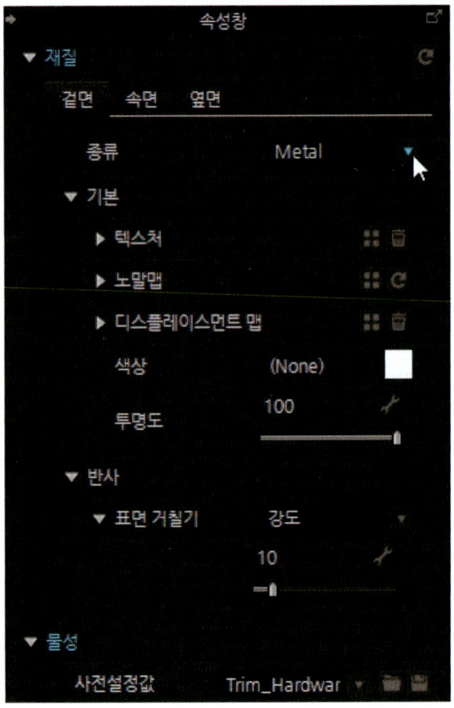

[물체창]-[원단] 탭에 [S_Hardware]를 선택하고 [속성창]-[재질]-[종류]에서 [Metal]을 지정한다. 색상은 디자인에 따라 변경한다.

- 원단 이름은 CLO 버전에 따라 변경될 수 있다. 동일한 명칭의 원단이 없는 경우에는 유사한 명칭의 원단을 사용한다.
- [라이브러리창] 상단의 (다운로드)를 클릭하면 최신 버전의 [라이브러리]를 설치할 수 있다.

Q CLO를 사용하는데 [3D창], [2D창], [물체창], [속성창]이 사라진다.

A CLO윈도우 오른쪽 아래에 있는 아이콘을 클릭하면 쉽게 윈도우를 조정할 수 있다. 오른쪽에서 순서대로 [초기화], [2D창], [3D창], [2D창/3D창]이다.

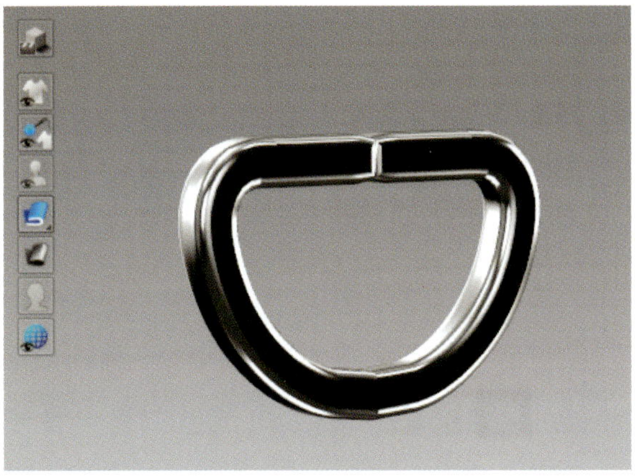

2.2.3 D링 완성

D링 완성 확인

[3D창]에서 완성된 D링의 형태를 확인한다.

[3D창]에서 사각형과 D링이 겹쳐있어서 확인하기 어려운 경우에는 기즈모를 이용하여 D링 패턴을 옆으로 이동시킨다.

[개별두께-렌더링]이 적용된 형태가 제대로 보이려면 [3D창]의 의상 렌더링 스타일이 (두꺼운 텍스처)로 지정되어야 한다.

2.3 O링

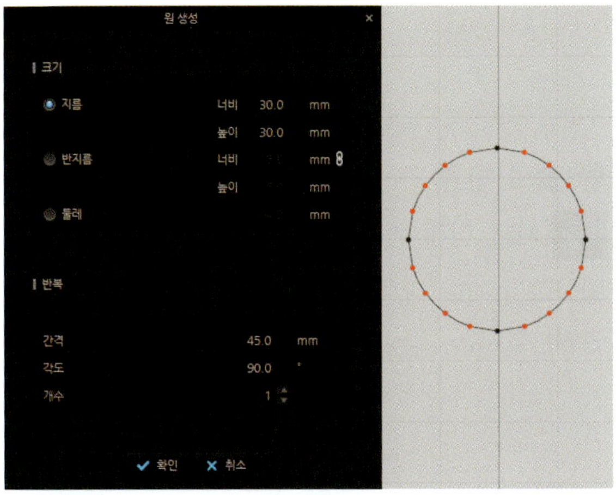

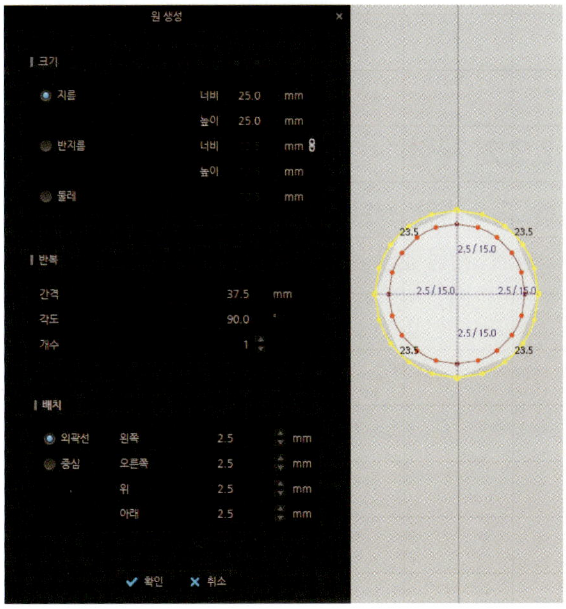

2.3.1 패턴 그리기

O링 외곽선 생성

O링의 외곽선을 그린다. (원)툴을 선택하여 [2D창]의 배경을 클릭하면 [원 생성] 대화상자가 열린다. [원 생성] 대화상자에 지름 너비와 높이 30을 입력하고 [확인]하여 지름 30mm의 원을 생성한다.

O링 내부도형 생성

(내부 원)툴을 선택하여 앞에서 그린 원의 중심에 클릭한다. [원 생성] 대화상자에 [지름 너비 25], [지름 높이 25]로 입력하고 [확인]하여 지름 25mm의 내부 원을 생성한다.

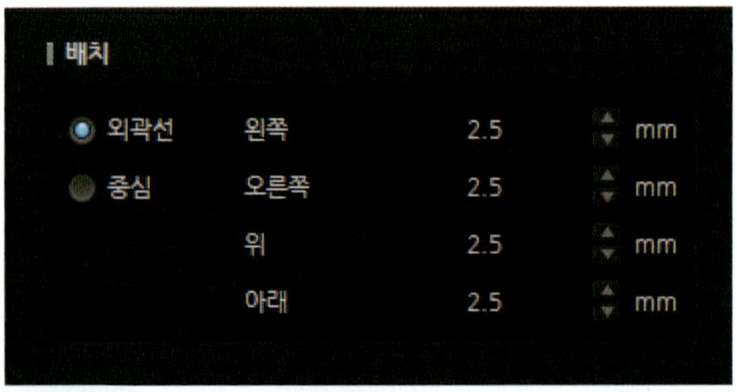

원의 중심에 스냅되므로 쉽게 원의 중심을 선택할 수 있다. 만약 원의 중심을 클릭하기 어려운 경우에는, 원의 내부를 클릭하고 [원 생성] 대화상자 하단의 [배치]를 그림과 같이 변경하면 원의 정확한 중심을 선택할 수 있다.

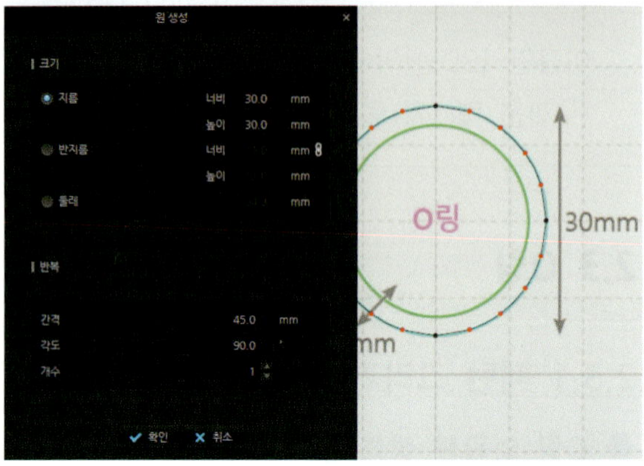

정확한 사이즈를 확인하기 어려운 패턴의 경우, (원)툴을 이용하여 패턴 그림 위를 클릭하면 원이 패턴 그림 위에 생성된다. [원 생성] 대화상자에서 크기를 조절하면 생성될 원을 미리보기로 확인하면서 원을 생성할 수 있다.

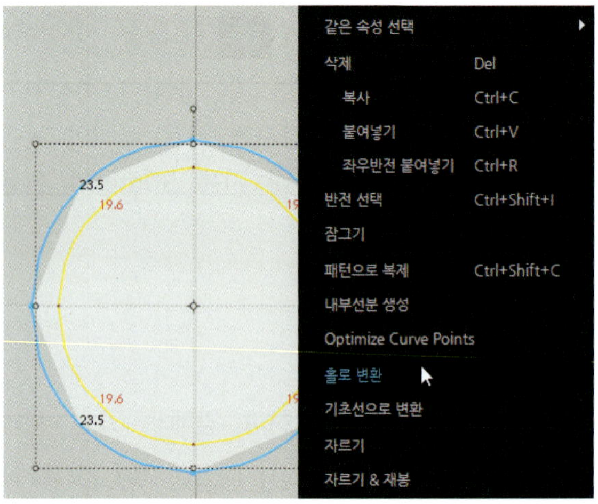

홀로 변환

(패턴 이동/변환)툴을 이용하여 내부 원을 선택하고 [MRB(마우스오른쪽버튼) 팝업메뉴]-[홀로 변환] 한다.

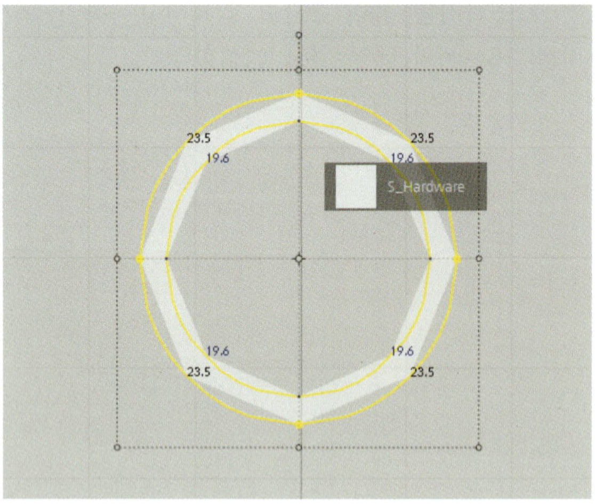

2.3.2 재질

금속재질 원단 적용

D링에 사용했던 [S_Hardware] 원단을 O링 패턴에 드래그 & 드롭하여 원단을 적용한다.

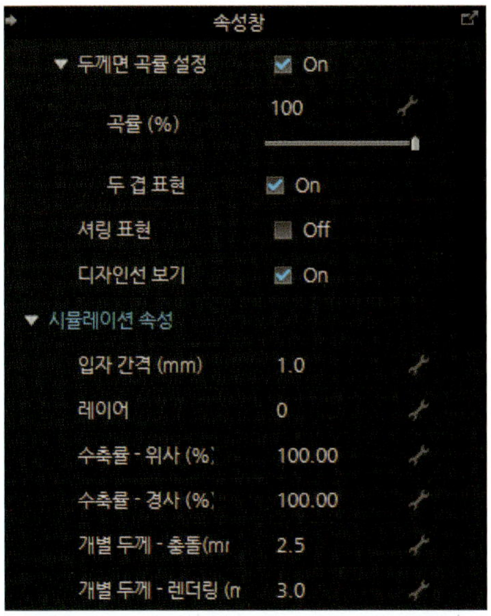

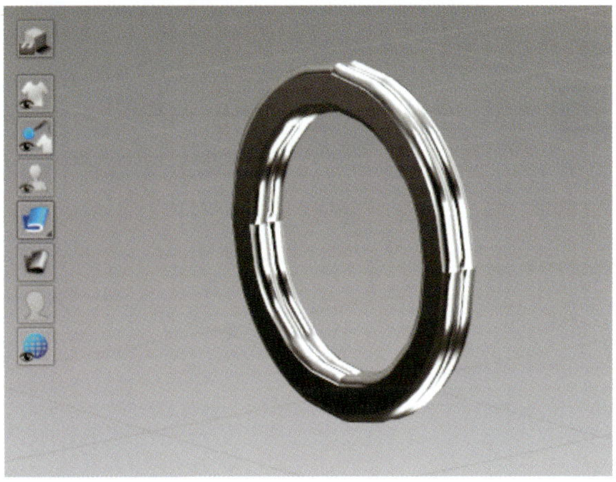

O링 패턴의 속성 변경

O링 패턴을 선택하여 [속성창]-[입자간격 1], [속성창]-[개별두께-렌더링 3], [속성창]-[두께면 곡률설정]-[곡률(%) 100]으로 지정하고 [두 겹 표현 ON] 한다.

[두 겹 표현]을 ON하면 옆면에서 봤을 때, 패턴이 두 겹으로 붙은 것 같은 효과를 표현할 수 있어, 고리 표현에 이용한다.

2.3.3 O링 완성

O링 완성 확인

[3D창]에서 완성된 O링의 형태를 확인한다.

[3D창]에서 사각형과 O링이 겹쳐 있어서 확인하기 어려운 경우에는 기즈모를 이용하여 O링 패턴을 옆으로 이동시킨다.

[개별두께-렌더링]이 적용된 형태가 제대로 보이려면 [3D창]의 의상렌더링 스타일이 (두꺼운 텍스처)로 지정되어야 한다.

Q 패턴을 생성, 이동할 때 스마트 가이드가 작동하지 않는다.

A 스마트 가이드가 작동하지 않는 경우, 패턴의 중심이 스냅되지 않거나 이동/복사할 때 핑크색 가이드선이 나타나지 않는 현상이 나타난다. [2D창] 배경에서 [MRB(마우스오른쪽버튼) 팝업메뉴]-[스마트 가이드] 체크하여 스마트 가이드를 활성화하면 스마트 가이드가 작동한다.

Q 내부원을 [홀로 변환] 하였는데, 홀로 변환이 되지 않는다.

A (내부 원)툴을 이용하여 그린 내부원이 맞는지 확인한다. 내부선분(내부도형, 내부원 포함)은 갈색으로 표현되며 패턴의 외곽선은 검정색으로 표현된다. (원)툴을 이용하여 그린 원은 [홀로 변환]되지 않는다.

2.4 ㅁ링

2.4.1 패턴 그리기

ㅁ링 외곽선 생성

(사각형 패턴)툴을 이용하여 [너비 28], [높이 22] 사각형을 그린다.

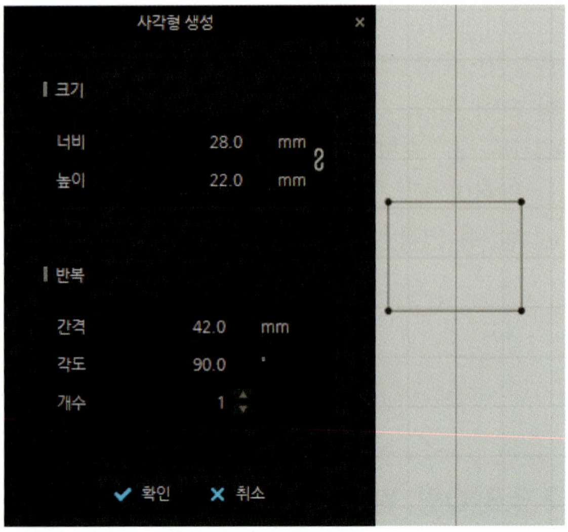

ㅁ링 내부도형 생성

(점/선 수정)툴을 이용하여 사각형의 4변을 선택하고 [MRB(마우스오른쪽버튼) 팝업메뉴]-[내부선분 생성]하여 [내부선분 생성] 대화창에 [거리 2] 입력하면 사각형의 내부 2mm 위치에 내부선분을 생성된다.

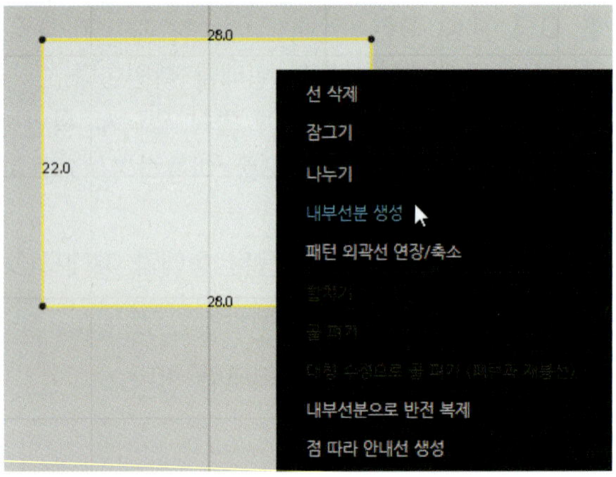

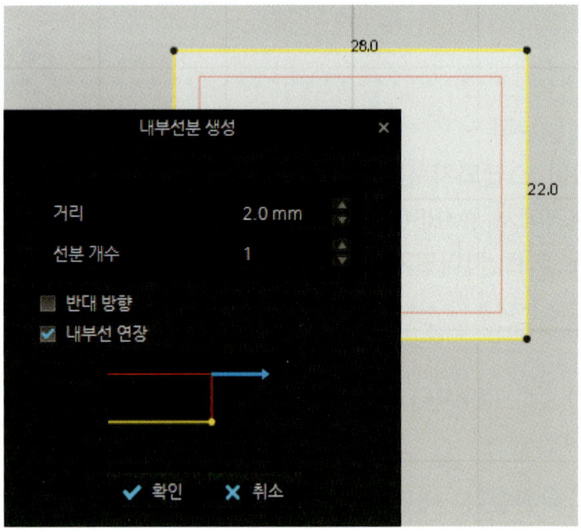

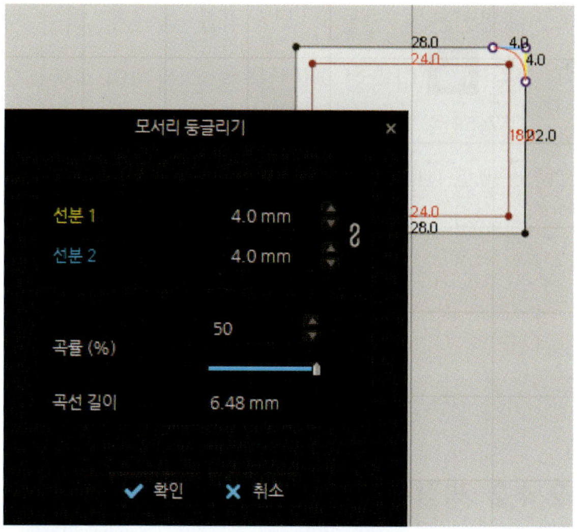

ㅁ링 외곽선 모서리

(자연스러운 곡선 만들기)툴을 이용하여 사각형 패턴의 끝점을 드래그하면서 [MRB(마우스오른쪽버튼)]를 클릭하거나 [F1]을 탭하면 [모서리 둥글리기] 대화상자가 열린다. [선분1 4], [선분2 4] 입력하여 [확인]하면 사각형 코너가 둥근 곡선이 된다. 이 과정을 사각형의 4점에 반복한다.

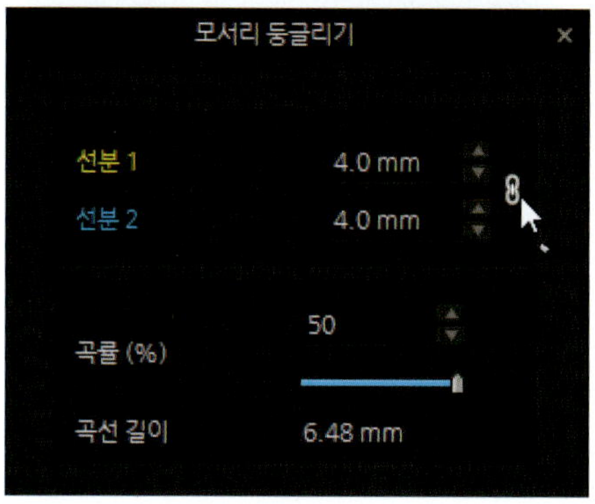

(자연스러운 곡선 만들기)툴 대화상자의 [비율 고정]을 활성화하면 선분1과 선분2가 동일하게 적용된다. [비율 고정]은 사각형, 내부 사각형, 원, 내부 원 등 다양한 툴에 적용될 수 있다.

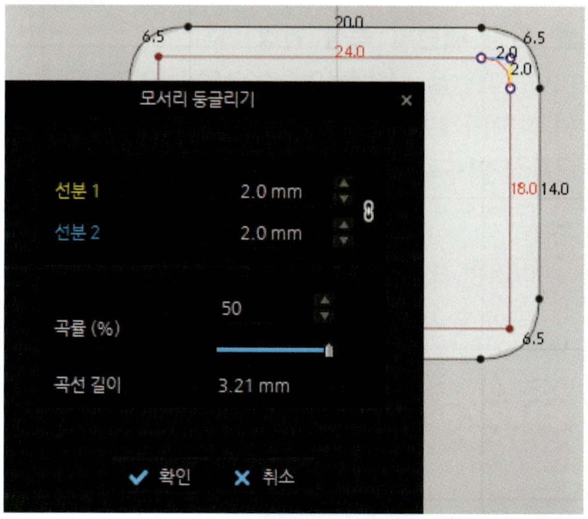

ㅁ링 내부도형 모서리

(자연스러운 곡선 만들기)툴을 이용하여 내부 사각형 패턴의 점을 드래그하면서 [MRB(마우스오른쪽버튼)]를 클릭하거나 [F1]을 탭하면 [모서리 둥글리기] 대화상자가 열린다. [선분1 2], [선분2 2] 입력하여 [확인]하면 사각형 코너가 둥근 곡선이 된다. 이 과정을 내부 사각형의 4점에 반복한다.

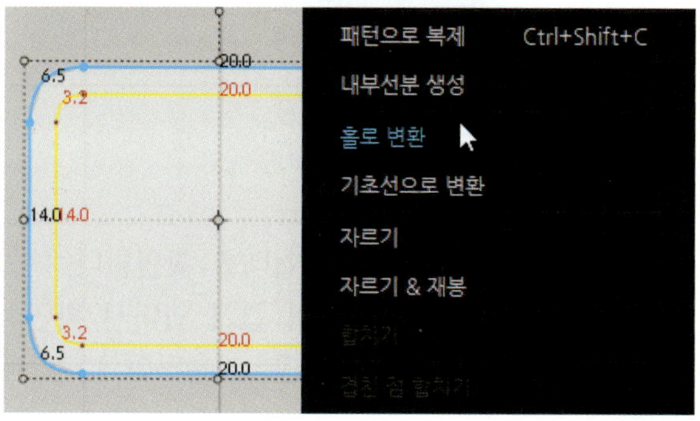

홀로 변환

(패턴 이동/변환)툴을 이용하여 내부도형을 선택하고 [MRB(마우스오른쪽버튼) 팝업메뉴]-[홀로 변환] 한다.

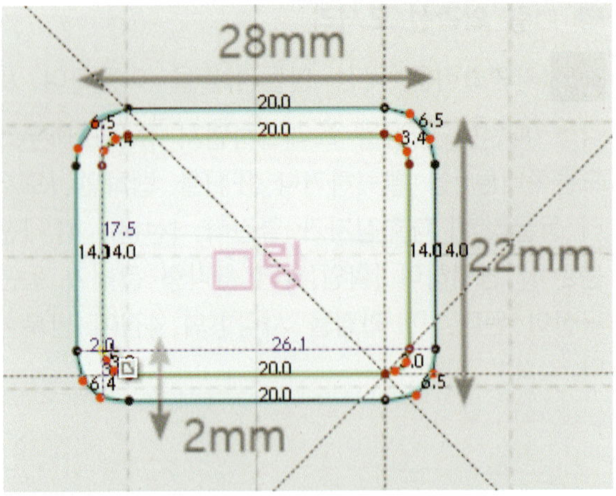

◌ 내부선분을 만들고 모서리를 둥글게 하는 대신, (다각형 패턴)툴을 이용하여 패턴 이미지대로 패턴을 제도하는 방법도 있다. 내부 도형은 반드시 (내부 다각형/선)툴을 이용하여 그린다.

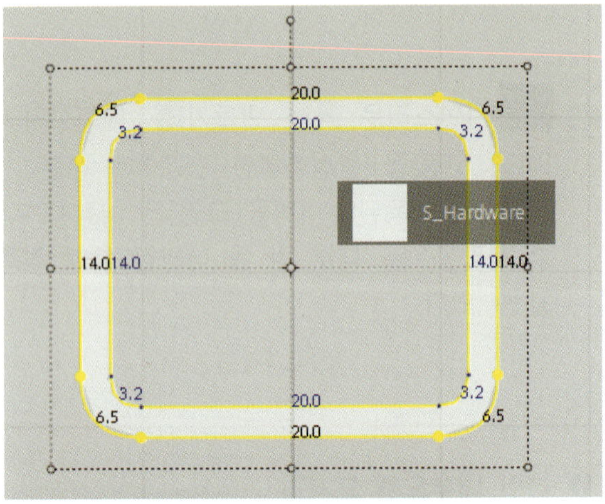

2.4.2 재질

금속재질 원단 적용

D링에 사용했던 [S_Hardware] 원단을 □링 패턴에 드래그 & 드롭하여 원단을 적용한다.

□링 패턴의 속성 변경

□링 패턴을 선택하여 [속성창]-[입자간격 1], [속성창]-[개별두께-렌더링 2], [속성창]-[두께면 곡률설정]-[곡률(%) 100]으로 지정한다.

◌ [개별두께-렌더링]이 적용된 형태가 제대로 보이려면 [3D창]의 의상렌더링 스타일이 (두꺼운 텍스처)로 지정되어야 한다.

2.4.3 □링 완성

□링 완성 확인

[3D창]에서 완성된 □링의 형태를 확인한다.
[3D창]에서 사각형과 □링이 겹쳐 있어서 확인하기 어려운 경우에는 기즈모를 이용하여 □링 패턴을 옆으로 이동시킨다.

3 버클

Buckles

3.1 디자인

난이도 ·························· 하
패턴 ····························· 버클 패턴(249페이지)
주요 활용 기능 ·················· 패턴 이미지 불러오기, 다각형 패턴, 내부 다각형/선, 점/선 수정, 내부선분 생성, 곡선점 수정, 사각형, 홀로 변환, 핀(박스)

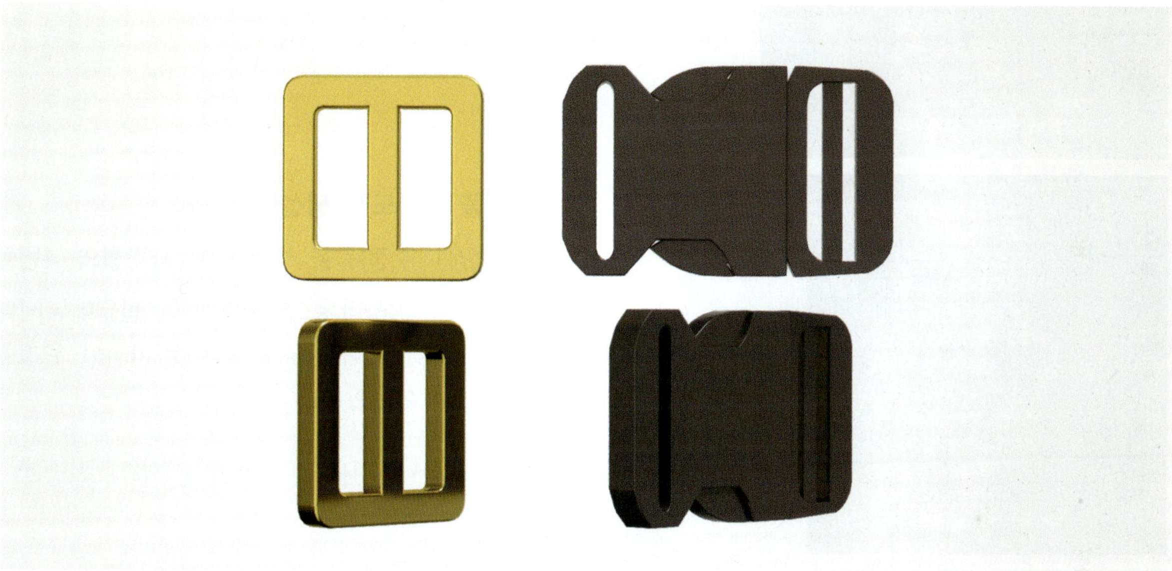

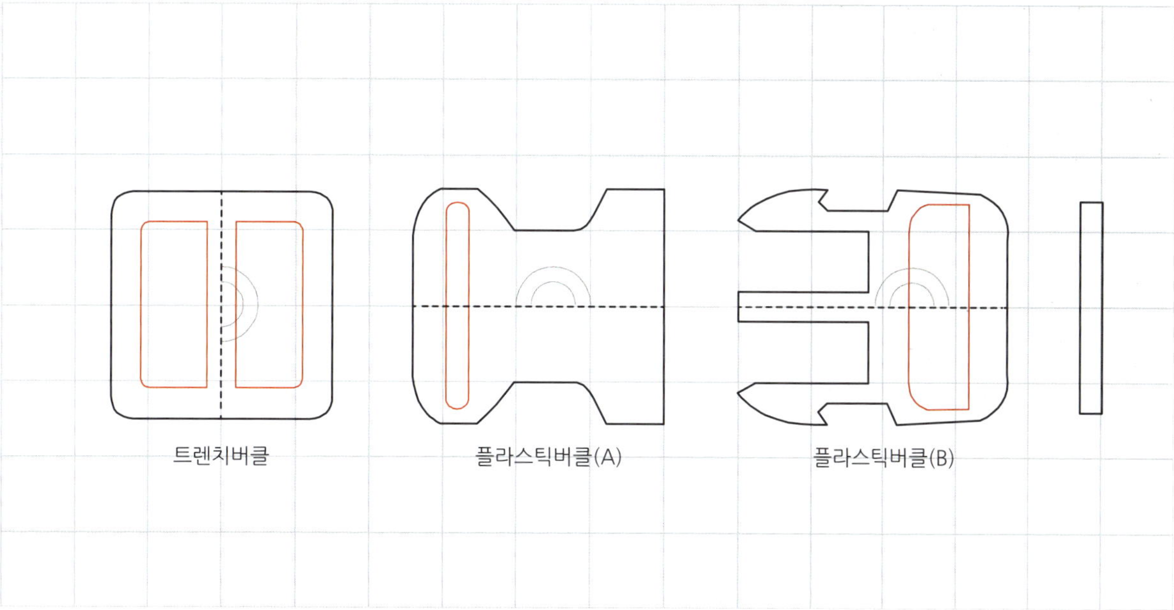

3.2 트렌치 버클

3.2.1 트렌치 버클 패턴

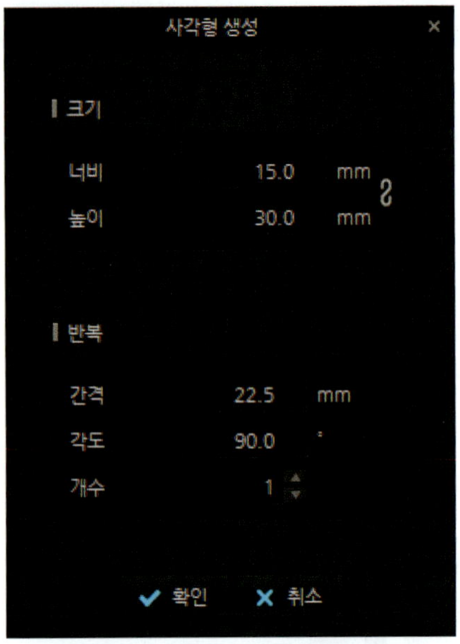

버클 외곽선 그리기

(사각형 패턴)툴을 이용하여 [너비 15], [높이 30] 사각형을 그린다.

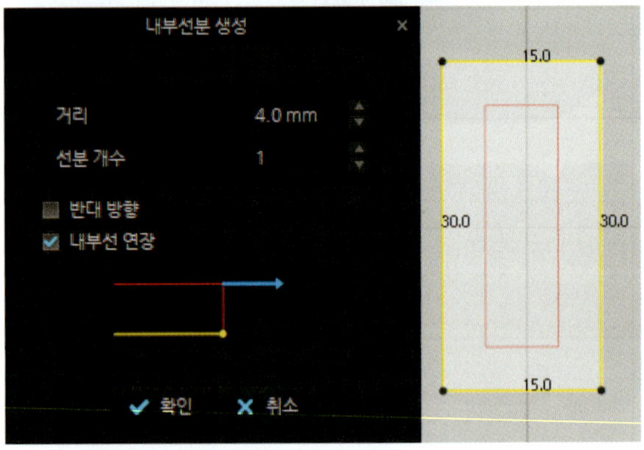

버클 내부도형 생성

(점/선 수정)툴을 이용하여 사각형의 4변을 선택하고 [MRB(마우스오른쪽버튼) 팝업메뉴]-[내부선분 생성] 하여 사각형의 내부 4mm 위치에 내부선분을 생성한다.

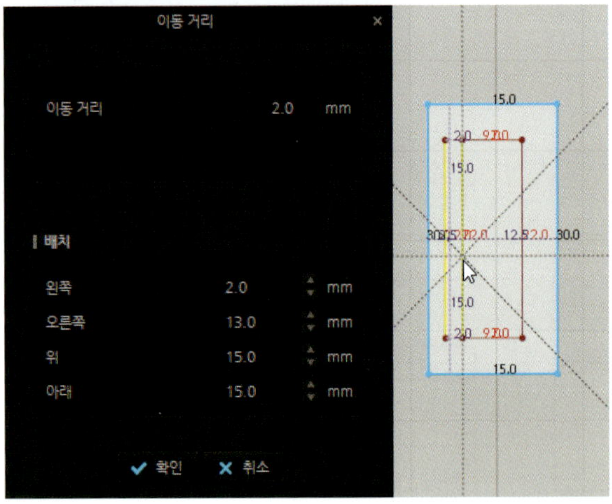

(점/선 수정)툴을 이용하여 왼쪽 세로선을 선택하고 드래그하여 왼쪽으로 2mm 이동시킨다. 왼쪽으로 정확하게 2mm 이동시키기 위해서는, 마우스로 드래그하여 이동하면서 [MRB(마우스오른쪽버튼)]을 클릭하거나 [F1]을 탭하여 [이동 거리] 대화상자를 열고 [이동 거리 2] 입력한다.

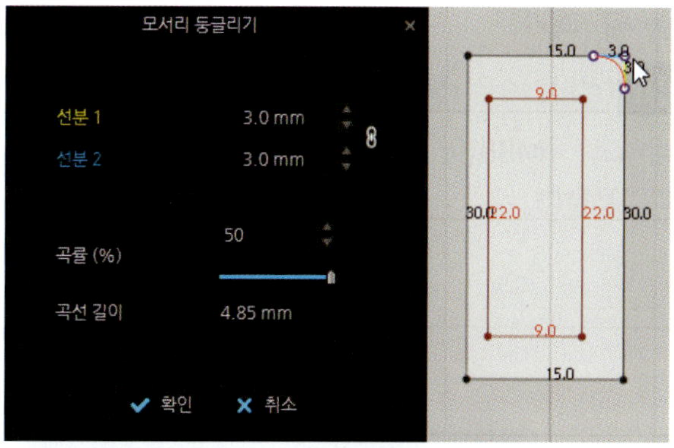

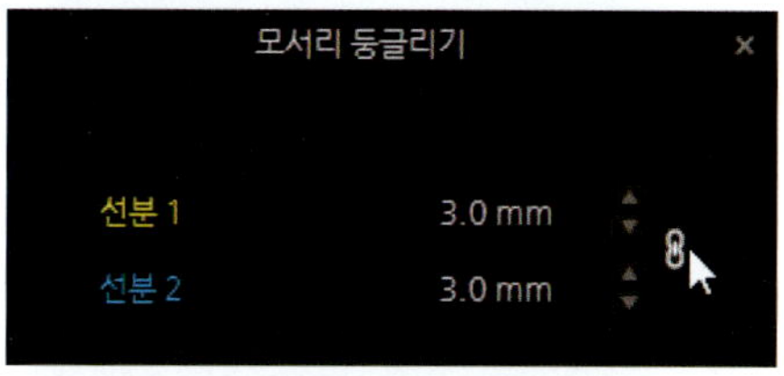

버클 외곽선 모서리

(자연스러운 곡선 만들기)툴을 이용하여 사각형 패턴의 점을 드래그하면서 [F1]을 탭하면 [모서리 둥글리기] 대화상자가 열린다. [선분1 3], [선분2 3]을 입력하여 [확인]하면 사각형 코너가 둥근 곡선이 된다. 이 과정을 오른쪽 아래 점에 반복한다.

(자연스러운 곡선 만들기)툴 대화상자의 [비율 고정]을 활성화하면 선분1과 선분2가 동일하게 적용된다. [비율 고정]은 사각형, 내부 사각형, 원, 내부 원 등 다양한 툴에 적용될 수 있다.

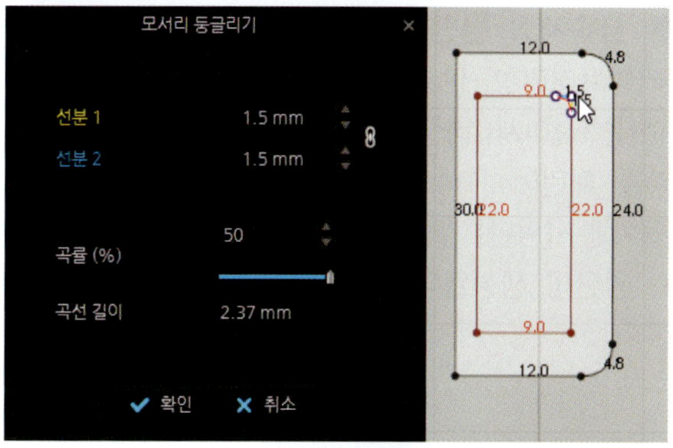

버클 내부도형 모서리

(자연스러운 곡선 만들기)툴을 이용하여 내부 사각형 패턴의 점을 드래그하면서 [F1]을 탭하면 [모서리 둥글리기] 대화상자가 열린다. [선분1 1.5], [선분2 1.5]를 입력하여 [확인]하면 사각형 코너가 둥근 곡선이 된다. 이 과정을 내부도형의 오른쪽 아래점에 반복한다.

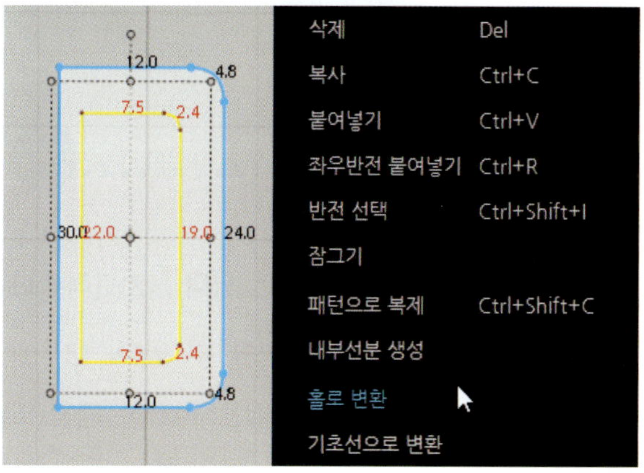

홀로 변환

(패턴 이동/변환)툴을 이용하여 내부도형을 선택하고 [MRB(마우스오른쪽버튼) 팝업메뉴]-[홀로 변환] 한다.

Q 설명에 있는 툴을 찾을 수 없다.

A CLO [2D창]과 [3D창]의 툴들은 그룹화되어 있다. 툴 아이콘 우측 하단에 작은 삼각형 모양이 있는 툴은 그룹화되어 있음을 의미한다. 삼각형 모양이 있는 툴을 1초 정도 누르고 있으면 그룹화된 툴의 리스트가 열리고 툴을 선택할 수 있다.

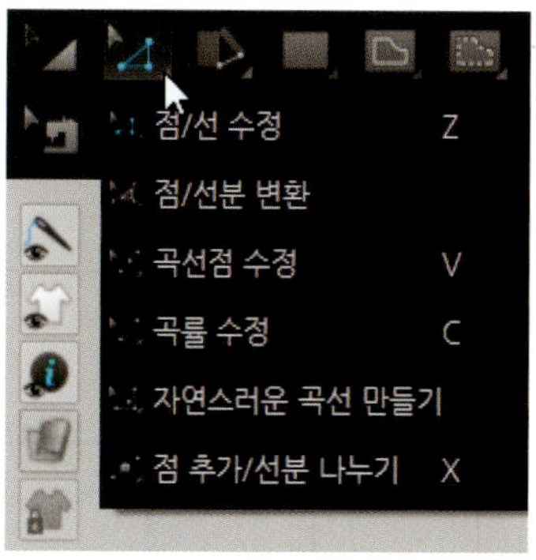

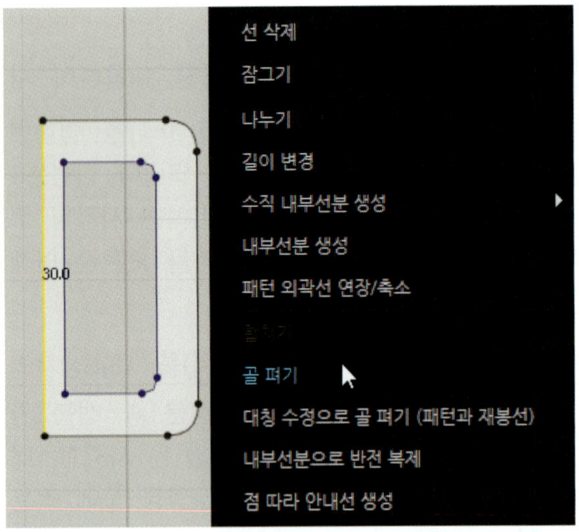

골 펴기

(점/선 수정)툴을 이용하여 왼쪽 세로선을 선택하고 [MRB(마우스오른쪽버튼) 팝업메뉴]-[골 펴기] 한다.

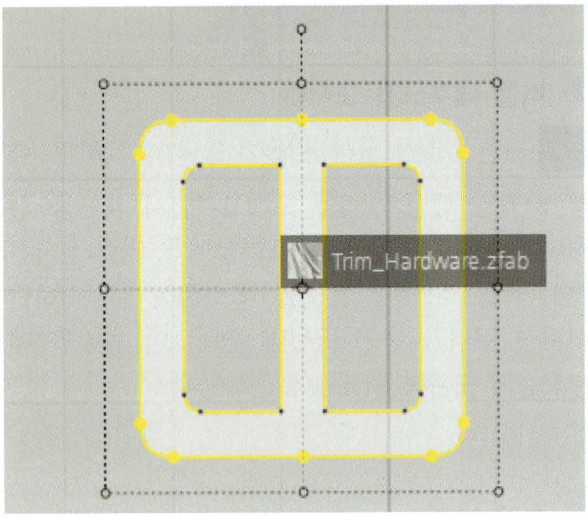

3.2.2 트렌치 버클 물성

금속재질 원단 적용

[라이브러리창]-[Fabric]에서 [Trim_Hardware.zfab]를 찾아서 버클 패턴에 드래그 & 드롭한다. 버클 패턴에 [Trim_Hardware.zfab]이 적용되면 [물체창]-[원단] 탭에 [S_Hardware]라는 이름으로 원단이 생성된다.

Q 설명에 있는 것과 동일한 원단을 찾기 어렵다.

A (1) [라이브러리창]을 (목록보기)로 보면 원단의 명칭을 보다 쉽게 확인할 수 있다. (2) [라이브러리창] 상단의 (다운로드)를 클릭하면 최신 버전의 [라이브러리창]를 설치할 수 있다. (3) 원단 이름은 CLO 버전에 따라 변경될 수 있다. 동일한 명칭의 원단이 없는 경우에는 유사한 명칭(또는 물성)의 원단을 사용한다.

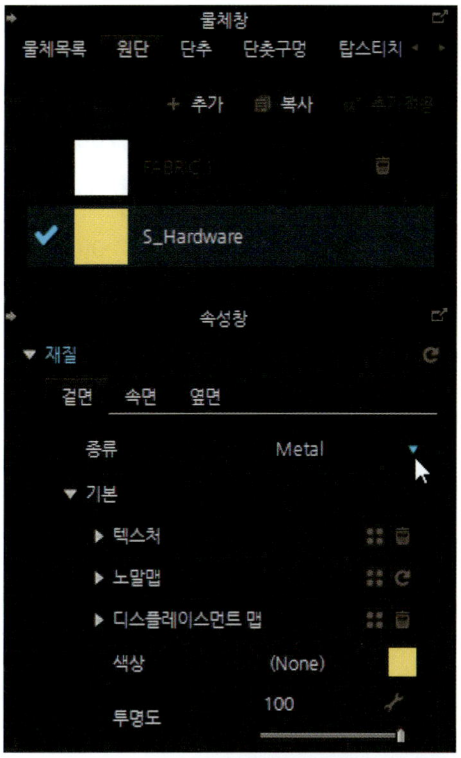

[물체창]-[원단] 탭에 [S_Hardware]를 선택하고 [속성창]-[재질]-[종류]에서 [Metal]을 지정한다. 색상은 디자인에 따라 변경한다.

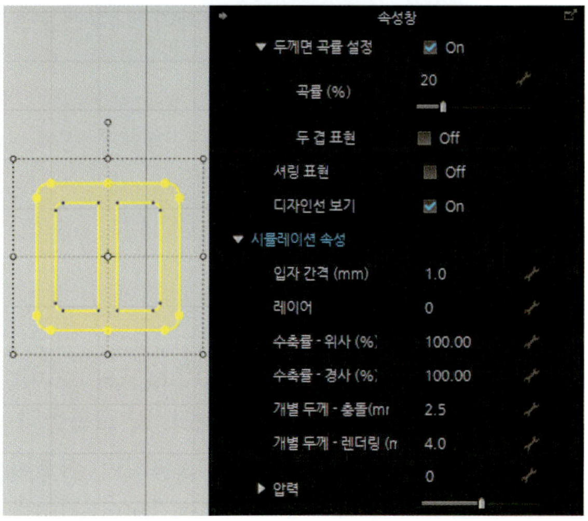

버클 패턴의 속성 변경

버클 패턴을 선택하여 [속성창]-[두께면 곡률설정]-[곡률(%) 20], [속성창]-[입자간격 1], [속성창]-[개별두께-렌더링 4]로 지정한다.

- [속성창]-[두께면 곡률설정]-[곡률(%)]은 버클의 너비, 두께, 디자인 등에 따라 변경한다.
- 입자간격을 5미만으로 낮추면 "입자간격이 5 mm보다 낮을 경우 시뮬레이션 속도가 느려집니다. 계속 진행하시겠습니까?"라는 메시지 창이 열린다. 속도가 느려지지만 버클은 피스가 작으므로 전체 시뮬레이션에 크게 영향을 끼치지 않는다.

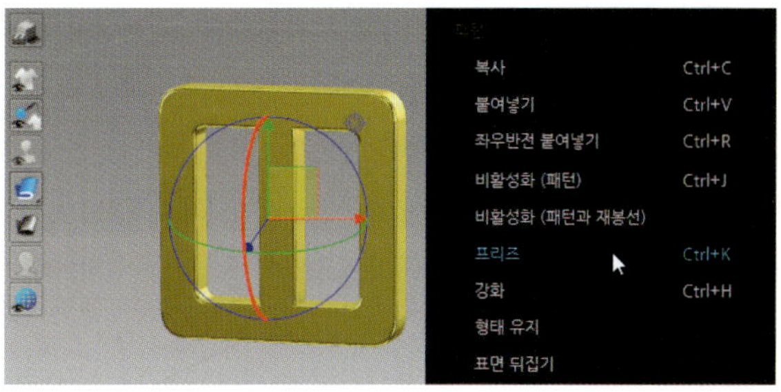

프리즈

[3D창]에서 (선택/이동)툴을 이용하여 버클을 선택하고 [MRB(마우스오른쪽버튼) 팝업메뉴]-[프리즈] 한다.

3.2.3 벨트 끼우기

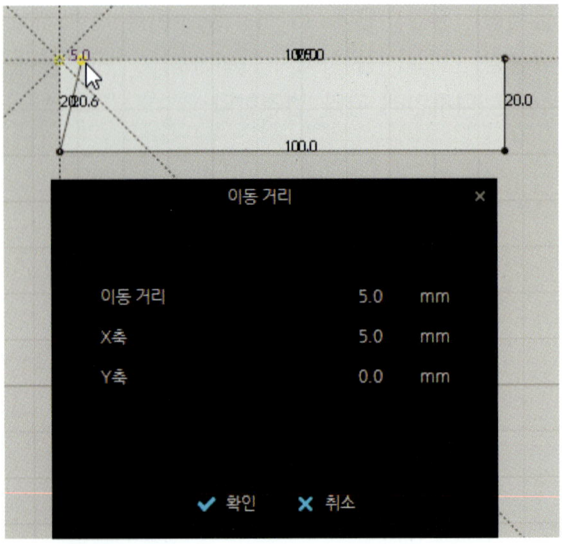

벨트 패턴 생성

(사각형 패턴)툴을 이용하여 [너비 100], [높이 20]의 사각형 2개를 그린다. (점/선 수정)툴을 이용하여 사각형 1개의 점을 이동시켜 그림과 같은 벨트를 만든다.

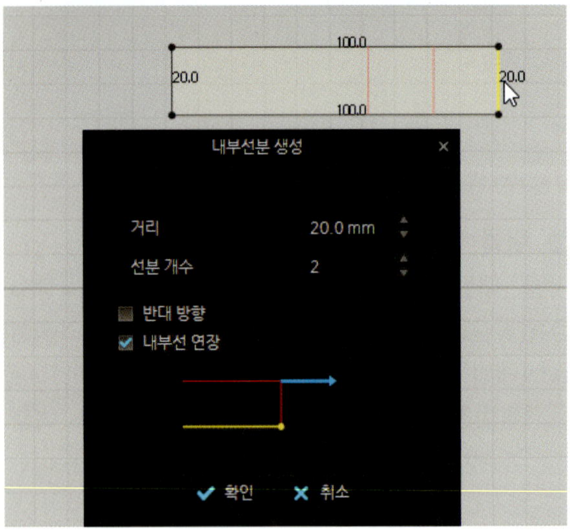

내부선분 생성

직사각형 벨트 패턴에 내부선분을 생성한다. (점/선 수정)툴을 이용하여 오른쪽 세로선을 선택하고 [MRB(마우스오른쪽버튼) 팝업메뉴]-[내부선분 생성]을 선택한다. [내부선분 생성] 대화창에 [거리 20], [선분 개수 2]하여 내부선분을 생성한다.

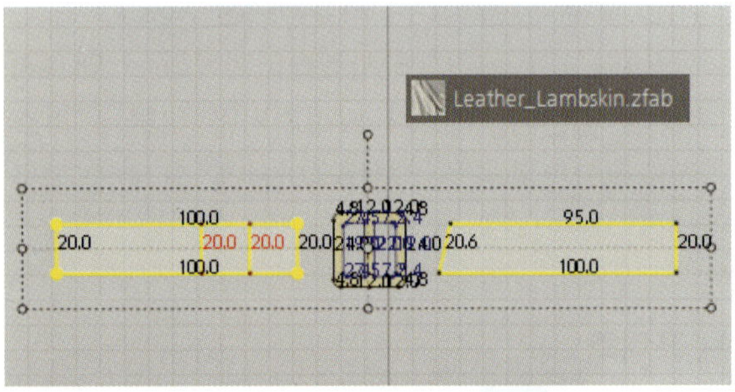

벨트 원단 지정

[라이브러리창]-[Fabric]에서 [Leather_Lamskin.zfab]를 찾아서 벨트 패턴에 드래그 & 드롭한다. 벨트 패턴에 [Leather_Lambskin.zfab]이 적용되면 [물체창]-[원단] 탭에 [Leather_Lambskin]라는 이름으로 원단이 생성된다.

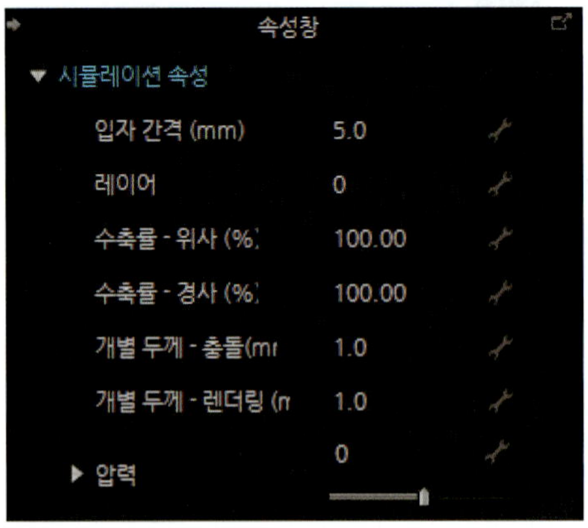

벨트 패턴의 속성 변경

벨트 패턴을 모두 선택하여 [속성창]-[시뮬레이션 속성]-[입자간격 5], [개별두께-충돌 1], [개별두께-렌더링 1]로 지정한다.

[속성창]-[두께면 곡률설정]-[곡률(%)]은 버클의 너비, 두께, 디자인 등에 따라 변경한다.

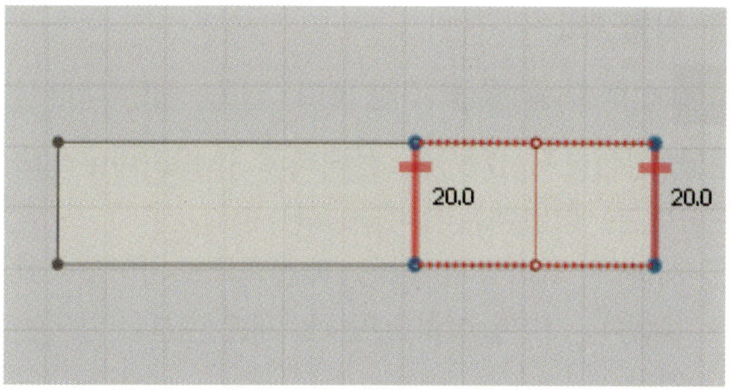

벨트 재봉

(선분재봉)툴을 이용하여 벨트의 두 번째 내부선분을 외곽선과 재봉한다.

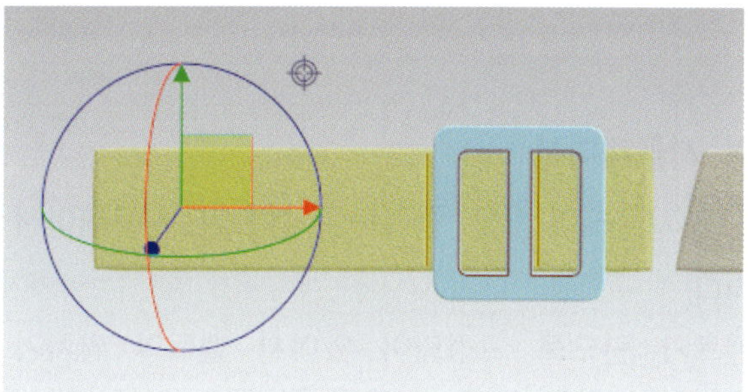

3D 배치

[3D창]에서 (선택/이동)툴을 이용하여 벨트 패턴을 선택하고 기즈모를 이용하여 이동시킨다.

- 버클과 벨트 패턴이 겹쳐있는 경우, [3D창]에서 (2D창 상태로 재배치)를 클릭하여 재배치한다.

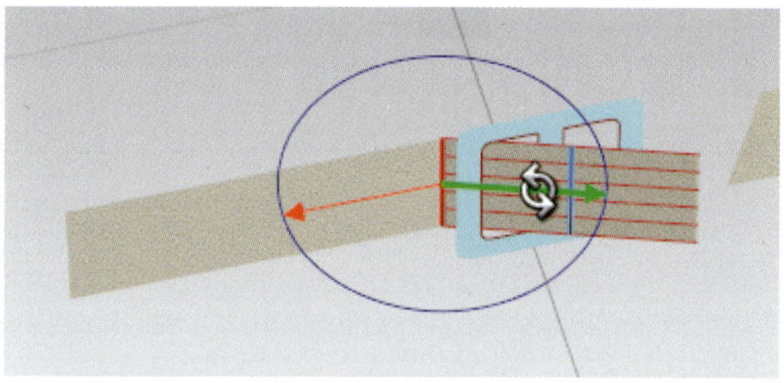

접어 배치

(접어 배치)툴을 이용하여 두 번째 내부선분을 선택하고 화살표를 회전시켜 접어 배치 한다.

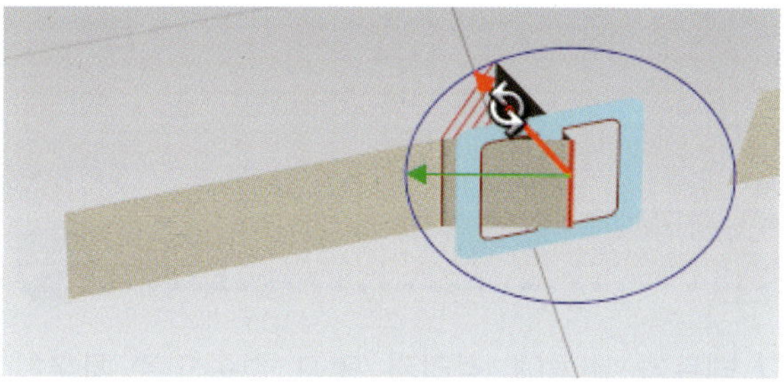

(접어 배치)툴을 이용하여 첫 번째 내부선분을 선택하고 화살표를 회전시켜 접어 배치 한다.

핀으로 고정

(핀(박스))툴을 이용하여 벨트 패턴의 끝에 핀을 생성한다.

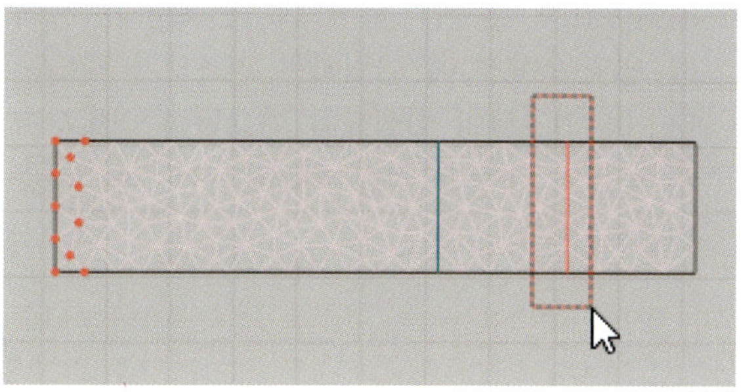

(핀(박스))툴을 이용하여 벨트 패턴의 접힌 위치에 핀을 생성한다.

- (핀(박스))툴을 이용하여 핀을 생성할 때, 핀 영역은 [3D창]과 [2D창] 양쪽에서 지정할 수 있다.

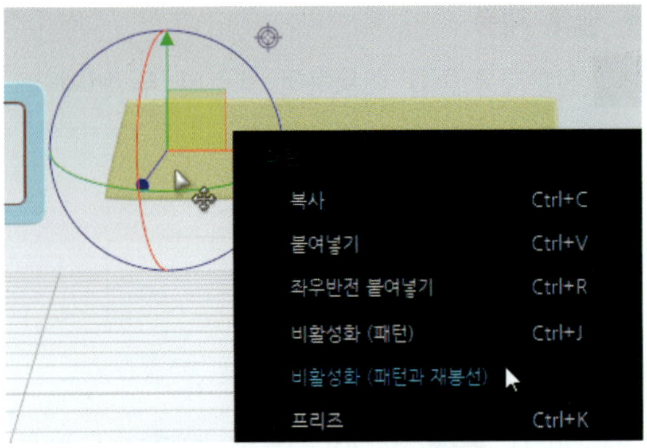

비활성화

(선택/이동)툴을 이용하여 벨트 패턴(내부선분을 생성하지 않은)을 선택하고 [MRB(마우스오른쪽버튼) 팝업메뉴]-[비활성화] 한다.

재봉이 되어있지 않은 패턴이므로 [비활성화(패턴)], [비활성화(패턴과 재봉선)]의 차이는 없다.

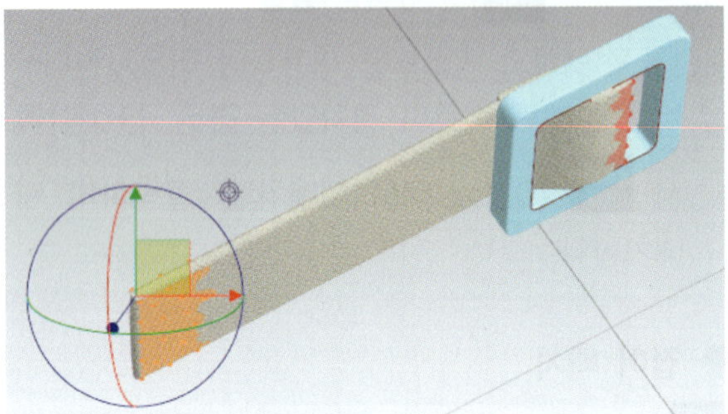

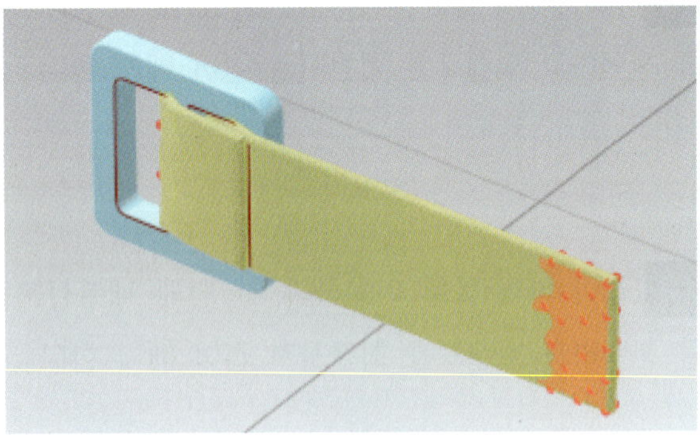

시뮬레이션

(시뮬레이션)을 클릭하면 벨트가 시뮬레이션 된다.

벨트가 핀으로 고정되어 있어서 벨트의 위치가 적절하지 않은 경우, 억지로 당기는 현상이 발생한다. 이런 경우, (선택/이동)툴을 이용하여 핀을 이동시켜서 위치를 조절할 수 있다.

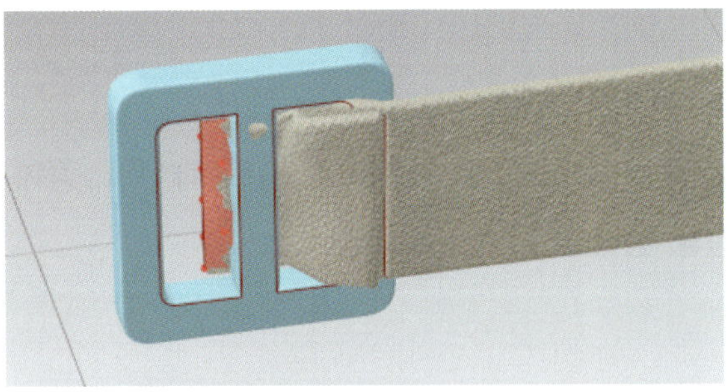

Q 벨트가 버클에 걸리지 않고 한쪽으로 치우친 상태로 시뮬레이션 된다.

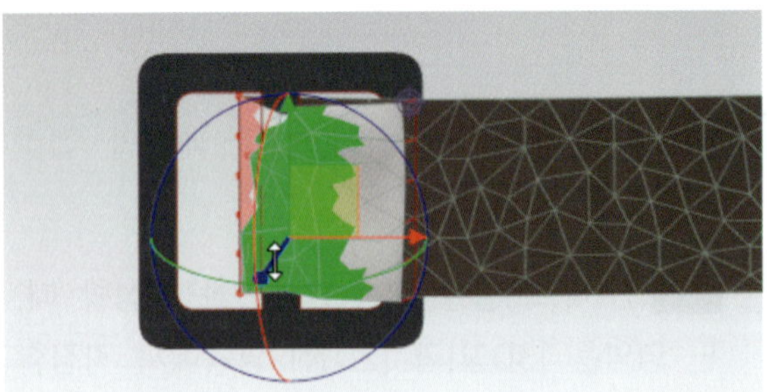

A (메시 선택(박스))툴을 이용하여 버클에 걸려야하는 부분을 영역으로 선택한다. 선택된 영역(녹색점)에 클릭하면 기즈모가 나타난다. 이 기즈모의 화살표를 이용하여 이동시켜서 벨트가 버클에 걸린 형태로 만든 후, 시뮬레이션 한다.

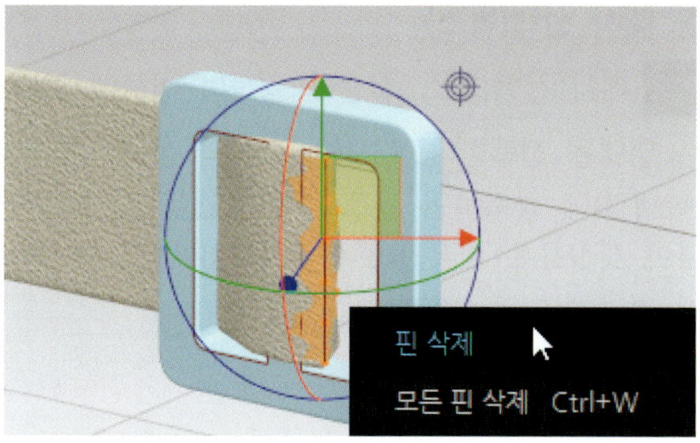

핀으로 고정

(핀(박스))툴을 이용하여 버클에 걸린 부분의 핀을 삭제한다.

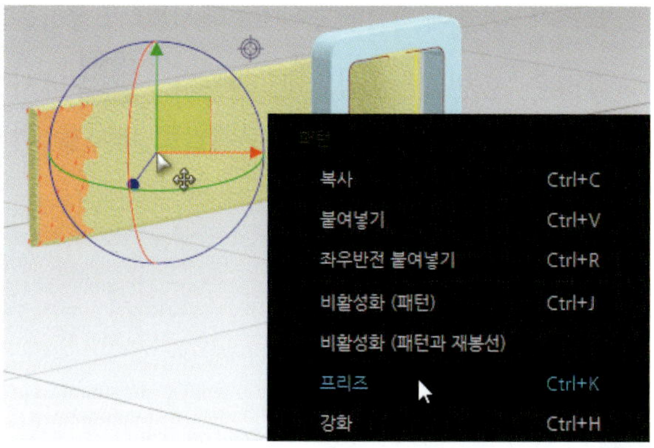

프리즈

시뮬레이션이 완료된 벨트를 (선택/이동)툴을 이용하여 선택하고 [MRB(마우스오른쪽버튼) 팝업메뉴]-[프리즈] 한다.

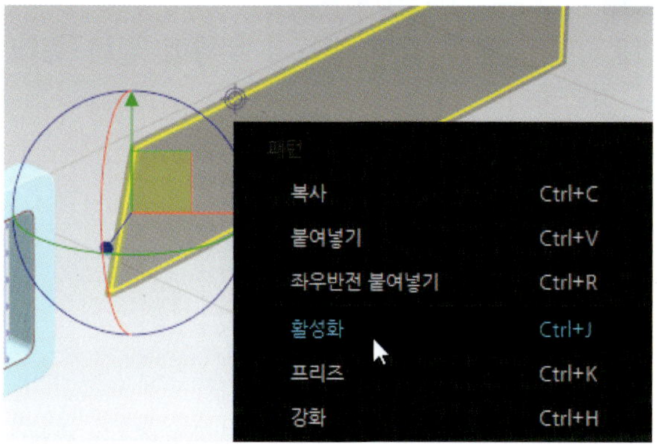

활성화

(선택/이동)툴을 이용하여 [비활성화]한 벨트 패턴을 선택하고 [MRB(마우스오른쪽버튼) 팝업메뉴]-[활성화] 한다.

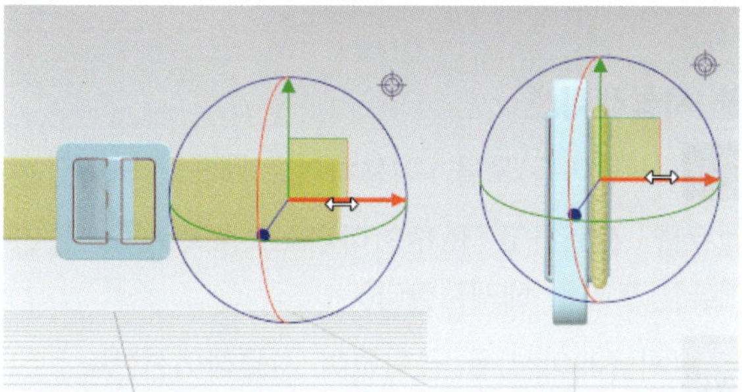

3D 배치

[3D창]에서 (선택/이동)툴을 이용하여 벨트 패턴을 선택하고 기즈모를 이용하여 이동시킨다.

- 키보드의 [2(앞)], [4(오른쪽)], [8(뒤))]을 탭하여 앞, 오른쪽, 뒤에서 기즈모를 이용하여 위치를 이동시킨다.

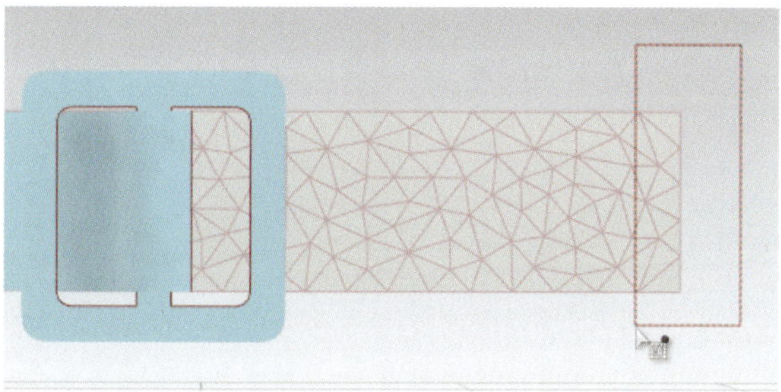

핀으로 고정

(핀(박스))툴을 이용하여 벨트 패턴의 끝에 핀을 생성한다.

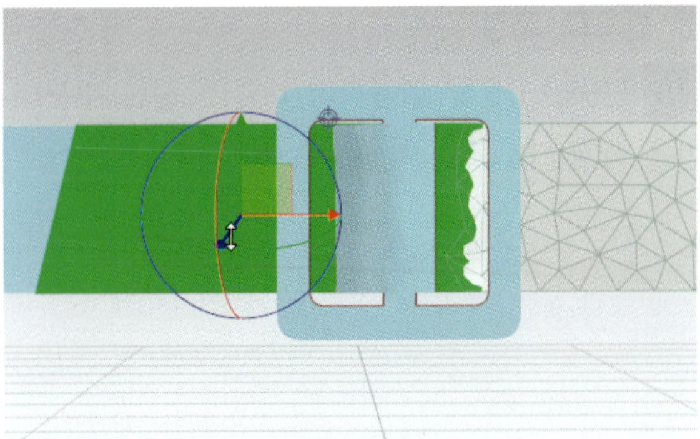

메시 선택(박스)

(메시 선택(박스))툴을 이용하여 버클에 걸리는 영역을 선택한다. [3D창] 의상의 선택된 영역(녹색점)에 클릭하면 기즈모가 나타난다. 이 기즈모의 화살표를 이용하여 이동시켜서 벨트가 버클에 걸린 형태로 만든다.

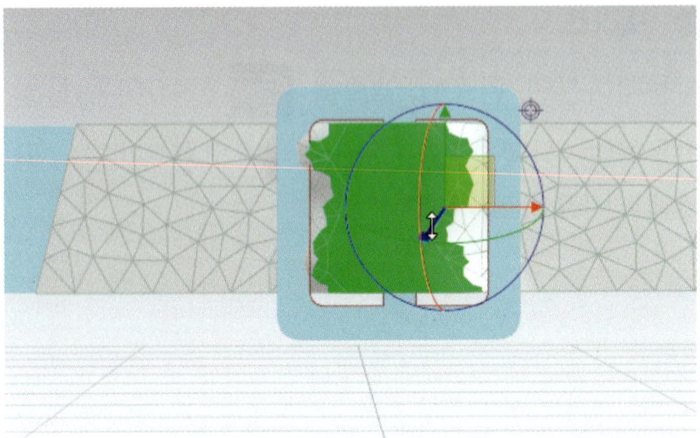

벨트가 버클에 걸린 형태로 메시를 조정하는 작업은 한번에 완성되지 않는다. (메시 선택(박스))툴을 이용하여 부위별로 메시를 이동시킨다.

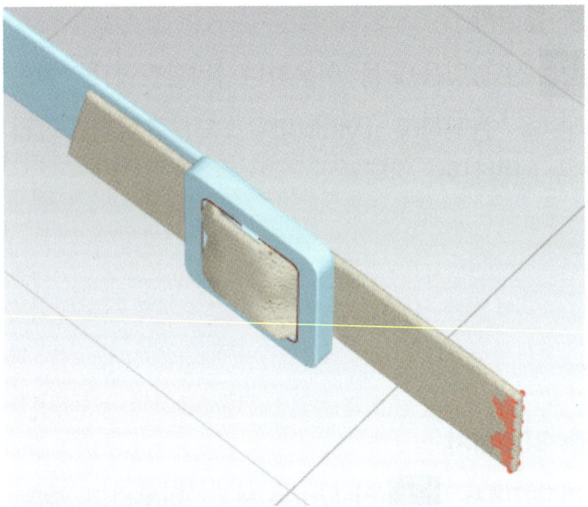

(메시 선택(박스))툴을 이용하여 메시 위치를 이동하여 그림과 같이 벨트가 버클에 걸린 형태로 정리한다.

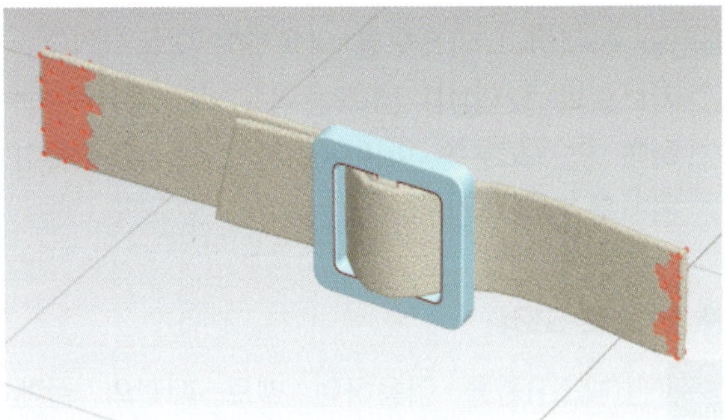

시뮬레이션

(선택/이동)툴을 이용하여 프리즈 되어있는 벨트를 선택하고 [MRB(마우스오른쪽버튼) 팝업 메뉴]-[프리즈 해제] 한다.

(시뮬레이션)을 클릭하여 시뮬레이션한다.

3.3 플라스틱 버클

3.3.1 플라스틱 버클(A) 패턴

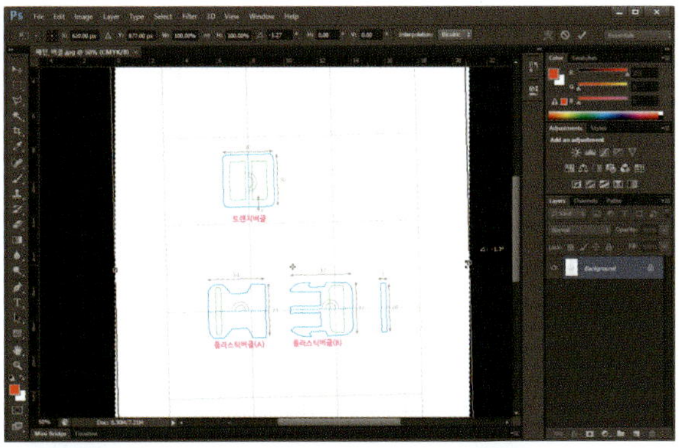

포토샵에서 패턴 이미지 정리

249페이지의 패턴 이미지를 스캔한다. 스캔한 이미지를 포토샵에서 수직, 수평을 맞추어 회전시키고 패턴 영역만 [자르기(crop)]하여 jpg 또는 png 포맷으로 저장한다.

패턴 이미지 불러오기

[물체창]-[원단] 탭에서 + 추가(추가)를 클릭하여 새 원단을 생성한다(FABRIC 2). [FABRIC 2]를 선택하고 [속성창]-[재질]-[텍스처]의 (탐색) 버튼을 클릭하면 [파일 열기] 윈도우가 열린다.

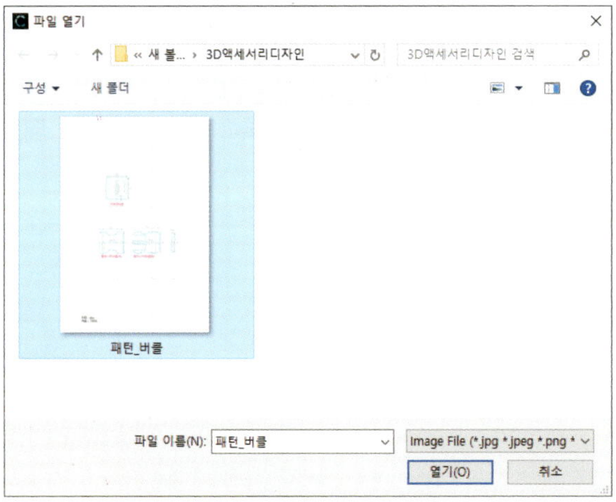

포토샵에서 저장한 패턴 이미지 파일을 선택한다.

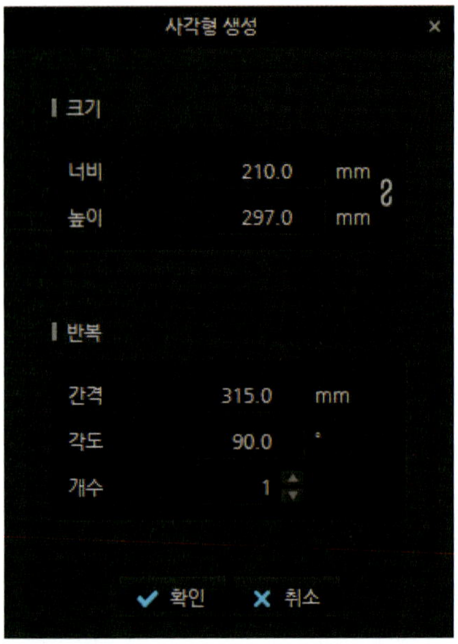

(사각형 패턴)툴을 이용하여 [너비 210], [높이 297] 사각형을 그린다. [물체창]-[원단] 탭에서 [FABRIC 2]를 이 사각형에 드래그 & 드롭하여 적용한다.

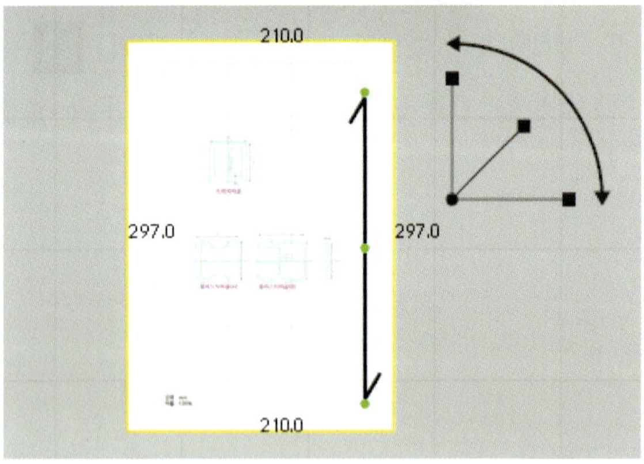

플라스틱 버클(A), 플라스틱 버클(B) 패턴이 사각형의 중앙에 위치하도록 텍스처를 이동시킨다. (텍스처 수정(2D))툴을 선택하여 패턴을 클릭 & 드래그하면 텍스처가 이동된다.

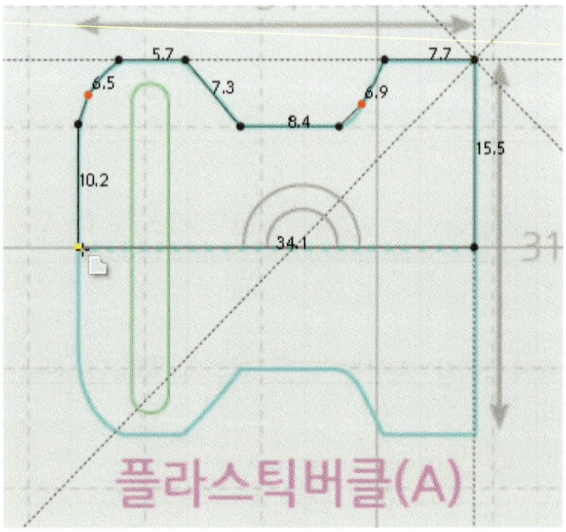

버클 외곽선 생성

(다각형 패턴)툴을 선택하여 버클의 외곽선을 그린다. 버클은 대칭형이므로 한쪽만 그린다. (다각형 패턴)툴을 이용하여 패턴을 그릴 때, [Ctrl] 키를 누른 상태로 클릭하면 [곡선점]이 생성되며 패턴을 완성한 후에는 첫 번째 클릭했던 점을 다시 클릭하여야 폐곡선 형태로 패턴이 완성된다.

18페이지의 Q&A를 참고하여 [2D창]의 패턴을 [반투명]하게 보이도록 하면 다각형 패턴을 그리기 편리하다.

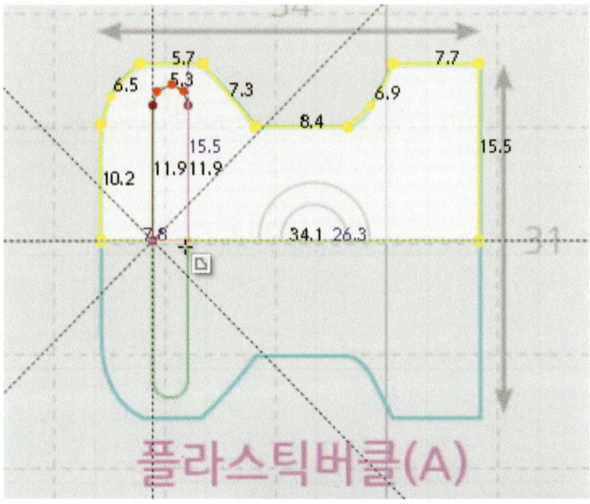

버클 내부도형 생성

(내부다각형/선)툴을 선택하여 버클의 내부도형을 그린다. 내부도형의 가로 수평선은 그리지 않도록 하며, 끝점에서 더블클릭하여 내부도형 그리기를 끝낸다.

플라스틱 버클(A) 패턴에는 [FABRIC 1] 원단을 적용한다.

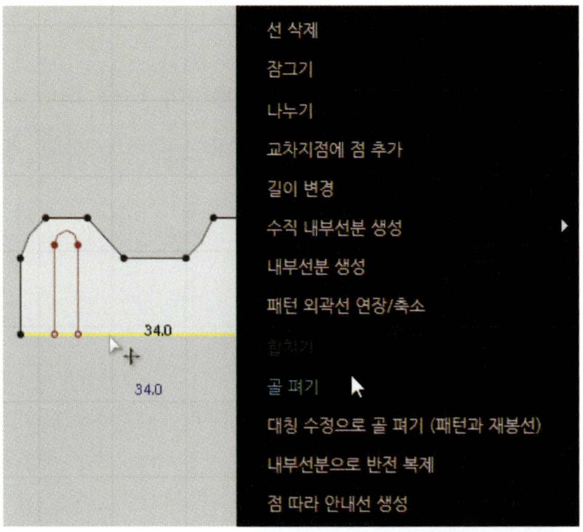

골 펴기

(선택/이동)툴을 이용하여 버클 패턴의 가로선을 선택하고 [MRB(마우스오른쪽버튼) 팝업메뉴]-[골 펴기] 한다.

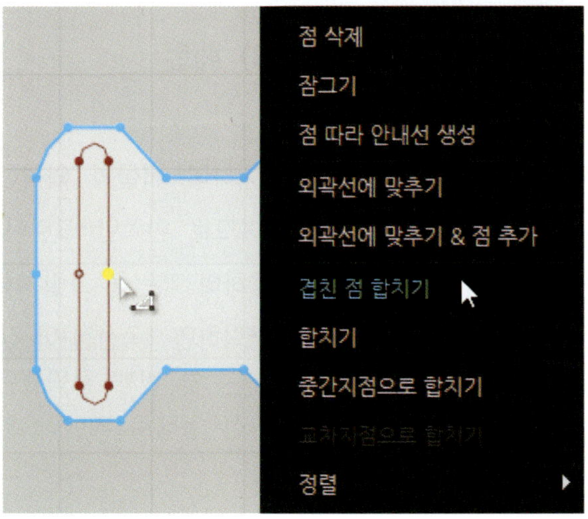

겹친 점 합치기

(선택/이동)툴을 이용하여 버클 패턴 내부도형의 가운데점을 선택하고 [MRB(마우스오른쪽버튼) 팝업메뉴]-[겹친 점 합치기] 한다. 점이 겹쳐져있으므로 영역으로 선택하는 편이 편리하다.

버클 패턴 내부도형의 2점에 각각 [겹친 점 합치기] 한다.

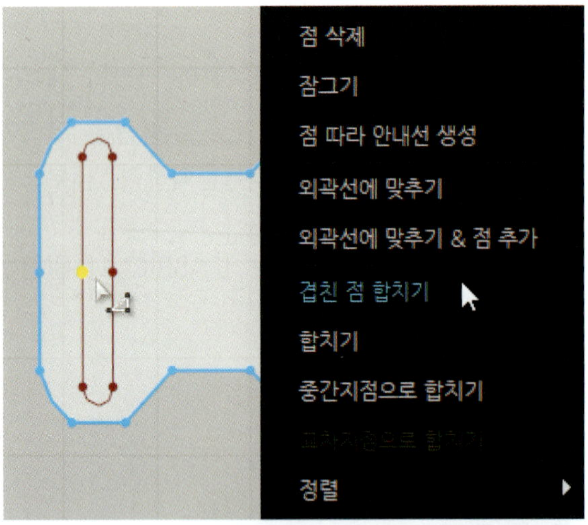

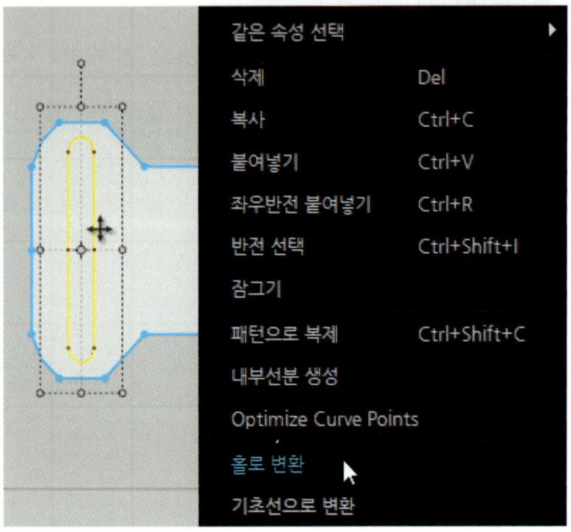

홀로 변환

(패턴 이동/변환)툴을 이용하여 버클 패턴 내부도형을 선택하고 [MRB(마우스오른쪽버튼) 팝업메뉴]-[홀로 변환] 한다.

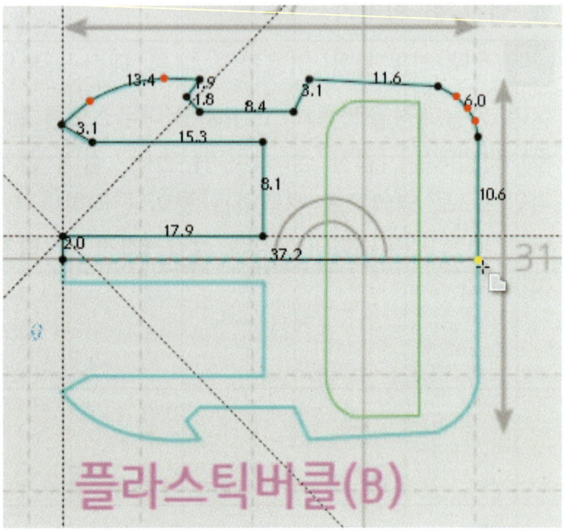

3.3.2 플라스틱 버클(B) 패턴

버클 외곽선 생성

(다각형 패턴)툴을 선택하여 버클의 외곽선을 그린다. 버클은 대칭형이므로 한쪽만 그린다.

(다각형 패턴)툴을 이용하여 패턴을 그릴 때, [Ctrl] 키를 누른 상태로 클릭하면 [곡선점]이 생성되며 패턴을 완성한 후에는 첫 번째 클릭했던 점을 다시 클릭하여야 폐곡선 형태로 패턴이 완성된다.

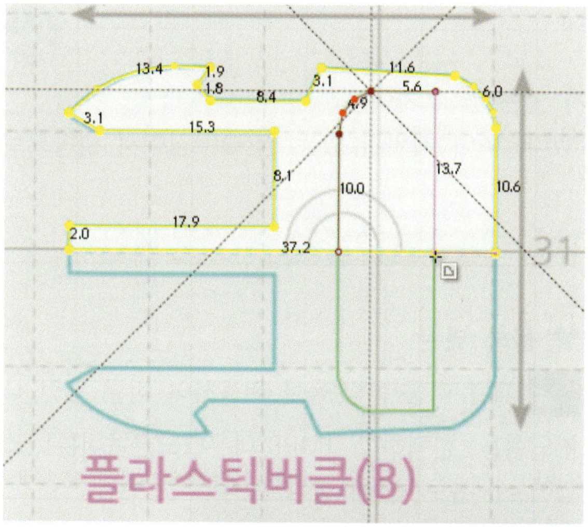

버클 내부도형 생성

(내부다각형/선)툴을 선택하여 버클의 내부도형을 그린다. 내부도형의 가로 수평선은 그리지 않도록 하며, 끝점에서 더블클릭하여 내부도형 그리기를 끝낸다.
플라스틱 버클(B) 패턴에는 [FABRIC 1] 원단을 적용한다.

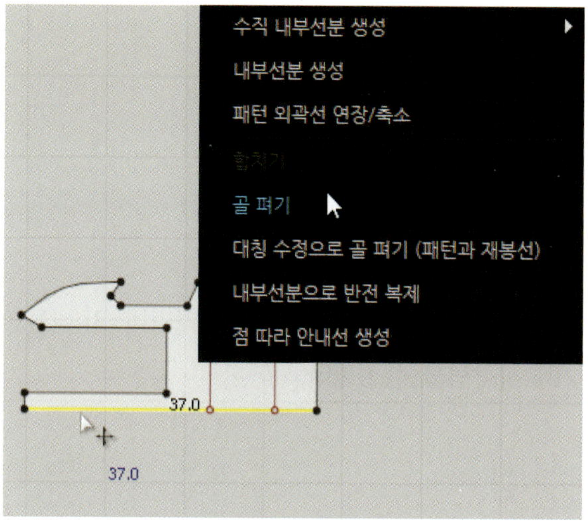

골 펴기

(선택/이동)툴을 이용하여 버클 패턴의 가로선을 선택하고 [MRB(마우스오른쪽버튼) 팝업메뉴]-[골 펴기] 한다.

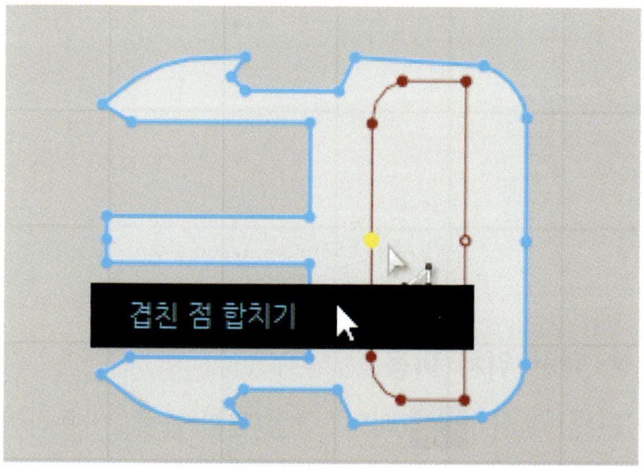

겹친 점 합치기

(선택/이동)툴을 이용하여 버클 패턴 내부도형의 가운데점을 선택하고 [MRB(마우스오른쪽버튼) 팝업메뉴]-[겹친 점 합치기] 한다. 점이 겹쳐져있으므로 영역으로 선택하는 편이 편리하다.

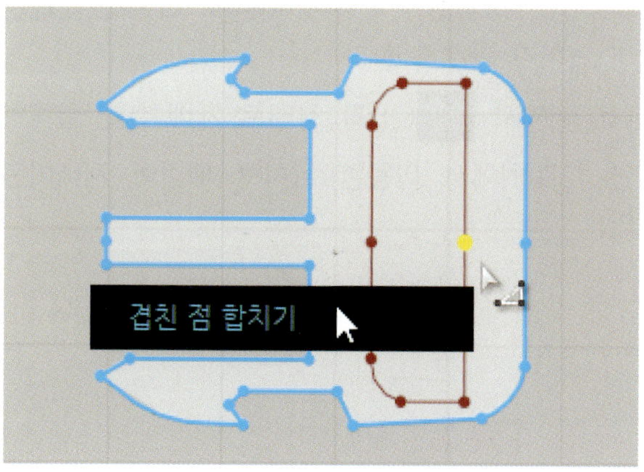

버클 패턴 내부도형의 2점에 각각 [겹친 점 합치기] 한다.

Q 내부도형의 점 중에, 속이 채워져있는 점과 채워지지 않은 점의 차이는?

A 속이 채워지지 않은 점(○)=점에서 선분이 끊어져 있다. 속이 채워져 있는 점(●)=점에서 양쪽으로 선분이 연결되어 있다.

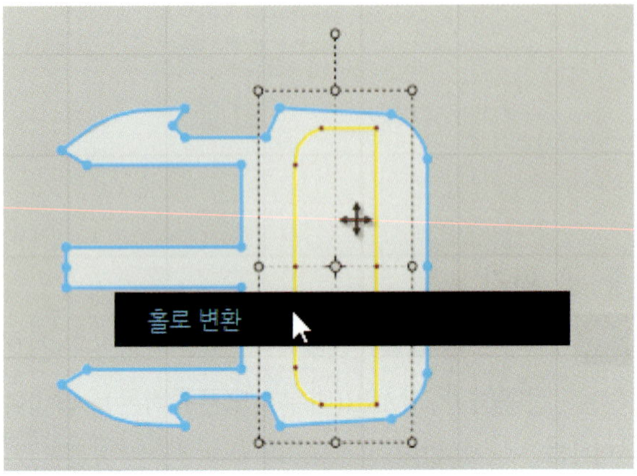

홀로 변환

(패턴 이동/변환)툴을 이용하여 버클 패턴 내부도형을 선택하고 [MRB(마우스오른쪽버튼) 팝업메뉴]-[홀로 변환] 한다.

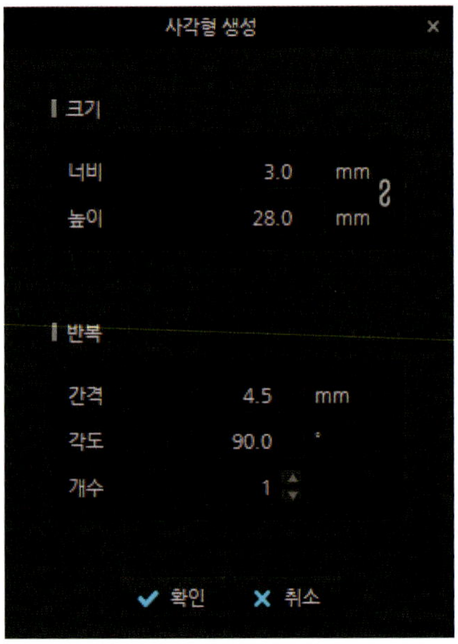

사각형패턴

(사각형 패턴)툴을 이용하여 [너비 3], [높이 28] 사각형을 생성한다.

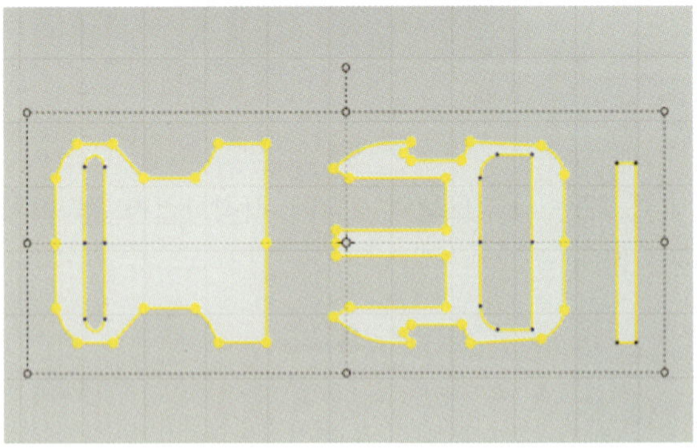

패턴 위치 이동

[2D창]에서 (패턴 이동/변환)툴을 이용하여 버클(A), 버클(B), 사각형 패턴을 이동시켜 패턴이 겹치지 않도록 한다.

[3D창]에서 (2D창 상태로 재배치)를 클릭하면 [2D창]에서 이동된 위치로 패턴이 재배치된다.

3.3.3 플라스틱 버클 물성

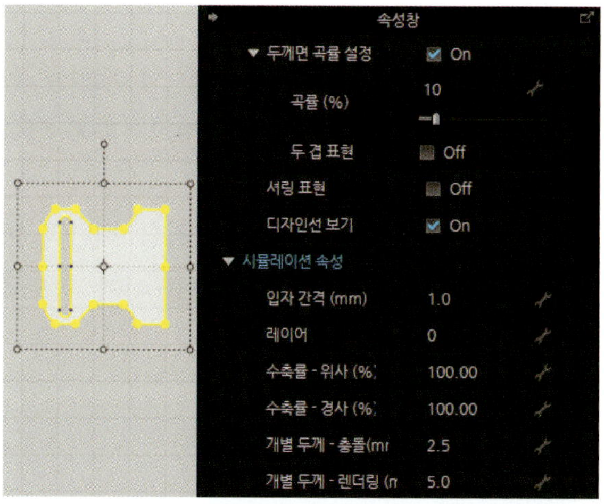

버클(A) 패턴의 속성 변경

버클 패턴을 선택하여 [속성창]-[시뮬레이션 속성]-[입자간격 1], [개별두께-렌더링 5], [속성창]-[선택 선분]-[두께면 곡률설정]-[곡률(%) 10]으로 지정한다.

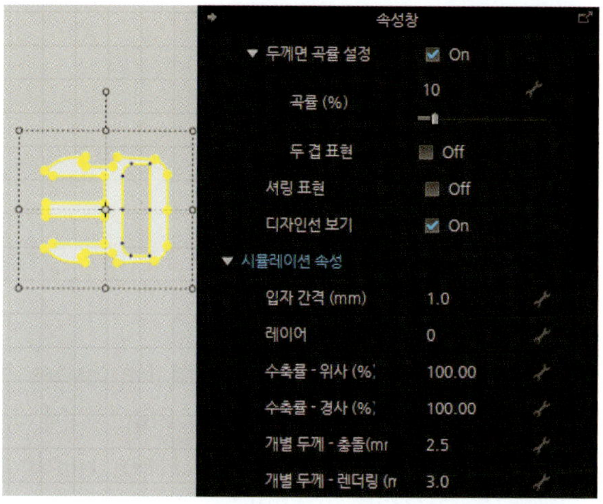

버클(B) 패턴의 속성 변경

버클 패턴을 선택하여 [속성창]-[입자간격 1], [개별두께-렌더링 3], [속성창]-[선택 선분]-[두께면 곡률설정]-[곡률(%) 10]으로 지정한다.

[속성창]-[두께면 곡률설정]-[곡률(%)]은 버클의 너비, 두께, 디자인 등에 따라 변경한다.

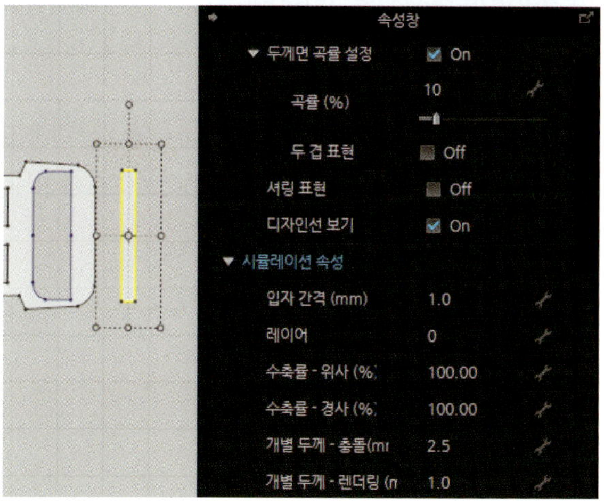

사각형 패턴의 속성 변경

버클 패턴을 선택하여 [속성창]-[입자간격 1], [개별두께-렌더링 1], [속성창]-[선택 선분]-[두께면 곡률설정]-[곡률(%) 10]으로 지정한다.

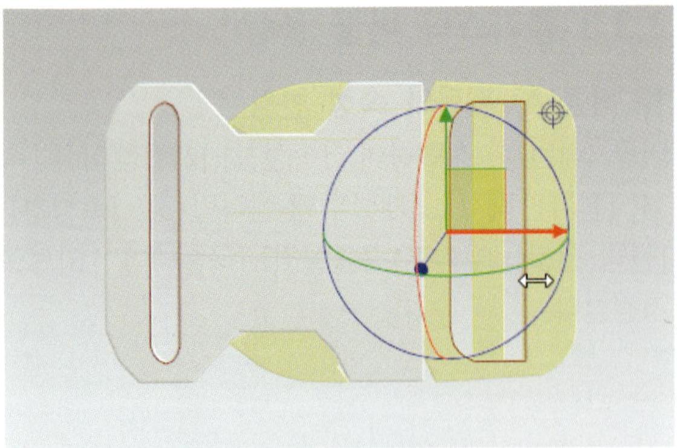

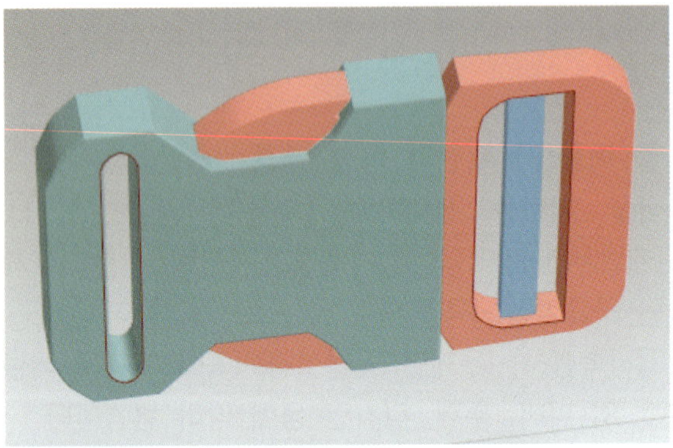

버클 패턴 위치 이동

(선택/이동)툴을 이용하여 사각형 패턴을 선택하고 기즈모를 이용하여 버클(B)의 홀에 맞추어 위치를 이동시킨다.

(선택/이동)툴을 이용하여 사각형 패턴과 버클(B) 패턴을 함께 이동시켜 버클(A)에 맞도록 위치를 이동시킨다.

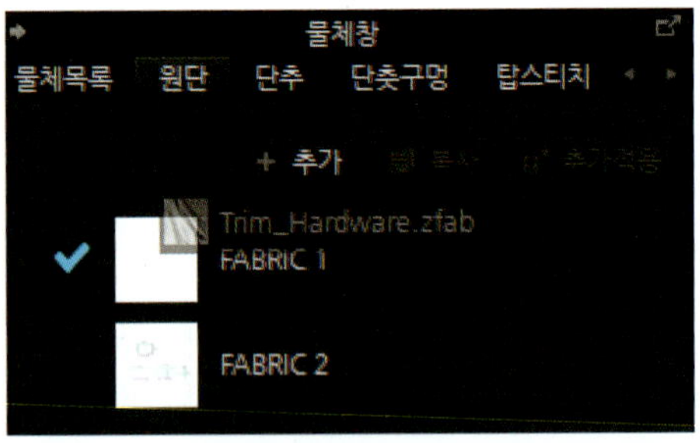

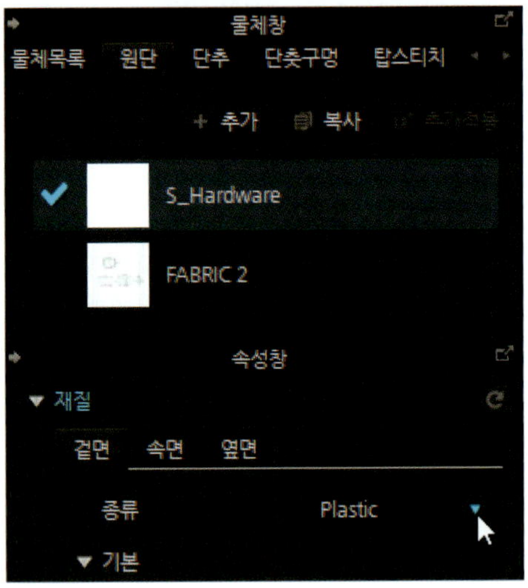

금속재질 원단 적용

[라이브러리창]-[Fabric]에서 [Trim_Hardware.zfab]를 찾아서 [물체창]-[원단]-[FABRIC 1]에 드래그 & 드롭한다. [FABRIC 1]에 [Trim_Hardware.zfab]이 적용되면 [FABRIC 1]이 [S_Hardware] 원단으로 변경된다.

[물체창]-[원단] 탭에 [S_Hardware]를 선택하고 [속성창]-[재질]-[종류]에서 [Plastic]을 지정한다. 색상은 디자인에 따라 변경한다.

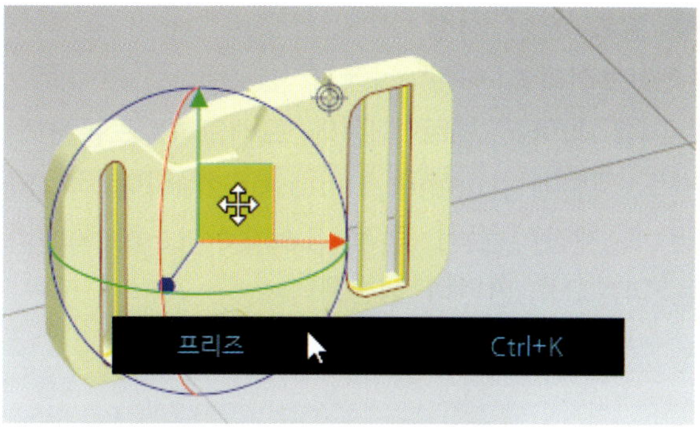

프리즈

[3D창]에서 (선택/이동)툴을 이용하여 버클을 선택하고 [MRB(마우스오른쪽버튼) 팝업메뉴]-[프리즈] 한다.

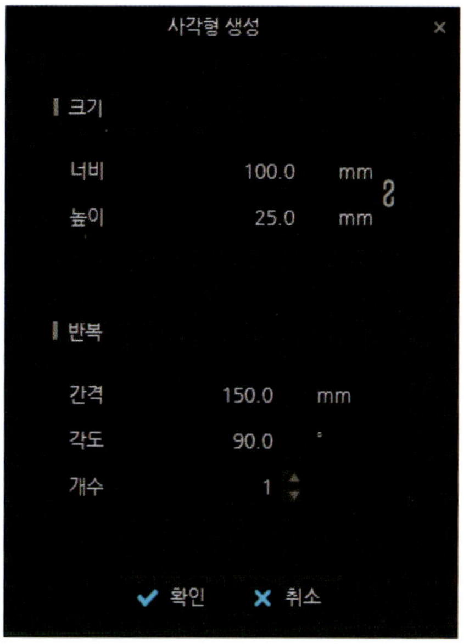

3.3.4 벨트 끼우기

벨트 패턴 생성

(사각형 패턴)툴을 이용하여 [너비 100], [높이 25]의 사각형 2개를 그린다.

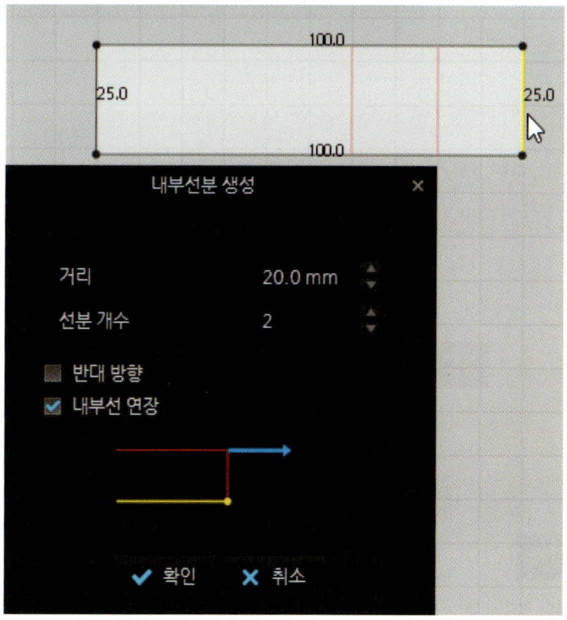

내부선분 생성

직사각형 벨트 패턴에 내부선분을 생성한다.

(점/선 수정)툴을 이용하여 오른쪽 세로선을 선택하고 [MRB(마우스오른쪽버튼) 팝업메뉴]-[내부선분 생성]을 선택한다. [내부선분 생성] 대화창에 [거리 20], [선분 개수 2]하여 내부선분을 생성한다.

벨트 패턴 양쪽에 내부선분을 생성한다.

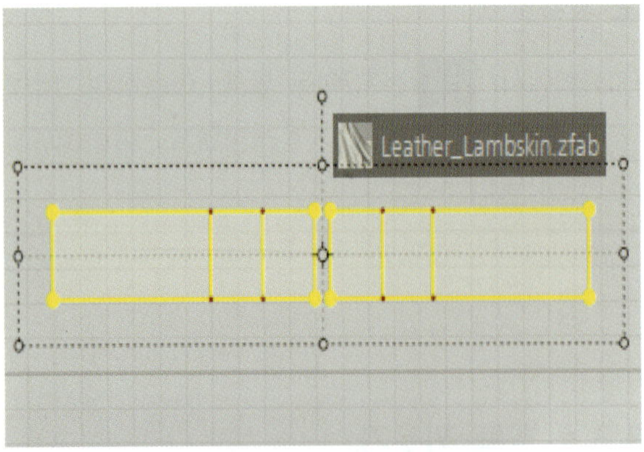

벨트 원단 지정

[라이브러리창]-[Fabric]에서 [Leather_Lamskin.zfab]를 찾아서 벨트 패턴에 드래그 & 드롭한다. 벨트 패턴에 [Leather_Lambskin.zfab]이 적용되면 [물체창]-[원단] 탭에 [Leather_Lambskin]라는 이름으로 원단이 생성된다.

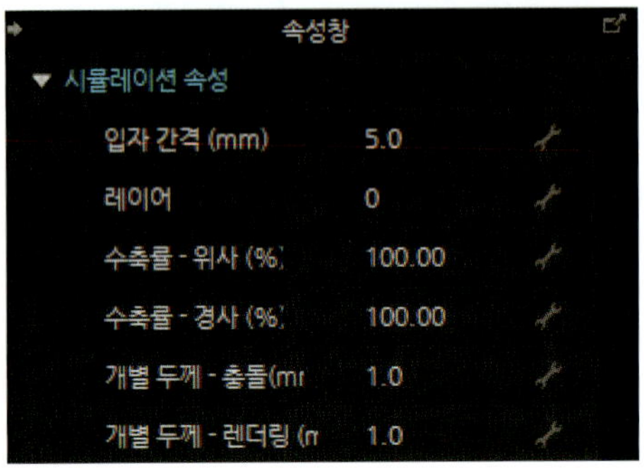

벨트 패턴의 속성 변경

벨트 패턴을 모두 선택하여 [속성창]-[입자간격 5], [개별두께-충돌 1], [개별두께-렌더링 1]로 지정한다.

[속성창]-[두께면 곡률설정]-[곡률(%)]은 버클의 너비, 두께, 디자인 등에 따라 변경한다.

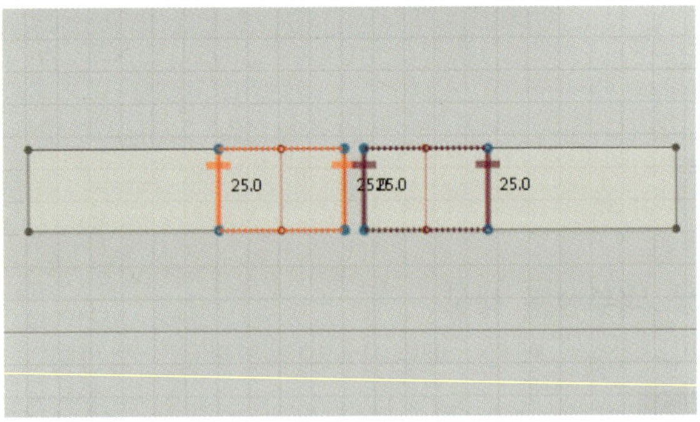

벨트 재봉

(선분재봉)툴을 이용하여 벨트의 두 번째 내부선분을 외곽선과 재봉한다.

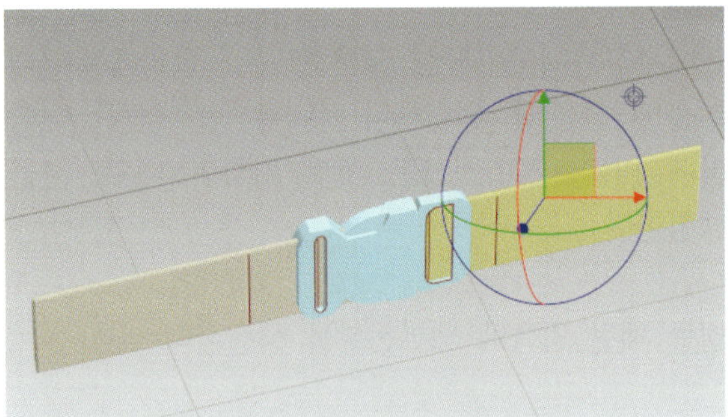

3D 배치

[3D창]에서 (선택/이동)툴을 이용하여 벨트 패턴을 선택하고 기즈모를 이용하여 이동시킨다.

버클과 벨트 패턴이 겹쳐있는 경우, [3D창]에서 (2D창 상태로 재배치)를 클릭하여 재배치한다.

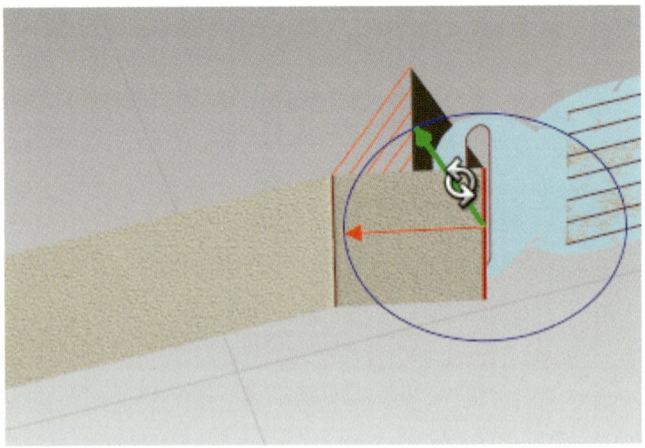

접어 배치

(접어 배치)툴을 이용하여 첫 번째 내부선분을 선택하고 화살표를 회전시켜 접어 배치 한다.

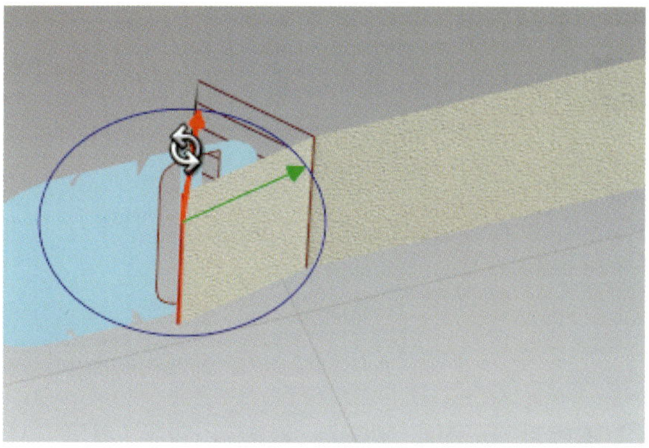

반대쪽 벨트도 (접어 배치)툴을 이용하여 첫 번째 내부선분을 접어 배치 한다.

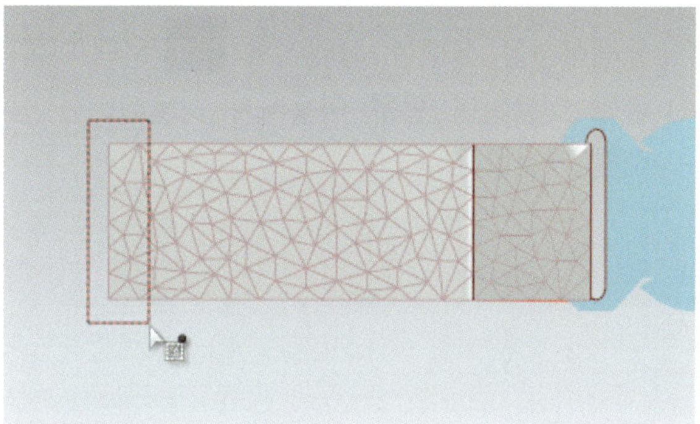

핀으로 고정

(핀(박스))툴을 이용하여 벨트 패턴의 끝에 핀을 생성한다.

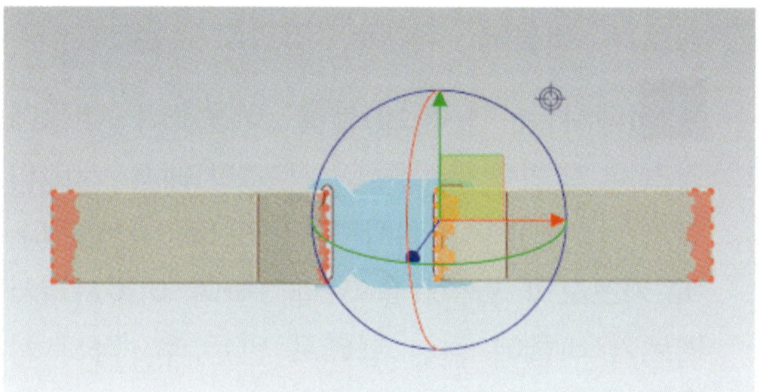

(핀(박스))툴을 이용하여 벨트 패턴의 접힌 위치에 핀을 생성한다.

- (핀(박스))툴을 이용하여 반대쪽 벨트의 끝과 접힘 위치에도 동일하게 핀을 생성한다.

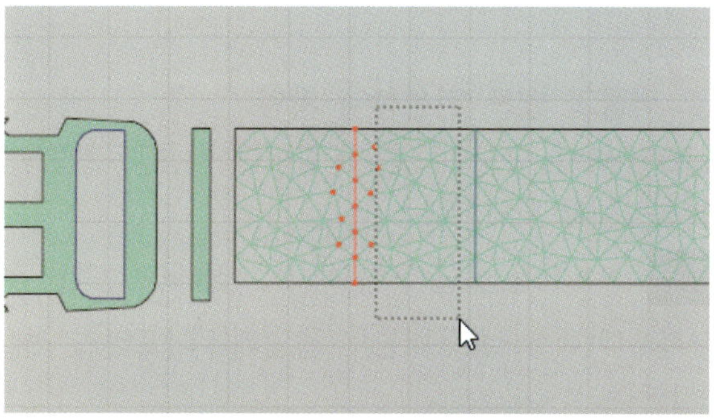

메시 선택(박스)

(메시 선택(박스))툴을 이용하여 버클에 걸리는 영역을 선택한다. [3D창]에서 선택된 영역(녹색점)에 클릭하면 기즈모가 나타난다. 이 기즈모의 화살표를 이용하여 이동시켜서 벨트가 버클에 걸린 형태로 만든다.

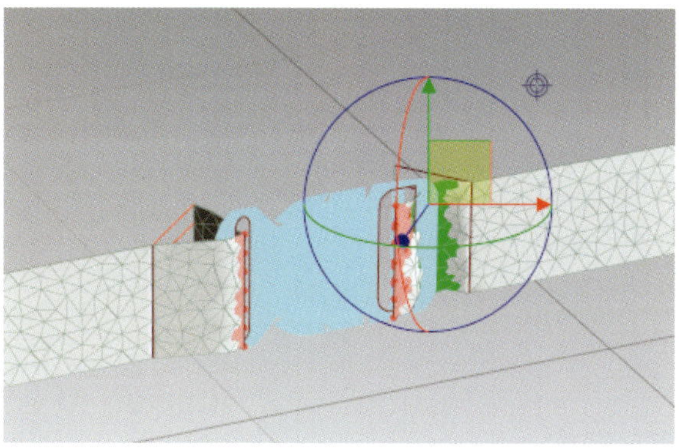

- 벨트가 버클에 걸린 형태로 메시를 조정하는 작업은 한번에 완성되지 않는다. (메시 선택(박스))툴을 이용하여 부위별로 메시를 이동시킨다.

(메시 선택(박스))툴을 이용하여 메시 위치를 이동하여 그림과 같이 벨트가 버클에 걸린 형태로 정리한다.

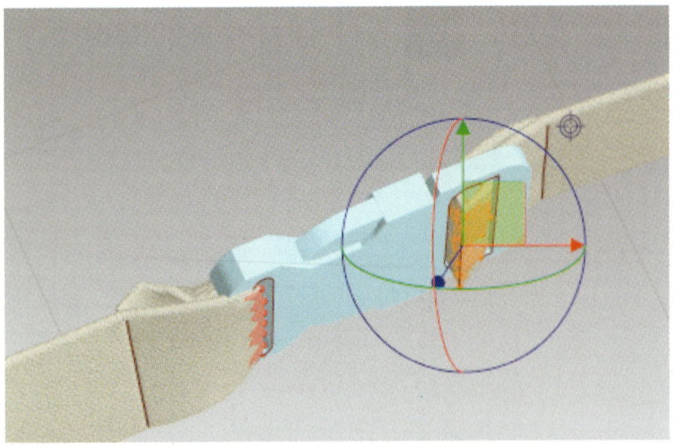

시뮬레이션

(시뮬레이션)을 클릭하여 시뮬레이션한다.

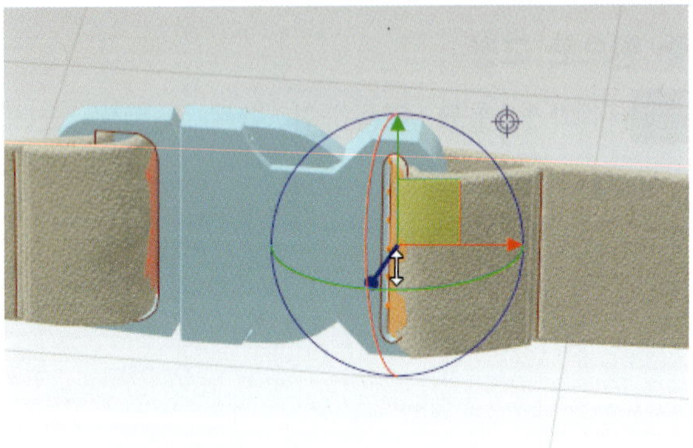

- 벨트가 버클에 제대로 걸리지 않은 경우, 시뮬레이션을 실행한 상태에서 (선택/이동)툴을 이용하여 핀을 이동시켜 시뮬레이션 상태를 개선한다.

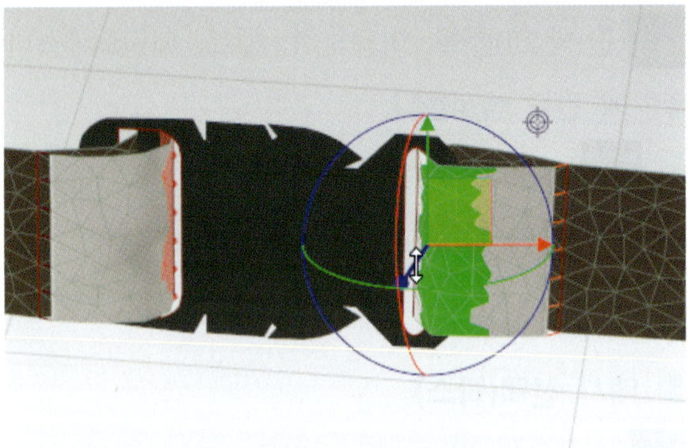

- 벨트가 버클에 제대로 걸리지 않은 경우, (메시 선택(박스))툴을 이용하여 버클에 걸리는 영역을 선택한다. [3D창]에서 선택된 영역(녹색점)에 클릭하면 기즈모가 나타난다. 이 기즈모의 화살표를 드래그하여 이동시켜서 벨트가 버클에 걸린 형태로 만든 후, 다시 시뮬레이션 실행한다.

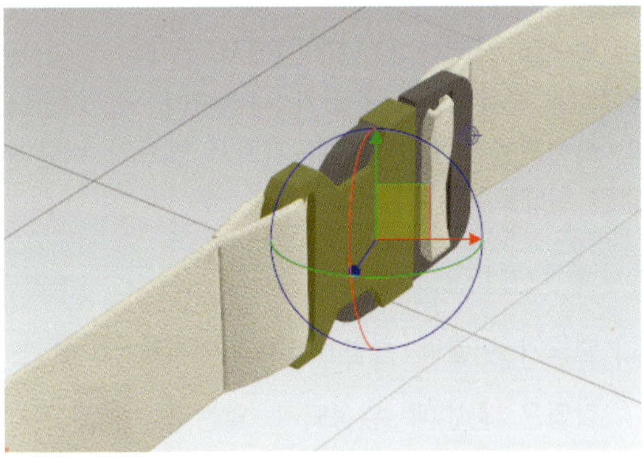

버클과 벨트 완성상태 확인

[3D창]에서 뷰포인트를 조절하여 버클과 벨트의 완성상태를 확인한다.

(선택/이동)툴을 이용하여 버클을 선택하고 [MRB(마우스오른쪽버튼) 팝업메뉴]-[프리즈 해제]한다.

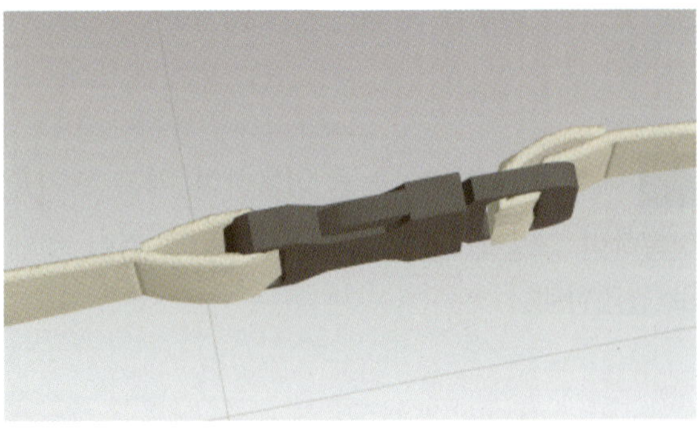

4 연결고리

Swivel Lobster Claw Clasps

4.1 디자인

난이도 ································ 하
패턴 ···································· 연결고리 패턴(250페이지)
주요 활용 기능 ············· 패턴 이미지 불러오기, 다각형 패턴, 점/선 수정, 원, 자연스러운 곡선 만들기, 곡률 수정, AI곡선

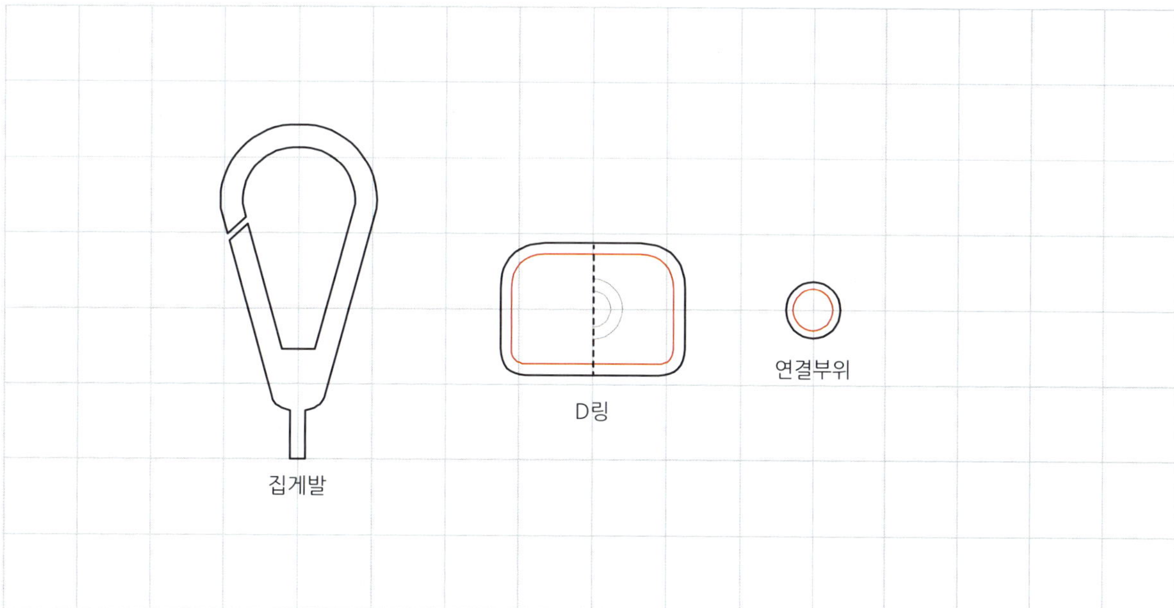

4.2 집게발

4.2.1 집게발 패턴 이미지 불러오기

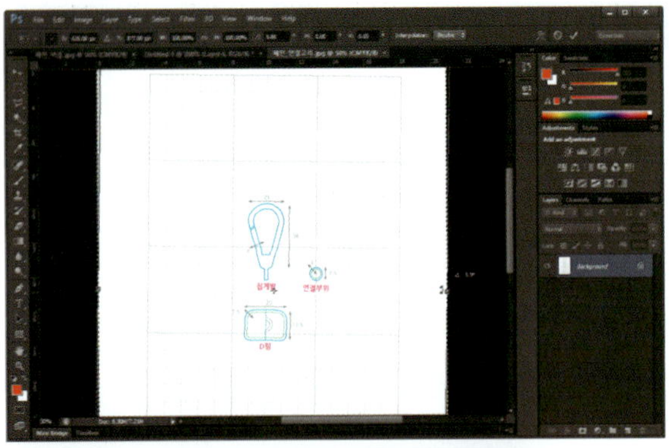

포토샵에서 패턴 이미지 정리

250페이지의 패턴 이미지를 스캔한다. 스캔한 이미지를 포토샵에서 수직, 수평을 맞추어 회전시키고 패턴 영역만 [자르기(crop)]하여 jpg 또는 png 포맷으로 저장한다.

패턴 이미지 불러오기

[물체창]-[원단] 탭에서 + 추가 를 클릭하여 새 원단을 생성한다(FABRIC 2). [FABRIC 2]를 선택하고 [속성창]-[재질]-[텍스처]의 (탐색) 버튼을 클릭하면 [파일 열기] 윈도우가 열린다.

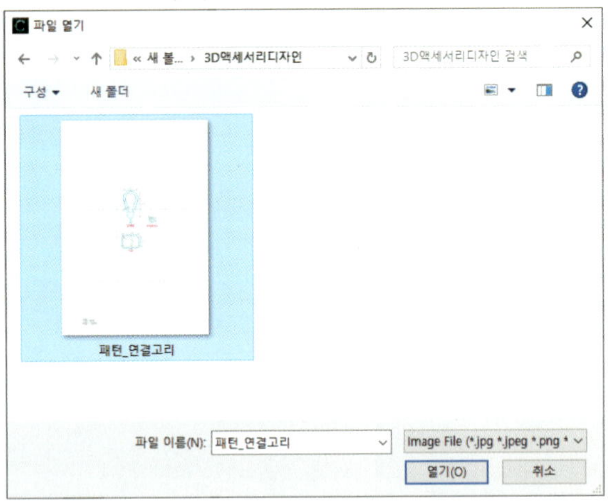

포토샵에서 저장한 패턴 이미지 파일을 선택한다.

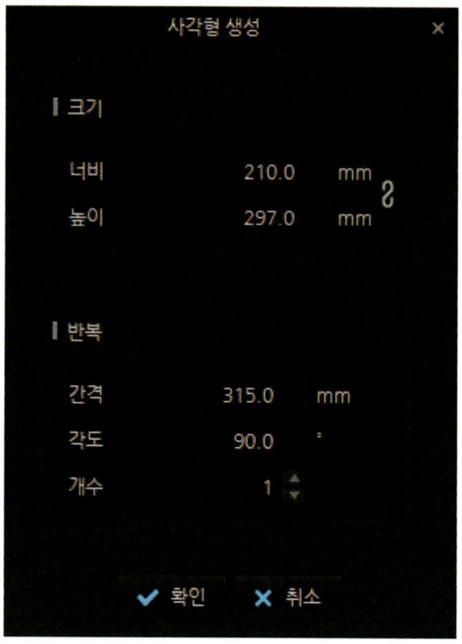

(사각형 패턴)툴을 이용하여 [너비 210], [높이 297] 사각형을 그린 후, [물체창]-[원단] 탭에서 [FABRIC 2]를 이 사각형에 드래그 & 드롭하여 적용한다.

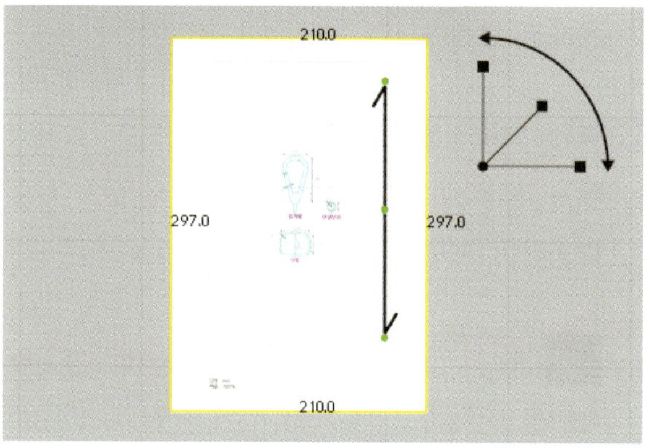

집게발 패턴 이미지가 사각형의 중앙에 위치하도록 텍스처를 이동시킨다. (텍스처 수정(2D))툴을 선택하여 패턴을 클릭 & 드래그하면 텍스처가 이동된다.

4.2.2 집게발 패턴 그리기

집게발 패턴 외곽선 생성

(다각형 패턴)툴을 선택하여 버클의 외곽선을 그린다. (다각형 패턴)툴을 이용하여 패턴을 그릴 때, 직선점이 필요한 위치만 클릭하여 대략의 형태를 만든다.

- 18페이지의 Q&A를 참고하여 [2D창]의 패턴을 [반투명]하게 보이도록 하면 다각형 패턴을 그리기 편리하다.

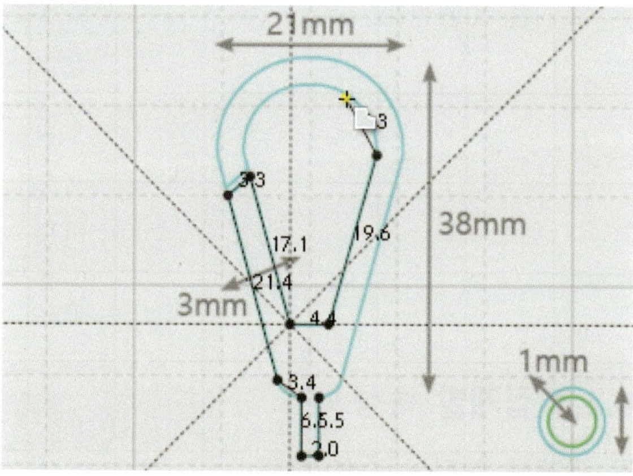

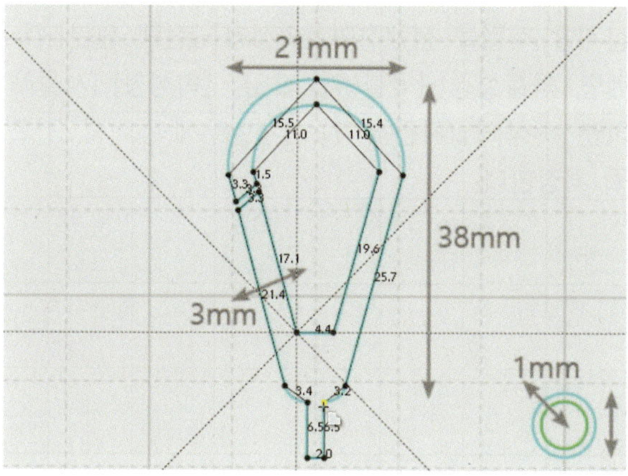

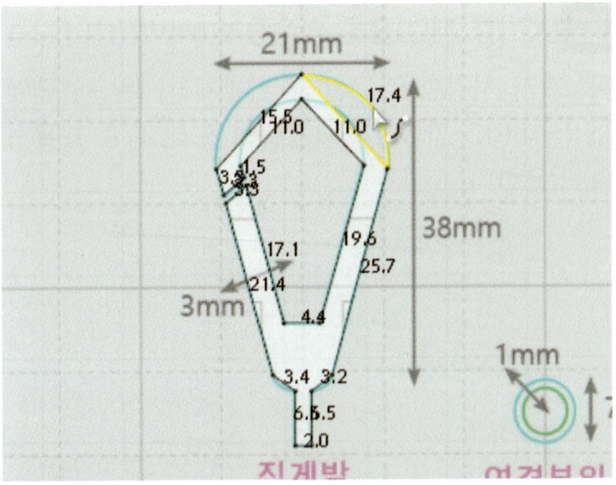

패턴 외곽선을 곡선으로 수정

(곡률 수정)툴을 선택하여 집게발 패턴 중, 곡선구간에 해당되는 직선을 선택하고 드래그하면 곡선으로 변경된다. (점/선 수정)툴을 이용하여 곡선을 선택하면 AI곡선에 파란색 핸들이 생성된 것을 확인할 수 있다. 이 핸들의 길이와 각도를 조절하여 곡선의 형태를 수정한다.

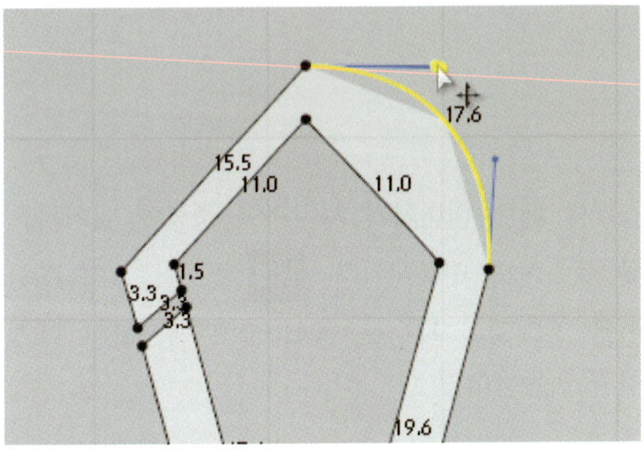

- 집게발 패턴의 곡선은 AI곡선으로 제도한다. (다각형 패턴)툴을 이용하여 새로운 점을 생성할 때, MLB(마우스왼쪽버튼)을 클릭한 상태로 드래그하면 AI곡선이 된다.

- 패턴 이미지를 적용한 사각형 패턴이 겹쳐있어서 불편한 경우, (패턴 이동/변환)툴을 이용하여 패턴을 이동시킨다.

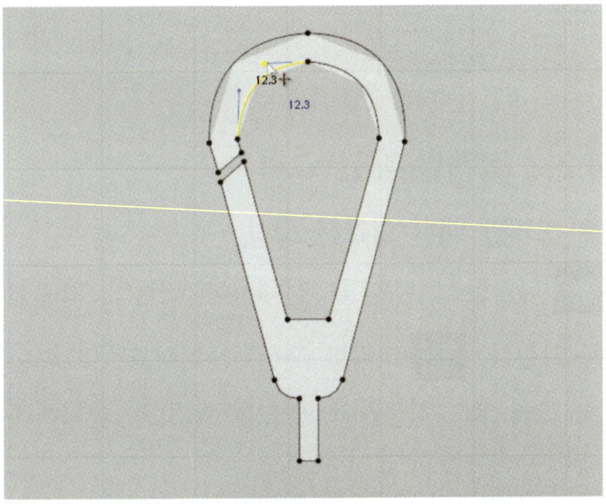

- (패턴 이동/변환)툴을 이용하여 집게발 패턴을 선택하고 [물체창]-[원단] 탭의 [FABRIC 1]을 적용한다.

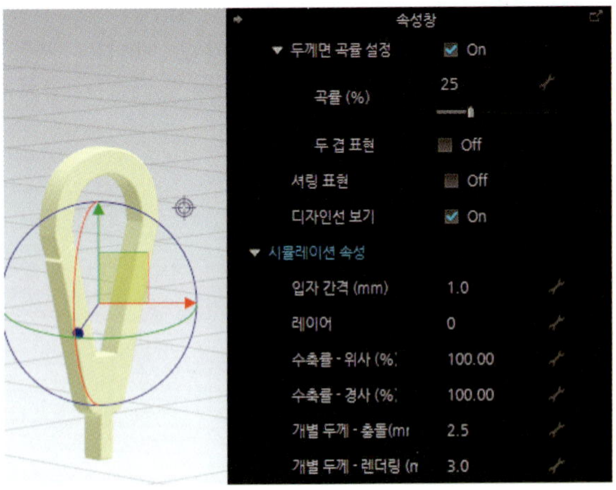

4.2.3 집게발 속성

집게발 패턴의 속성 변경

집게발 패턴을 선택하여 [속성창]-[선택 선분]-[두께면 곡률설정]-[곡률(%) 25], [속성창]-[시뮬레이션 속성]-[입자간격 1], [개별두께-렌더링 3]으로 지정한다.

4.3 D링

4.3.1 D링 패턴 그리기

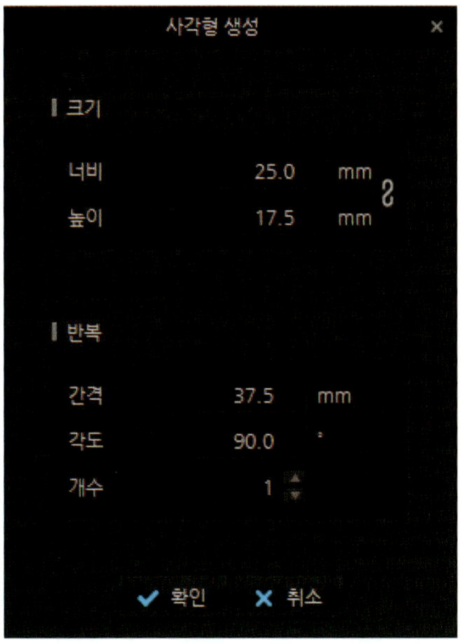

사각형 패턴 그리기

(사각형 패턴)툴을 이용하여 [너비 25], [높이 17.5] 사각형을 그린다.

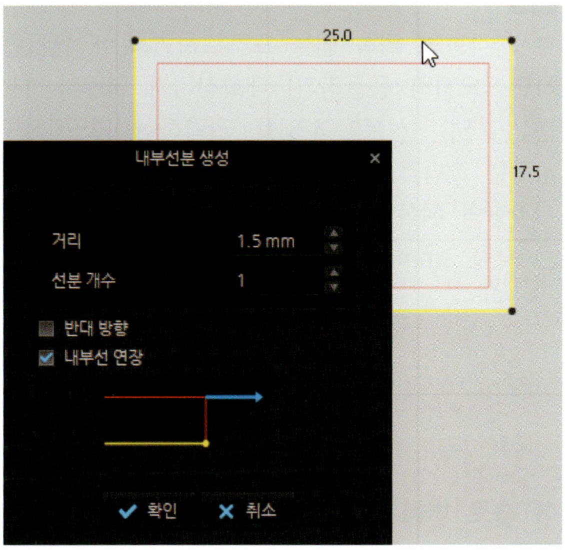

내부선분 생성

(점/선 수정)툴을 이용하여 사각형의 4변을 선택하고 [MRB(마우스오른쪽버튼) 팝업메뉴]-[내부선분 생성]하여 [내부선분 생성] 대화창에 [거리 1.5], [선분 개수 1] 입력한다. 사각형의 내부 1.5mm 위치에 내부선분이 생성된다.

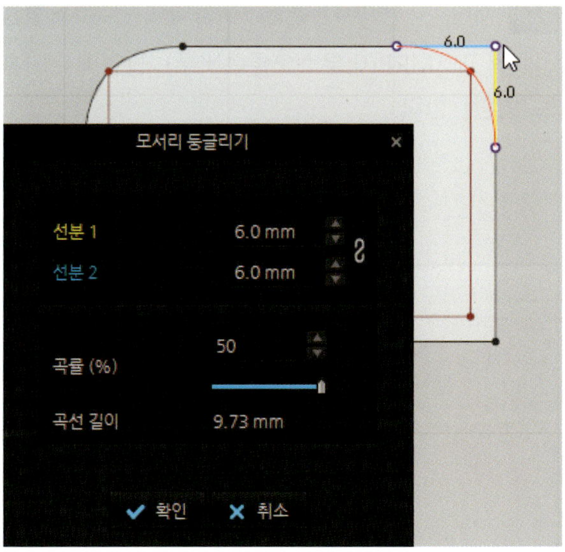

사각형 패턴 둥근 모서리 만들기

(자연스러운 곡선 만들기)툴을 이용하여 사각형 패턴의 위쪽 점을 드래그하면서 [MRB(마우스오른쪽버튼)]을 클릭하거나 [F1]을 탭하면 [모서리 둥글리기] 대화상자가 열린다. [선분1 6], [선분2 6]을 입력하여 [확인]하면 사각형 코너가 둥근 곡선이 된다.

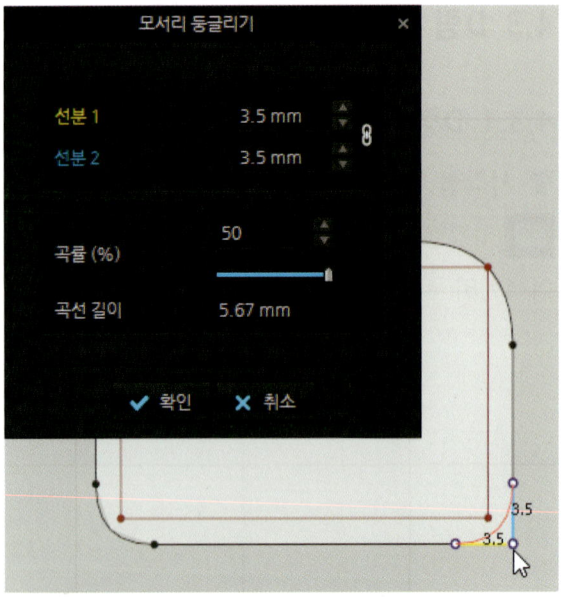

사각형의 위쪽 2점은 각각 6mm, 아래쪽 2점은 각각 3.5mm로 [모서리 둥글리기] 한다.

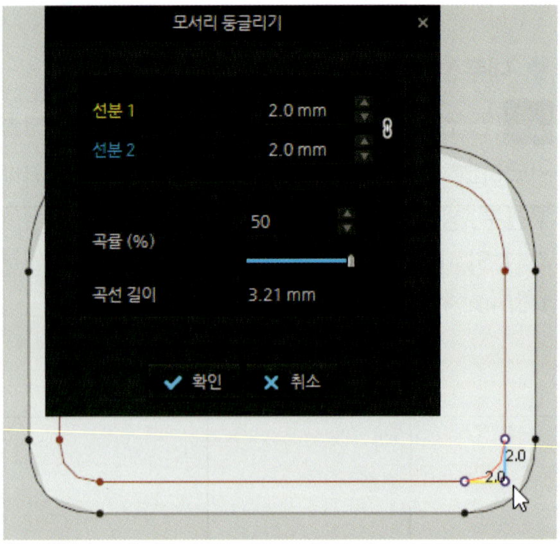

내부도형 둥근 모서리 만들기

(자연스러운 곡선 만들기)툴을 이용하여 내부 사각형의 위쪽 점을 드래그하면서 [F1]을 탭하면 [모서리 둥글리기] 대화상자가 열린다. [선분1 4.5], [선분2 4.5]를 입력하여 [확인]하면 사각형 코너가 둥근 곡선이 된다.
사각형의 위쪽 2점은 각각 4.5mm, 아래쪽 2점은 각각 2mm로 [모서리 둥글리기] 한다.

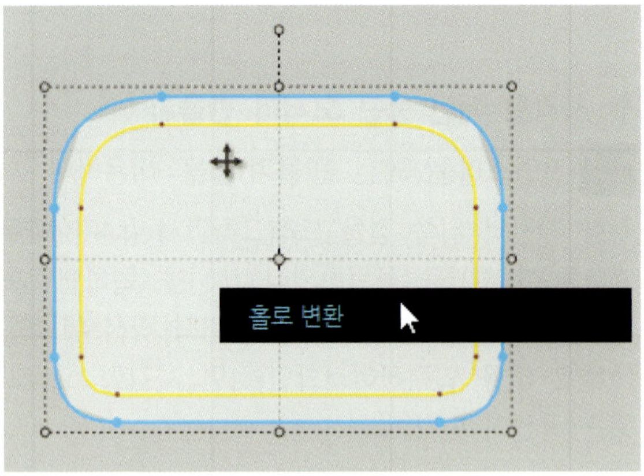

홀로 변환

(패턴 이동/변환)툴을 이용하여 내부도형을 선택하고 [MRB(마우스오른쪽버튼) 팝업메뉴]-[홀로 변환] 한다.

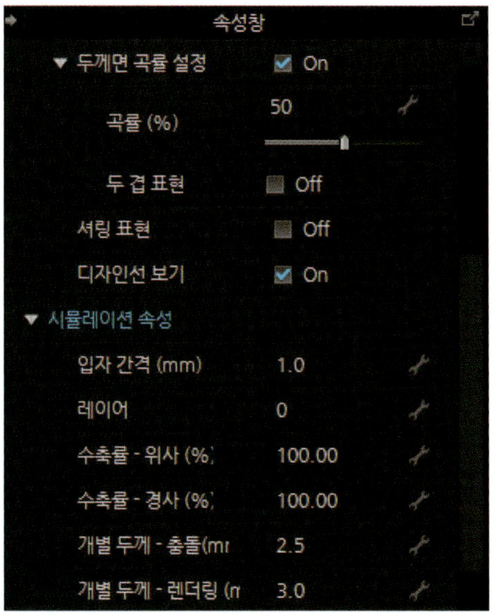

4.3.2 D링 속성

D링 패턴의 속성 변경

D링 패턴을 선택하여 [속성창]-[선택 선분]-[두께면 곡률설정]-[곡률(%) 50], [속성창]-[시뮬레이션 속성]-[입자간격 1], [개별두께-렌더링 3]으로 지정한다.

4.4 집게발과 D링 연결 부위

4.4.1 연결 부위 패턴

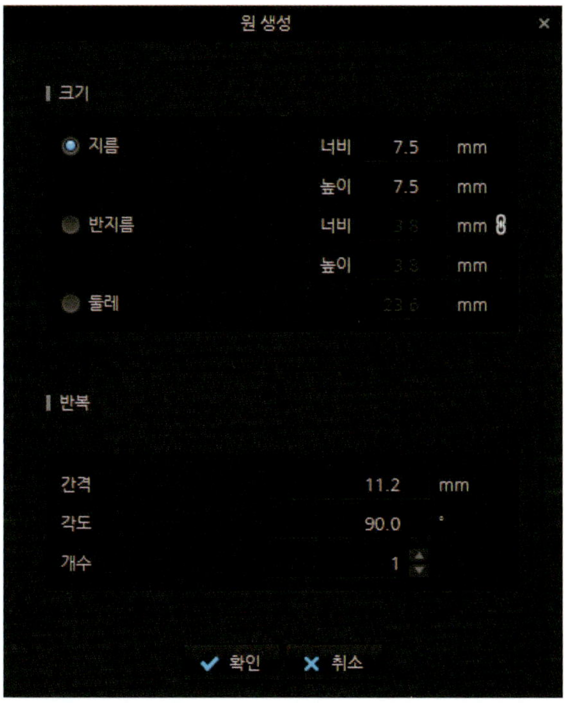

원 그리기

(원)툴을 선택하여 [2D창]의 배경을 클릭하면 [원 생성] 대화상자가 열린다. [원 생성] 대화상자에 [지름 너비 7.5], [지름 높이 7.5]를 입력하여 지름 7.5mm의 원을 생성한다.

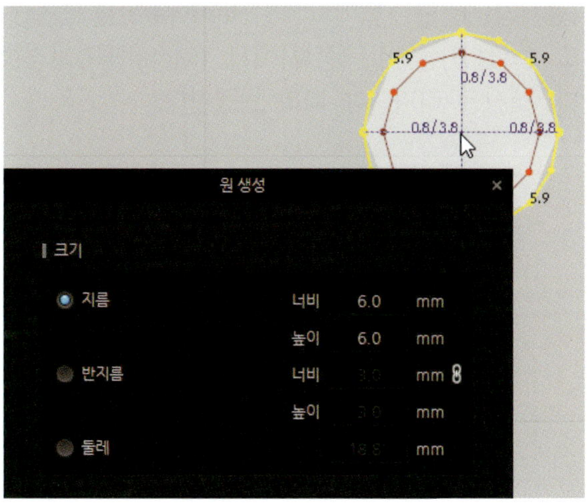

내부 원 그리기

(내부 원)툴을 선택하여 앞에서 그린 원의 중심에 클릭한다. [원 생성] 대화상자에 [지름 너비 6], [지름 높이 6]으로 입력하고 [확인]하여 지름 6mm의 내부 원을 생성한다.

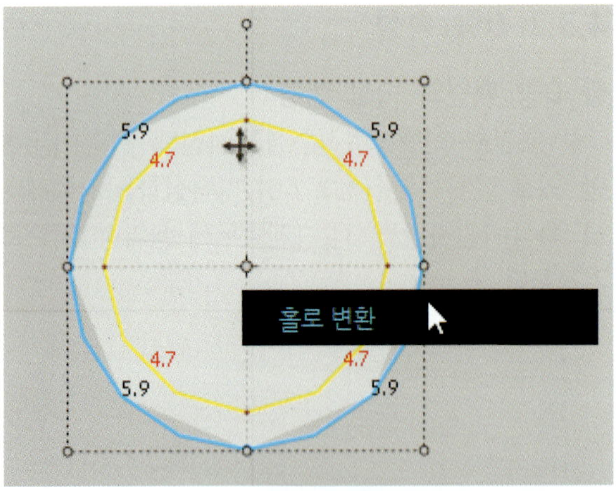

홀로 변환

(패턴 이동/변환)툴을 이용하여 내부 원을 선택하고 [MRB(마우스오른쪽버튼) 팝업메뉴]-[홀로 변환] 한다.

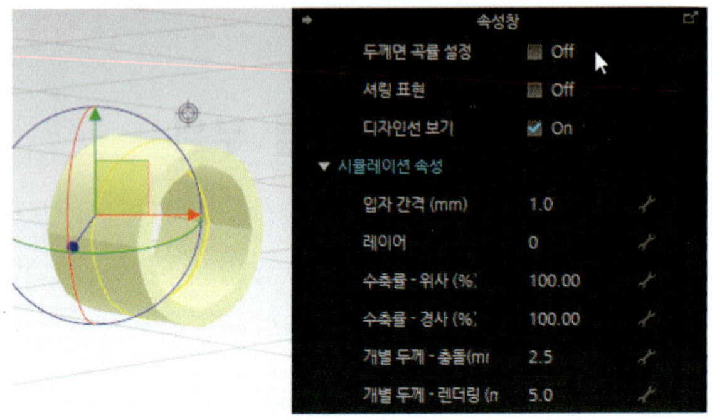

4.4.2 연결 부위 패턴 속성

연결 부위 패턴의 속성 변경

원 패턴을 선택하여 [속성창]-[시뮬레이션 속성]-[입자간격 1], [개별두께-렌더링 5]로 지정하고, [속성창]-[두께면 곡률설정 OFF] 한다.

- [속성창]-[두께면 곡률설정]-[곡률(%)]은 패턴의 너비, 두께, 디자인 등에 따라 변경한다.
- [개별두께-렌더링]이 적용된 형태가 제대로 보이려면 [3D창]의 의상렌더링 스타일이 (두꺼운 텍스처)로 지정되어야 한다.

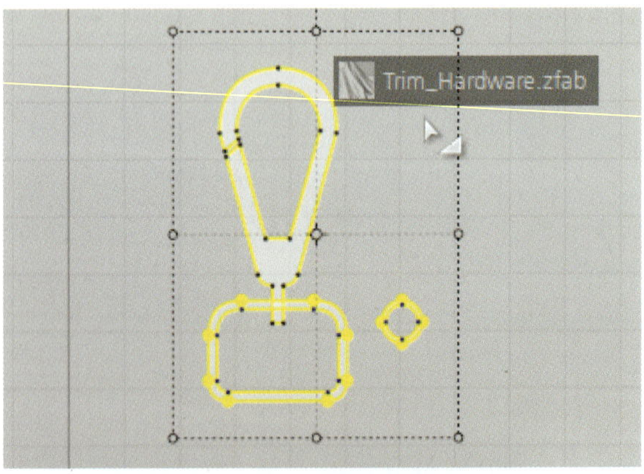

4.4.3 재질

금속재질 원단 적용

[라이브러리창]-[Fabric]에서 [Trim_Hardware.zfab]를 찾아서 [물체창]-[원단]-[FABRIC 1]에 드래그 & 드롭한다. [FABRIC 1]에 [Trim_Hardware.zfab]이 적용되면 [FABRIC 1]이 [S_Hardware] 원단으로 변경된다.

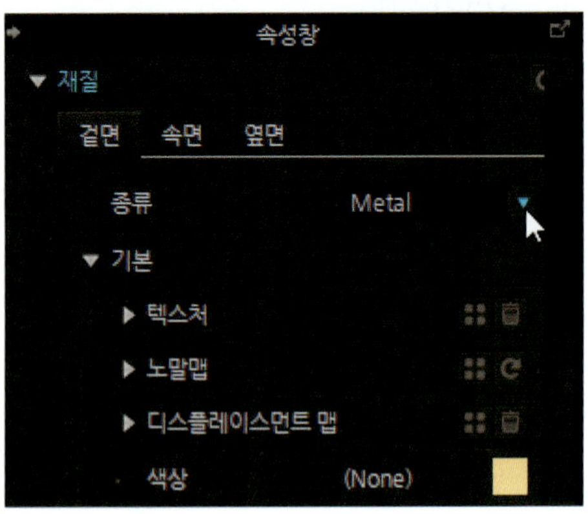

[물체창]-[원단] 탭에서 [S_Hardware]를 선택하고 [속성창]-[재질]-[종류]에서 [Metal]을 지정한다. 색상은 디자인에 따라 변경한다.

4.5 연결고리 형태 완성

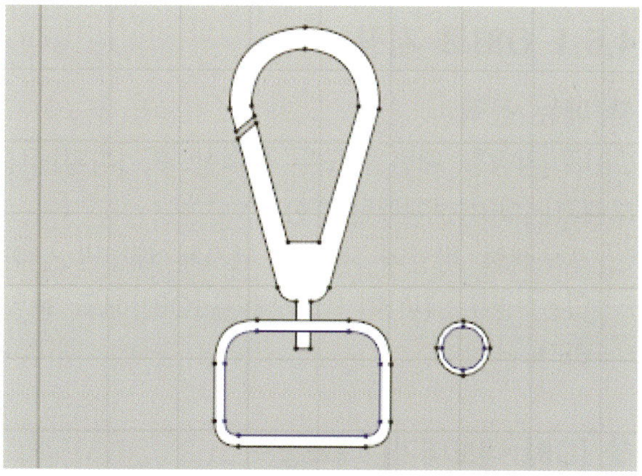

4.5.1 [2D창]에 패턴 배치

패턴 위치 조정

[2D창]에서 (패턴 이동/변환)툴을 이용하여 집게발 패턴과 D링 패턴은 그림과 같이 겹친 상태로 배치한다. 연결 부위 패턴도 함께 배치한다.

4.5.2 [3D창]에 패턴 배치

2D창 상태로 재배치

[3D창]에서 (2D창 상태로 재배치)를 클릭하여 재배치한다.

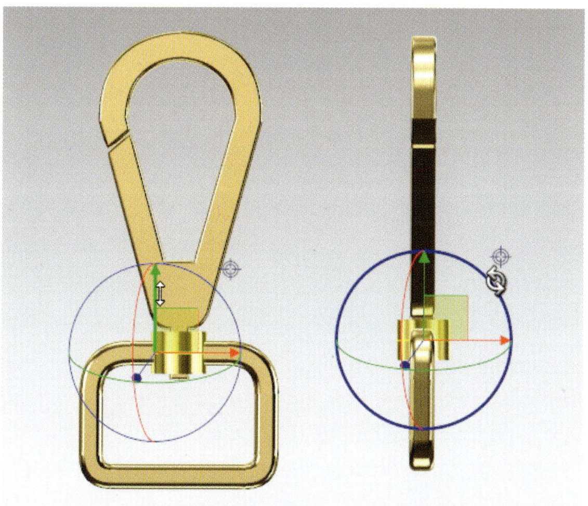

연결 부위 패턴 회전

[3D창]에서 (선택/이동)툴을 이용하여 연결 부위 패턴을 선택하면 기즈모가 나타난다. 번호키 [4]를 눌러 오른쪽 뷰에서 기즈모를 회전시킨다. 번호키 [2]를 눌러 정면에서 연결고리의 완성 형태를 확인한다.

연결고리 완성 확인

[3D창]에서 완성된 연결고리의 형태를 확인한다.

4.6 부자재를 OBJ로 변환

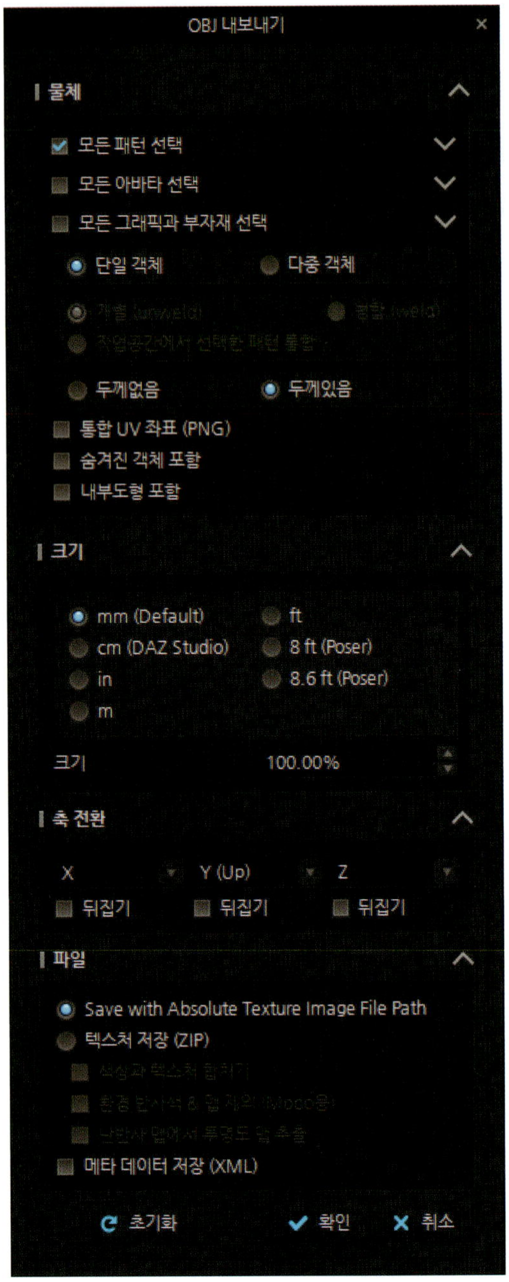

4.6.1 OBJ로 저장

메뉴 선택

OBJ로 저장할 패턴을 모두 선택한 후, [파일]-[내보내기]-[OBJ(선택패턴)] 한다.

프로젝트 파일에 저장할 부자재 패턴만 남아있는 경우, [파일]-[내보내기]-[OBJ]해도 동일하다.

[OBJ 내보내기] 대화창

[OBJ 내보내기] 대화창에서 [두께있음] 체크하고 [단위] 지정하여 저장한다. 단위는 CLO에서 작업하고 있는 단위를 선택한다.

4.6.2 OBJ 불러오기

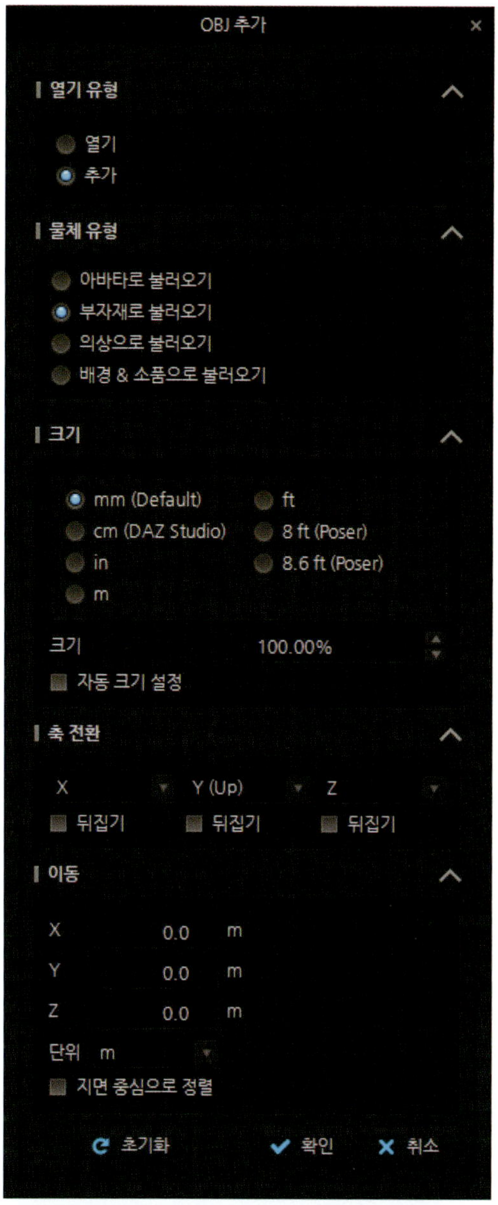

메뉴 선택

[파일]-[불러오기(추가)]-[OBJ]하여 OBJ 파일을 찾아서 [열기] 한다.

부자재로 [불러오기] 하려면, 먼저 패턴이 준비되어있어야 한다. (사각형 패턴)툴을 이용하여 사각형 패턴을 미리 그려둔다.

[OBJ 추가] 대화창

[OBJ 추가] 대화창에서 [추가], [부자재로 불러오기], 단위(저장할 때와 동일한 단위) 선택하여 [확인] 클릭한다.

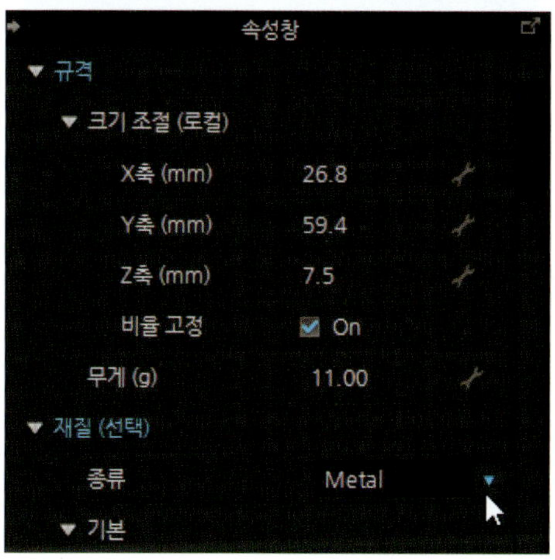

재질이 [Fabric_Matte]로 지정된 경우, OBJ를 선택하고 [속성창]-[재질]-[종류]에서 [Metal]로 변경한다.

[속성창]-[규격]-[크기 조절]에서 X축, Y축, Z축 크기를 조절할 수 있다.

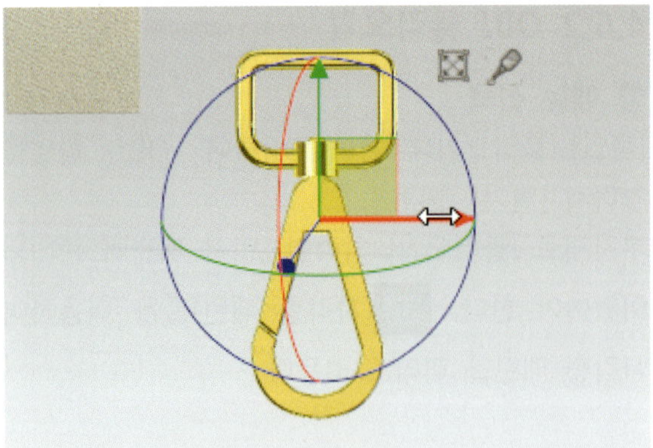

(선택/이동)툴을 이용하여 OBJ를 선택하고 기즈모를 이용하여 이동, 회전시킨다.

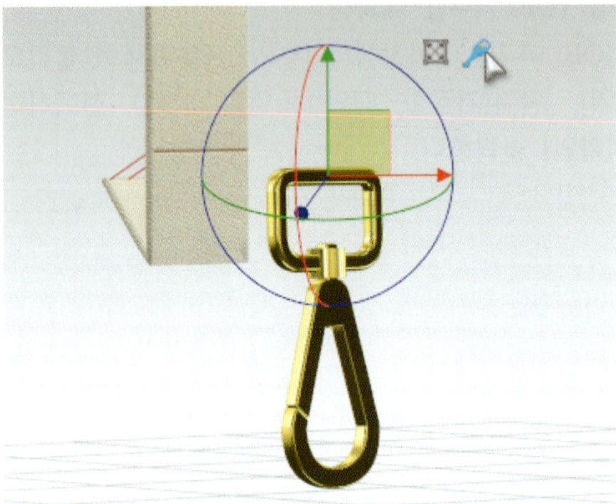

OBJ 붙이기

OBJ 기즈모 옆의 (글루) 아이콘을 클릭한 후, 원하는 위치에 마우스 오버한다.

OBJ의 미리보기가 마우스를 따라다니므로 이를 참고하여 원하는 위치를 클릭하면 선택된 OBJ가 클릭한 위치에 붙여진다. 필요에 따라 기즈모로 위치와 각도를 조정한다.

[OBJ 붙이기]를 하려면 OBJ 외에 의상이 필요하다.

[OBJ 붙이기]를 하여 (시뮬레이션) 실행하면 OBJ가 의상에 부착되어 함께 시뮬레이션 된다.

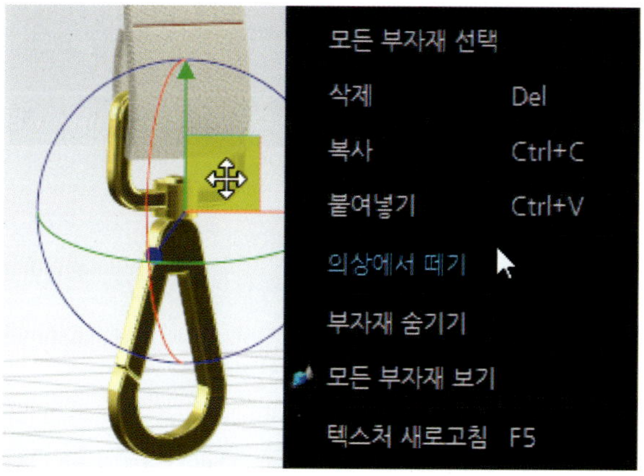

의상에서 OBJ 떼기

의상에서 OBJ를 떼고자 할 때는 [MRB(마우스오른쪽버튼) 팝업메뉴]-[의상에서 떼기] 한다.

의상에 붙어있지 않은 부자재에서는 [의상에서 떼기] 메뉴가 나타나지 않는다.

Q D링, 버클 등을 완성하고 시뮬레이션하면 형태가 이상하게 되고 날아간다.

A 부자재들은 피스가 작기 때문에, 물성만으로 단단한 금속을 표현하기 어렵다. 또한 피스가 작으면 이 패턴을 구성하는 버텍스의 숫자도 적기 때문에 제대로 형태를 유지하기 어렵다. 그래서 시뮬레이션을 했을 때 패턴 피스들이 날아가거나 구겨지는 현상이 발생한다. 이런 경우, 부자재들을 [프리즈]하고 기즈모를 이용하여 위치 이동, 회전시켜서 의상 부자재의 형태를 나타내도록 한다. 추가로, OBJ로 저장한 후, CLO에 [불러오기]하여 부자재로 사용하면 의상과 함께 움직이므로 더 정확하게 표현할 수 있다.

5 헤어핀

Hair pin

5.1 디자인

난이도 ······························ 하
패턴 ································ 헤어핀 패턴(251페이지)
주요 활용 기능 ··········· 패턴 이미지 불러오기, 사각형 패턴, 내부 다각형/선, 곡률 수정, 단추 스타일, 재봉된 패턴에 배치, Gem(Render only)

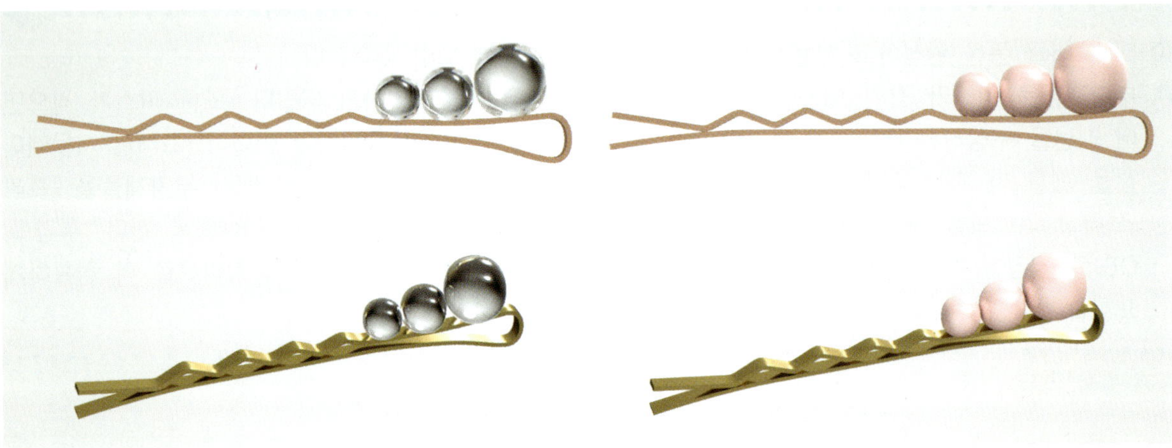

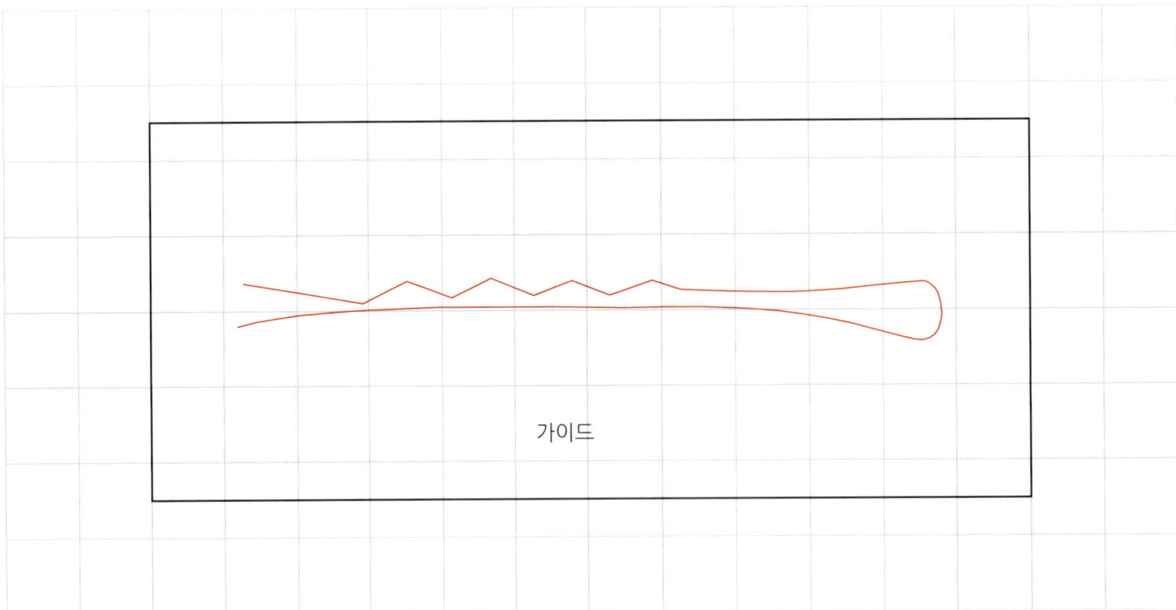

5.2 패턴 제작

5.2.1 패턴 이미지 불러오기

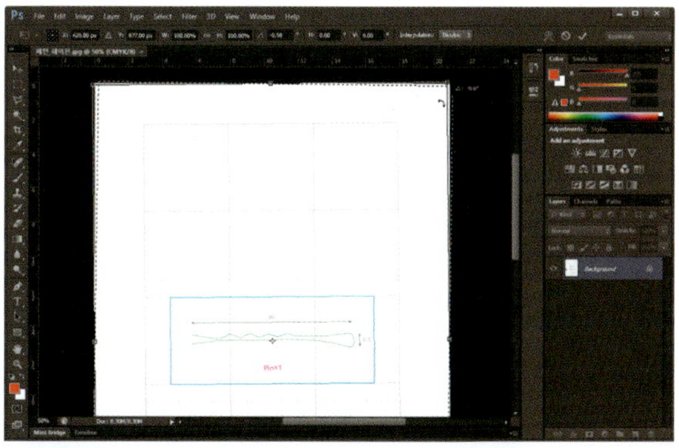

포토샵에서 패턴 이미지 정리

251페이지의 패턴 이미지를 스캔한다. 스캔한 이미지를 포토샵에서 수직, 수평을 맞추어 회전시키고 패턴 영역만 [자르기(crop)]하여 jpg 또는 png 포맷으로 저장한다.

패턴 이미지 불러오기

[물체창]-[원단] 탭에서 + 추가 (추가)를 클릭하여 새 원단을 생성한다(FABRIC 2). [FABRIC 2]를 선택하고 [속성창]-[재질]-[텍스처]의 (탐색) 버튼을 클릭하면 [파일 열기] 윈도우가 열린다.

포토샵에서 저장한 패턴 이미지 파일을 선택한다.

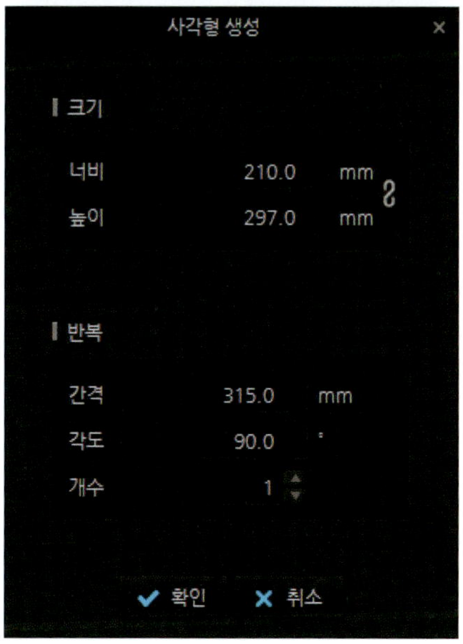

패턴 이미지를 적용할 사각형 패턴 그리기

(사각형 패턴)툴을 이용하여 [너비 210], [높이 297]의 사각형을 그린다.

이 사각형은 패턴 이미지를 불러오기 위한 것이므로 사각형의 너비, 높이는 패턴이 보일 정도의 크기로 자유롭게 지정할 수 있다.

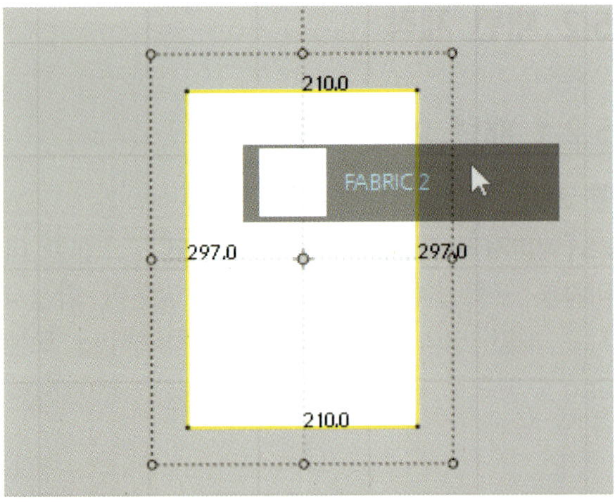

원단 적용

[물체창]-[원단] 탭에서 [FABRIC 2]를 선택하여 이 사각형에 드래그 & 드롭하여 적용한다.

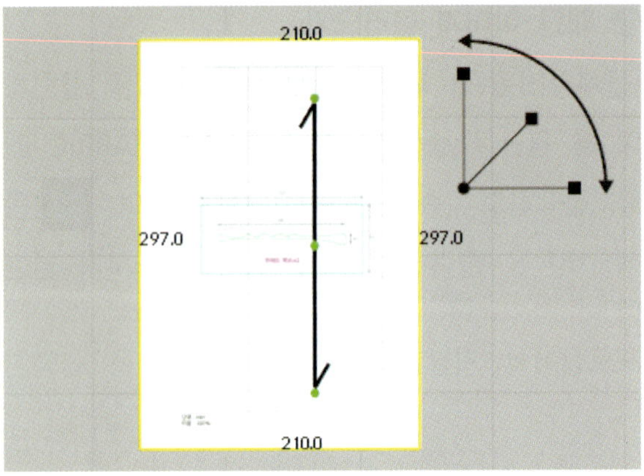

패턴 이미지 위치 이동

헤어핀 패턴 이미지가 사각형의 중앙에 위치하도록 텍스처를 이동시킨다. (텍스처 수정(2D)) 툴을 선택하여 패턴을 클릭 & 드래그하면 텍스처가 이동된다.

5.2.2 패턴 생성

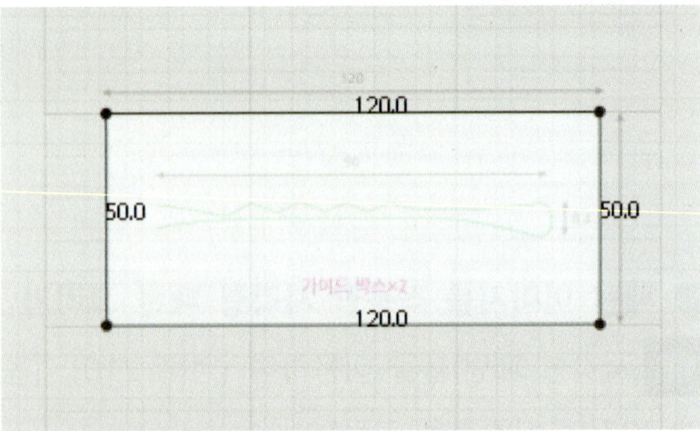

가이드 박스 생성

(사각형 패턴)툴을 이용하여 [너비 120], [높이 50]의 사각형을 그린다.

- (패턴 이동/변환)툴을 이용하여 사각형을 패턴 이미지에 겹쳐 놓는다.

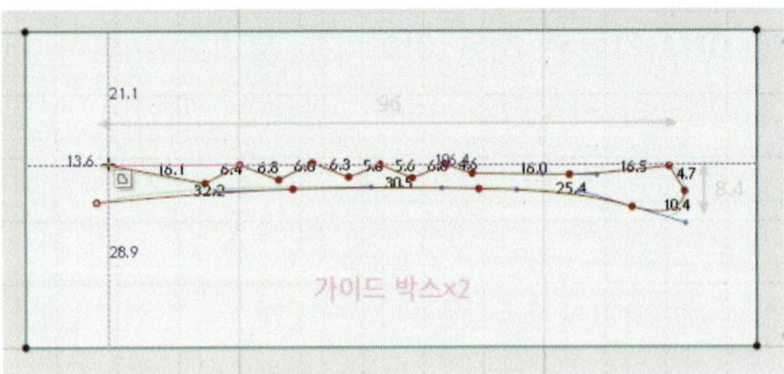

내부선분 생성

(내부 다각형/선)툴을 이용하여 가이드 박스 내부에 내부도형을 생성한다. 패턴을 그릴 때, 마우스로 클릭한 상태에서 드래그하면 AI곡선으로 그려지고 파란색 핸들이 나타난다. 내부도형의 끝점을 더블 클릭하여 (내부 다각형/선)툴 사용을 완료한다.

- 내부도형은 한 개의 도형으로 연결하여 그린다.

Q 도형 또는 선을 그릴 때, 클릭 & 드래그 하였으나 AI곡선으로 그려지지 않고 직선으로 제도되는 구간이 발생한다.

A AI곡선 사이의 간격이 지나치게 좁은 경우에 나타나는 현상이다. 일단 다각형 또는 선분을 생성한 후, (곡률 수정)툴을 이용하여 AI곡선으로 만들면 해결된다. (점/선 수정)툴을 이용하여 AI곡선의 파란색 핸들을 조작하면 곡선의 형태를 수정할 수 있다.

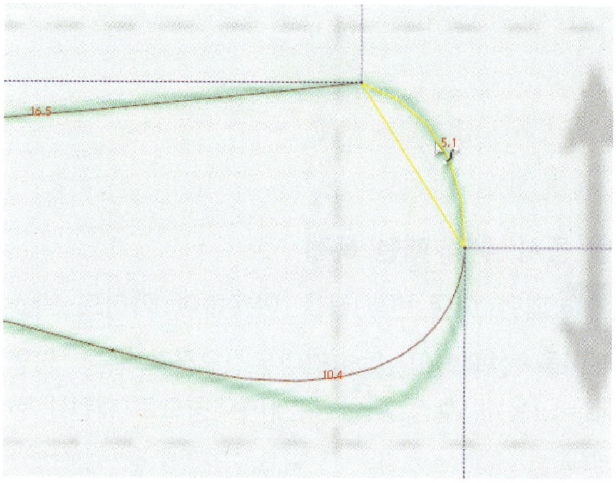

곡선 수정

곡선 구간이 직선으로 제도 되었다면, (곡률 수정)툴을 이용하여 직선을 클릭 & 드래그하여 곡선으로 변경한다. AI곡선을 조작하는 파란색 핸들이 나타난다.

18페이지의 Q&A를 참고하여 [2D창]의 패턴을 [반투명]하게 보이도록 하면 다각형 패턴을 그리기 편리하다.

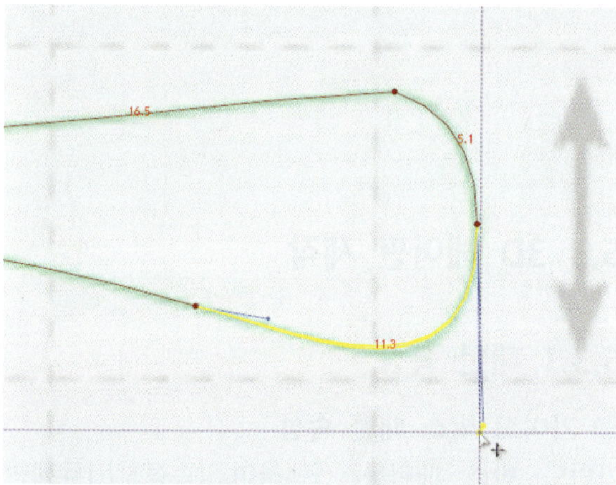

(점/선 수정)툴을 이용하여 AI곡선의 파란색 핸들을 조작하면 곡선의 형태를 수정할 수 있다.

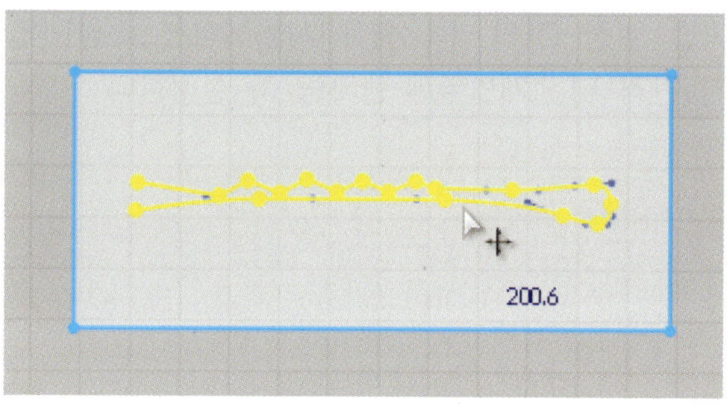

내부도형 길이 확인

(점/선 수정)툴을 이용하여 내부선분을 모두 선택하고 길이를 확인한다. (점/선 수정)툴을 이용하여 복수의 선분을 선택하면 선택된 선분의 길이가 합산되어 마우스 커서에 파란색 글씨로 표시된다.

헤어핀 패턴 생성

(사각형 패턴)툴을 이용하여 [높이 2.5]의 사각형을 그린다. [너비]에는 내부도형 길이의 합을 입력한다.

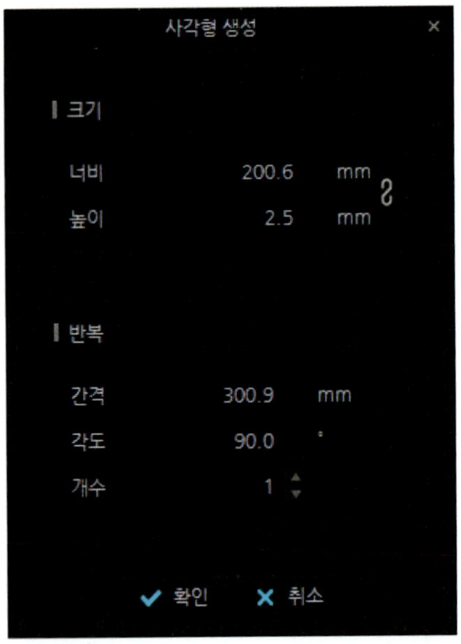

동시 수정 패턴 복제

(패턴 이동/변환)툴을 이용하여 가이드 박스 패턴을 선택하고 [MRB(마우스오른쪽버튼) 팝업메뉴]-[동시 수정 패턴 복제]-[대칭으로(패턴)] 한다.

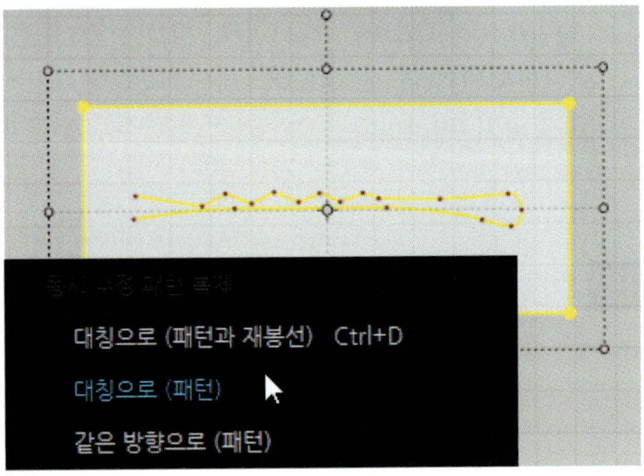

5.3 3D 헤어핀 제작

5.3.1 패턴 속성

가이드 박스 패턴 속성

가이드 박스 패턴을 선택하여 [속성창]-[두께면 곡률 설정 OFF], [속성창]-[시뮬레이션 속성]-[입자 간격 5], [개별두께-렌더링 0] 설정한다.

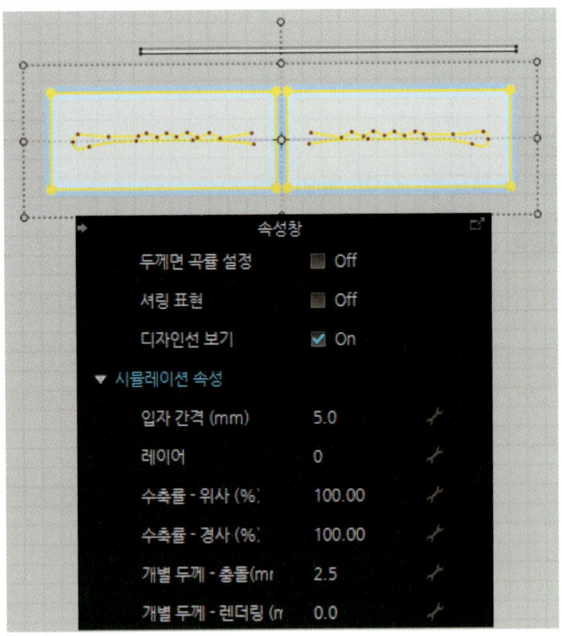

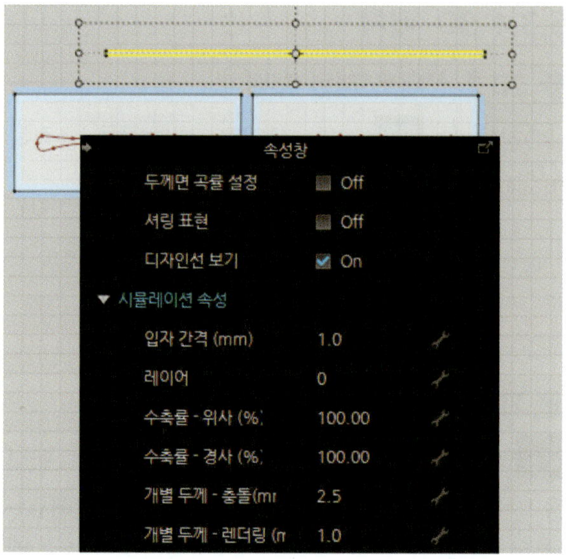

헤어핀 패턴 속성

헤어핀 패턴을 선택하여 [속성창]-[선택 선분]-[두께면 곡률 설정 OFF], [속성창]-[시뮬레이션 속성]-[입자 간격 1], [개별두께-렌더링 1] 설정한다.

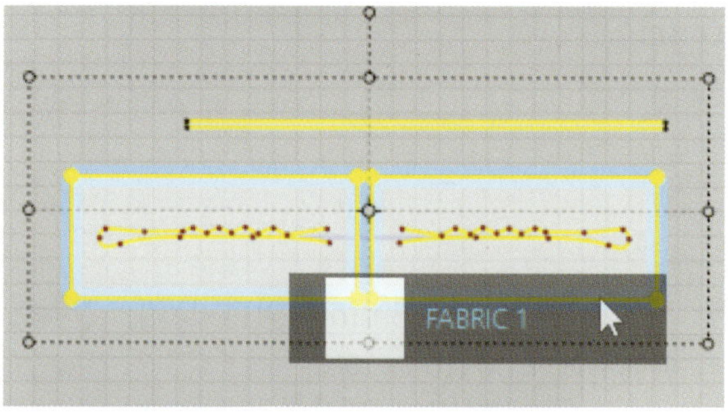

5.3.2 원단 물성

원단 적용

가이드 박스와 헤어핀 패턴을 선택하여 [물체창]-[원단] 탭에서 [FABRIC 1]을 드래그 & 드롭하여 적용한다.

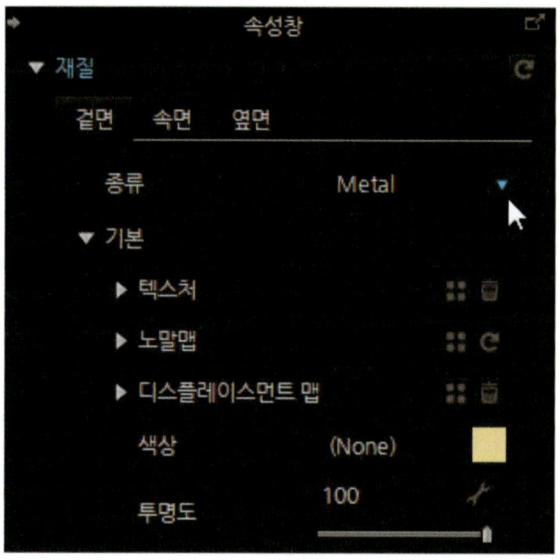

원단 물성

[물체창]-[원단] 탭의 [FABRIC 1]을 선택하여 [속성창]-[재질]-[종류]에서 [Metal]로 지정하고 색상을 변경한다.

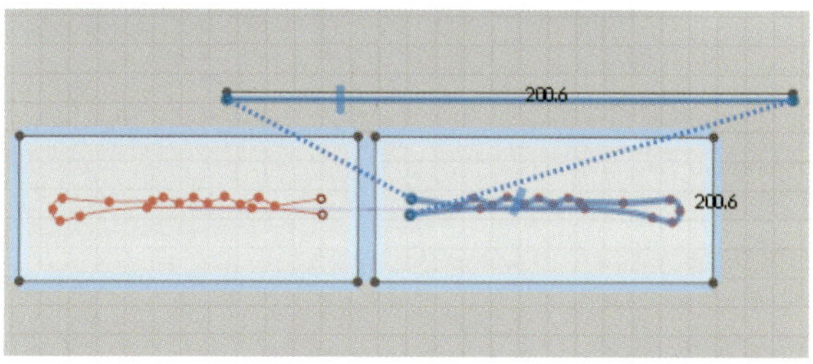

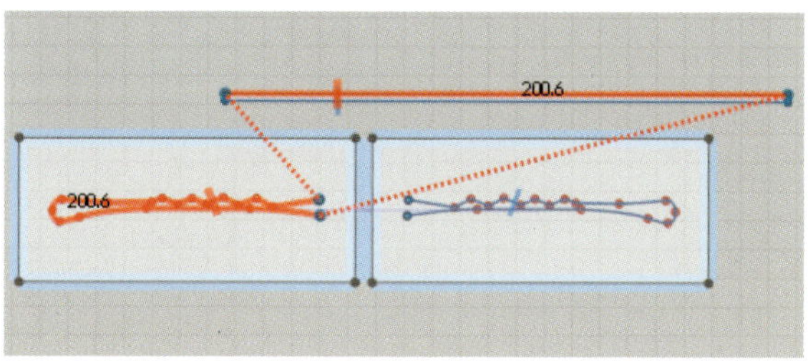

5.3.3 재봉

헤어핀 재봉

(자유재봉)툴을 이용하여 헤어핀의 아래쪽 가로선과 가이드 박스의 내부도형을 재봉한다.

(자유재봉)툴을 이용하여 헤어핀의 위쪽 가로선과 반대쪽 가이드 박스의 내부도형을 재봉한다. 두 재봉선의 너치가 같은 방향을 향하도록 주의한다.

- 헤어핀을 기준으로 너치 방향을 동일하게 맞춘다.

5.3.4 3D 배치

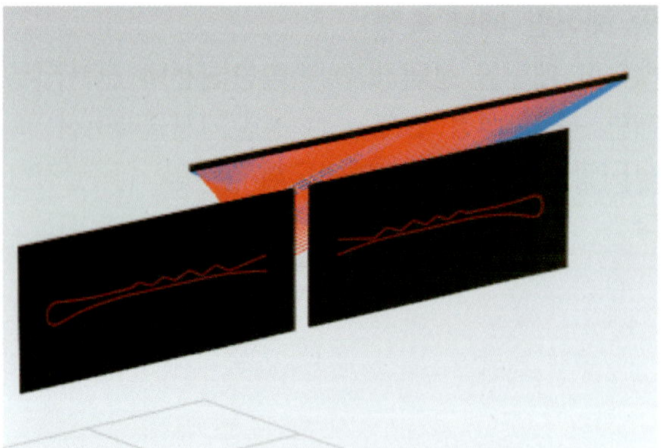

2D창 상태로 패턴 재배치

[3D창]에서 (2D창 상태로 재배치)를 클릭하여 패턴을 모두 재배치한다.

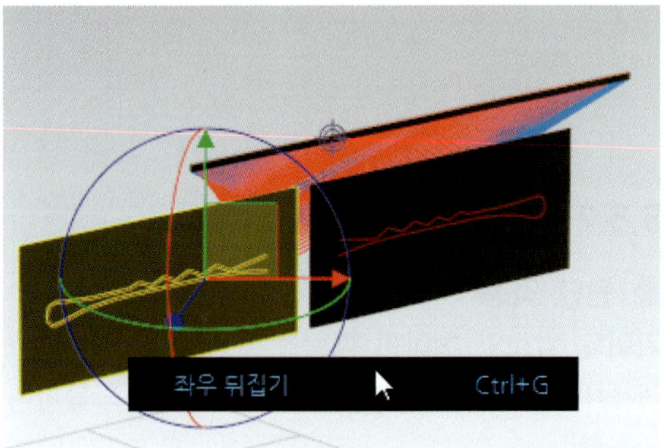

기즈모를 이용한 패턴 배치

(선택/이동)툴을 이용하여 가이드 박스 패턴을 선택하고 [MRB(마우스오른쪽버튼) 팝업메뉴]-[좌우 뒤집기] 한다. 기즈모를 이용하여 이동, 배치한다.

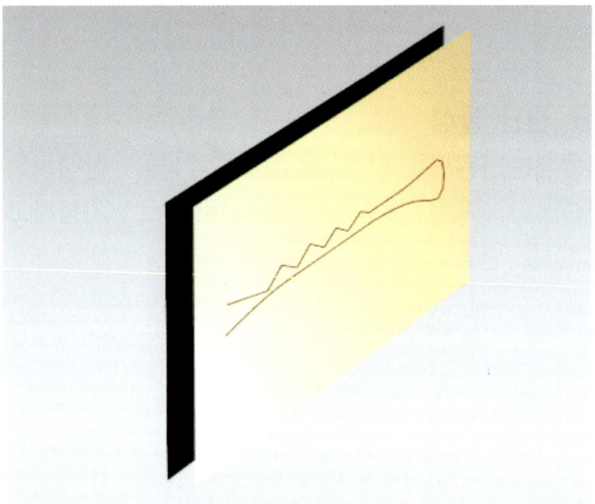

두 가이드 박스는 2.5mm(헤어핀 너비) 간격으로 평행하게 배치되어야 한다.

헤어핀을 회전시켜 가이드 박스 사이에 끼워서 패턴이 서로 닿지 않도록 하면 2.5mm를 띄울 수 있다.

- 키보드의 [2(앞)], [4(오른쪽)], [6(왼쪽)], [5(위)]를 탭하여 뷰포인트를 조절하여 가이드 박스 사이에 헤어핀이 겹치지 않도록 위치를 정한다.
- [3D창]의 [3D 의상 보기] 중에서 (재봉선 보기)를 비활성화시키면 재봉선이 보이지 않아서 간격을 맞추기 편리하다.

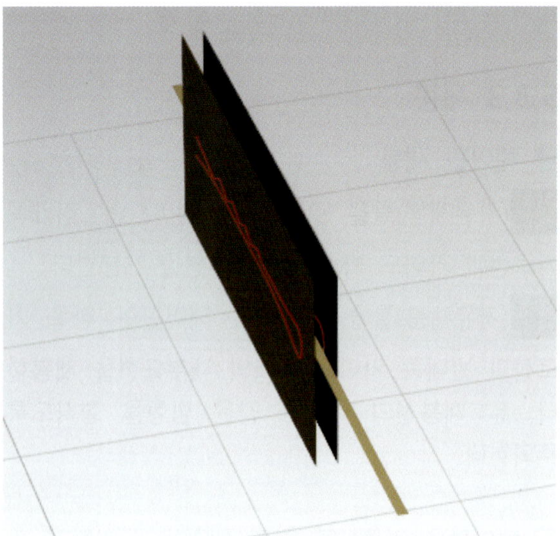

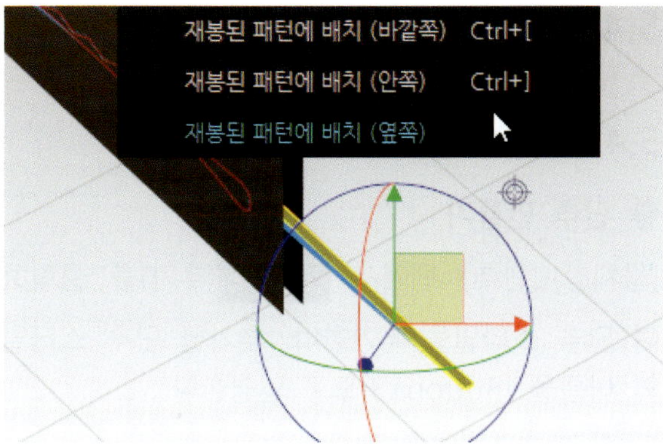

재봉된 패턴에 배치

[3D창]에서 (선택/이동)툴을 이용하여 헤어핀 패턴을 선택하고 [MRB(마우스오른쪽버튼) 팝업메뉴]-[재봉된 패턴에 배치(옆쪽)] 한다.

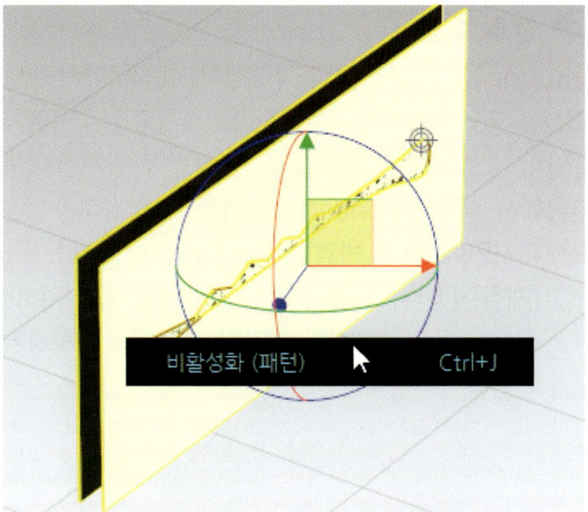

비활성화

[3D창]에서 (선택/이동)툴을 이용하여 가이드 박스 패턴을 모두 선택하고 [MRB(마우스오른쪽버튼) 팝업메뉴]-[비활성화(패턴)] 한다.

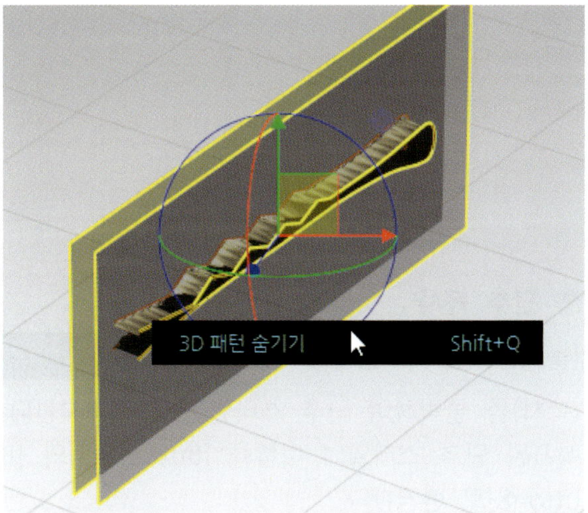

3D 패턴 숨기기

[비활성화]한 가이드 박스 패턴을 모두 선택하여 [MRB(마우스오른쪽버튼) 팝업메뉴]-[3D패턴 숨기기] 한다.

(의상보기)를 활성화하면 모든 패턴이 [보이기] 된다.

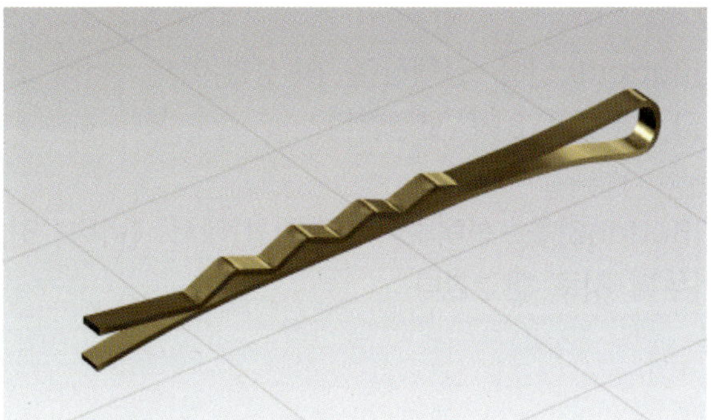

시뮬레이션

(시뮬레이션) 실행한다.

5.4 장식 표현

5.4.1 구슬 장식

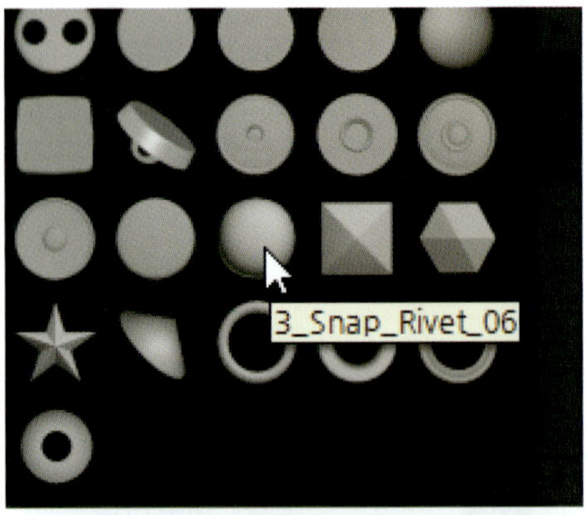

단추 만들기

[물체창]-[단추] 탭에서 + 추가 (추가)를 클릭하여 단추 스타일을 추가한다. 추가된 단추 스타일의 이름을 [Button13]으로 변경한다.

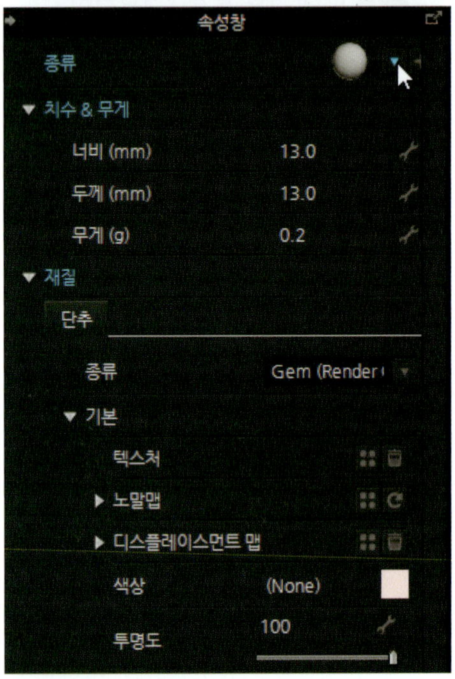

단추 속성

[Button13]을 선택하고 [속성창]-[종류]에서 [3_Snap_Rivet_06]을 선택한다. [치수&무게]에서 [너비 13], [두께 13]으로 변경한다. [재질]-[종류]에서 [Gem(Render only)]로 변경한다. 색상은 디자인에 따라 변경한다.

- [재질]-[종류]에 설정되어있는 재질 중, [Render only]는 렌더를 해야만 재질을 정확하게 확인할 수 있다.

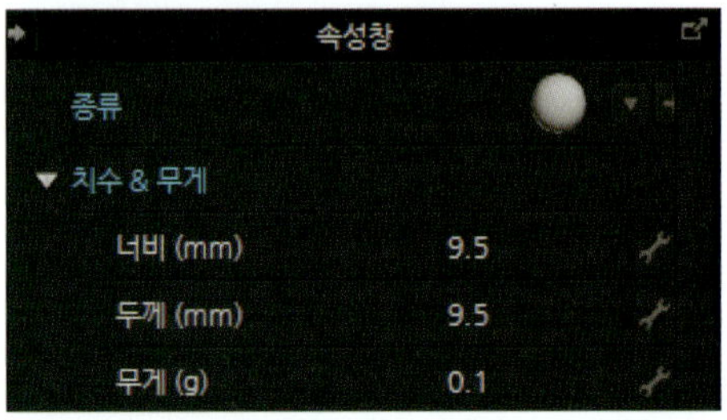

단추 복사

[물체창]-[단추] 탭에서 [Button13]을 복사 (복사)를 클릭하여 단추 스타일을 2회 복사한다. 복사된 단추 스타일의 이름을 [Button9.5]와 [Button8]로 변경한다.

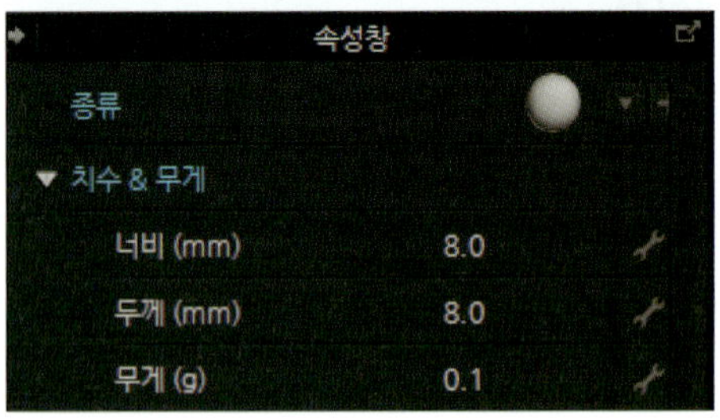

[Button9.5]를 선택하여 [속성창]에서 [너비 9.5], [두께 9.5]로 변경한다.

[Button8]를 선택하여 [속성창]에서 [너비 8], [두께 8]로 변경한다.

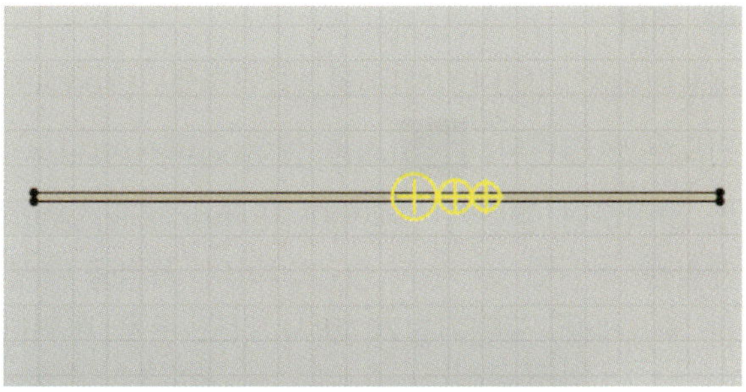

5.4.2 구슬 부착

단추 생성

(단추)툴을 이용하여 헤어핀에 단추를 생성한다.

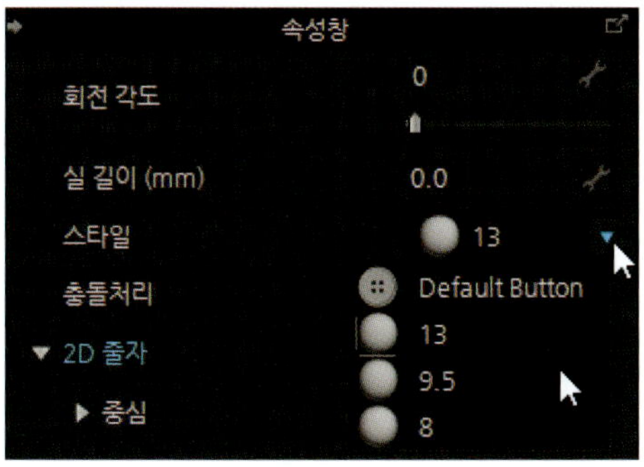

단추 속성

단추를 선택하여 [속성창]-[스타일]에서 앞에서 만들어놓은 [Button13], [Button9.5], [Button8] 중에서 선택한다. 순서대로 [Button13], [Button9.5], [Button8] 스타일을 적용한다.

- 단추가 서로 겹치지 않도록 간격을 띄우도록 한다. (단추/단춧구멍 수정)툴을 이용하여 단추 위치를 수정할 수 있다.

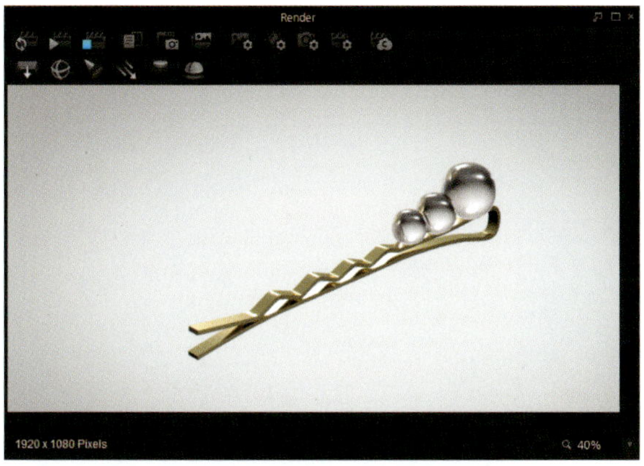

렌더

메뉴바에서 [렌더]-[렌더]를 클릭하면 [Render] 윈도우가 열린다. (최종 렌더(이미지/비디오))를 클릭하면 렌더가 실행되어 [Gem(Render only)] 재질을 확인할 수 있다.

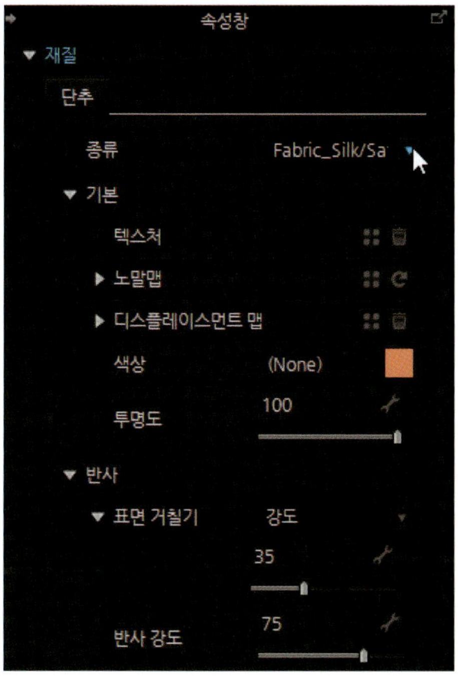

5.4.3 진주 장식

단추 재질

[물체창]-[단추] 탭에서 [Button13], [Button9.5], [Button8]을 모두 선택하고 [속성창]-[재질]-[종류] 중에서 [Fabric_Silk/Satin]을 선택한다. 색상, 표면거칠기, 반사 강도 등은 디자인에 따라 변경한다.

렌더

메뉴바에서 [렌더]-[렌더]를 클릭하면 [Render] 윈도우가 열린다. (최종 렌더(이미지/비디오))를 클릭하면 렌더가 실행되어 [Fabric_Silk/Satin] 재질을 확인할 수 있다. [렌더]하여 재질을 확인한 후, 색상, 표면거칠기, 반사 강도 등을 변경한다.

6 태슬 & 폼폼

Tassel & Pompom

6.1 디자인

난이도 ································ 중
패턴 ···································· 태슬 & 폼폼 패턴(252페이지)
주요 활용 기능 ················ 패턴 이미지 불러오기, 다각형 패턴, 원, 내부 원, 단추 스타일, Fur(Render only)

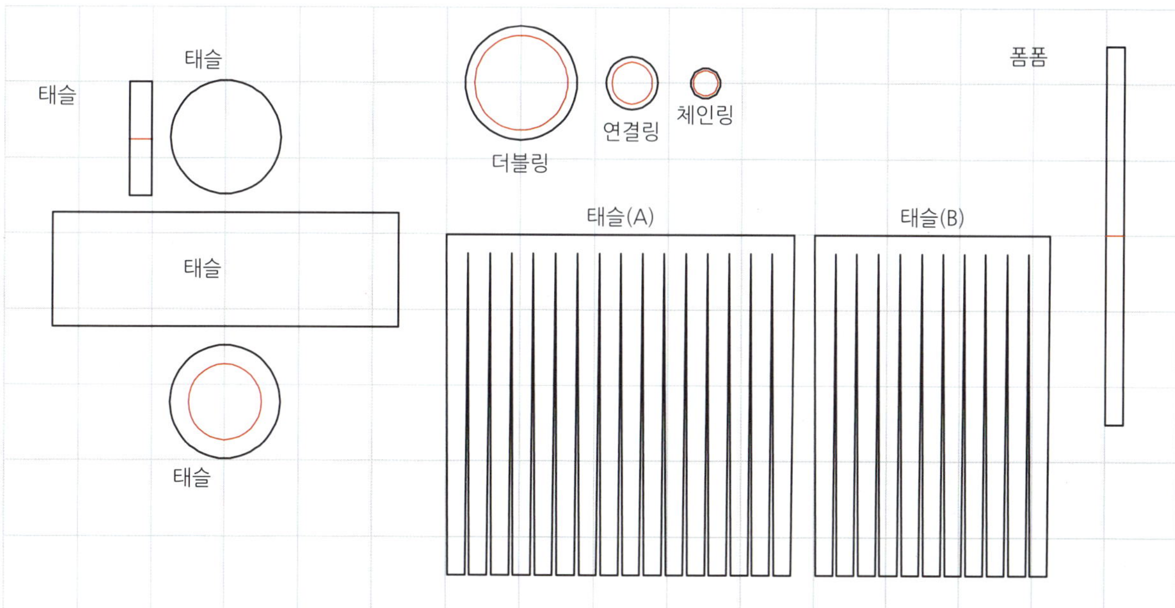

6.2 태슬

6.2.1 태슬 패턴

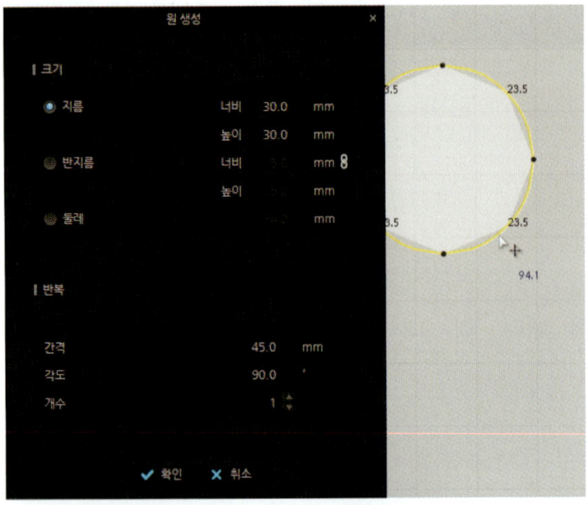

태슬 윗면

(원)툴을 이용하여 [지름 너비 30], [지름 높이 30]의 원을 생성한다.

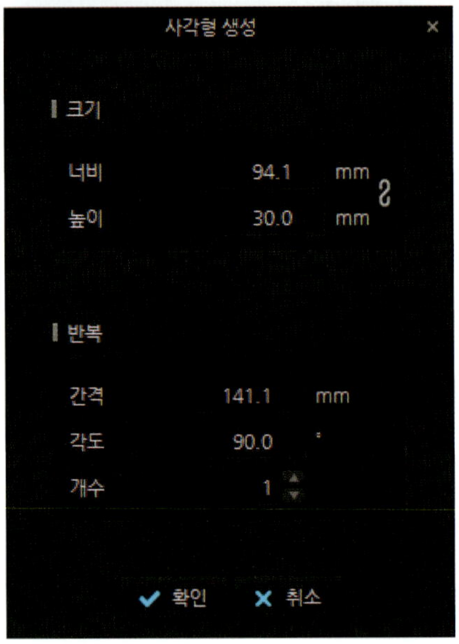

태슬 옆면

태슬 윗면 패턴의 외곽선 길이를 확인한다(지름 30mm 원의 둘레는 94.1mm). 이 길이에 맞추어 옆면 패턴을 사각형으로 그린다.

(사각형 패턴)툴을 이용하여 [너비 94.1], [높이 30]의 사각형을 생성한다.

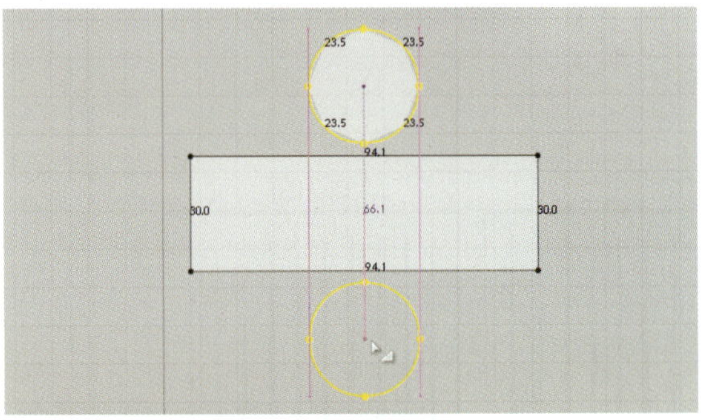

태슬 아랫면

(패턴 이동/변환)툴을 이용하여 태슬 윗면 패턴을 복사([Ctrl]+C), 붙여넣기([Ctrl]+V) 한다.

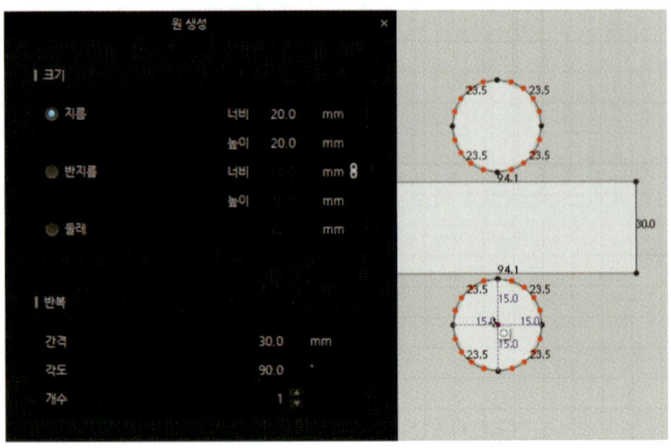

(내부 원)툴을 이용하여 [지름 너비 20], [지름 높이 20]의 내부 원을 아래쪽 원에 생성한다.

태슬을 안쪽에 여러 겹 부착하는 경우, 내부 원을 태슬 겹에 맞추어 생성한다. 내부 원 사이의 간격이 좁을수록 태슬끈 사이의 충돌이 증가한다.

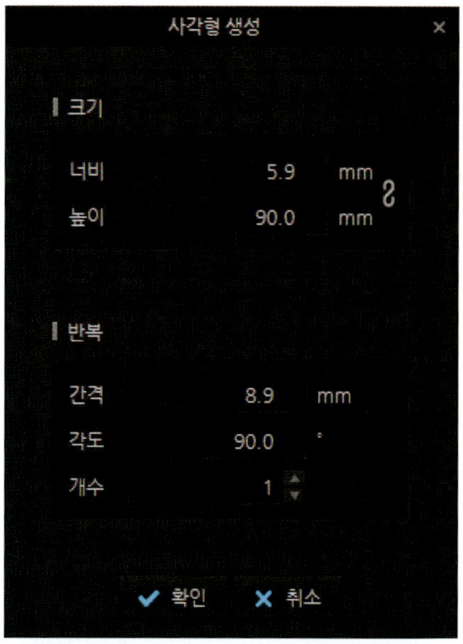

태슬(A) 사각형 패턴

(사각형 패턴)툴을 이용하여 [너비 5.9], [높이 90]의 사각형을 그린다.

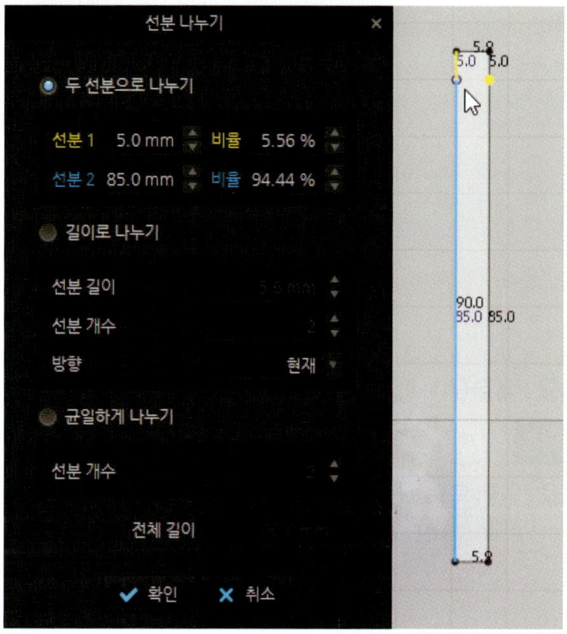

(점추가/선분나누기)툴을 이용하여 세로선 위에서 5mm 위치에 점을 추가한다.

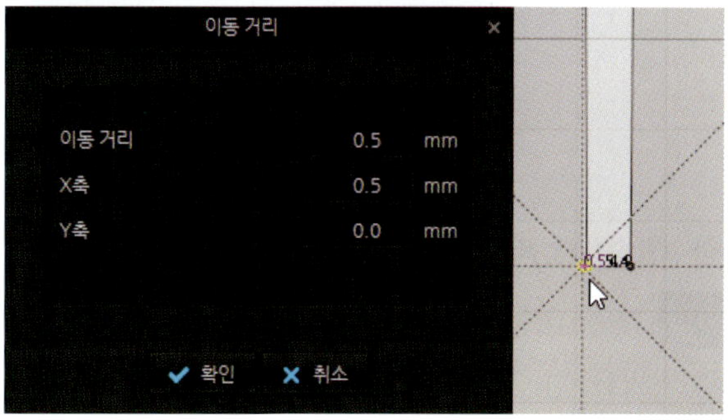

(점/선 수정)툴을 이용하여 사각형 아래쪽 점을 선택하고 사각형 안쪽으로 드래그하여 [Shift]를 누르고 0.5mm 이동시킨다. 점을 선택하고 드래그하여 이동시키는 중에, [F1] 키 또는 MRB(마우스오른쪽버튼)를 클릭하면 [이동 거리] 대화상자가 열린다. [이동거리 0.5]를 입력하여 [확인] 클릭한다.

실제에서의 태슬은 아래에서 위로 절개하여 제작하므로 절개된 사이에 공간이 없다. 그러나 3D에서는 절개선 사이에 공간이 없는 상태로 제도하기는 어려우므로 절개된 위치에서 일정 분량(0.5mm) 제거한 형태로 패턴을 제도한다.

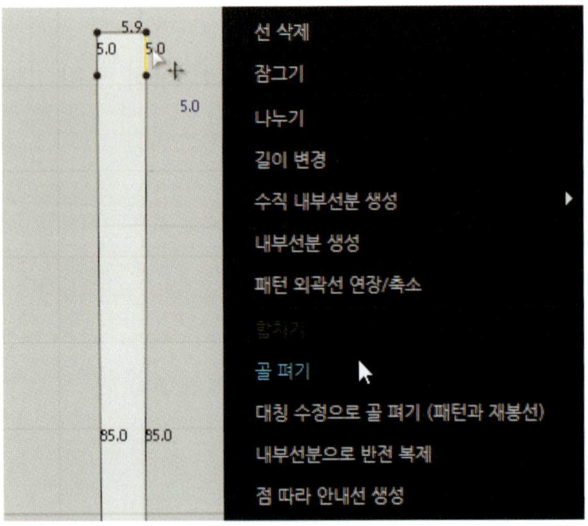

태슬(A) 패턴 골 펴기

(점/선 수정)툴을 이용하여 태슬 패턴 위쪽의 세로선을 선택하고 [MRB(마우스오른쪽버튼) 팝업메뉴]-[골 펴기] 한다. [골 펴기]를 4회 반복하면 16가닥의 태슬 패턴이 생성된다.

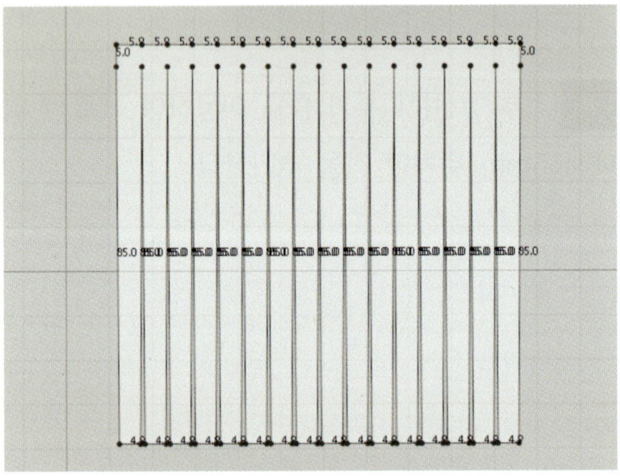

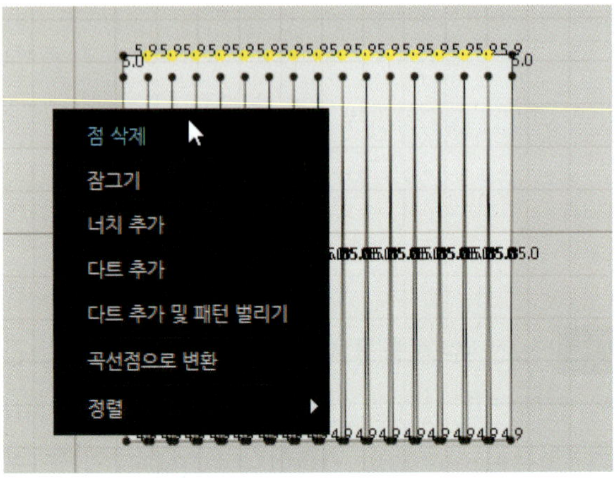

태슬(A) 패턴 정리

(점/선 수정)툴을 이용하여 태슬 위쪽의 점들을 영역으로 선택(양쪽 끝점은 제외)하고 [Delete] 키를 눌러 삭제한다.

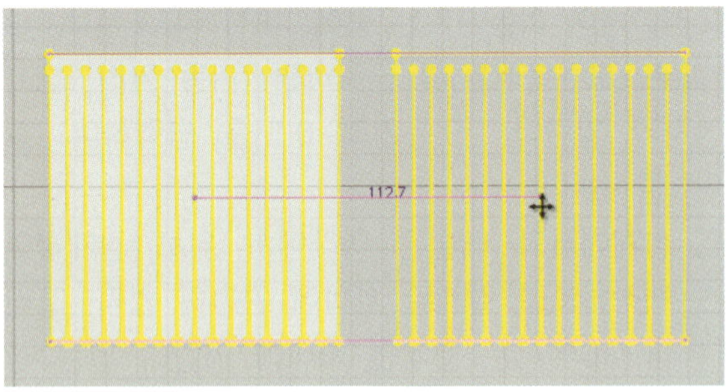

태슬(A) 패턴 복사

(패턴 이동/변환)툴을 이용하여 태슬(A) 패턴을 선택하고 [복사(Ctrl+C)], [붙여넣기(Ctrl+V)] 하여 태슬(B) 패턴을 생성한다.

태슬(B) 패턴 수정

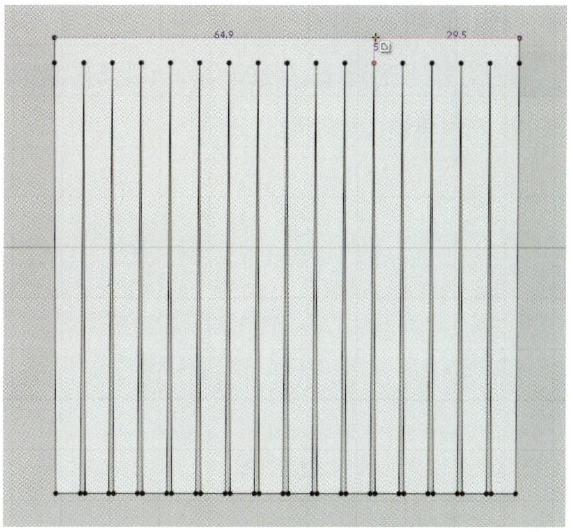

(내부 다각형/선)툴을 이용하여 오른쪽에서 5번째 태슬의 점에서 위쪽으로 내부선분을 그린다. 내부선분을 그릴 때, [Shift]를 누르고 클릭하면 수직, 수평, 45도 각도의 선을 제도할 수 있다. 내부선분제도가 끝나면 마지막 점을 다시 클릭하여 (내부 다각형/선)툴 사용을 완료한다.

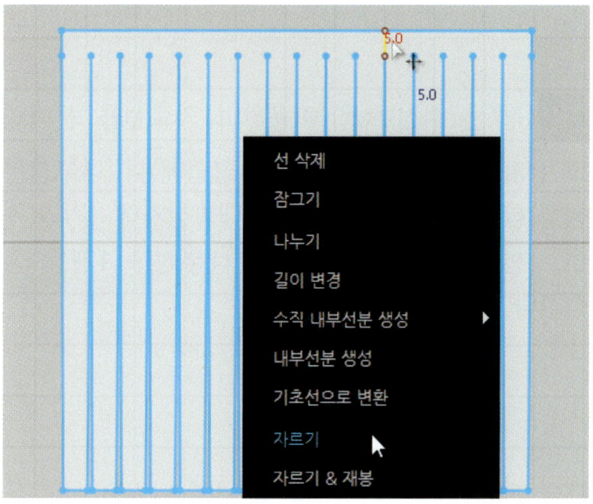

(점/선 수정)툴을 이용하여 내부선분을 선택하고 [MRB(마우스오른쪽버튼) 팝업메뉴]-[자르기] 한다.

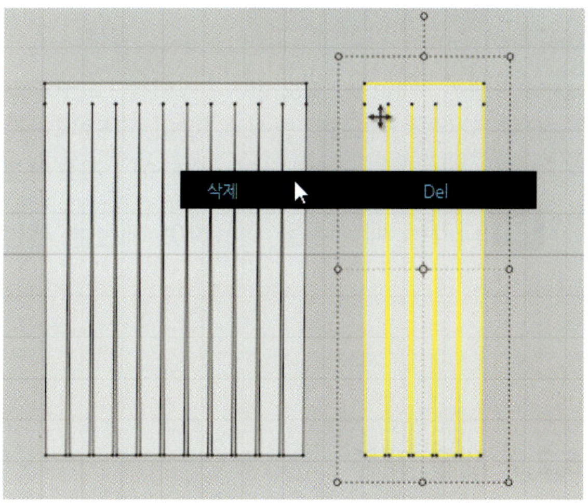

[자르기]한 5가닥의 태슬 패턴을 선택하고 [Delete] 키를 탭하여 삭제한다.

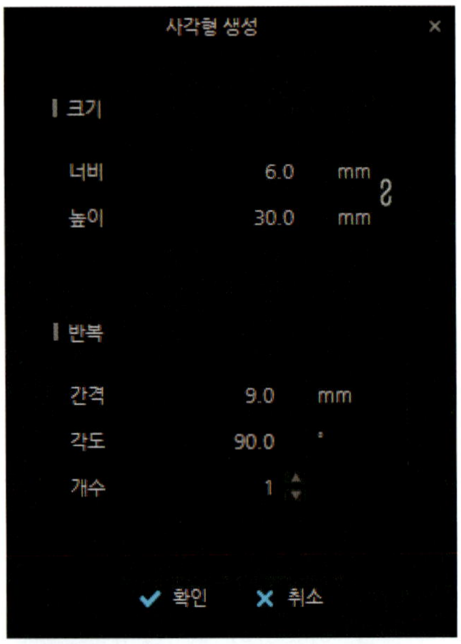

태슬 고리

(사각형 패턴)툴을 이용하여 [너비 6], [높이 30]의 사각형을 생성한다.

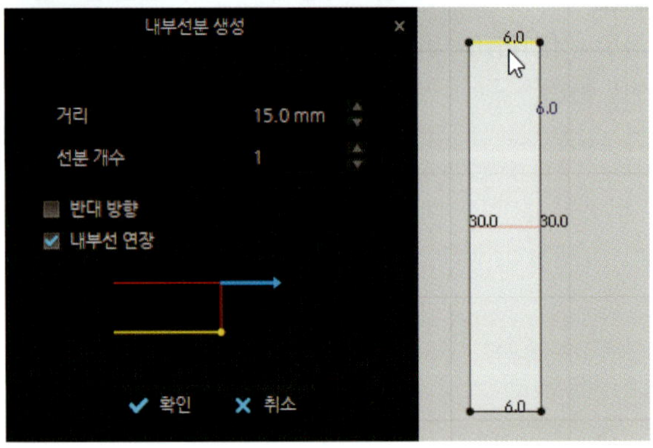

(점/선 수정)툴을 이용하여 가로선을 선택하고 [MRB(마우스오른쪽버튼) 팝업메뉴]-[내부선분 생성]한다. [내부선분 생성] 대화상자에 [거리 15], [선분 개수 1] 입력하여 내부선분 1개를 생성한다.

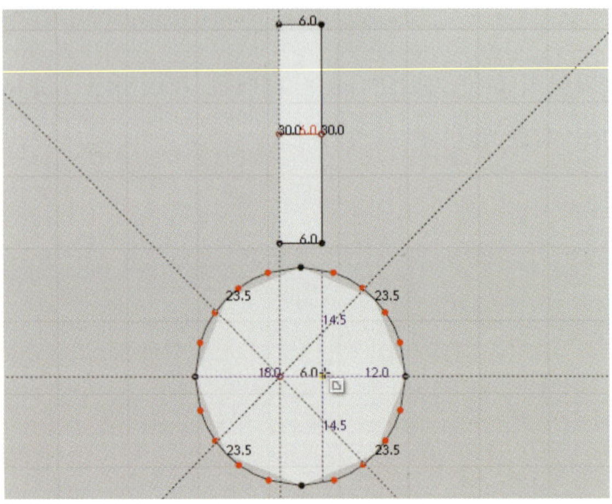

태슬 윗면 패턴 중앙에 (내부 다각형/선)툴을 이용하여 6mm 길이의 내부선분을 생성한다.

- 설명대로 패턴을 완성하기 어려운 경우에는 D링 패턴을 제도한 방식과 같이, 252페이지 패턴 이미지를 스캔하여 원단에 적용하고 (다각형 패턴)툴을 이용하여 패턴을 생성한다.

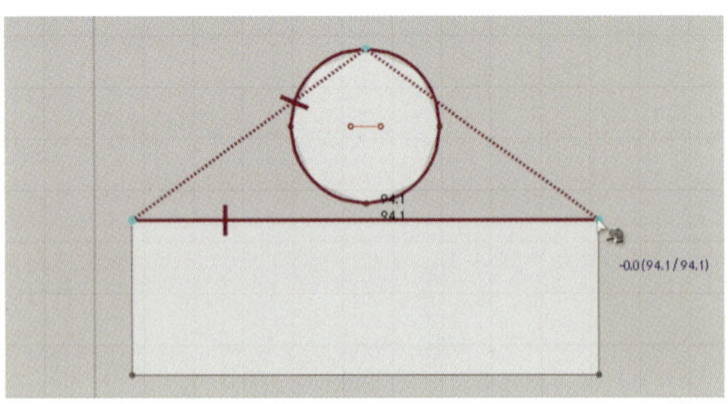

6.2.2 태슬 재봉

태슬 윗면과 옆면 재봉

(자유재봉)툴을 이용하여 태슬 윗면의 외곽선과 태슬 옆면의 위쪽 가로선을 재봉한다.

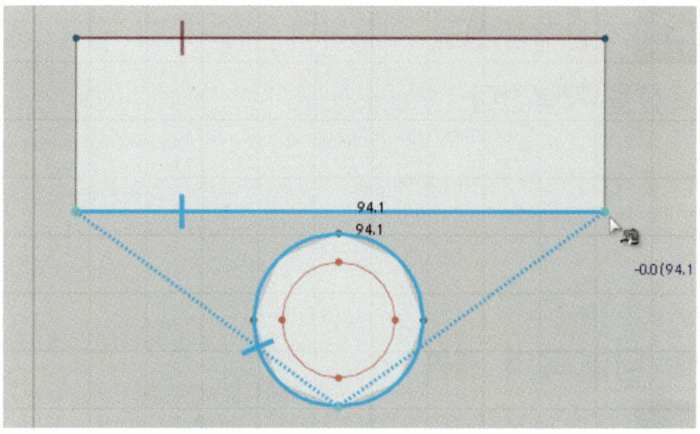

태슬 아랫면과 옆면 재봉

(자유재봉)툴을 이용하여 태슬 아랫면의 외곽선과 태슬 옆면의 아래쪽 가로선을 재봉한다.

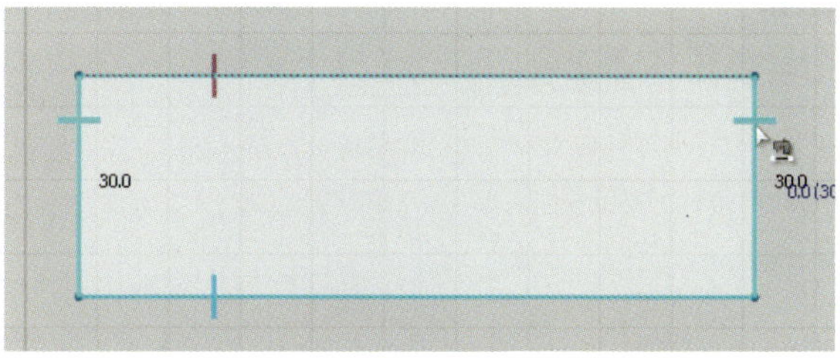

태슬 옆면 재봉

(선분재봉)툴을 이용하여 태슬 옆면의 세로선을 재봉한다.

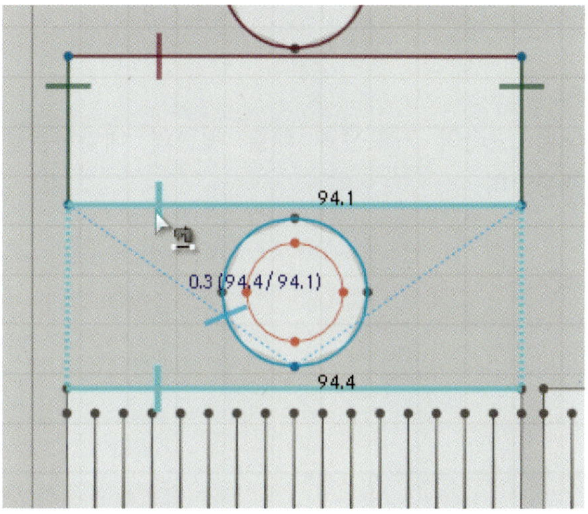

태슬(A) 재봉

(선분재봉)툴을 이용하여 태슬 옆면의 아래쪽 가로선과 태슬(A)의 위쪽 가로선을 재봉한다.

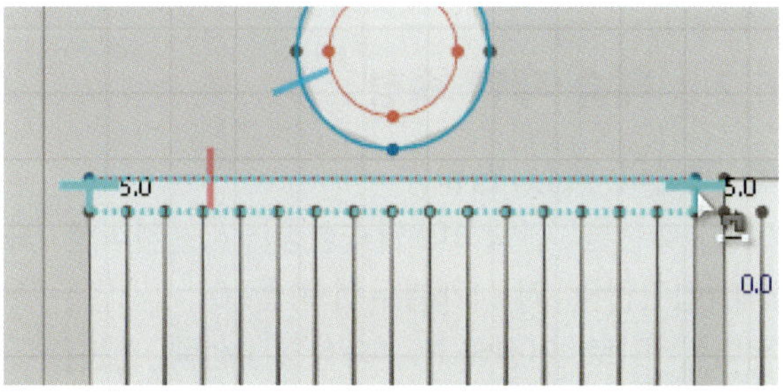

(선분재봉)툴을 이용하여 태슬(A)의 양쪽 세로선을 재봉한다.

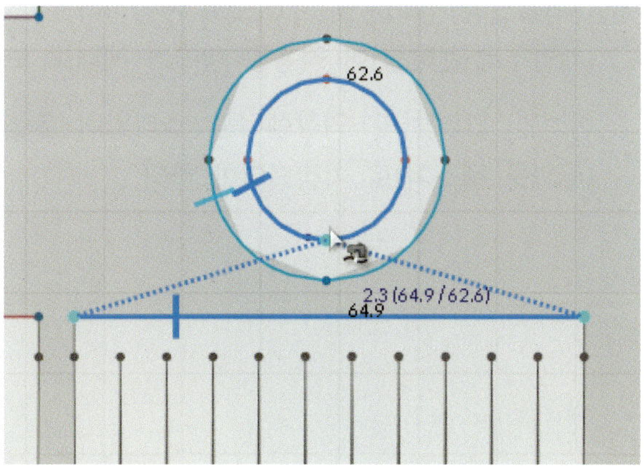

태슬(B) 재봉

(자유재봉)툴을 이용하여 태슬 아랫면의 내부 원과 태슬(B)의 위쪽 가로선을 재봉한다.

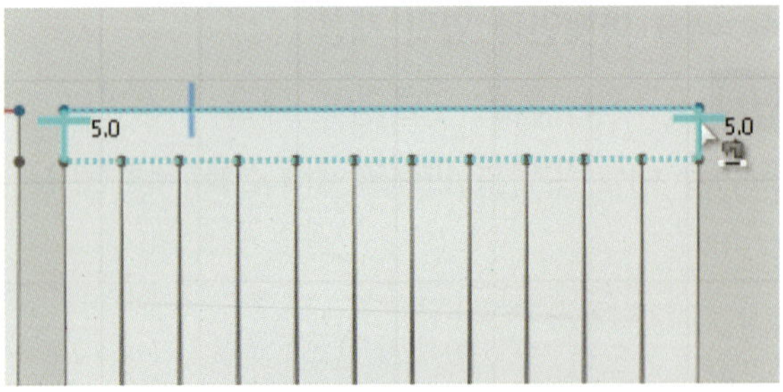

(선분재봉)툴을 이용하여 태슬(B)의 양쪽 세로선을 재봉한다.

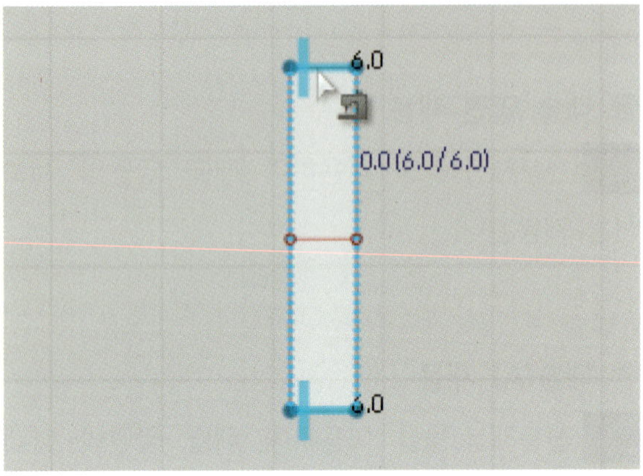

태슬 고리 재봉

(선분재봉)툴을 이용하여 태슬고리의 양쪽 가로선을 재봉한다.

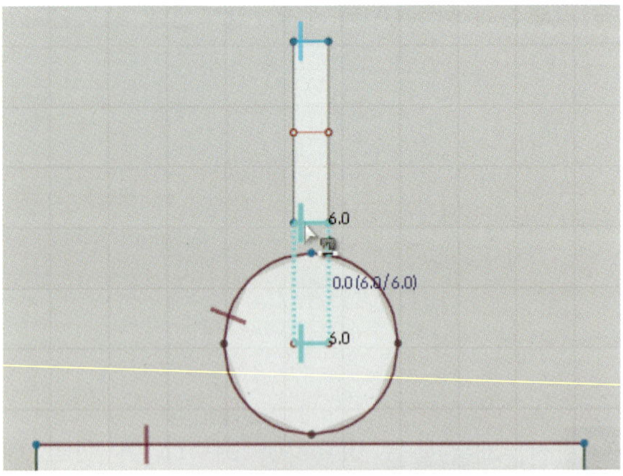

태슬 고리의 가로선과 태슬 윗면의 내부선분을 재봉한다.

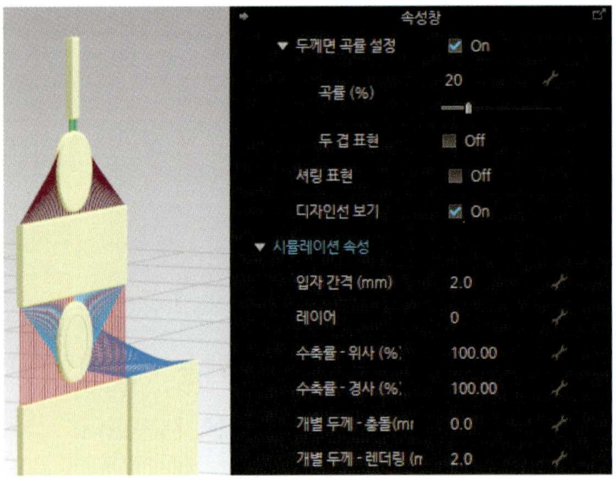

6.2.3 태슬 패턴 속성

패턴의 속성 변경

모든 패턴을 선택하여 [속성창]-[시뮬레이션 속성]-[입자간격 2], [개별두께-충돌 0], [개별두께-렌더링 5]로 지정하고, [속성창]-[선택 선분]-[두께면 곡률설정]-[곡률(%) 20]으로 지정한다.

[개별두께-렌더링]이 적용된 형태가 제대로 보이려면 [3D창]의 의상렌더링 스타일이 (두꺼운 텍스처)로 지정되어야 한다.

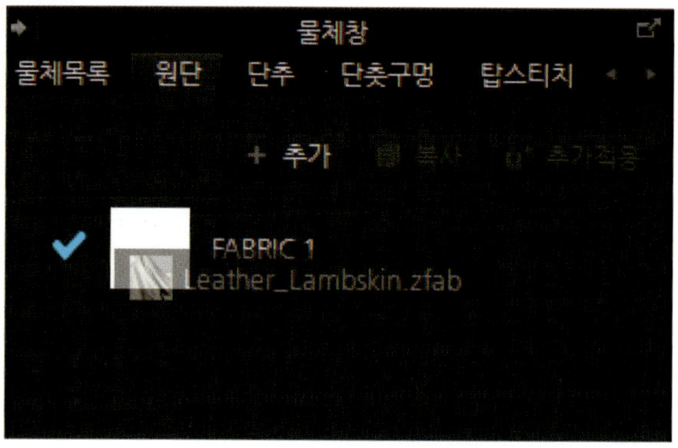

6.2.4 재질

가죽 원단 적용

[라이브러리창]-[Fabric]에서 [Leather_Lamskin.zfab]를 찾아서 [물체창]-[원단]-[FABRIC 1]에 드래그 & 드롭한다. [FABRIC 1]에 [Leather_Lambskin.zfab]이 적용되면 [FABRIC 1]이 [Leather_Lambskin] 원단으로 변경된다. [FABRIC 1]이 적용되어 있던 패턴에도 [Leather_Lambskin]이 적용된다.

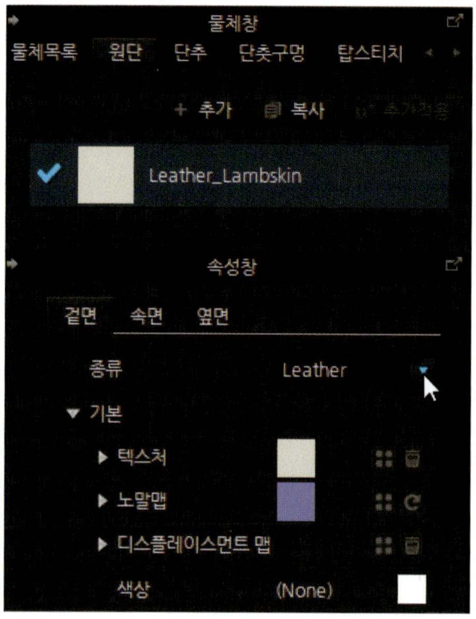

가죽 재질

[물체창]-[원단] 탭에서 [Leather_Lambskin]를 선택하고 [속성창]-[재질]-[종류]에서 [Leather]를 지정한다. 색상은 디자인에 따라 변경한다.

6.2.5 태슬 시뮬레이션

2D창 상태로 재배치

[3D창]에서 (2D창 상태로 재배치)를 클릭하여 2D창 상태로 재배치한다.

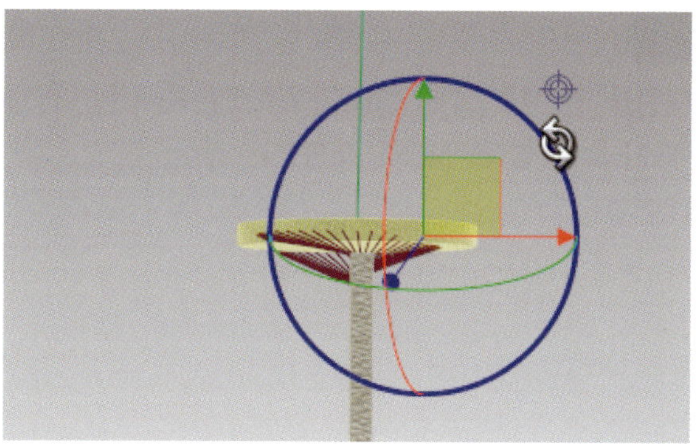

태슬 윗면 패턴 위치 지정

(선택/이동)툴을 이용하여 태슬 윗면을 선택하고 기즈모를 회전시켜 패턴의 겉면이 위쪽을 향하도록 한다.

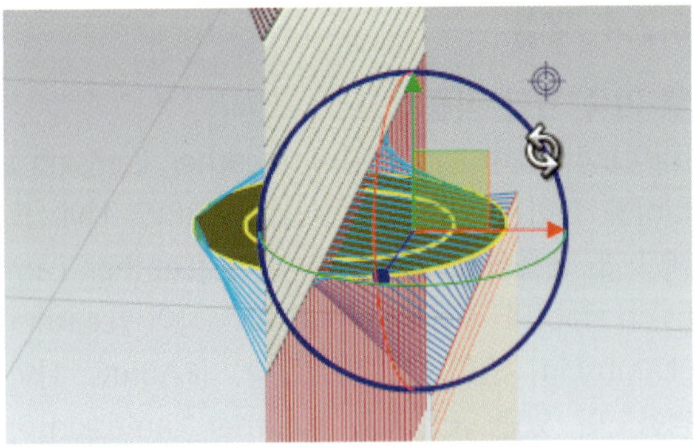

태슬 아랫면 패턴 위치 지정

(선택/이동)툴을 이용하여 태슬 아랫면을 선택하고 기즈모를 회전시켜 패턴의 겉면이 아래쪽을 향하도록 한다.

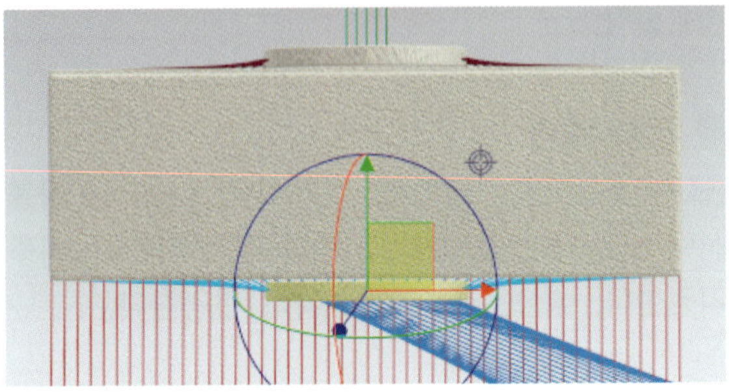

(선택/이동)툴을 이용하여 위치를 조절하여 태슬 옆면 아래쪽 가로선 높이에 맞춘다.

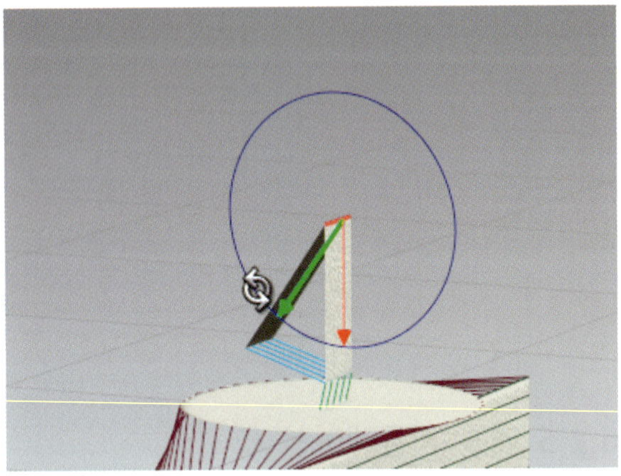

태슬 고리 접어 배치

(선택/이동)툴을 이용하여 태슬 고리를 선택하고 태슬 윗면에 맞춰 이동시킨다.

(접어 배치)툴을 이용하여 태슬 고리의 내부 선분을 선택하고 기즈모의 화살표를 회전시켜 접는다.

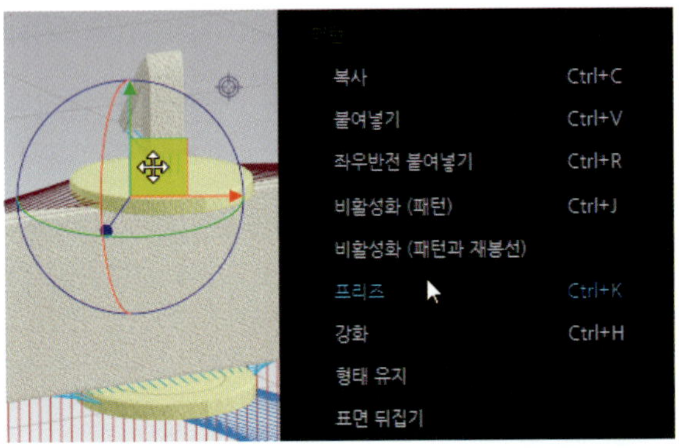

태슬 윗면과 아랫면 패턴 프리즈

(선택/이동)툴을 이용하여 태슬 윗면과 아랫면 패턴을 선택하고 [MRB(마우스오른쪽버튼) 팝업메뉴]-[프리즈]한다.

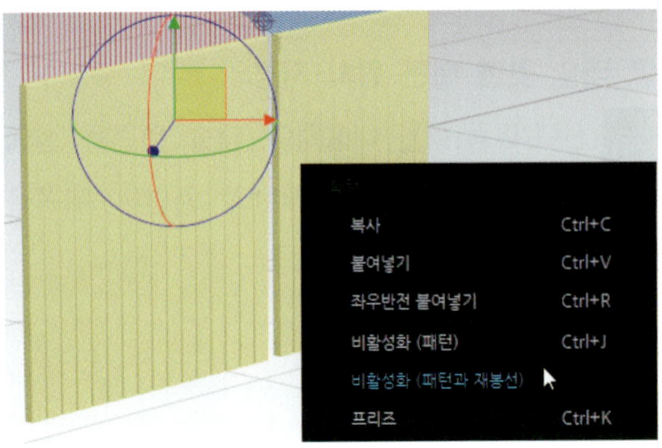

태슬(A), (B) 패턴 비활성화

(선택/이동)툴을 이용하여 태슬(A), 태슬(B) 패턴을 선택하고 [MRB(마우스오른쪽버튼) 팝업메뉴]-[비활성화(패턴과 재봉선)] 한다.

시뮬레이션

[3D창]에서 (시뮬레이션)을 클릭하여 시뮬레이션 한다.

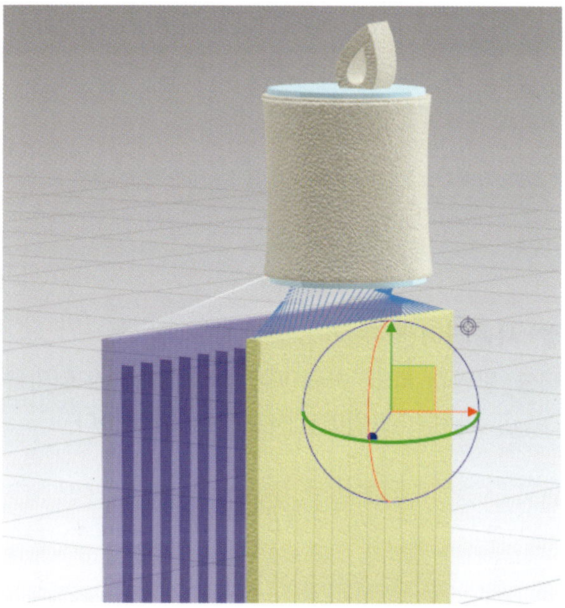

태슬(B)를 [활성화]한다. (선택/이동)툴을 이용하여 태슬(B)의 위치를 조절한 후, (시뮬레이션) 한다.

태슬(A)를 [활성화]하여 (시뮬레이션) 한다.

태슬(A)와 태슬(B)는 순서대로 시뮬레이션하여야 충돌을 줄일 수 있다.

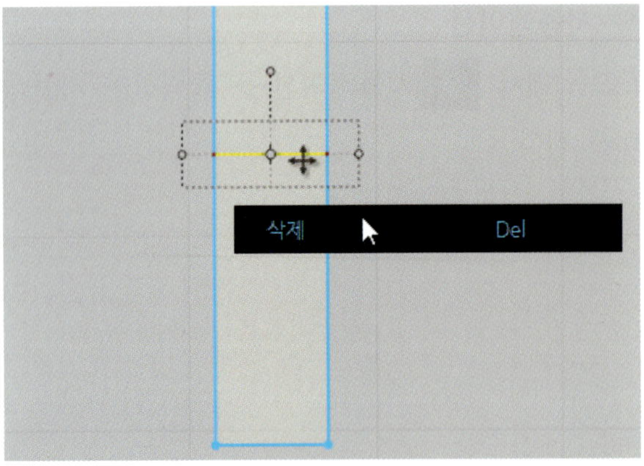

태슬 고리

[2D창]에서 (점/선 수정)툴을 이용하여 태슬 고리의 내부선분을 선택하고 삭제한다.

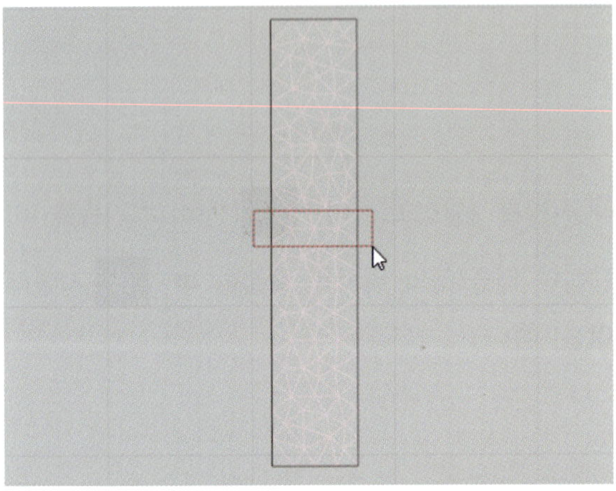

(핀(박스))툴을 이용하여 [2D창]의 태슬 고리 패턴 가운데를 영역으로 지정하여 핀을 생성한다.

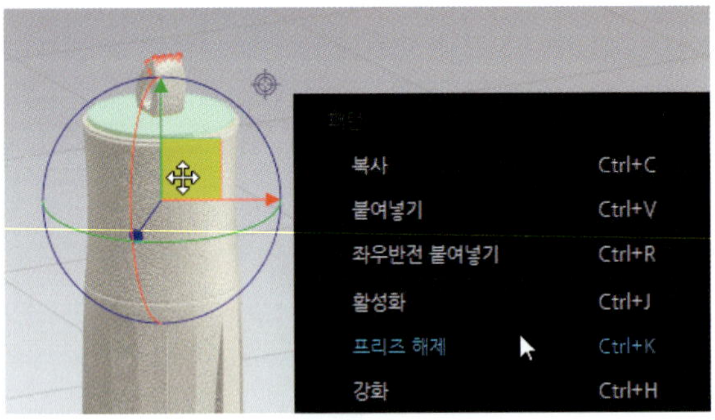

시뮬레이션

태슬 윗면과 태슬 아랫면을 선택하여 [MRB(마우스오른쪽버튼) 팝업메뉴]-[프리즈 해제]한다.

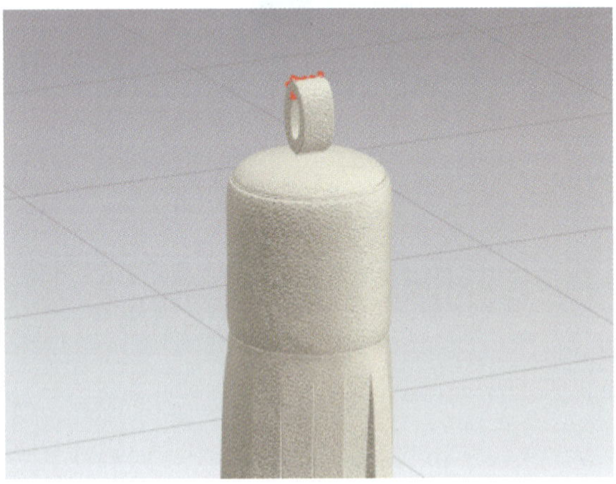

(시뮬레이션)을 클릭하여 시뮬레이션한다.

- 이 상태로 시뮬레이션하면 태슬 옆면의 위쪽과 아래쪽이 불룩하게 튀어나오는 것을 볼 수 있다. 이는 재봉선 각도가 180도이기 때문이므로 재봉선 각도를 변경한다.

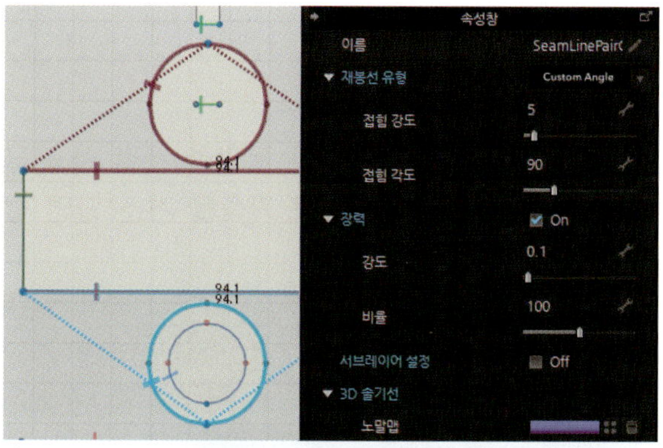

재봉선 각도

(재봉선 수정)툴을 이용하여 태슬 윗면과 태슬 아랫면의 외곽선 재봉선을 선택하고 [속성창]-[접힘 각도 90]으로 변경한다.

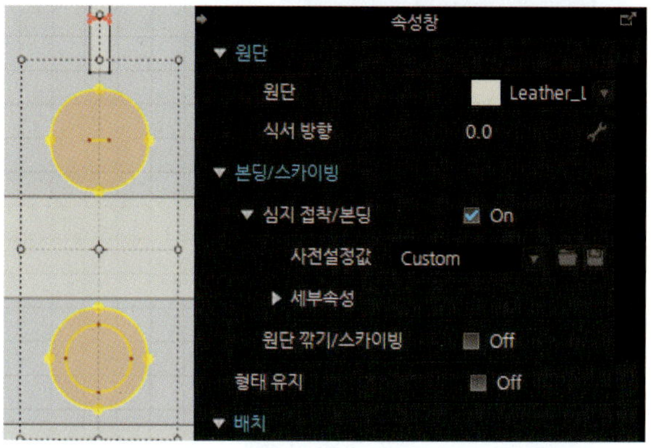

심지 접착

[2D창]에서 (패턴 이동/변환)툴을 이용하여 태슬 윗면과 태슬 아랫면을 선택하고 [속성창]-[본딩/스카이빙]-[심지 접착/본딩 ON] 한다.

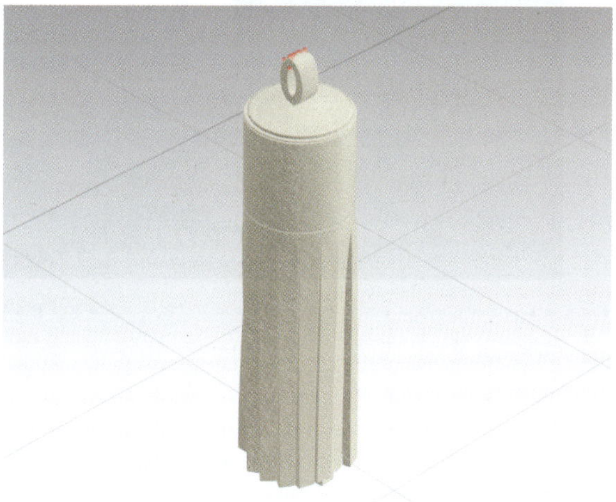

시뮬레이션

[3D창]에서 (시뮬레이션)을 클릭하여 시뮬레이션 한다.

Q 시뮬레이션할 때, 패턴의 끝부분이 엉키는 현상이 발생한다.

A (1) 패턴이 바닥 아래에 내려가 있는 경우에 엉키는 현상이 발생한다. 이것은 의상이 바닥면 위에서 중력의 영향을 받아 시뮬레이션되기 때문이다. [3D창]에서 패턴 전체를 선택하고 [번호키 2]를 눌러서 정면인 상태에서 기즈모를 위로 이동시켜 시뮬레이션하면 해결된다. (2) 아바타가 실제로는 존재하지만 (아바타 보기)를 꺼놓은 상태인 경우, 아바타에 패턴이 걸려서 엉키는 현상이 발생할 수 있다. (아바타 보기)를 켜서 아바타와 패턴이 겹치지 않는지 위치를 확인하고 이동시킨다. (3) 태슬과 같이 가는 형태의 패턴은 [입자간격]이 크면 패턴을 구성하는 메시(버텍스) 간격이 커서 엉키는 현상이 발생할 수 있다. 이런 경우, [입자간격]을 5이하로 조정한다.

Q 가죽을 자른 단면의 컬러만 변경하고자 한다.

A [물체창]-[원단] 탭에서 원단을 선택한 후, [속성창]-[옆면]을 클릭한다. [겉면과 동일한 재질 사용]을 OFF한 후, 색상을 변경하면 겉면 색상은 변경되지 않고 옆면 색상만 변경되어 가죽을 자른 단면 컬러 효과를 표현할 수 있다.

6.3 체인 키링

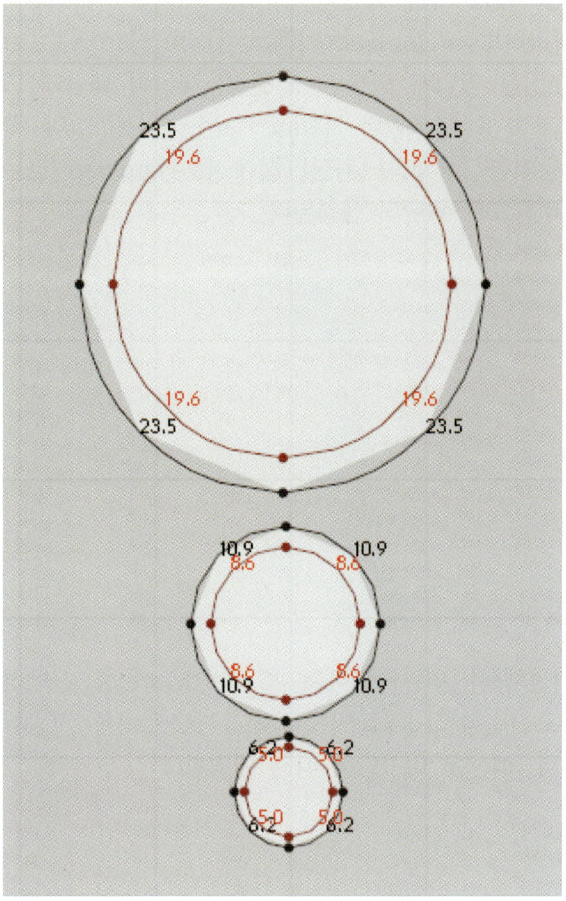

6.3.1 체인 키링 패턴

더블링

(원)툴을 이용하여 [지름 너비 30], [지름 높이 30]의 원을 생성한다. (내부 원)툴을 이용하여 원 중심에 [지름 너비 25], [지름 높이 25] 내부 원을 생성한다.

연결링

(원)툴을 이용하여 [지름 너비 14], [지름 높이 14]의 원을 생성한다. (내부 원)툴을 이용하여 원 중심에 [지름 너비 11], [지름 높이 11] 내부 원을 생성한다.

체인링

(원)툴을 이용하여 [지름 너비 8], [지름 높이 8]의 원을 생성한다. (내부 원)툴을 이용하여 원 중심에 [지름 너비 6.5], [지름 높이 6.5] 내부 원을 생성한다.

더블링, 연결링, 체인링의 크기는 디자인에 따라 변경하여 사용한다.

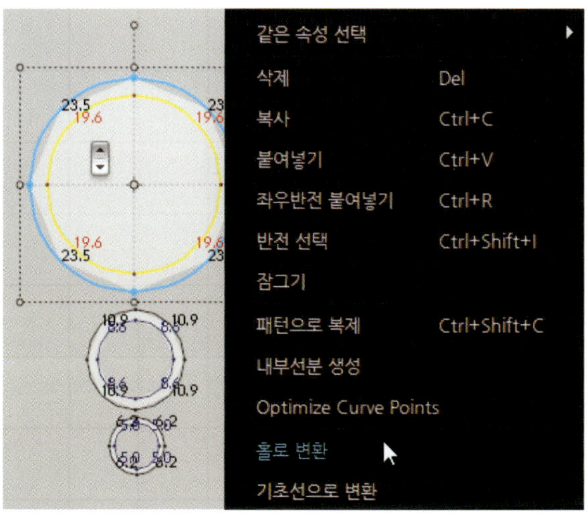

홀로 변환

(패턴 이동/변환)툴을 이용하여 더블링의 내부원을 선택하고 [MRB(마우스오른쪽버튼)]-[홀로 변환] 한다. 연결링과 체인의 내부원도 [홀로 변환] 한다.

6.3.2 물성 및 속성

체인 키링 물성

[라이브러리창]-[Fabric]에서 [Trim_Hardware.zfab]를 찾아서 더블링, 연결링, 체인링 패턴에 드래그 & 드롭한다. [Trim_Hardware.zfab]이 적용되면 [물체창]-[원단] 탭에 [S_Hardware]라는 이름으로 원단이 생성된다.

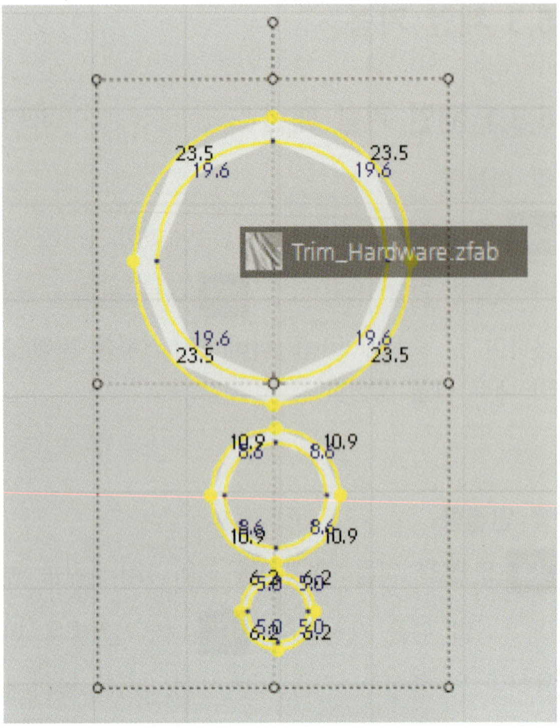

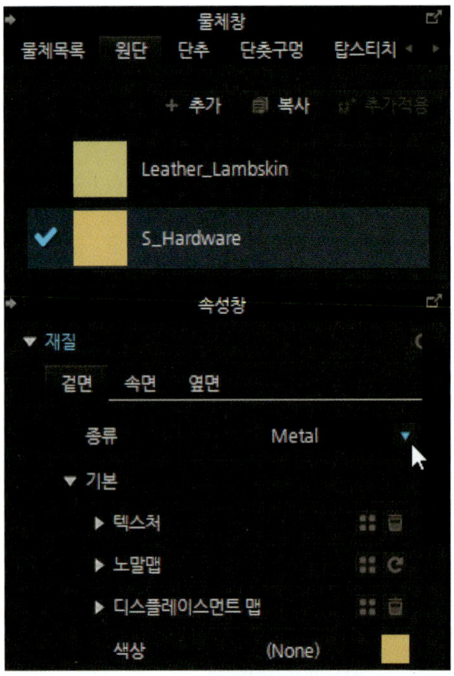

[물체창]-[원단] 탭에서 [S_Hardware]를 선택하고 [속성창]-[재질]-[종류]에서 [Metal]을 지정한다. 색상은 디자인에 따라 변경한다.

더블링 속성

[속성창]-[시뮬레이션 속성]-[입자간격 1], [개별두께-렌더링 3], [속성창]-[선택 선분]-[두께면 곡률설정 ON], [곡률(%) 100], [두 겹 표현 ON] 한다.

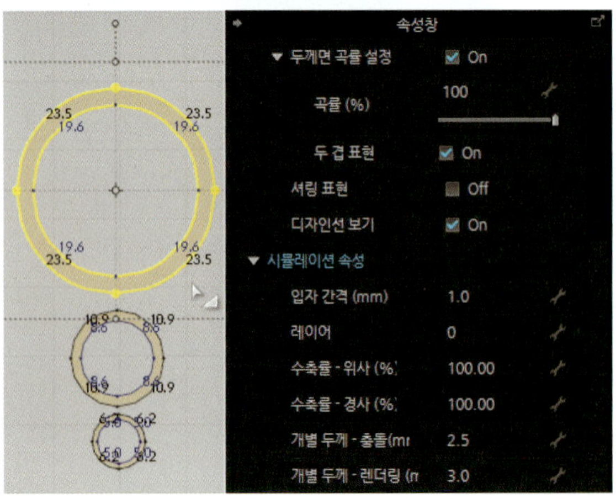

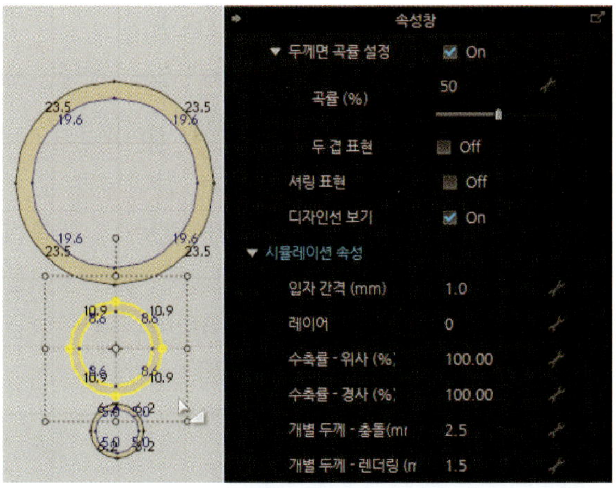

연결링 속성

[속성창]-[시뮬레이션 속성]-[입자간격 1], [개별 두께-렌더링 1.5], [속성창]-[선택 선분]-[두께면 곡률설정 ON], [곡률(%) 50]으로 지정한다.

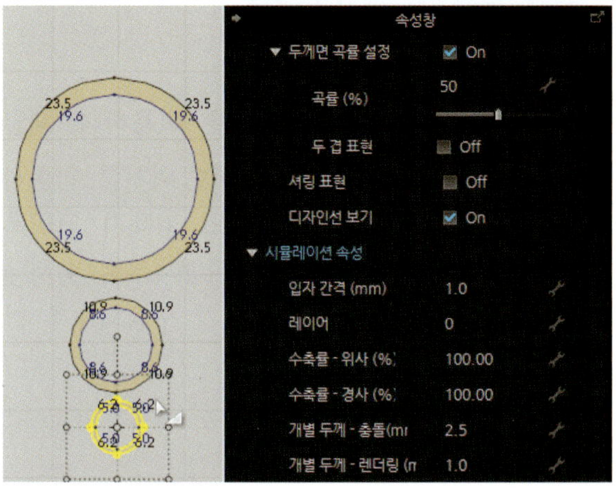

체인링 속성

[속성창]-[시뮬레이션 속성]-[입자간격 1], [개별 두께-렌더링 1], [속성창]-[선택 선분]-[두께면 곡률설정 ON], [곡률(%) 50]으로 지정한다.

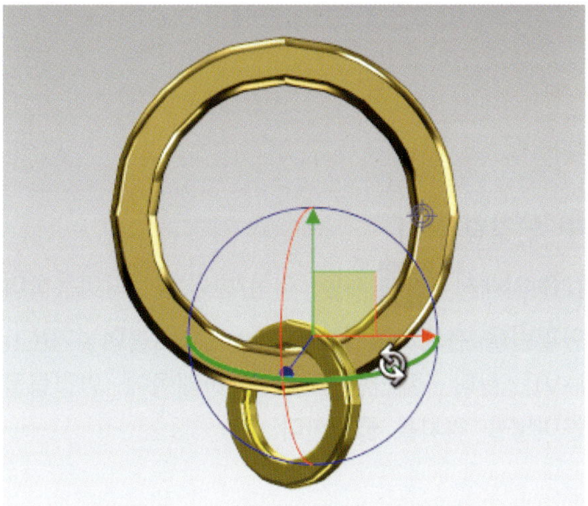

6.3.3 체인 키링 위치 조절

연결링 위치 조절

(선택/이동)툴을 이용하여 연결링을 클릭하여 기즈모를 이용하여 위치를 이동시킨다. 자연스럽게 연결된 체인의 형태가 되도록 방향을 회전시킨다.

[3D창]에서 체인을 배치하는 동안, 시뮬레이션하지 않도록 주의한다. 실수로 시뮬레이션을 실행한 경우, 시뮬레이션을 중지시키고 [수정]-[실행 취소] 또는 [Ctrl]+Z하여 시뮬레이션을 취소한다.

Q 버클이나 D링, 체인링 같은 작은 피스를 만들 때, 실수로 시뮬레이션하면 패턴들이 날아다닌다.

A 작은 피스에 홀이 있는 형태이기 때문에 시뮬레이션이 실행되면 이런 문제가 발생할 수 있다. 다른 피스를 시뮬레이션하는 경우, 체인이나 링과 같은 부자재들은 반드시 [프리즈] 한다.

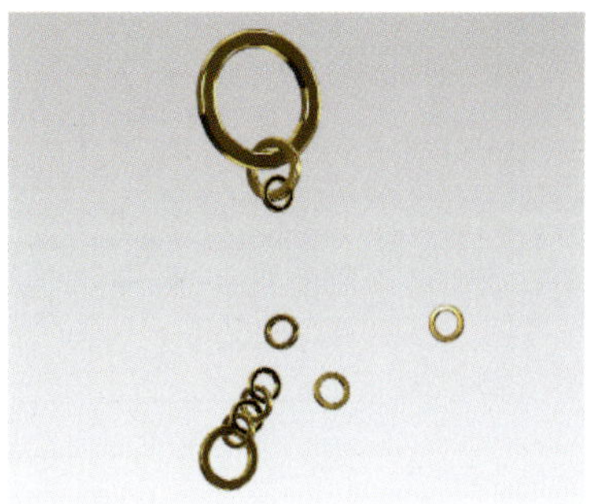

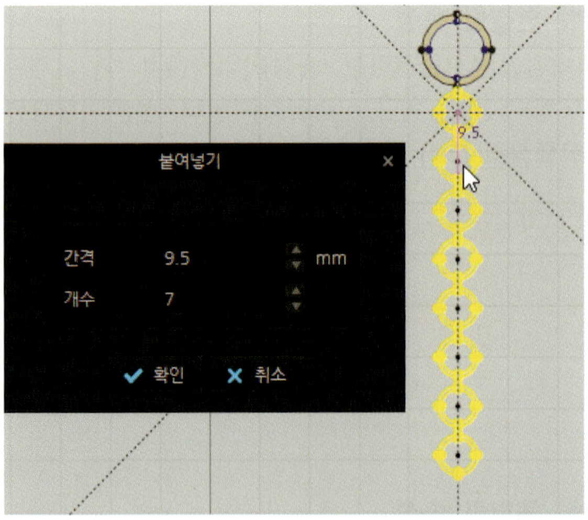

체인링 복사

[2D창]에서 (패턴 이동/변환)툴을 이용하여 체인링을 선택하고 [복사(Ctrl+C)], [붙여넣기(Ctrl+V)] 한다. [붙여넣기] 과정에서 붙여넣을 위치에서 [F1] 키를 탭하거나 MRB(마우스오른쪽버튼)을 클릭하면 [붙여넣기] 대화창이 열린다. [붙여넣기] 대화창에 [개수 7] 입력하여 [확인]하면 총 8개의 체인링을 준비할 수 있다.

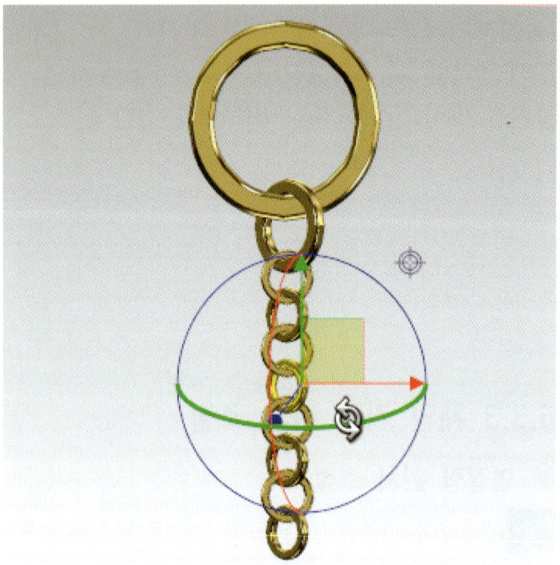

체인링 위치 조절

[3D창]에서 (선택/이동)툴을 이용하여 체인링을 선택하고 기즈모를 이용하여 위치를 이동시킨다. 자연스럽게 연결된 체인의 형태가 되도록 방향을 회전시킨다. 체인링을 위에서부터 순서대로 이동, 회전하여 체인의 형태가 구성되도록 한다.

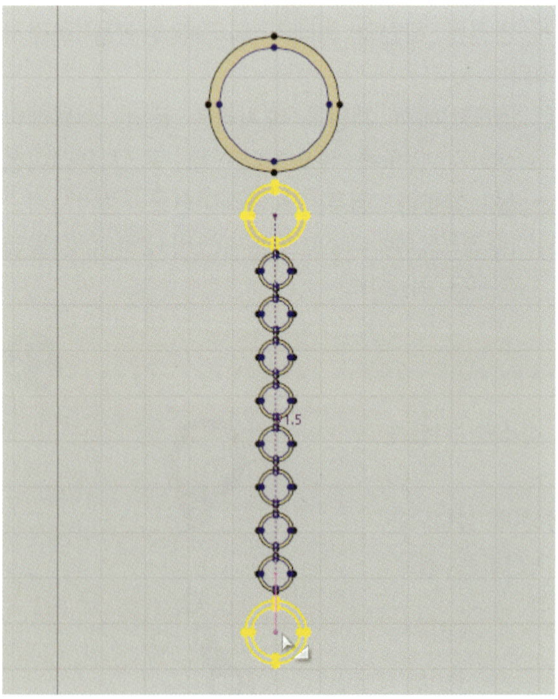

연결링 복사

[2D창]에서 (패턴 이동/변환)툴을 이용하여 연결링을 선택하고 [복사(Ctrl+C)], [붙여넣기(Ctrl+V)] 한다. 체인링의 가장 아래쪽에 연결링을 붙여넣을 위치를 클릭한다.

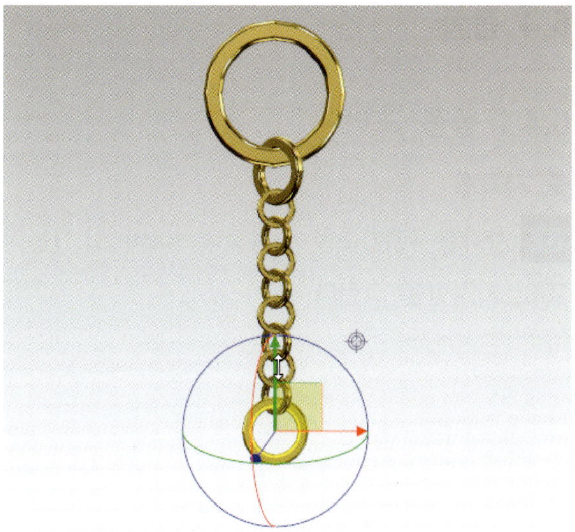

연결링 위치 조절

[3D창]에서 (선택/이동)툴을 이용하여 연결링을 클릭하여 기즈모를 이용하여 위치를 이동시킨다. 자연스럽게 연결된 체인의 형태가 되도록 방향을 회전시킨다.

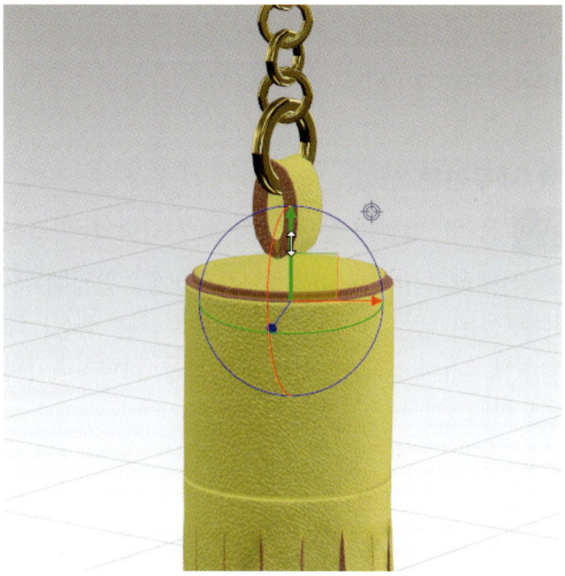

태슬 위치 조절

태슬 패턴을 모두 선택하고 [3D창]에서 기즈모를 이용하여 이동시킨다. 태슬 고리가 연결링에 걸리도록 위치를 조절한다.

6.3.4 태슬 완성

탑스티치

태슬 윗면과 옆면에 탑스티치를 추가하고 컬러 등 디테일을 수정하여 태슬을 완성한다.

6.4 폼폼

6.4.1 폼폼 고리

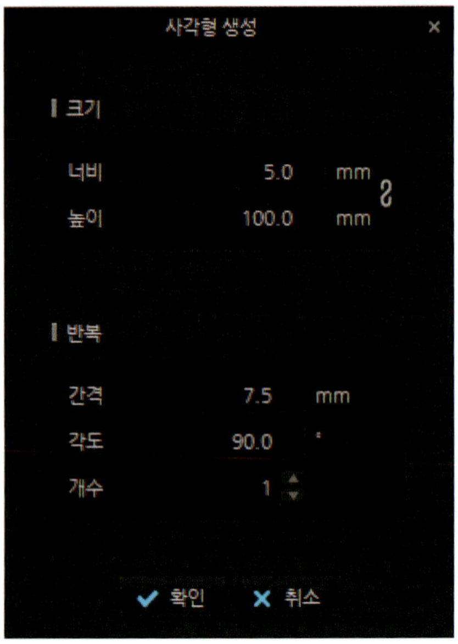

사각형

(사각형 패턴)툴을 이용하여 [너비 5], [높이 100] 사각형을 그린다.

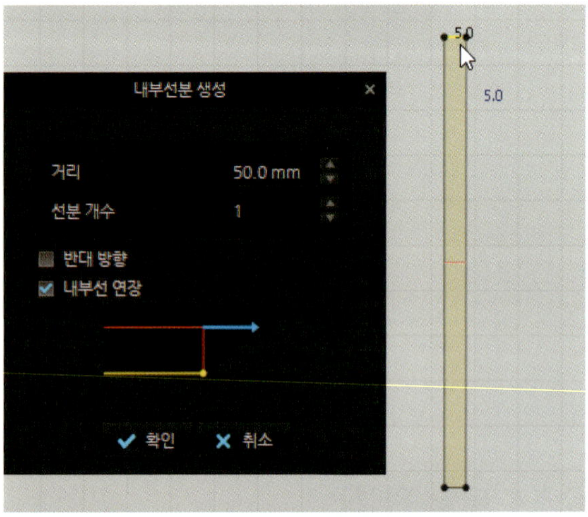

내부선분 생성

(점/선 수정)툴을 이용하여 사각형의 가로선을 선택하고 [MRB(마우스오른쪽버튼) 팝업메뉴]-[내부선분 생성]을 실행한다. [내부선분 생성] 대화창에 [거리 50], [선분 개수 1]을 입력하여 [확인] 한다.

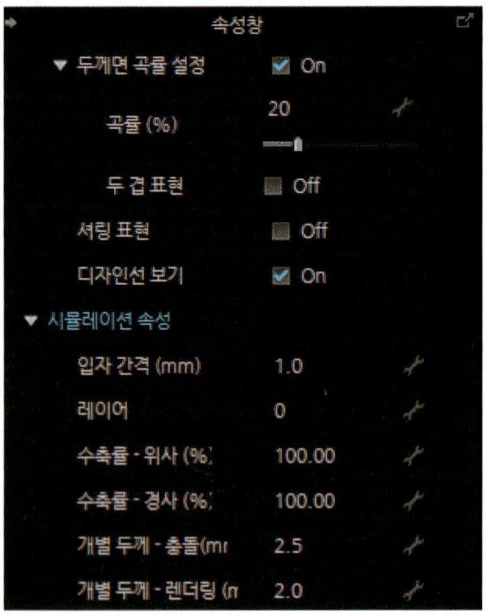

폼폼 고리 물성

사각형 패턴에 [S_Hardware] 원단을 적용한다.

(패턴 이동/변환)툴을 이용하여 사각형 패턴을 선택하고 [속성창]-[선택 선분]-[두께면 곡률 설정 ON], [곡률(%) 20], [속성창]-[시뮬레이션 속성]-[입자간격 1], [개별두께-렌더링 2]로 지정한다.

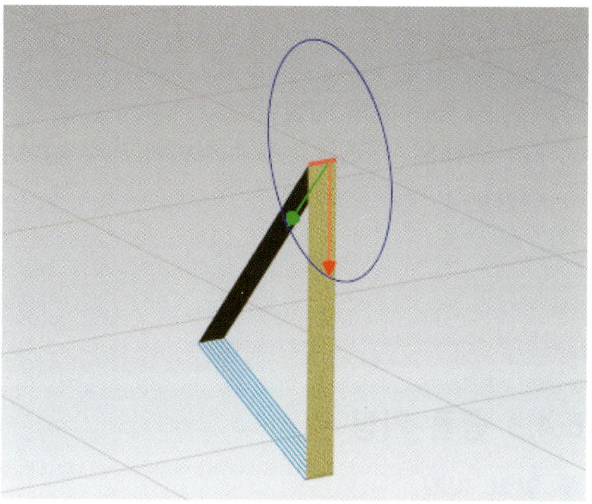

선분재봉

(선분재봉)툴을 이용하여 사각형 패턴의 위, 아래 가로선을 재봉한다.

접어 배치

(접어 배치)툴을 이용하여 사각형 패턴의 내부선분을 접는다.

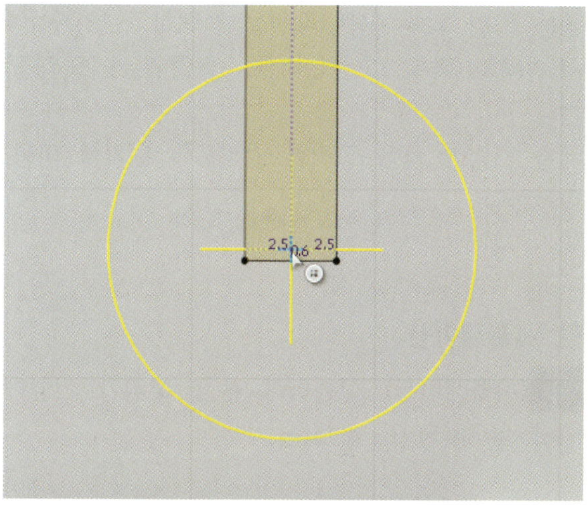

6.4.2 폼폼

단추 생성

(단추)툴을 이용하여 사각형 패턴의 아래쪽에 단추를 생성한다.

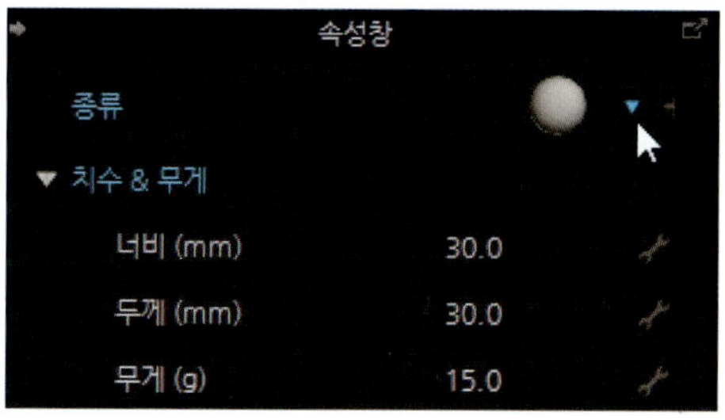

단추 종류

[물체창]-[단추] 탭에서 단추를 선택하여 [속성창]-[종류]의 (드롭다운메뉴)를 클릭하여 [3_Snap_Rivet_06]를 선택한다.

[속성창]-[치수 & 무게]에서 [너비 30], [두께 30], [무게 15]로 지정한다.

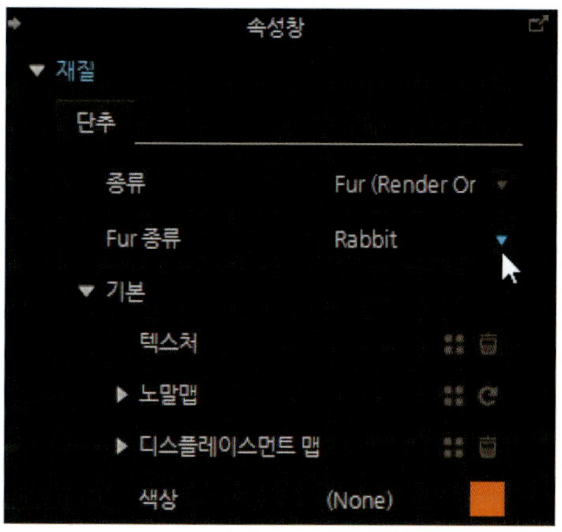

단추 속성

[물체창]-[단추] 탭에서 단추를 선택하여 [속성창]-[재질]-[종류]의 (드롭다운메뉴)를 클릭하여 [Fur(Render Only)], Fur 종류로는 [Rabbit]을 선택한다.

색상은 디자인에 따라 변경한다.

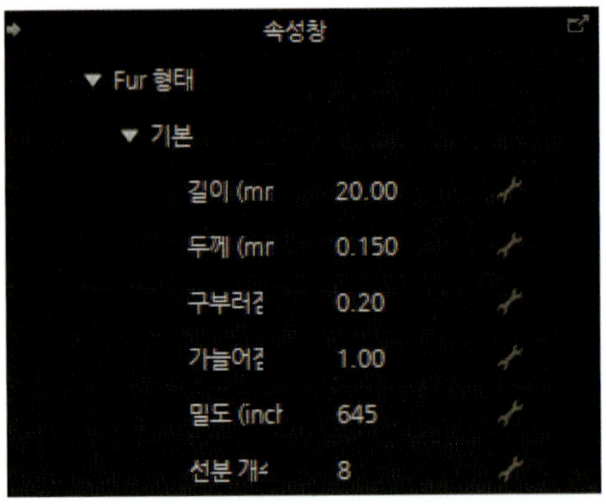

[속성창]-[Fur 형태]-[기본]에서 [길이 20], [두께 0.3], [구부러짐 0.2], [가늘어짐 1.0], [밀도 645], [선분 개수 8]로 지정한다.

- Fur 형태는 렌더를 통하여 확인하고 수정하여 결정한다.

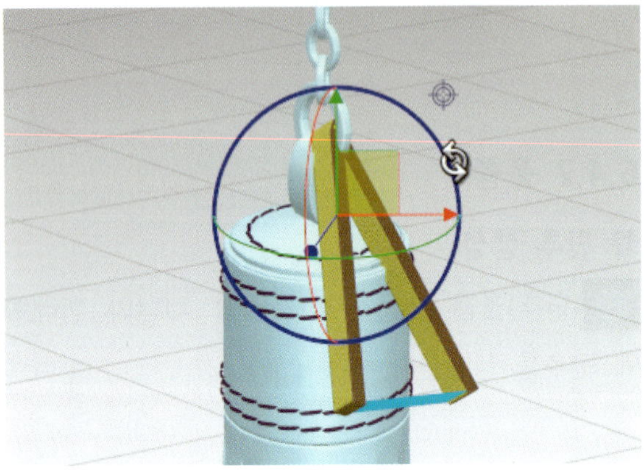

6.4.3 폼폼 키링

위치 지정

폼폼 고리 외의 모든 패턴을 선택하고 [3D창]에서 [MRB(마우스오른쪽버튼) 팝업메뉴]-[프리즈] 한다.

태슬 키링에 폼폼 고리가 걸리도록 위치를 이동, 회전한다.

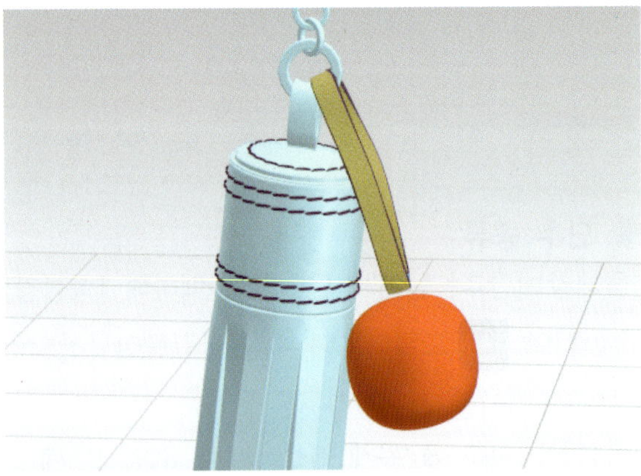

시뮬레이션

(시뮬레이션) 실행하여 폼폼 고리가 키링에 자연스럽게 걸리도록 한다.

6.4.4 렌더

렌더

메뉴바에서 [렌더]-[렌더]를 선택하여 [Render]창을 연다. (인터렉티브 렌더)를 클릭하면 렌더가 실행된다. Fur의 재질을 확인하면서 단추 속성을 수정한다.

- Fur 재질은 렌더 이미지에만 정확하게 나타나므로 Fur 재질을 적용한 경우, 반드시 [렌더]하여 완성 상태를 확인하여야 한다.
- (이미지/비디오 속성)을 클릭하여 [속성창]에서 이미지/비디오, 이미지 크기 등을 선택할 수 있다. (최종 렌더(이미지/비디오)를 클릭하면 렌더하여 이미지를 저장할 수 있다.

7 리본

Ribbon

7.1 디자인

난이도 ······ 중
패턴 ······ 리본 패턴(253페이지)
주요 활용 기능 ······ 사각형 패턴, 다각형 패턴, 내부 다각형/선, 프리즈, 핀(박스), 접어 배치, 고무줄

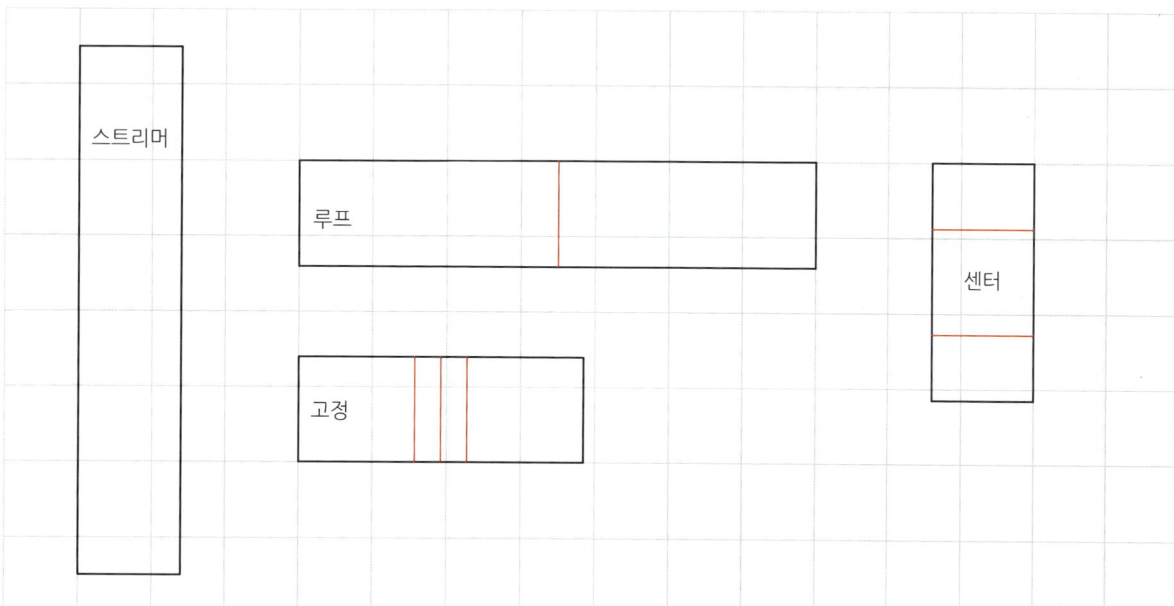

7.2 리본 배경

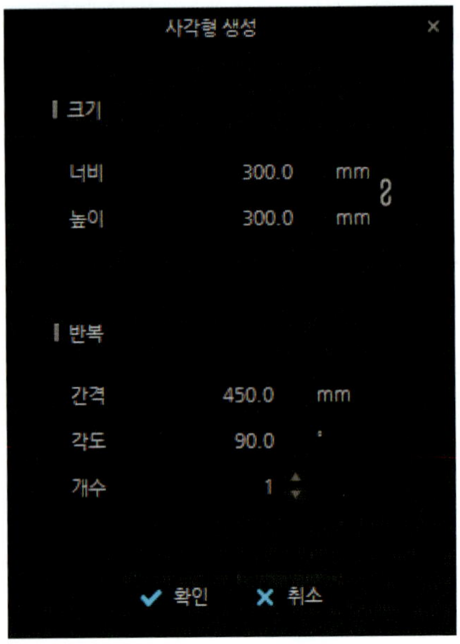

7.2.1 배경과 고정 밴드 패턴

배경 생성

(사각형 패턴)툴을 이용하여 [너비 300], [높이 300]의 사각형을 생성한다.

- 이 사각형은 리본을 고정하기 위한 배경이므로 사각형의 크기는 변경할 수 있다.
- 253페이지에 패턴 이미지가 수록되었으니, 8강과 같이 패턴 이미지를 스캔하여 CLO 원단에 적용하고 그 위에 겹쳐서 그리는 방식으로 패턴을 생성할 수 있다. 253페이지의 리본 패턴 이미지는 50% 비율로 제공되었으므로 2배로 수정한다. 이에 대한 설명은 8강 버킷햇을 참고한다.

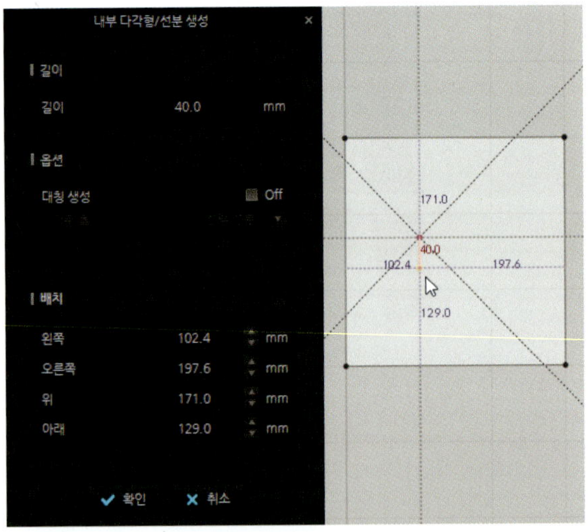

내부선분 생성

(내부 다각형/선)툴을 이용하여 사각형 패턴에 길이 40mm의 내부선분을 그린다. 시작점을 클릭하고 마우스를 아래로 이동하면서 [Shift] 키를 누르면 수직선을 그릴 수 있다. 이때 [F1] 키 또는 MRB(마우스오른쪽버튼)을 클릭하면 [내부 다각형/선분 생성] 대화창이 열린다. [길이 40]을 입력하고 [확인] 한다. 선분을 제도한 후에 끝점을 다시 클릭하거나 [Enter]를 탭하면 (내부 다각형/선)툴 사용이 완료된다.

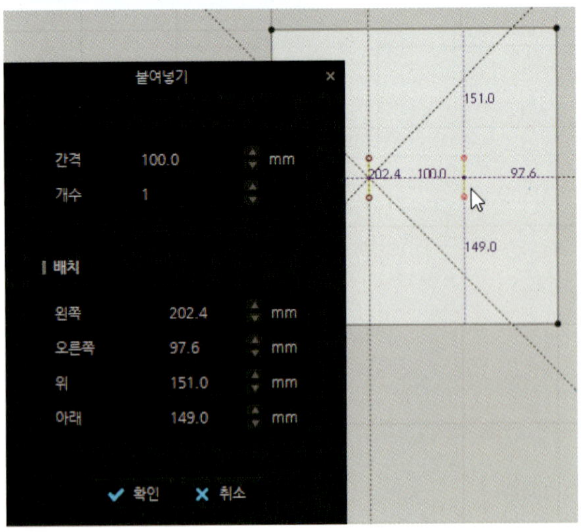

내부선분 복사

(점/선 수정)툴을 이용하여 내부선분을 선택하고 [복사(Ctrl+C)], [붙여넣기(Ctrl+V)]하여 100mm 위치에 복사한다. [붙여넣기(Ctrl+V)]하면 복사된 패턴이 마우스 커서에 나타나는데 [F1] 키 또는 MRB(마우스오른쪽버튼)을 클릭하여 [붙여넣기] 대화창을 열고 [간격 100], [개수 1] 입력하여 [확인]한다.

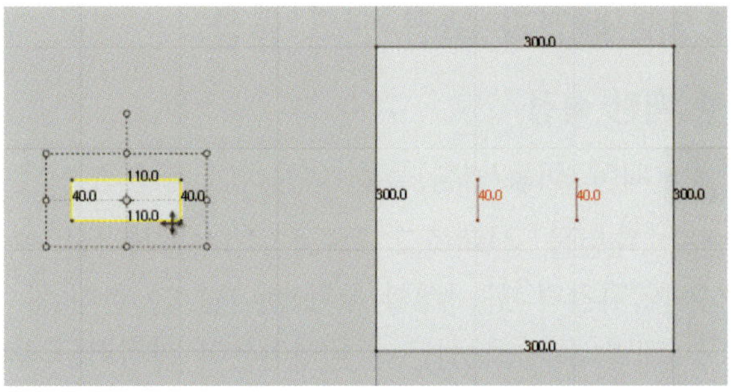

고정 밴드

(사각형 패턴)툴을 이용하여 [너비 110], [높이 40]의 사각형을 생성한다.

- 사각형 [너비 110]은 내부선분의 [거리 100]에 약간의 여유분을 포함한 것이다. 디자인에 따라 변경할 수 있다.

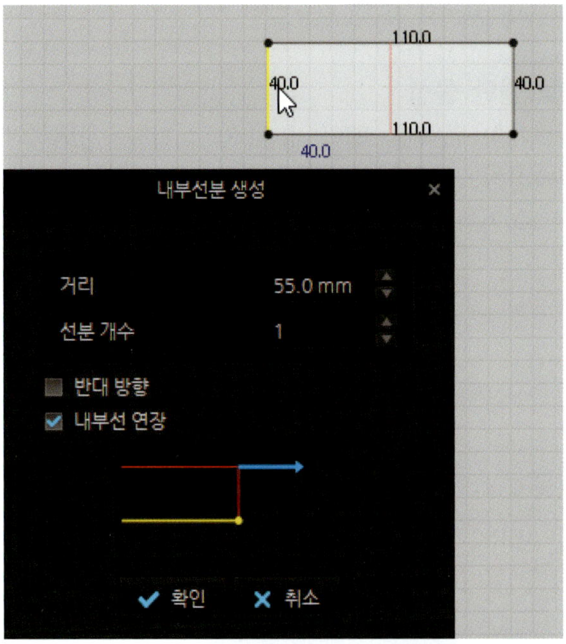

고정 밴드 내부선분 생성

(점/선 수정)툴을 이용하여 세로선을 선택하고 [MRB(마우스오른쪽버튼) 팝업메뉴]-[내부선분 생성]하여 가운데에 내부선분을 생성한다.

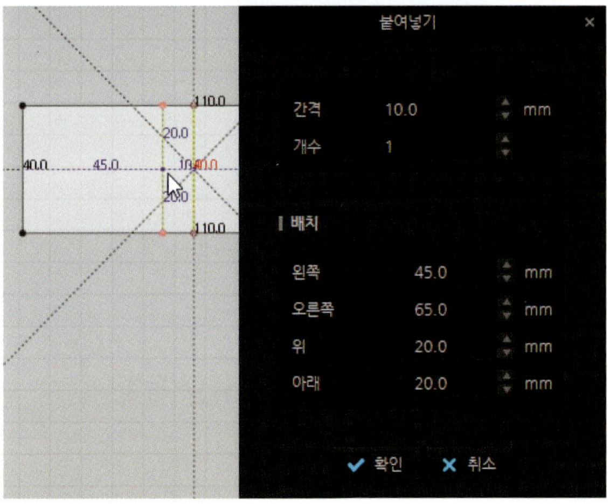

(점/선 수정)툴을 이용하여 내부선분을 선택하고 [복사(Ctrl+C)], [붙여넣기(Ctrl+V)]하여 양쪽으로 10mm 위치에 복사한다.

- [붙여넣기(Ctrl+V)]하면 복사된 패턴이 마우스 커서에 나타나는데 [F1] 키 또는 MRB(마우스 오른쪽버튼)을 클릭하여 [붙여넣기] 대화창에 [간격]을 입력하면 정확한 거리만큼 이동된 위치에 [붙여넣기]할 수 있다.

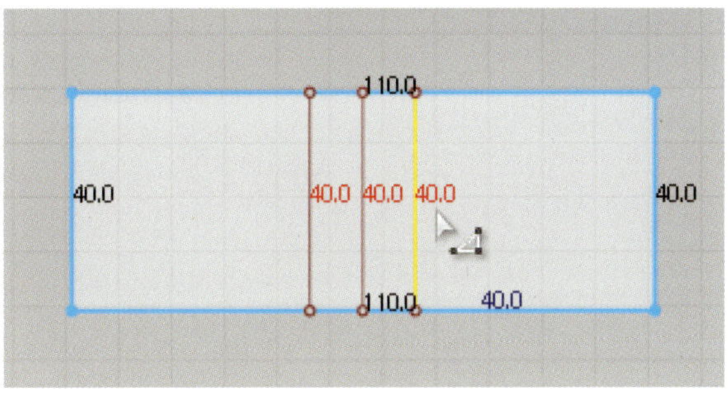

7.2.2 배경과 고정 밴드 물성

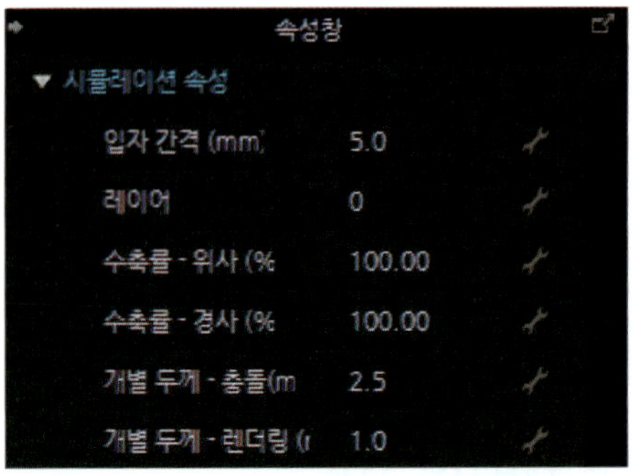

패턴 속성

(패턴 이동/변환)툴을 이용하여 배경과 고정 밴드 패턴을 선택하고 [속성창]-[시뮬레이션 속성]-[입자간격 5], [개별 두께-렌더링 1] 한다.

[개별 두께-충돌]은 시뮬레이션이 안정화된 후에 낮추는 것을 권장한다.

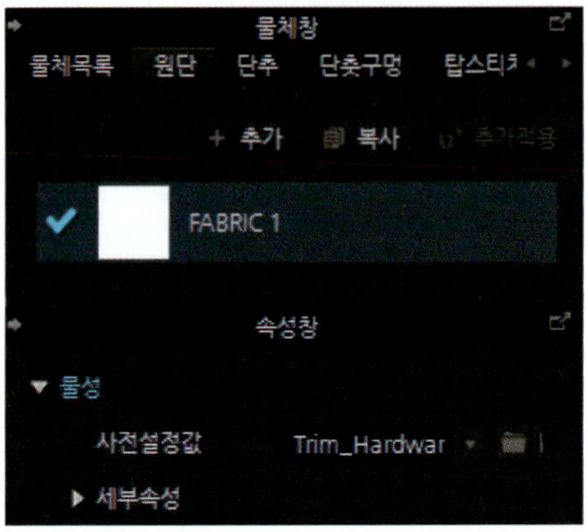

원단 물성

[물체창]-[원단] 탭의 [FABRIC 1]을 선택하여 [속성창]-[물성]-[사전설정값]을 [Trim_Hardware]로 지정한다.

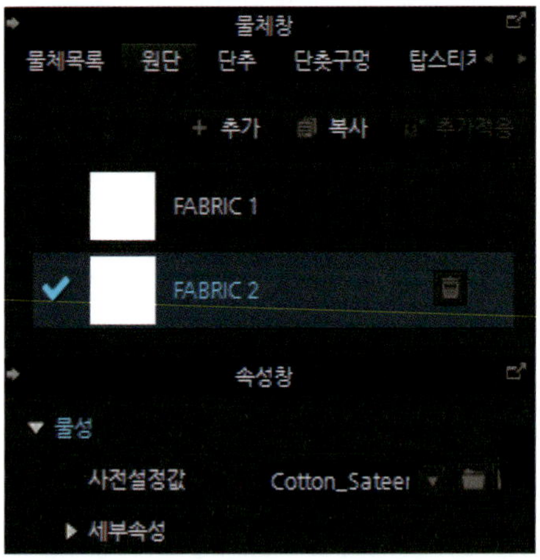

[물체창]-[원단] 탭에서 + 추가(추가) 클릭하여 [FABRIC 2]를 생성하고 [속성창]-[물성]-[사전설정값]을 [Cotton_Sateen]으로 지정한다.

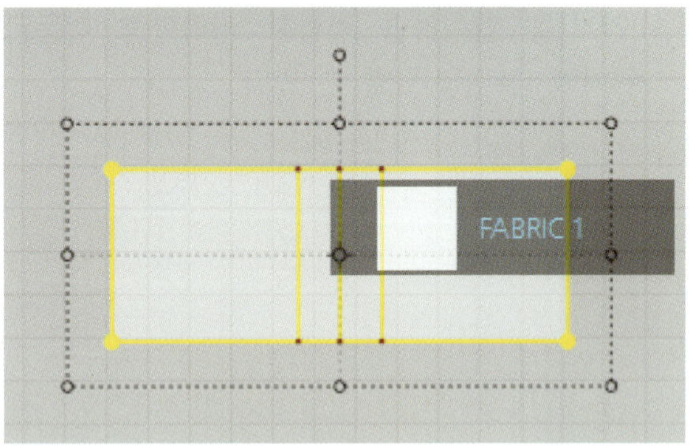

원단 적용

고정 밴드 패턴에 [FABRIC 1]을 적용한다.

7.2.3 시뮬레이션

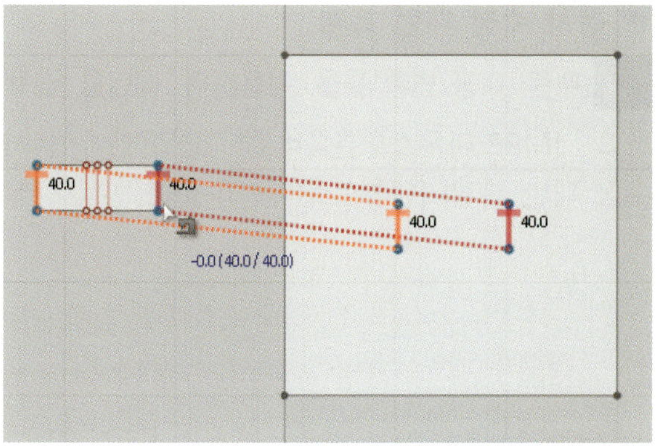

고정 밴드를 배경에 재봉

(선분재봉)툴을 이용하여 고정 밴드의 세로선을 배경이 내부선에 각각 재봉한다.

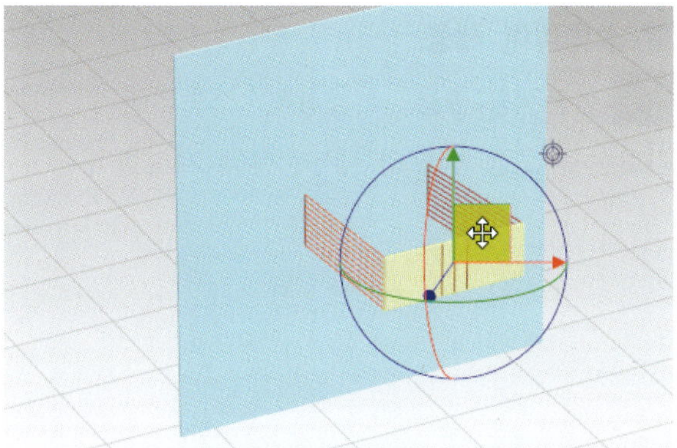

프리즈

[3D창]에서 (선택/이동)툴을 이용하여 사각형을 선택하고 [MRB(마우스오른쪽버튼) 팝업메뉴]-[프리즈] 한다.

(선택/이동)툴을 이용하여 고정 밴드의 위치를 배경 앞으로 이동시킨다.

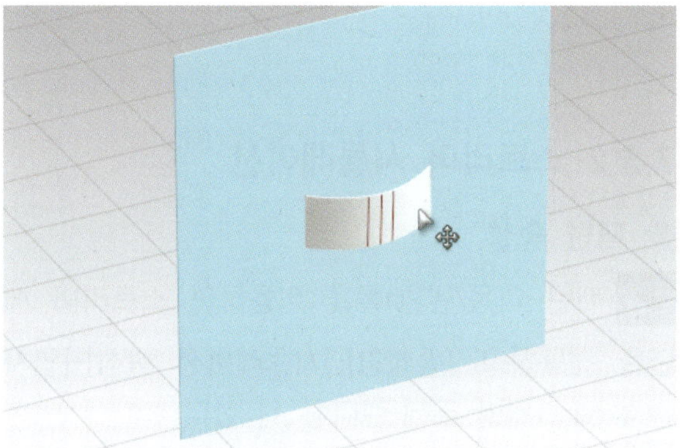

시뮬레이션

[3D창]에서 (시뮬레이션) 클릭하여 시뮬레이션을 실행한다.

7.3 스트리머

7.3.1 스트리머 패턴

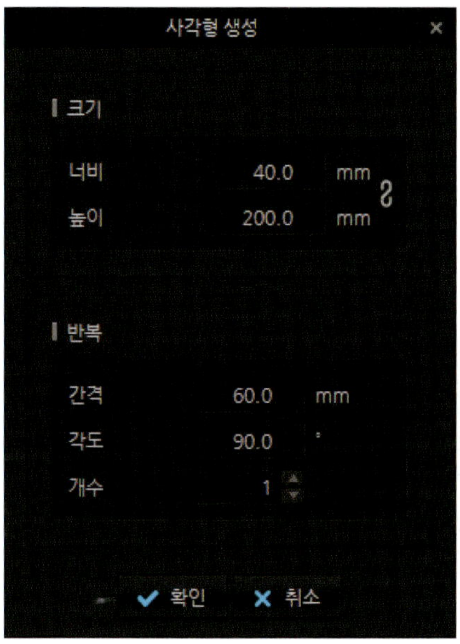

패턴 생성

(사각형 패턴)툴을 이용하여 [너비 40], [높이 200]의 사각형을 생성한다.

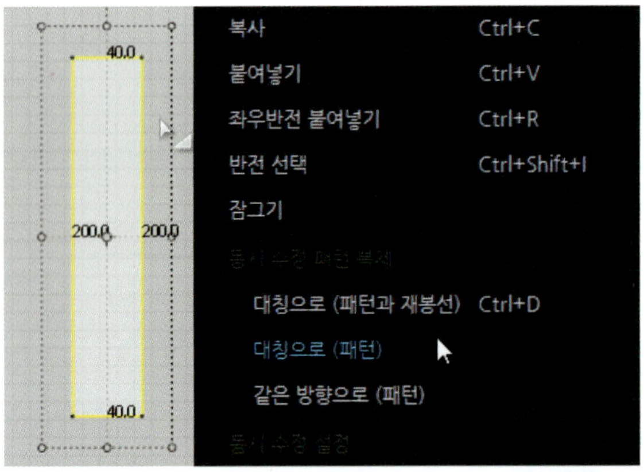

동시 수정 패턴 복제

(패턴 이동/변환)툴을 이용하여 패턴을 선택하고 [MRB(마우스오른쪽버튼) 팝업메뉴]-[동시 수정 패턴 복제]-[대칭으로(패턴)] 한다.

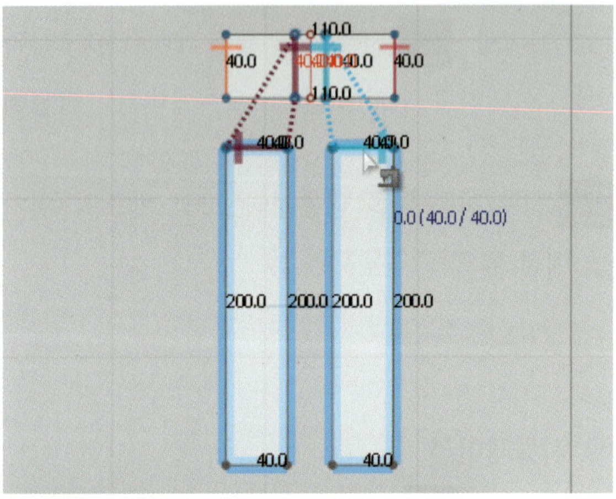

스트리머 재봉

(선분재봉)툴을 이용하여 스트리머의 위쪽 가로선을 고정 밴드의 내부선분에 재봉한다.

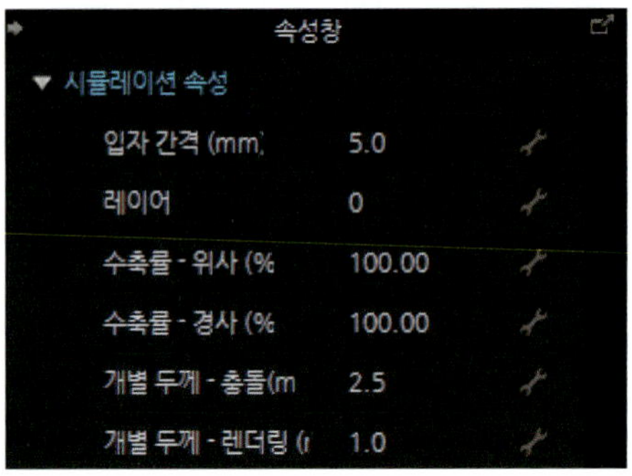

7.3.2 스트리머 시뮬레이션

패턴 속성

(패턴 이동/변환)툴을 이용하여 스트리머 패턴을 선택하고 [속성창]-[시뮬레이션 속성]-[입자 간격 5], [개별 두께-렌더링 1] 한다.

Q [동시 수정 패턴 복제]를 하였는데 복제는 되지 않고 [일부 패턴의 형태가 일치하지 않아 대칭 설정할 수 없습니다]라는 메시지가 열린다.

A [동시 수정 패턴 복제] 아래의 [대칭으로(패턴과 재봉선)], [대칭으로(패턴)], [같은 방향으로(패턴)]를 클릭해야 [동시 수정 패턴 복제] 된다. [동시 수정 설정] 아래의 [대칭으로(패턴과 재봉선)], [대칭으로(패턴)], [같은 방향으로(패턴)]는 선택된 패턴들을 동시 수정 설정하는 메뉴이므로 [대칭 설정할 수 없습니다]라는 메시지가 열리게 된다.

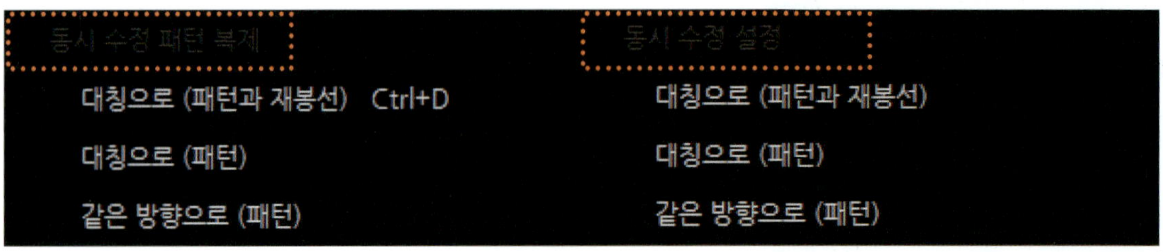

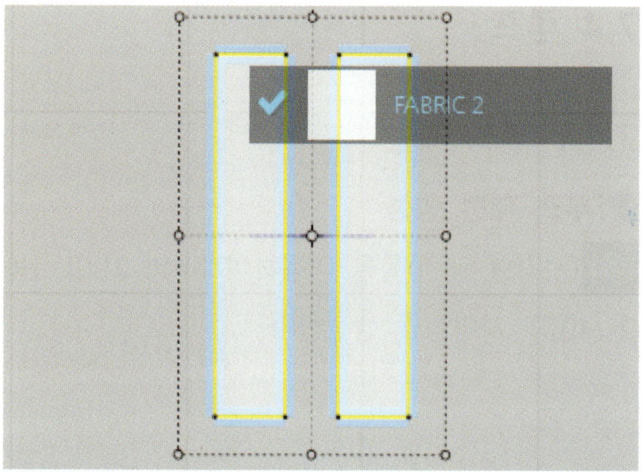

원단 적용

스트리머 패턴에 [FABRIC 2]를 적용한다.

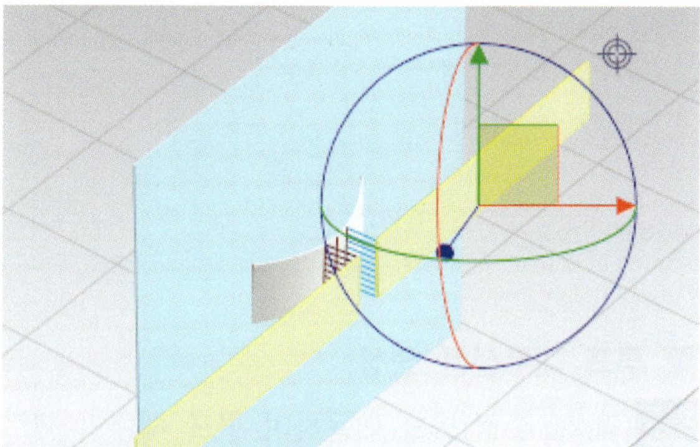

시뮬레이션

(선택/이동)툴을 이용하여 스트리머를 선택하고 기즈모를 이용하여 이동, 회전시킨다.

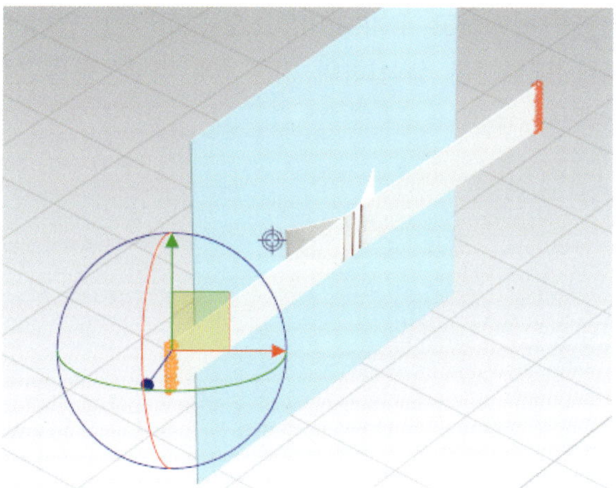

스트리머가 고정 밴드에 납작하게 시뮬레이션되도록 핀으로 고정한다.

- 핀은 (핀(박스))툴을 선택하여 패턴에 핀이 생성될 영역을 지정하거나 [3D창]에서 (선택/이동)툴을 이용하여 [W] 키를 누른 상태로 의상을 클릭하면 생성된다. (선택/이동)툴을 이용하여 핀을 선택하면 기즈모가 나타나고 기즈모를 이용하여 이동, 회전할 수 있다.

[3D창]에서 (시뮬레이션) 클릭하여 시뮬레이션을 실행한다.

Q [W] 키를 누른 상태로 의상을 클릭하였으나 핀이 생성되지 않는다.

A (1) [3D창]의 [3D 의상 보기]에서 (핀 보기)가 활성화되어 있는지 확인한다. (핀 보기)가 비활성화되어 있으면 핀이 보이지 않는다. (2) 키보드가 [한글] 상태라면 [W] 키를 눌러도 핀이 작동하지 않는다. 주로 파일을 저장할 때 한글명으로 작성한 후에 주로 발생한다. (3) [의상 렌더링] 스타일 중에서 (반투명)을 선택하여 확인한다. 의상의 드레이프 안쪽에 핀이 생성되어 겉에서 확인하기 어려운 경우, (반투명)을 하면 쉽게 확인할 수 있다.

7.4 루프

7.4.1 루프 패턴

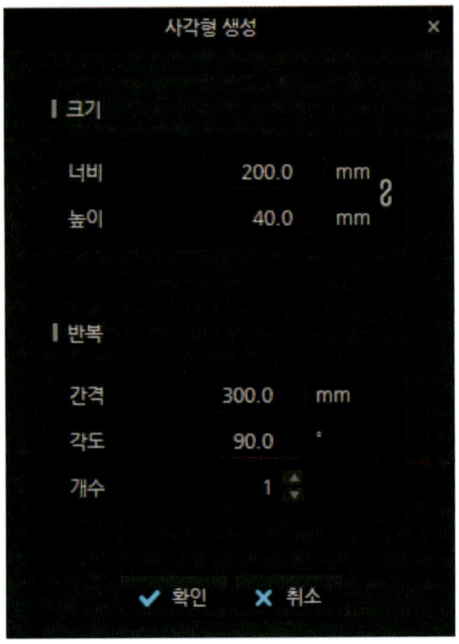

루프 패턴 생성

(사각형 패턴)툴을 이용하여 [너비 200], [높이 40]의 사각형을 생성한다.

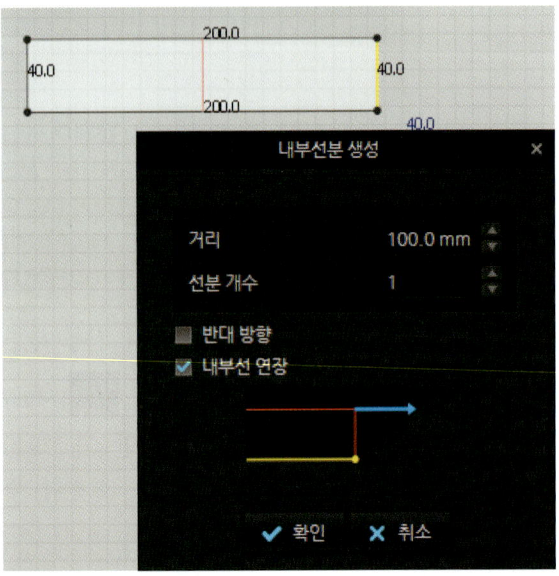

루프 내부선분 생성

(점/선 수정)툴을 이용하여 루프 패턴의 세로선을 선택하고 [MRB(마우스오른쪽버튼) 팝업메뉴]-[내부선분 생성]하여 가운데에 내부선분을 생성한다.

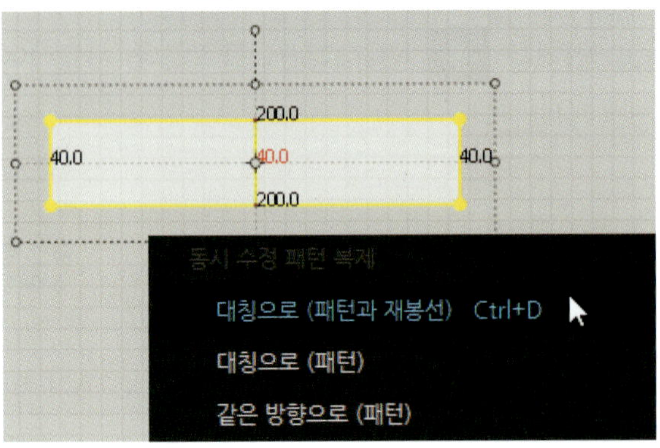

동시 수정 패턴 복제

(패턴 이동/변환)툴을 이용하여 패턴을 선택하고 [MRB(마우스오른쪽버튼) 팝업메뉴]-[동시 수정 패턴 복제]-[대칭으로(패턴과 재봉선)] 한다.

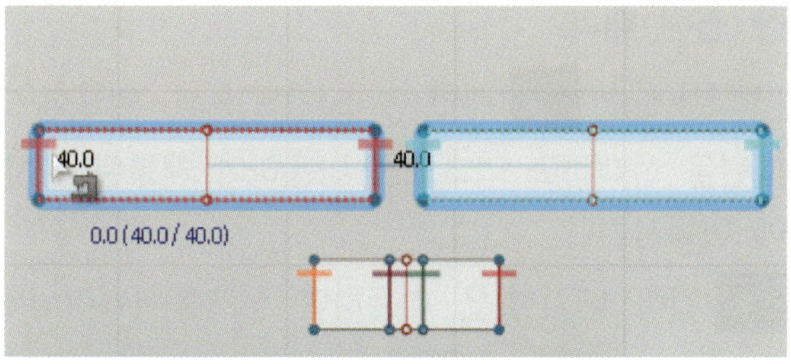

루프 재봉

(선분재봉)툴을 이용하여 루프의 양쪽 세로 선을 서로 재봉한다.

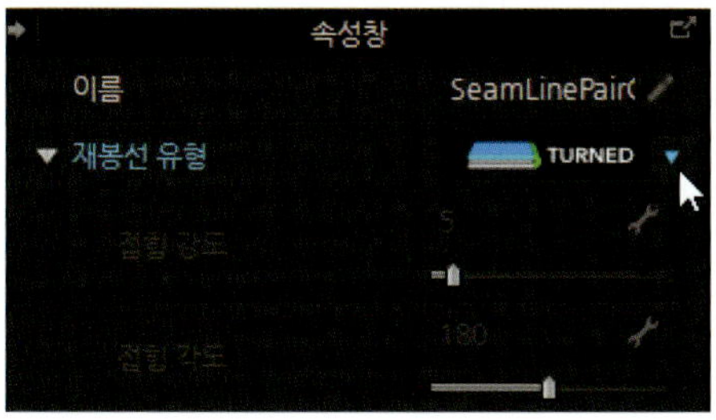

[속성창]-[재봉선 유형]-[Turned]로 변경한다.

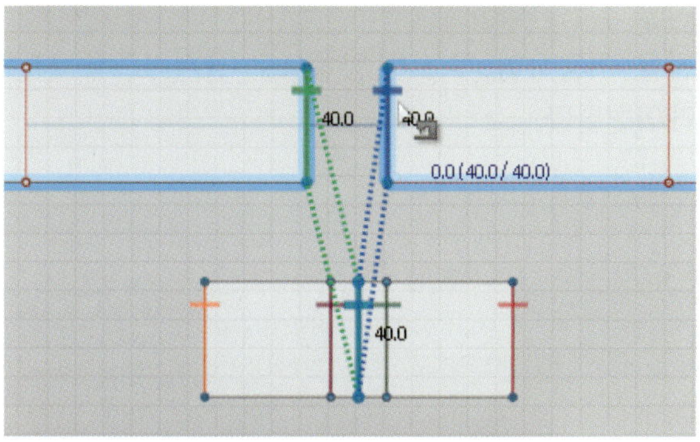

(선분재봉)툴을 이용하여 루프의 한쪽 세로 선을 고정 밴드의 가운데 선에 재봉한다.

7.4.2 루프 시뮬레이션

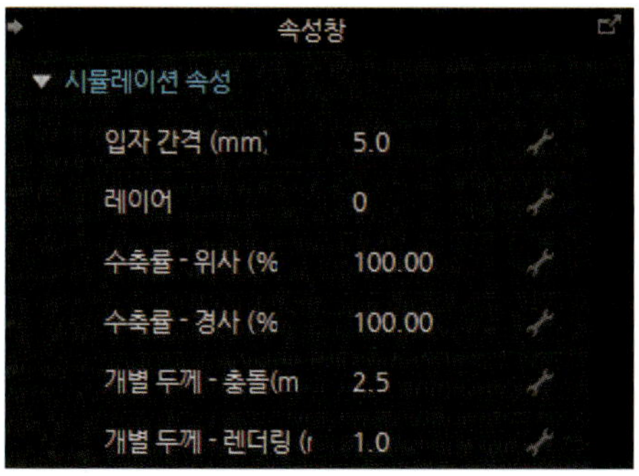

패턴 속성

(패턴 이동/변환)툴을 이용하여 루프 패턴을 선택하고 [속성창]-[시뮬레이션 속성]-[입자간격 5], [개별 두께-렌더링 1] 한다.

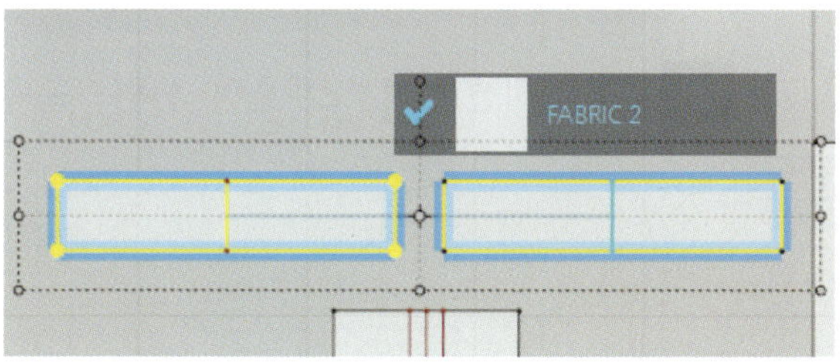

원단 적용

루프 패턴에 [FABRIC 2]를 적용한다.

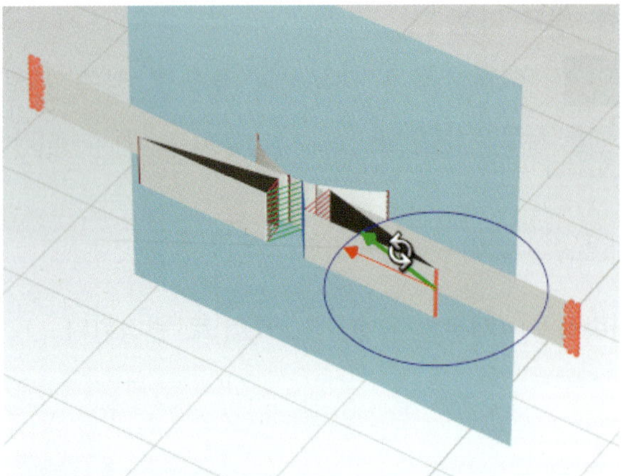

접어 배치

[3D창]에서 (패턴 이동/변환)툴을 이용하여 패턴을 선택하고 기즈모를 이용하여 재봉된 위치에 이동시킨다.

(접어 배치)툴을 이용하여 루프를 [접어 배치]한다.

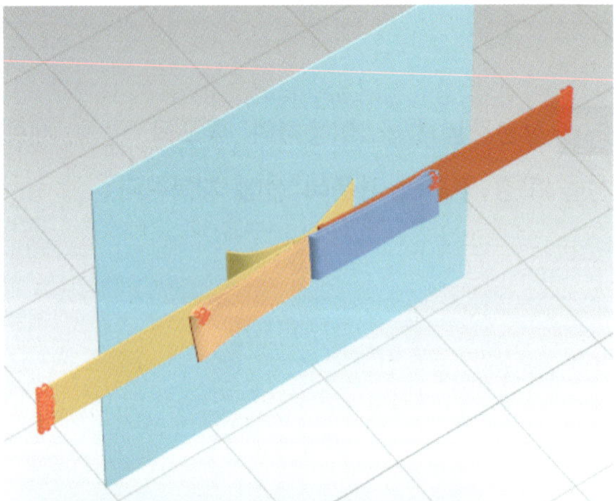

시뮬레이션

[3D창]에서 (시뮬레이션) 클릭하여 시뮬레이션을 실행한다.

핀을 이용하여 루프가 양쪽으로 펼쳐지도록 시뮬레이션한다.

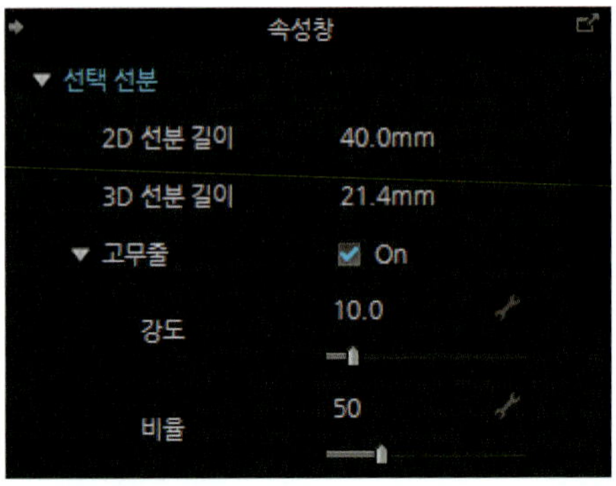

고무줄

(점/선 수정)툴을 이용하여 고정 밴드의 중심 세로선을 선택하고 [속성창]-[고무줄 ON], [비율 50]으로 지정한다.

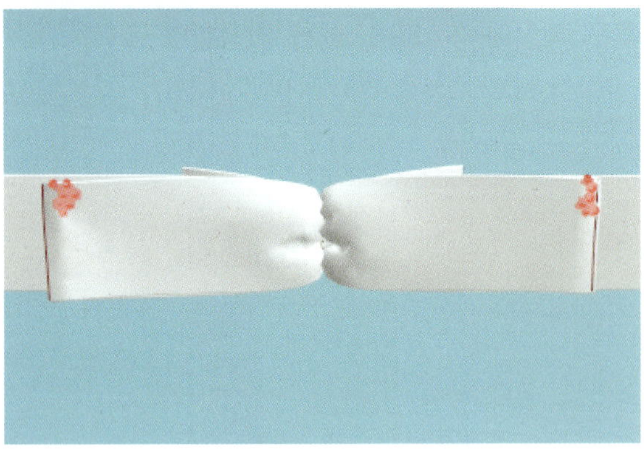

다시 (시뮬레이션)하여 고무줄이 반영되도록 한다.

7.5 센터

7.5.1 센터 패턴

센터 패턴 생성

(사각형 패턴)툴을 이용하여 [너비 40], [높이 90]의 사각형을 생성한다.

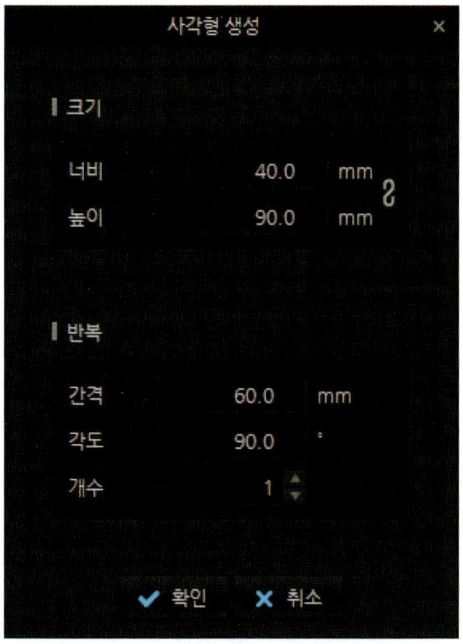

센터 패턴 내부선분 생성

(점/선 수정)툴을 이용하여 센터 패턴의 위쪽 가로선을 선택하고 [MRB(마우스오른쪽버튼) 팝업메뉴]-[내부선분 생성]하여 [거리 25]에 내부선분을 생성한다. 아래쪽 가로선을 선택하고 동일한 방법으로 내부선분을 생성한다.

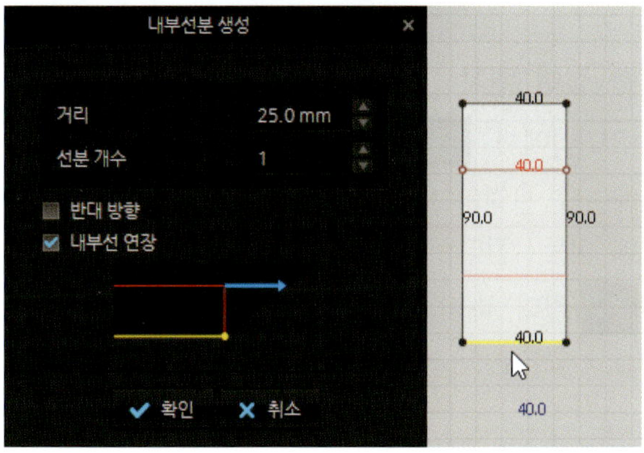

센터 재봉

(선분재봉)툴을 이용하여 센터 패턴의 양쪽 가로선을 서로 재봉한다.

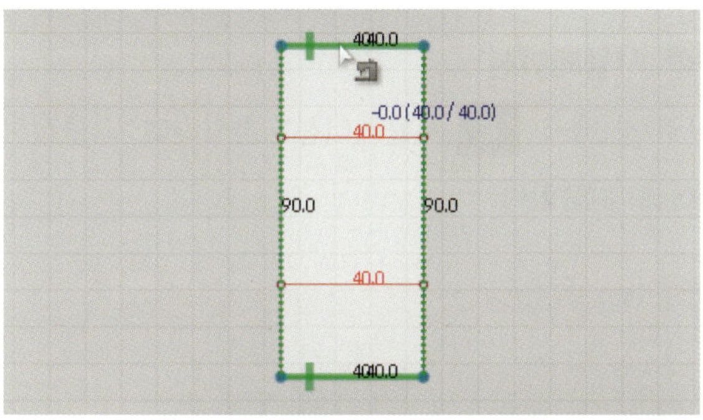

고무줄 설정

(점/선 수정)툴을 이용하여 센터 패턴의 양쪽 가로선을 선택하고 [속성창]-[고무줄 ON], [비율 25]으로 지정한다.

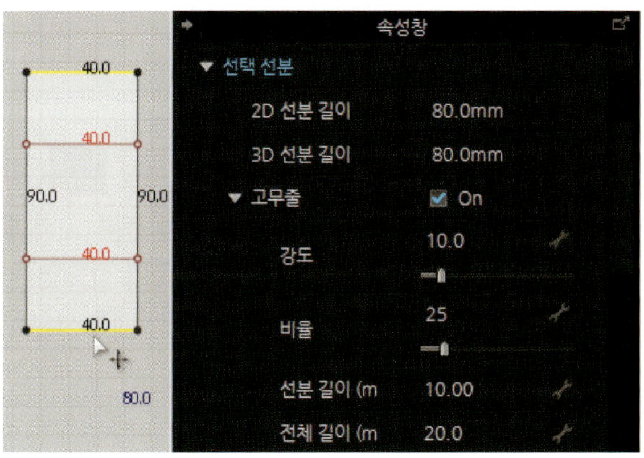

7.5.2 센터 시뮬레이션

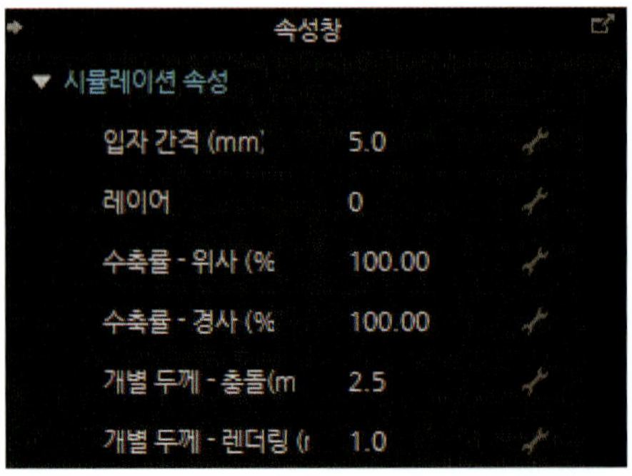

패턴 속성

(패턴 이동/변환)툴을 이용하여 센터 패턴을 선택하고 [속성창]-[입자간격 5], [개별 두께-렌더링 1] 한다.

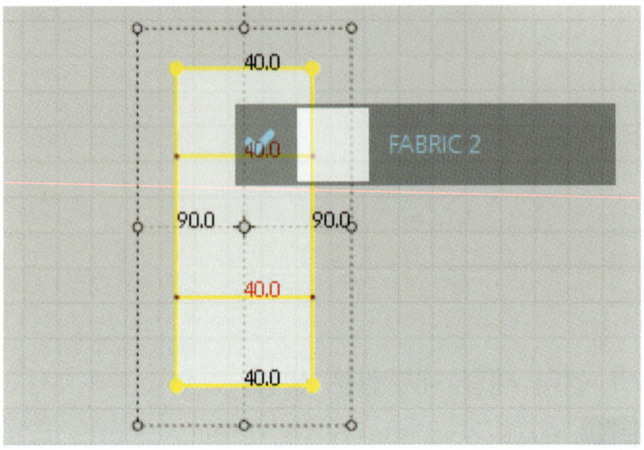

원단 적용

센터 패턴에 [FABRIC 2]를 적용한다.

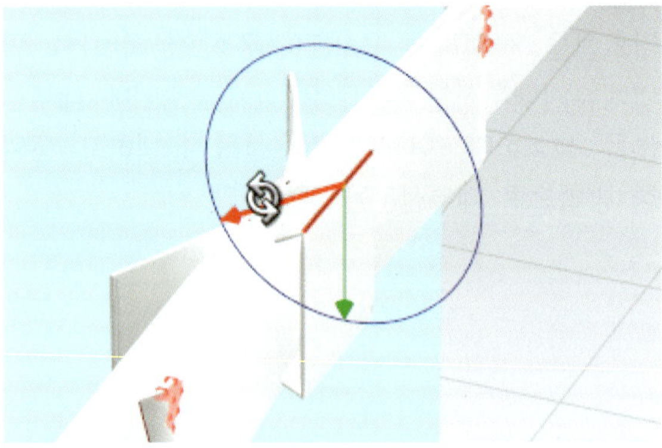

접어 배치

[3D창]에서 (패턴 이동/변환)툴을 이용하여 패턴을 선택하고 기즈모를 이용하여 재봉될 위치에 이동시킨다.

(접어 배치)툴을 이용하여 센터의 내부선분을 50~60° 정도 접는다.

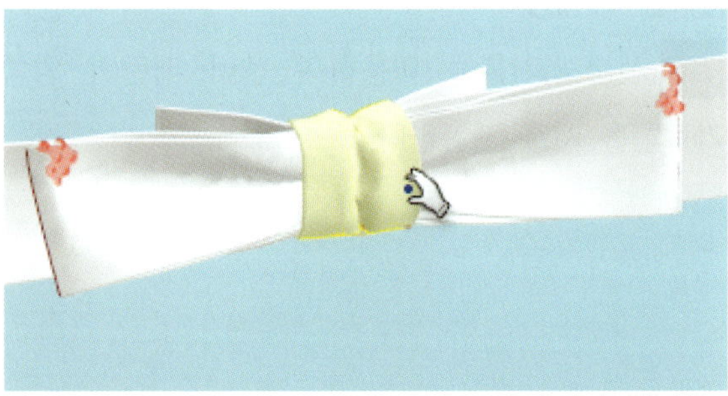

시뮬레이션

[3D창]에서 (시뮬레이션) 클릭하여 시뮬레이션을 실행한다.

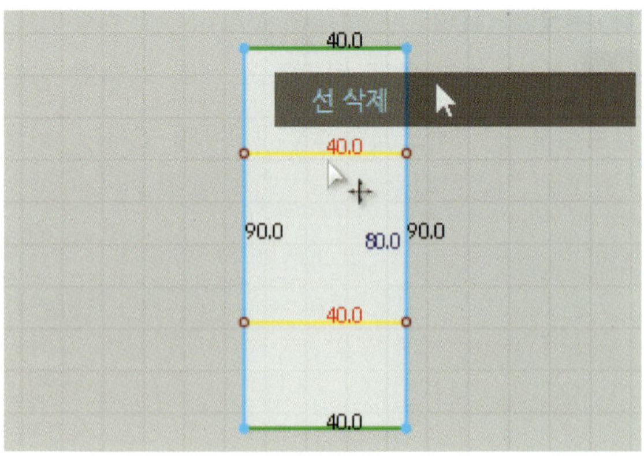

7.5.3 리본 완성

내부선분 삭제

센터 패턴의 시뮬레이션이 안정화된 후, (점/선 수정)툴을 이용하여 센터의 내부선분 2개를 모두 선택하고 [선 삭제]한다. 키보드의 [Delete] 키를 누르면 삭제된다. 루프 패턴의 내부선분도 동일한 방식으로 삭제한다.

시뮬레이션

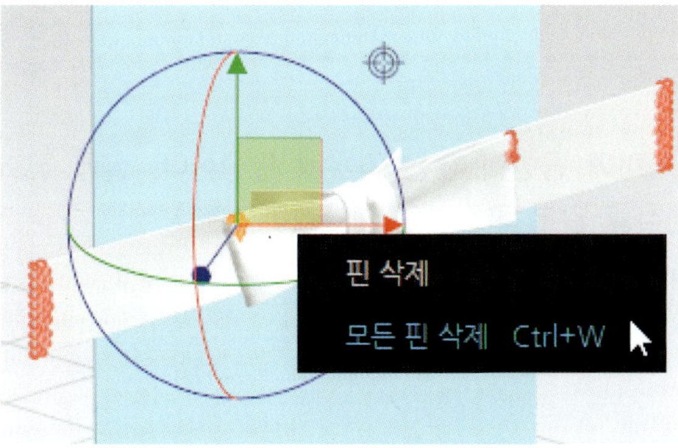

[3D창]에서 (패턴 이동/변환)툴을 이용하여 핀을 선택하고 [MRB(마우스오른쪽버튼) 팝업메뉴]-[모든 핀 삭제] 한다.

[3D창]에서 (시뮬레이션) 클릭하여 시뮬레이션을 실행한다.

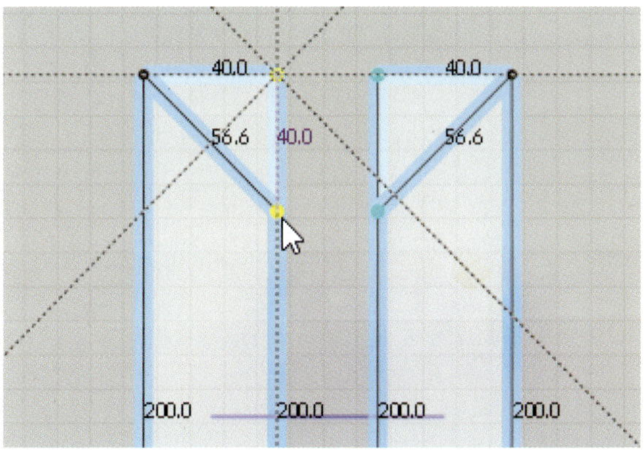

스트리머가 휘어져서 루프의 형태를 방해하는 경우, 스트리머 패턴을 사선으로 수정한 후, 다시 시뮬레이션 한다.

Q 리본을 시뮬레이션할 때 센터 패턴이 밖으로 빠진다.

A 센터가 적당하게 접어지지 않았거나, 리본 패턴들 사이에 공간이 많은 경우에 발생한다. 실행 취소하여 시뮬레이션하기 전 상태로 되돌리고 핀으로 센터를 일부 고정하여 시뮬레이션한다.

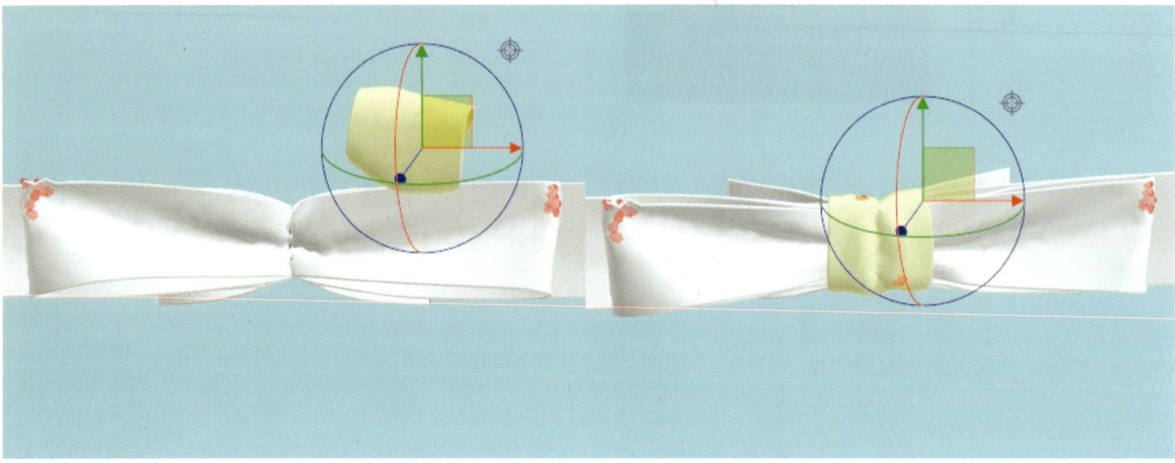

8 버킷햇

Bucket hat

8.1 디자인

난이도 .... 중
패턴 .... 버킷햇 패턴(254페이지)
주요 활용 기능 .... 사각형 패턴, 다각형 패턴, AI곡선, 곡률 수정, 상하 뒤집기, 아바타 불러오기, 머리/신발 삭제, 대칭 수정으로 골 펴기(패턴과 재봉선)

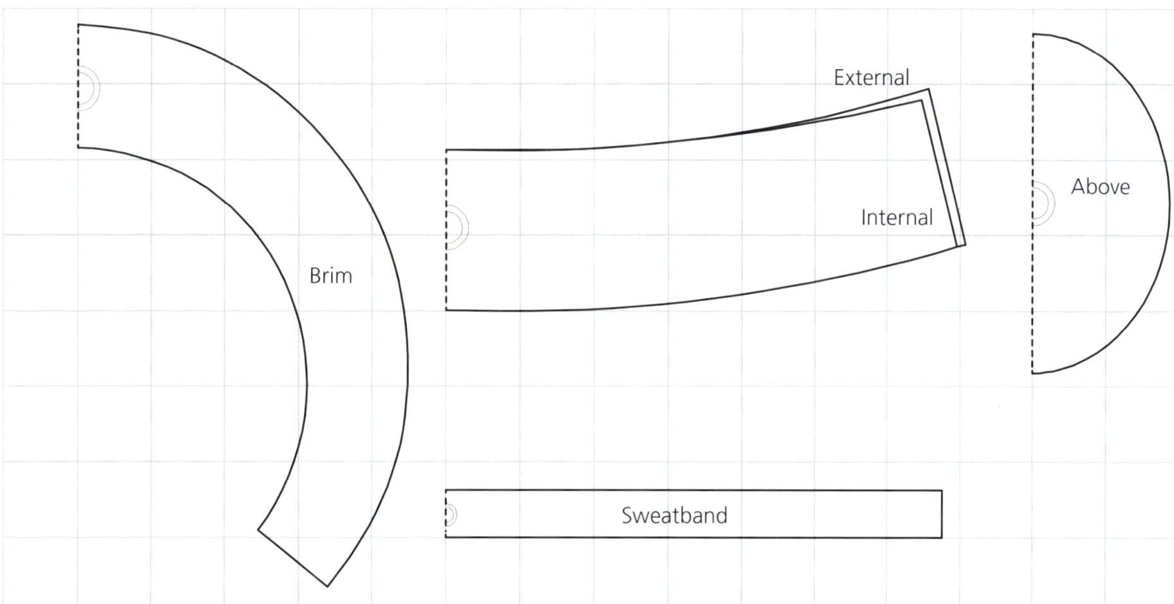

8.2 패턴 제작

8.2.1 패턴이미지 불러오기

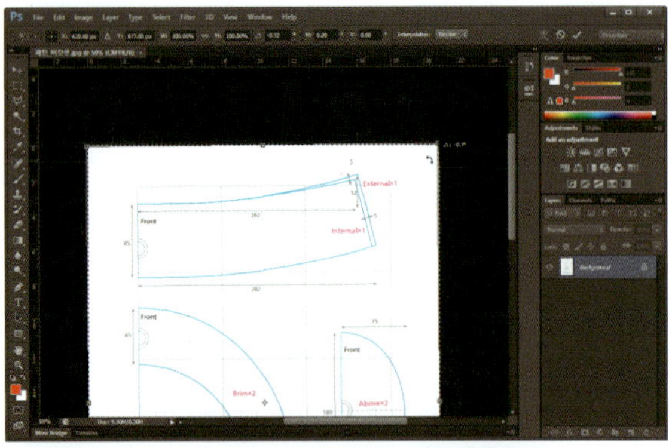

포토샵에서 패턴 이미지 정리

254페이지의 패턴 이미지를 스캔한다. 스캔한 이미지를 포토샵에서 수직, 수평을 맞추어 회전시키고 패턴 영역만 [자르기(crop)]하여 jpg 또는 png 포맷으로 저장한다.

패턴 이미지 불러오기

[물체창]-[원단] 탭에서 + 추가(추가)를 클릭하여 새 원단을 생성한다(FABRIC 2). [FABRIC 2]를 선택하고 [속성창]-[재질]-[텍스처]의 (탐색) 버튼을 클릭하면 [파일 열기] 윈도우가 열린다.

포토샵에서 저장한 패턴 이미지 파일을 선택한다.

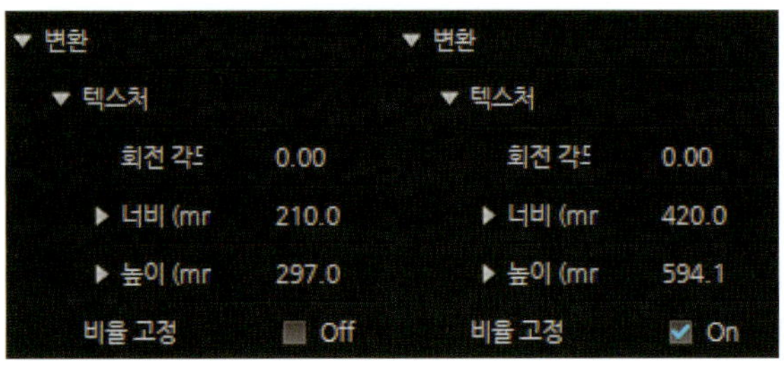

패턴 이미지 비율 변경

[물체창]-[원단] 탭에서 [FABRIC 2]를 선택하여 [속성창]-[변환]-[텍스처]-[비율 고정 ON] 하고, [너비] 또는 [높이]를 2배로 수정한다. [너비] 또는 [높이]를 그림과 같이 입력하는 것이 아니라, 기존 크기를 2배로 수정한다.

- 버킷햇 패턴 이미지는 50% 비율로 제공되므로 2배로 수정한다. 패턴 이미지의 비율이 100%라면 [너비] 또는 [높이]를 수정하지 않는다.

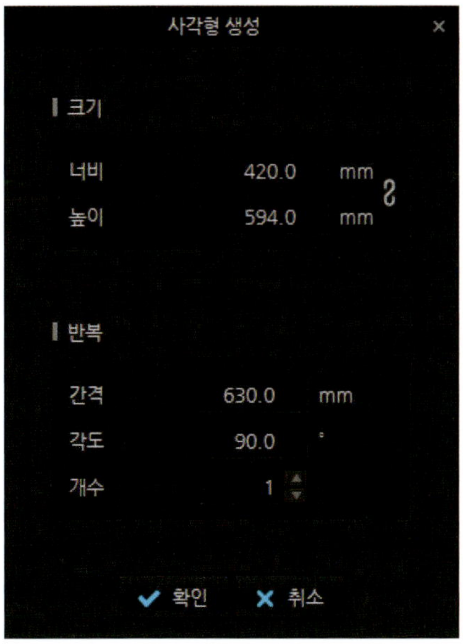

패턴 이미지를 적용할 사각형 패턴 그리기

(사각형 패턴)툴을 이용하여 [너비 420], [높이 594]의 사각형을 그린다.

이 사각형은 패턴 이미지를 불러오기 위한 것이므로 사각형의 너비, 높이는 패턴이 보일 정도의 크기로 자유롭게 지정할 수 있다.

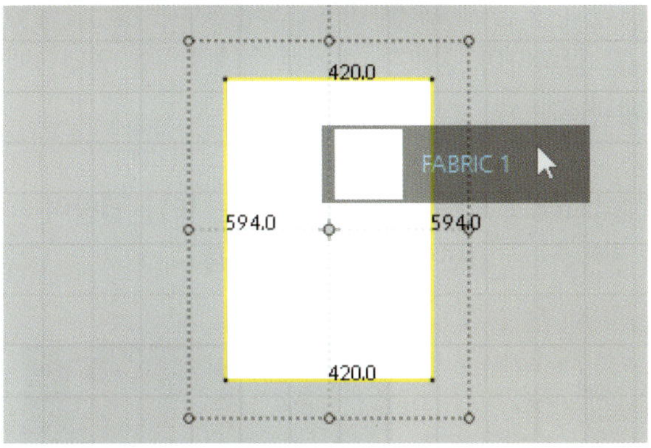

원단 적용

[물체창]-[원단] 탭에서 [FABRIC 2]를 선택하여 이 사각형에 드래그 & 드롭하여 적용한다.

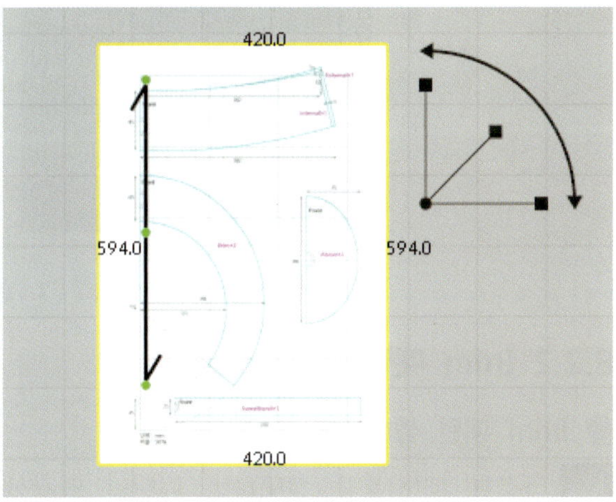

패턴 이미지 위치 이동

패턴 이미지가 사각형의 중앙에 위치하도록 텍스처를 이동시킨다. (텍스처 수정(2D))툴을 선택하여 패턴을 클릭 & 드래그하면 텍스처가 이동된다.

Q 포토샵에서 저장한 이미지를 CLO 원단에 적용하고 교재와 같이 텍스처 크기를 조정하였는데, 패턴 이미지에 겹쳐서 그린 패턴의 사이즈가 패턴 이미지의 치수와 차이가 있다.

A 패턴의 사이즈가 맞지 않는 원인에는 크게 2가지를 생각해볼 수 있다. (1) CLO 원단에 텍스처를 적용하면 포토샵에서 저장한 이미지 크기 그대로 적용된다. 패턴 이미지를 스캔하여 포토샵에서 수정(회전, 밝기 조정 등)할 때, 이미지의 크기를 변경하여 저장하였다면 패턴 이미지의 크기가 달라질 수 있다. (2) CLO 원단에 적용한 이미지의 [너비], [높이]를 변경할 때, 사용자의 [너비], [높이]를 2배로 입력한다. 단순히 교재와 동일한 값(너비 420, 높이 594.1)을 입력한다면 2배가 아니라, 2.2배, 2.5배가 될 수 있다.

(해결 방법) 패턴이미지를 기준으로 패턴을 모두 생성한 뒤, 패턴의 크기를 일괄 조절한다. (패턴 이동/변환)툴을 이용하여 패턴을 선택한 후, 피봇포인트를 더블클릭하면 피봇이 활성화된다. 피봇을 활성화한 후, (패턴 이동/변환)툴을 이용하여 스케일 조절 박스의 모서리를 드래그하여 패턴의 크기를 조절한다. 이때 정확한 크기로 변형하고자 한다면, 드래그 도중에 MRB(마우스오른쪽버튼)을 클릭하거나 [F1]을 탭하여 [변형] 대화상자에 비율 또는 치수를 입력하여 정확한 크기로 변형할 수 있다. 패턴 크기를 조절할 때, 모든 패턴을 선택하여 일괄 조절한다.

① 피봇포인트를 더블클릭하여 피봇 활성화 **② 스케일 조절 박스의 모서리를 드래그** **③ 드래그 도중 MRB 클릭 또는 [F1] 탭하여 [변형] 대화상자 사용**

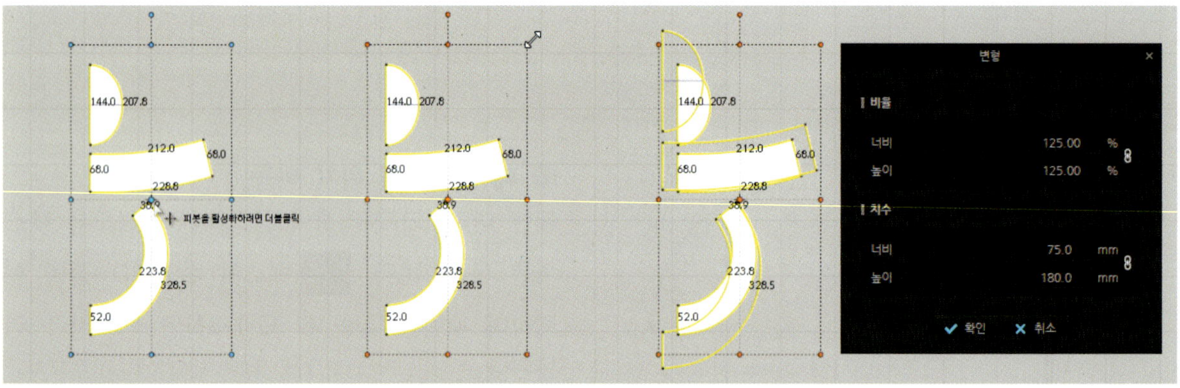

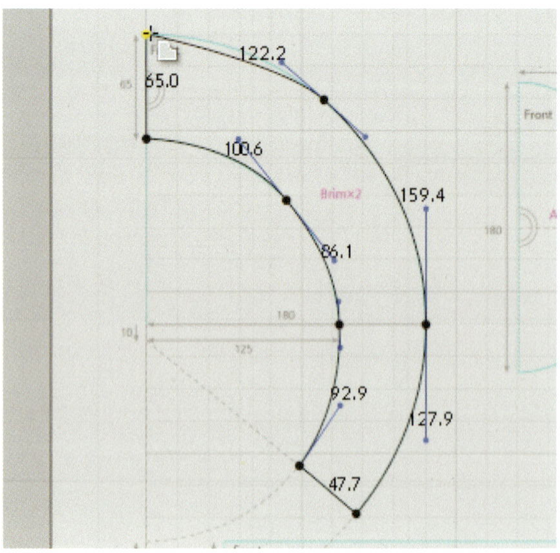

8.2.2 Brim 패턴

Brim 패턴 생성

(다각형 패턴)툴을 선택하여 패턴의 외곽선을 그린다. 패턴의 곡선 부분에서는 클릭한 상태로 드래그하면 AI곡선으로 그려지고 파란색 핸들이 나타난다. 다각형 패턴을 완성한 후에 핸들을 이용하여 AI곡선을 수정할 수 있다. 곡선에 연결하여 직선을 그리려면 [Backspace] 키를 탭하여 한쪽 핸들이 없어지도록 하고 다음 점 위치를 클릭한다.

도형을 그릴 때, 첫 번째 클릭했던 점을 다시 클릭하여야 폐곡선 형태로 패턴이 완성된다.

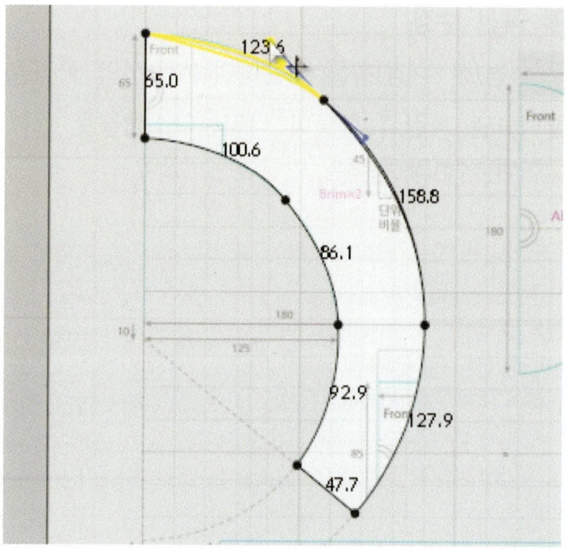

곡선 수정

(점/선 수정)툴을 이용하여 AI곡선의 끝점을 클릭하면 파란색 핸들이 나타난다. 핸들을 드래그하여 곡선의 형태를 변경할 수 있다.

- 패턴 이미지에 겹쳐서 패턴을 제도하면 [2D창]에서 패턴이 겹쳐진 상태가 된다. 패턴 제도와 수정 후에는 (패턴 이동/변환)툴을 이용하여 패턴을 이동시켜서 겹치지 않도록 한다.

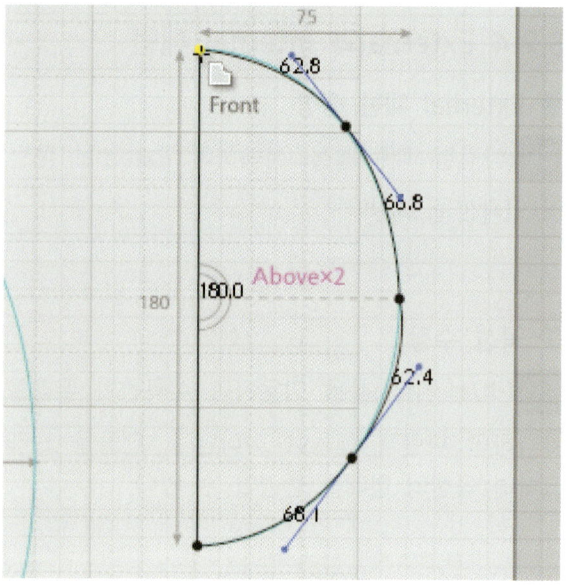

8.2.3 Above 패턴

Above 패턴 생성

(다각형 패턴)툴을 선택하여 Above 패턴의 외곽선을 그린다. Above 패턴은 버킷햇의 머리 위쪽 부분이다.

- 18페이지의 Q&A를 참고하여 [2D창]의 패턴을 [반투명]하게 보이도록 하면 다각형 패턴을 그리기 편리하다.

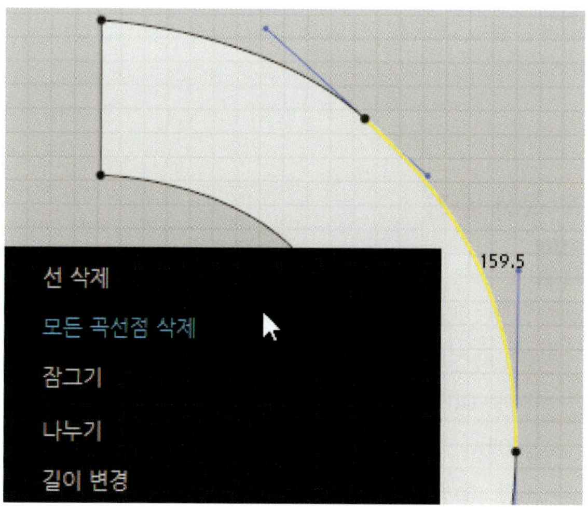

Q (다각형 패턴)툴을 이용하여 패턴을 그릴 때, 직선 구간이 곡선으로 제도 되었다. 곡선을 직선으로 변경하는 방법은?

A (점/선 수정)툴을 이용하여 곡선을 선택하고 [MRB(마우스오른쪽버튼) 팝업메뉴]-[모든 곡선점 삭제] 한다.

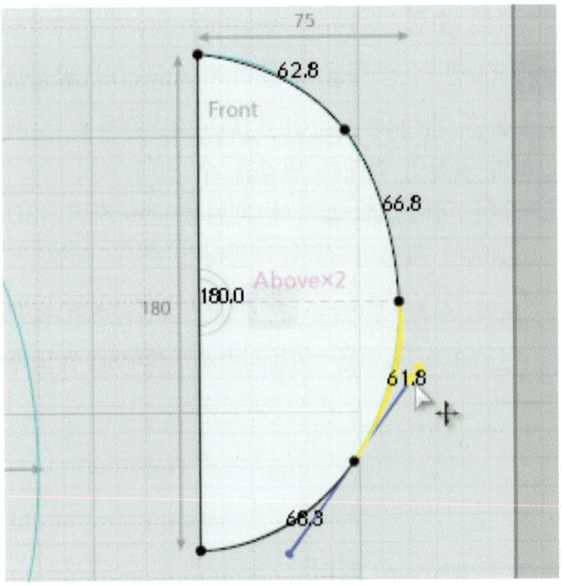

곡선 수정

(점/선 수정)툴을 이용하여 AI곡선의 끝점을 클릭하면 파란색 핸들이 나타난다. 핸들을 드래그하여 곡선의 형태를 변경할 수 있다.

8.2.4 External과 Internal 패턴

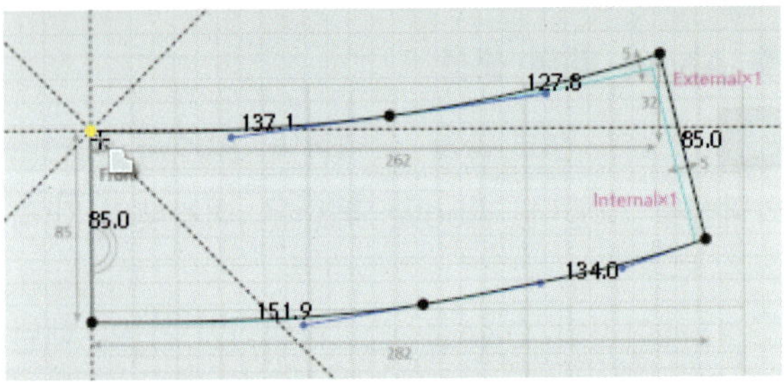

External 패턴 생성

(다각형 패턴)툴을 선택하여 External 패턴의 외곽선을 그린다.

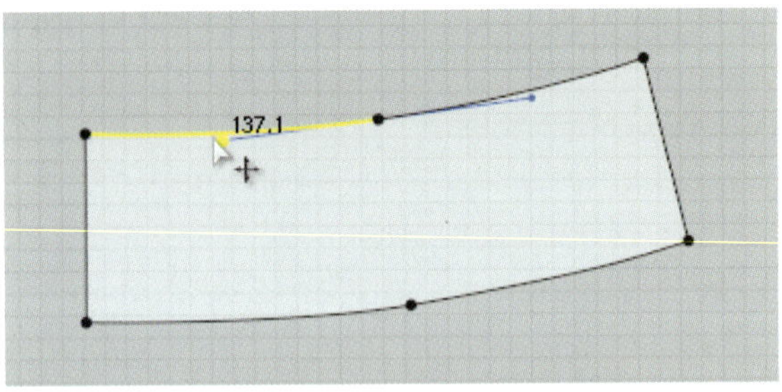

곡선 수정

(점/선 수정)툴을 이용하여 AI곡선의 끝점을 클릭하면 파란색 핸들이 나타난다. 핸들을 드래그하여 곡선의 형태를 변경할 수 있다.

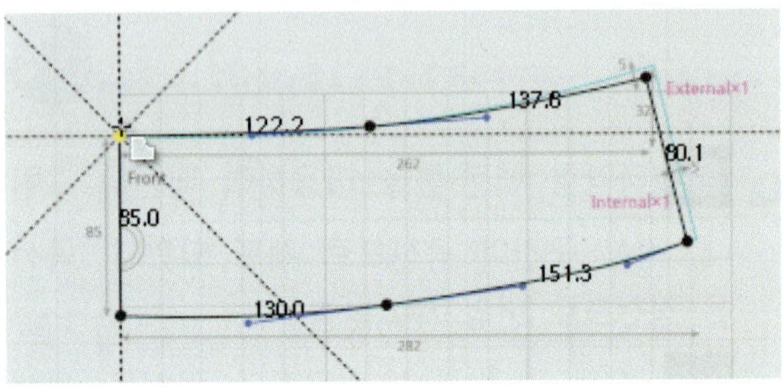

Internal 패턴 생성

(다각형 패턴)툴을 선택하여 Internal 패턴의 외곽선을 그린다.

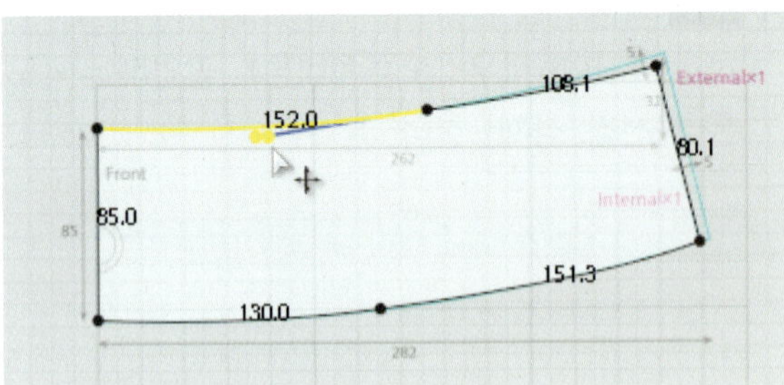

곡선 수정

(점/선 수정)툴을 이용하여 AI곡선의 끝점을 클릭하면 파란색 핸들이 나타난다. 핸들을 드래그하여 곡선의 형태를 변경할 수 있다.

- 패턴 이미지에 겹쳐서 패턴을 제도하면 [2D 창]에서 패턴이 겹쳐진 상태가 된다. 패턴 제도와 수정 후에는 패턴을 이동시켜서 겹치지 않도록 한다.

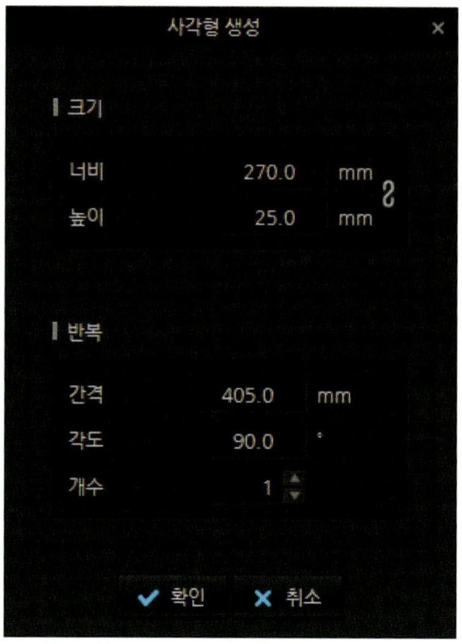

8.2.5 Sweatband 패턴

Sweatband 패턴 생성

(사각형 패턴)툴을 선택하여 [너비 270], [높이 25]의 사각형 패턴을 생성한다.

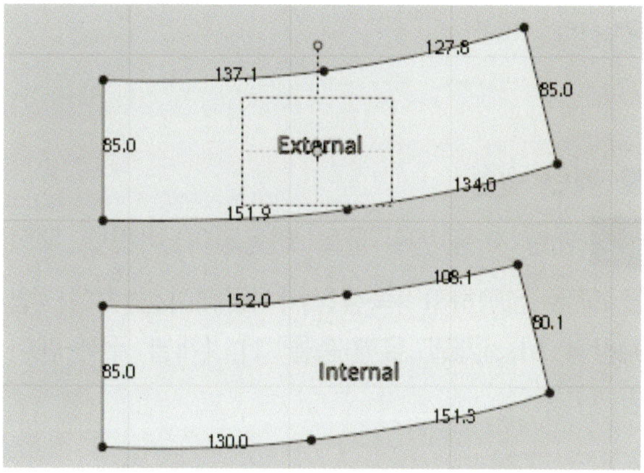

Q External 패턴과 Internal 패턴이 혼동된다. 구분하는 방법은?

A Internal 패턴의 가로 곡선과 뒤중심선(직선)의 길이가 External 패턴보다 짧다. 길이를 확인하여 [2D창]에서 (패턴 주석)툴을 이용하여 패턴 이름을 표기해놓으면 직관적으로 확인할 수 있다.

8.3 패턴 정리

8.3.1 원단 물성과 패턴 속성

원단 적용

Above, Brim, Internal, External, Sweatband 패턴을 선택하여 [물체창]-[원단] 탭에서 [FABRIC 1]을 드래그 & 드롭하여 적용한다.

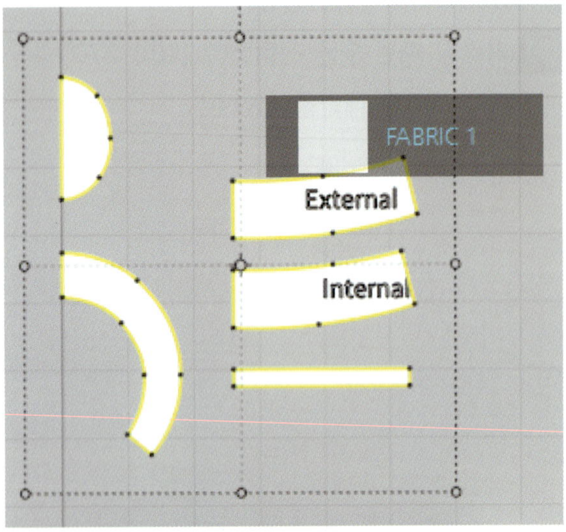

원단 물성

[물체창]-[원단] 탭에서 [FABRIC 1]을 선택하고 [속성창]-[물성]-[사전설정값]에서 [Cotton_Twill]을 선택한다.

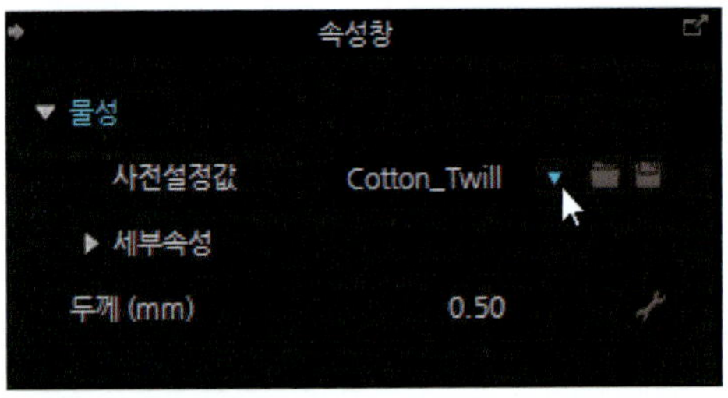

패턴 속성

(패턴 이동/변환)툴을 이용하여 버킷햇 패턴을 모두 선택하고 [속성창]-[시뮬레이션 속성]-[입자간격 5], [개별 두께-충돌 1], [개별 두께-렌더링 1] 한다.

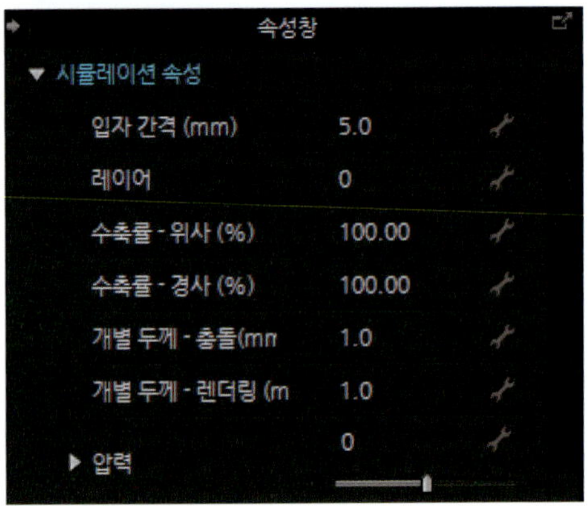

8.3.2 골 펴기

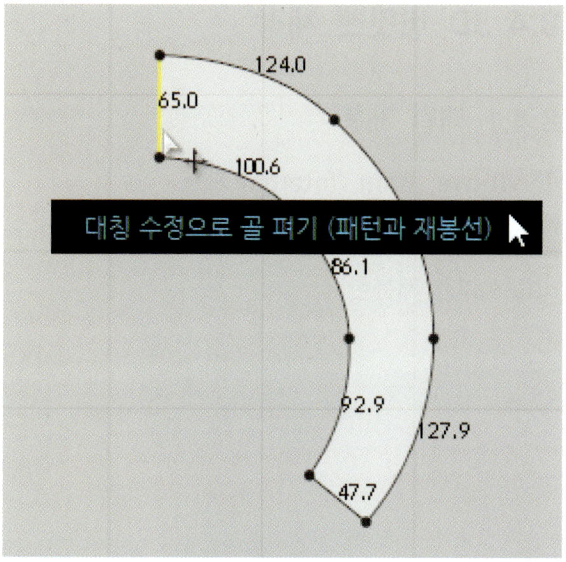

Brim 패턴 골 펴기

(점/선 수정)툴을 이용하여 Brim 패턴의 세로선을 선택하고 [MRB(마우스오른쪽버튼) 팝업메뉴]-[대칭 수정으로 골 펴기(패턴과 재봉선)] 한다.

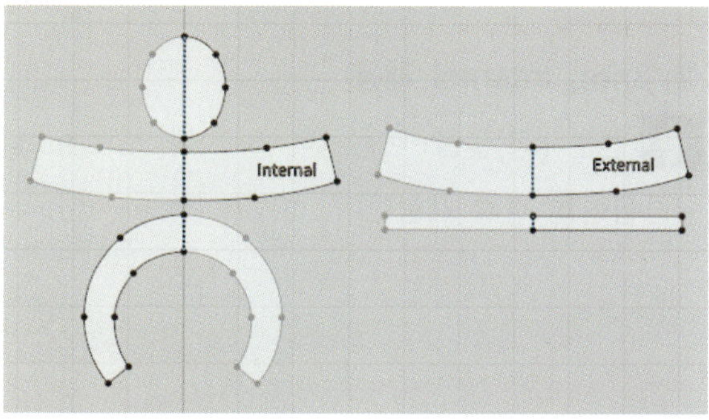

모든 패턴 골 펴기

Above, Internal, External, Sweatband 패턴에도 동일한 방식으로 [대칭 수정으로 골 펴기(패턴과 재봉선)] 한다.

8.3.3 상하 뒤집기

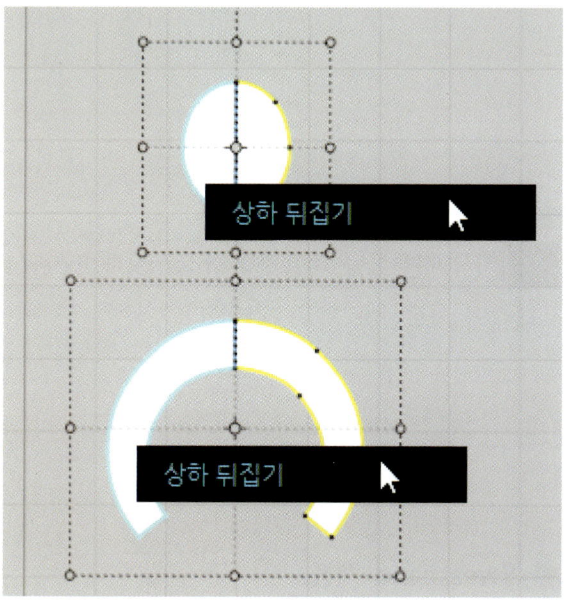

상하 뒤집기

[2D창]에서 (패턴 이동/변환)툴을 이용하여 Above와 Brim 패턴을 선택하고 [MRB(마우스오른쪽버튼) 팝업메뉴]-[상하 뒤집기] 한다.

8.4 3D 버킷햇 제작

8.4.1 패턴 재봉

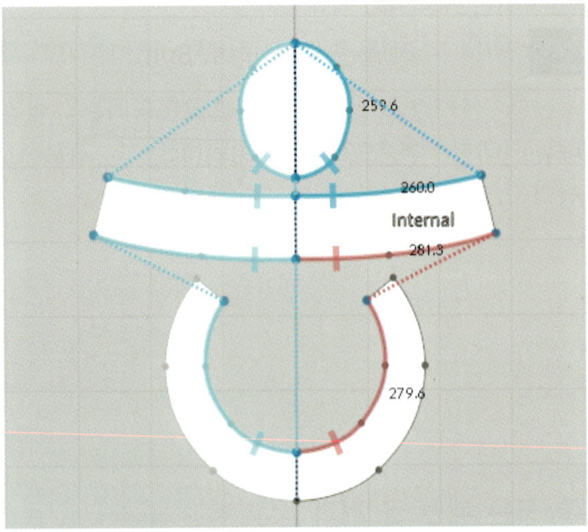

Above, Brim, Internal 재봉

(자유재봉)툴을 이용하여 Above-Brim, Brim-Internal을 재봉한다.

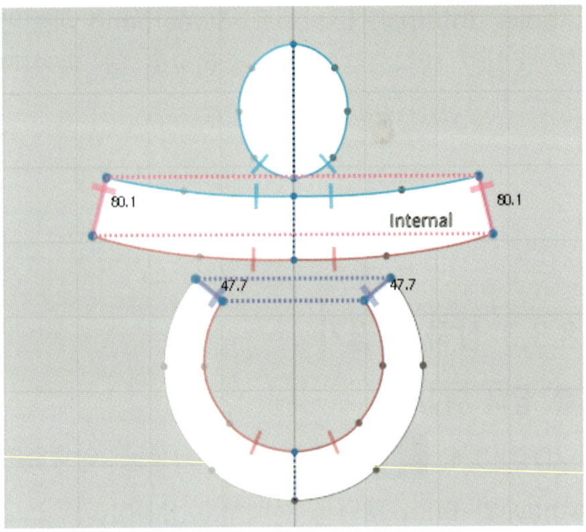

Brim, Internal 재봉

(선분재봉)툴을 이용하여 Brim과 Internal의 뒤중심선을 각각 재봉한다.

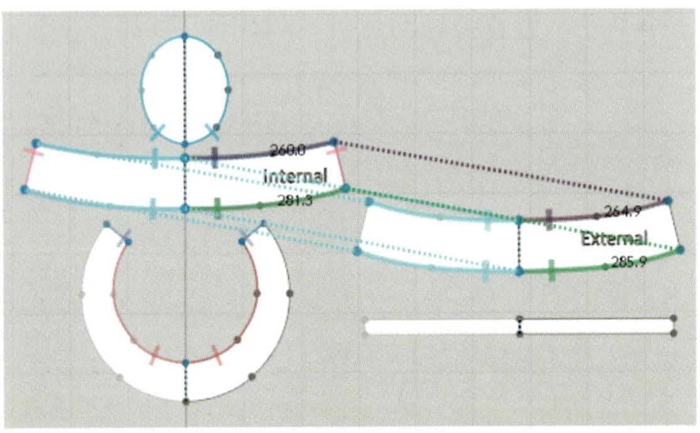

External 재봉

(자유재봉)툴을 이용하여 Internal과 External 패턴의 가로선을 서로 재봉한다.

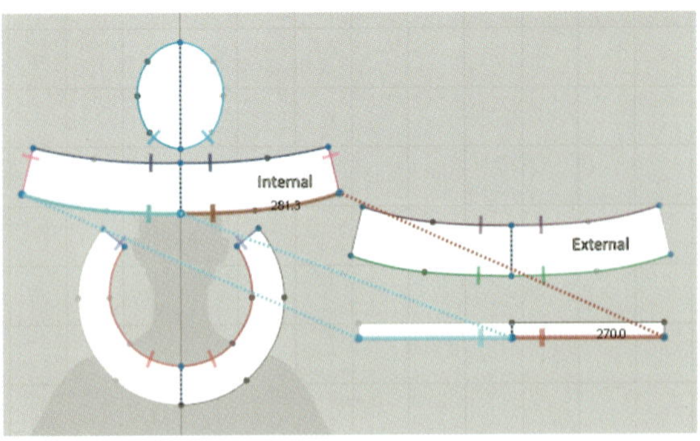

Sweatband 재봉

(자유재봉)툴을 이용하여 Sweatband와 Internal 패턴의 아래쪽 가로선을 재봉한다.

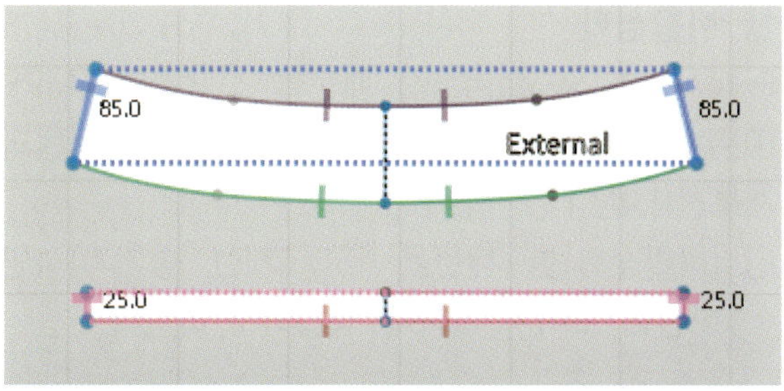

뒤중심선 재봉

(선분재봉)툴을 이용하여 External과 Sweat band 패턴의 뒤중심선을 각각 재봉한다.

8.4.2 [3D창]에 패턴 배치

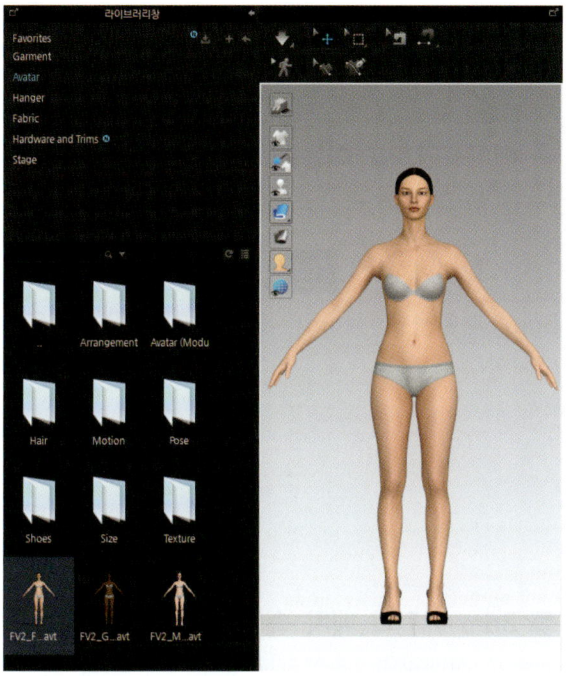

아바타 불러오기

[라이브러리창]-[Avatar] 폴더에서 여성 아바타를 선택하여 더블클릭하면 [3D창]에 [불러오기] 된다.

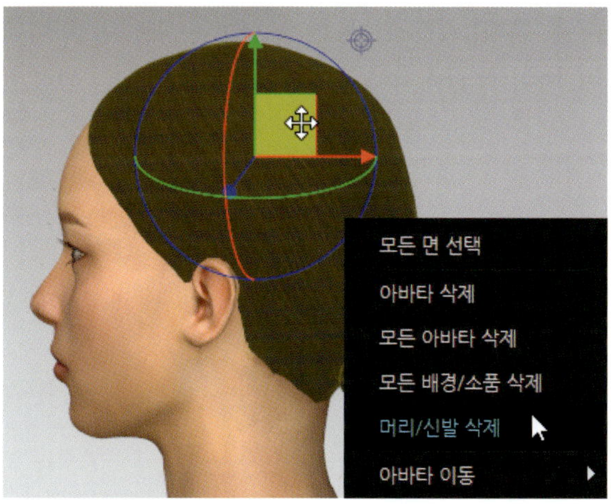

헤어 삭제

헤어를 선택한 후 [MRB(마우스오른쪽버튼) 팝업메뉴]-[머리/신발 삭제] 한다.

헤어를 삭제하는 이유는 모자를 시뮬레이션하기 쉽게 하기 위해서이다.

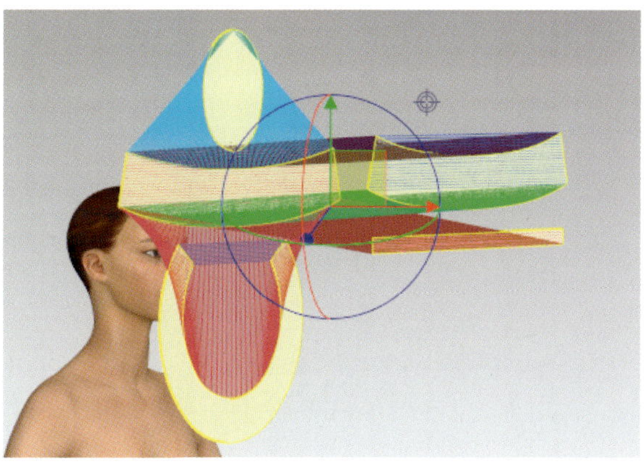

2D창 상태로 패턴 재배치

[3D창]에서 (2D창 상태로 재배치)를 클릭하여 패턴을 모두 재배치한다.

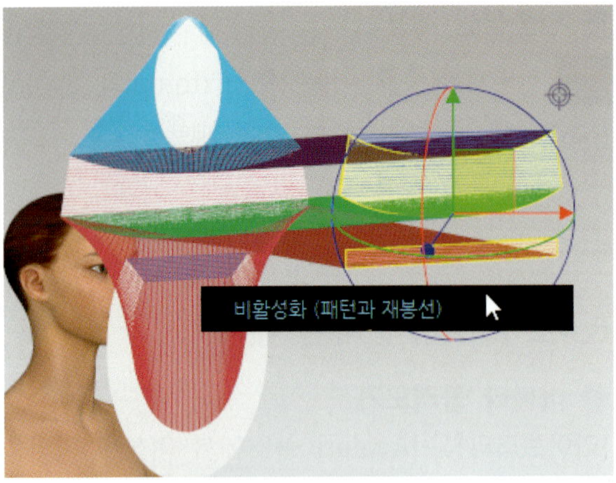

비활성화

External과 Sweatband 패턴을 선택하여 [MRB(마우스오른쪽버튼) 팝업메뉴]-[비활성화(패턴과 재봉선)] 한다.

[비활성화]한 패턴은 [3D 패턴 숨기기]하면 화면에 보이지 않아서 작업이 편리하다.

배치포인트를 이용한 패턴 배치

[3D창]에서 아바타 보기 중, (배치포인트 보기)를 활성화한다. (선택/이동)툴을 이용하여 Brim 패턴을 선택하고 [Head_R] 배치포인트에 배치한다.

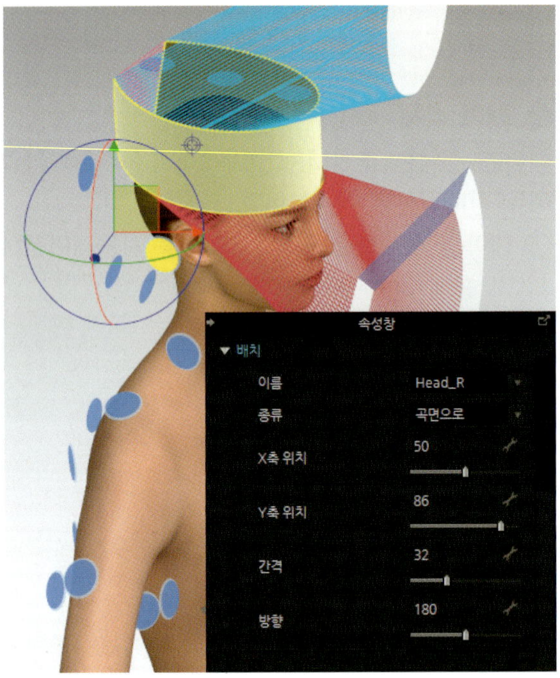

Brim 패턴의 배치 속성 변경

패턴을 선택하여 [속성창]-[배치]에서 [X축 위치], [Y축 위치], [간격] 등을 조절하여 패턴이 아바타의 머리를 감싸도록 한다.

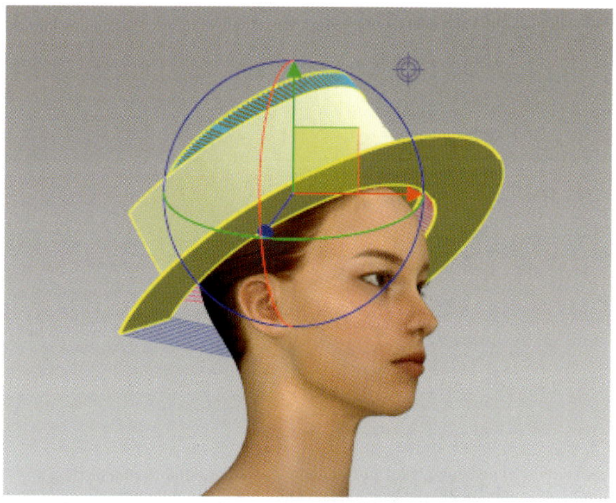

기즈모를 이용한 패턴 배치

(선택/이동)툴을 이용하여 패턴을 선택하고 기즈모를 이용하여 이동, 회전한다. 모든 패턴의 겉면이 바깥으로 나오도록 배치한다.

- [3D창]에서 패턴을 배치할 때, 의상이 완성된 상태와 유사하게 배치하면 시뮬레이션이 용이하다.

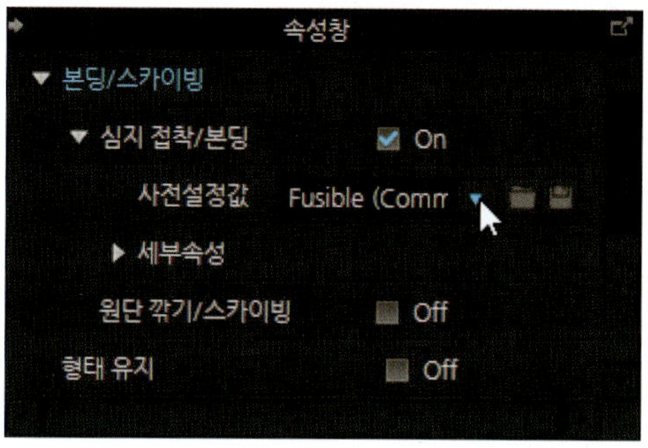

8.4.3 버킷햇 시뮬레이션

심지 접착

Above, Internal, Brim 패턴을 선택하여 [속성창]-[본딩/스카이빙]-[심지 접착/본딩 ON] 한다. 사전설정값에서 [Fusible(Common)]을 선택한다.

- 버전에 따라, Fusible(Common)이 없는 경우에는 디폴트값을 유지한다.

시뮬레이션

(시뮬레이션) 실행한다.

- 시뮬레이션이 실행되고 있는 동안 (핀칭)툴을 이용하여 의상을 당겨서 시뮬레이션에 영향을 줄 수 있다.

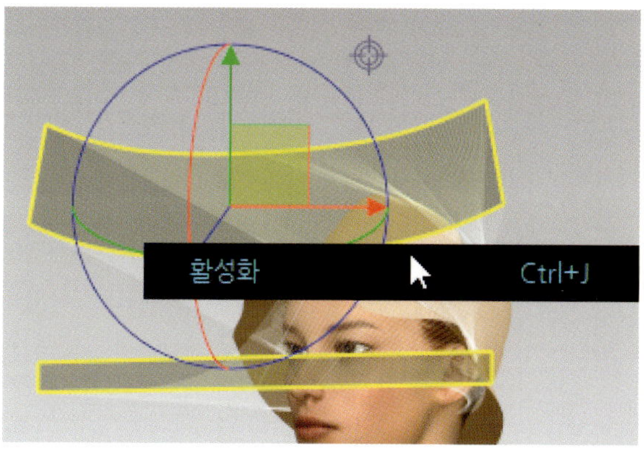

활성화

External과 Sweatband 패턴을 [활성화] 한다.

- [3D 패턴 숨기기] 하였다면 패턴이 보이지 않는다. 이런 경우, [3D 의상 보기] 중에서 (의상보기)를 [활성화]하면 모든 의상이 [보이기] 된다.

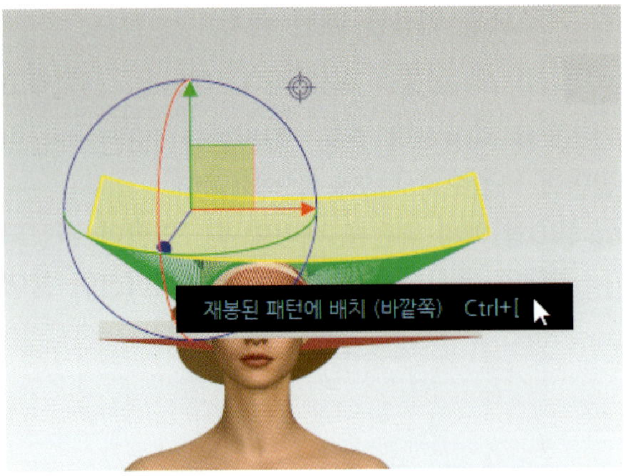

재봉된 패턴에 배치

External 패턴을 [재봉된 패턴에 배치(바깥쪽)] 한다.

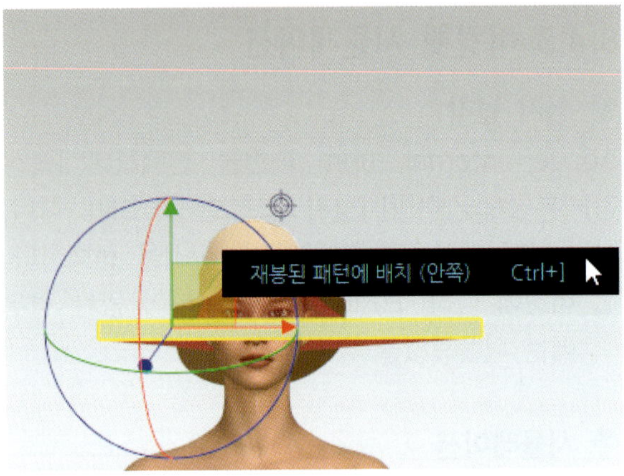

Sweatband을 [재봉된 패턴에 배치(안쪽)] 한다.

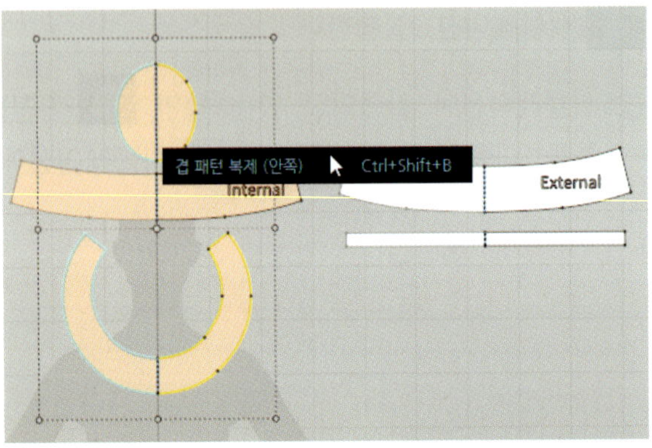

겹 패턴 복제

[2D창]에서 Above와 Brim 패턴을 선택하여 [MRB(마우스오른쪽버튼) 팝업메뉴]-[겹 패턴 복제(안쪽)] 한다.

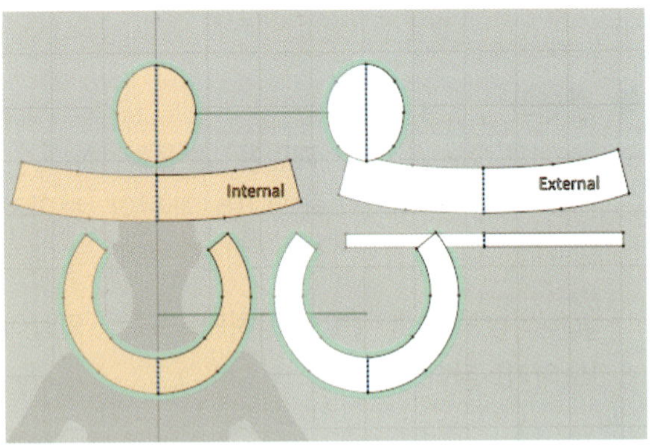

복제된 Above와 Brim 패턴의 [심지 접착/본딩]을 OFF 한다.

시뮬레이션

(시뮬레이션) 실행한다.

디자인에 따라 원단, 색상, 탑스티치 등 디테일을 추가하여 버킷햇 3D 의상을 완성한다.

9 클로슈

Cloche

9.1 디자인

난이도 .... 중
패턴 .... 클로슈 패턴(255페이지)
주요 활용 기능 .... 사각형 패턴, 다각형 패턴, 내부 다각형/선, 프리즈, 핀(박스), 접어 배치, 고무줄

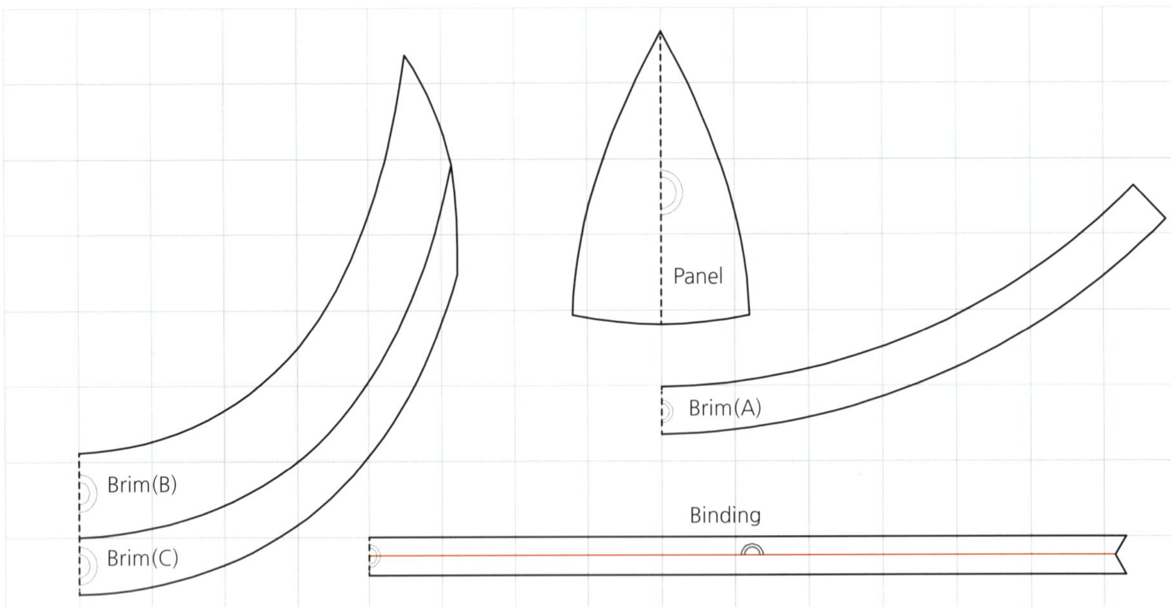

9.2 패턴 제작

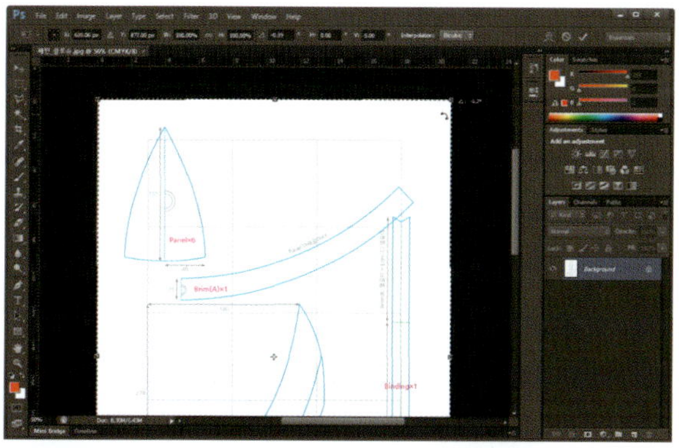

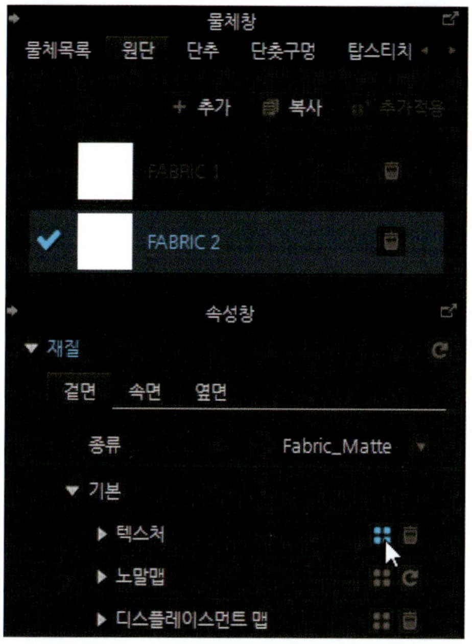

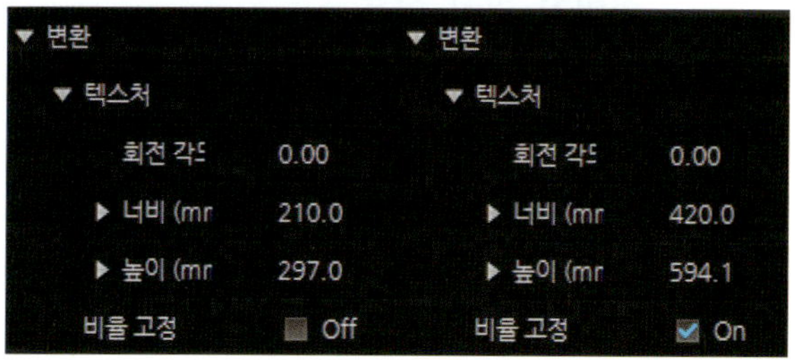

9.2.1 패턴이미지 불러오기

포토샵에서 패턴 이미지 정리

255페이지의 패턴 이미지를 스캔한다. 스캔한 이미지를 포토샵에서 수직, 수평을 맞추어 회전시키고 패턴 영역만 [자르기(crop)]하여 jpg 또는 png 포맷으로 저장한다.

패턴 이미지 불러오기

[물체창]-[원단] 탭에서 + 추가(추가)를 클릭하여 새 원단을 생성한다(FABRIC 2). [FABRIC 2]를 선택하고 [속성창]-[재질]-[텍스처]의 (탐색) 버튼을 클릭하면 [파일 열기] 윈도우가 열린다.

포토샵에서 저장한 패턴 이미지 파일을 선택한다.

패턴 이미지 비율 변경

[물체창]-[원단] 탭에서 [FABRIC 2]를 선택하고 [속성창]-[변환]-[텍스처]에서 [비율 고정 ON] 하고, [너비] 또는 [높이]를 2배로 수정한다. [너비] 또는 [높이]를 그림과 같이 입력하는 것이 아니라, 사용자 파일의 기존 크기를 2배로 수정한다.

버킷햇 패턴 이미지는 50% 비율로 제공되므로 2배로 수정한다. 패턴 이미지의 비율이 100%라면 [너비] 또는 [높이]를 수정하지 않는다.

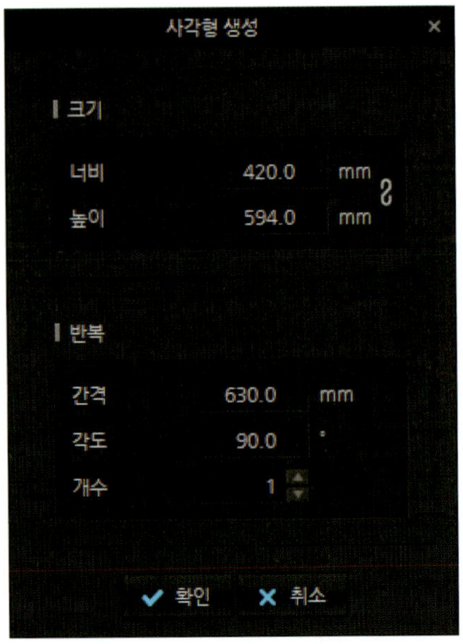

패턴 이미지를 적용할 사각형 패턴 그리기

(사각형 패턴)툴을 이용하여 [너비 420], [높이 594]의 사각형을 그린다.

이 사각형은 패턴 이미지를 불러오기 위한 것이므로 사각형의 너비, 높이는 패턴이 보일 정도의 크기로 자유롭게 지정할 수 있다.

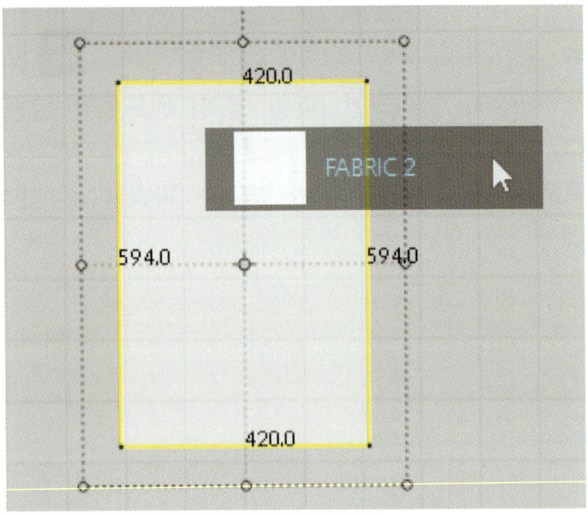

원단 적용

[물체창]-[원단] 탭에서 [FABRIC 2]를 선택하여 이 사각형에 드래그 & 드롭하여 적용한다.

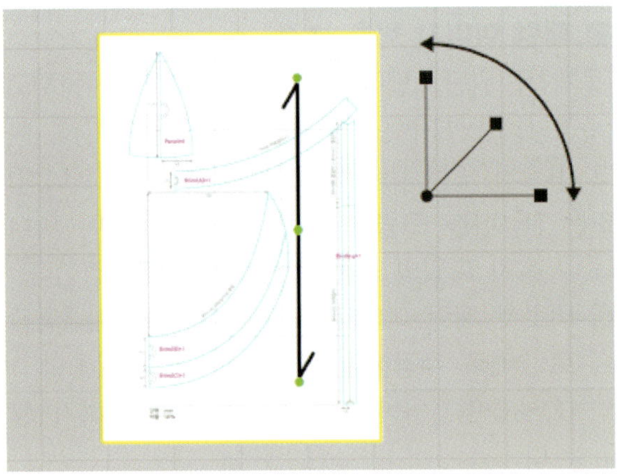

패턴 이미지 위치 이동

패턴 이미지가 사각형의 중앙에 위치하도록 텍스처를 이동시킨다. (텍스처 수정(2D))툴을 선택하여 패턴을 클릭 & 드래그하면 텍스처가 이동된다.

9.2.2 Brim 패턴

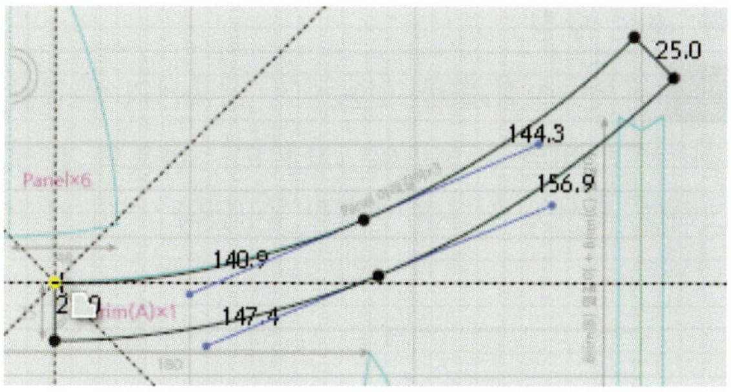

Brim(A) 패턴 생성

(다각형 패턴)툴을 선택하여 패턴의 외곽선을 그린다. 패턴의 곡선 부분에서는 클릭한 상태로 드래그하면 AI곡선으로 그려지고 파란색 핸들이 나타난다. 다각형 패턴을 완성한 후에 핸들을 이용하여 AI곡선을 수정할 수 있다. 곡선에 연결하여 직선을 그리려면 [Backspace] 키를 탭하여 한쪽 핸들이 없어지도록 하고 다음 점 위치를 클릭한다.

- 도형을 그릴 때, 첫 번째 클릭했던 점을 다시 클릭하여야 폐곡선 형태로 패턴이 완성된다.

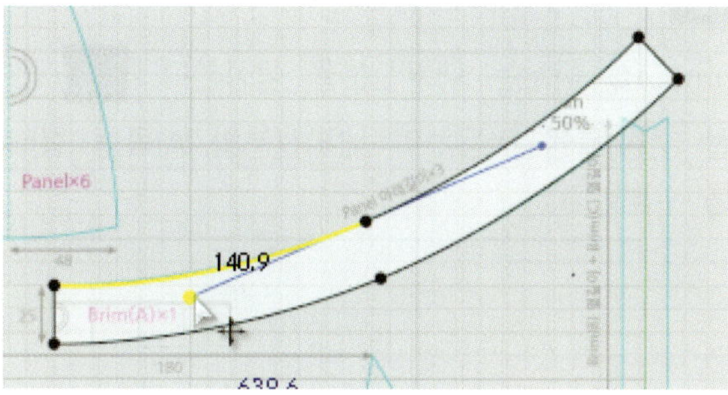

곡선 수정

(점/선 수정)툴을 이용하여 AI곡선의 끝점을 클릭하면 파란색 핸들이 나타난다. 핸들을 드래그하여 곡선의 형태를 변경할 수 있다.

- 패턴 이미지에 겹쳐서 패턴을 제도하면 [2D 창]에서 패턴이 겹쳐진 상태가 된다. 패턴 제도와 수정 후에는 (패턴 이동/변환)툴을 이용하여 패턴을 이동시켜서 겹치지 않도록 한다.

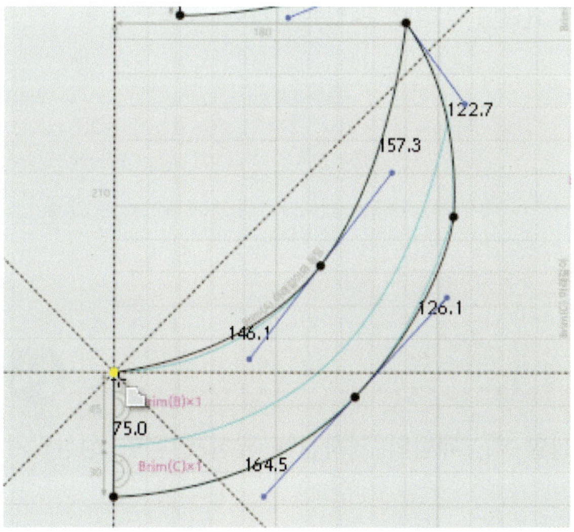

Brim(B), Brim(C) 패턴 생성

Brim(B)와 Brim(C) 패턴은 함께 제도하여 내부 선분으로 [자르기] 하면 편리하다. (다각형 패턴)툴을 선택하여 패턴의 외곽선을 그린다.

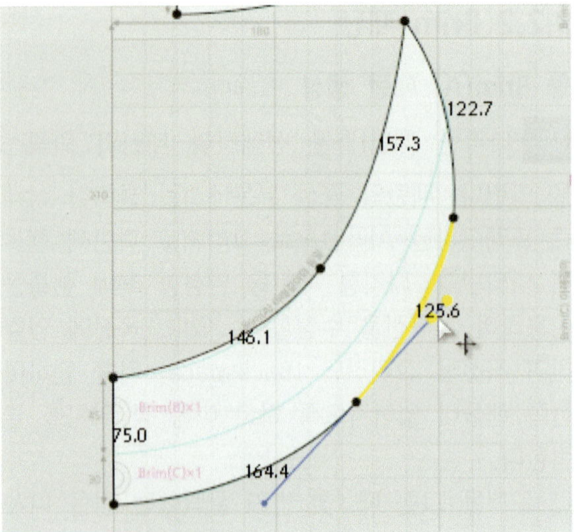

곡선 수정

(점/선 수정)툴을 이용하여 AI곡선의 끝점을 클릭하면 파란색 핸들이 나타난다. 핸들을 드래그하여 곡선의 형태를 변경할 수 있다.

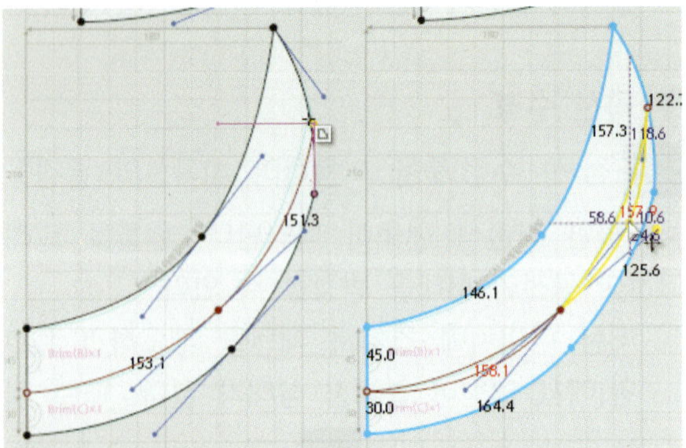

내부선분 생성

(내부 다각형/선)툴을 이용하여 Brim(B)와 Brim(C)를 나누는 내부선분을 생성한다. (점/선 수정)툴을 이용하여 내부선분의 AI곡선 형태를 수정한다.

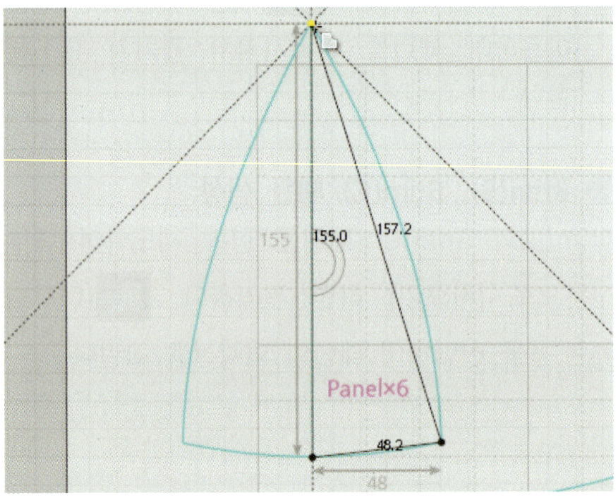

9.2.3 Panel 패턴

(다각형 패턴)툴을 선택하여 패턴의 코너를 연결한다. Panel 패턴의 1/2만 제도한다.

Q (내부 다각형/선)툴을 이용하여 내부도형을 생성할 때, 패턴의 외곽선에 맞춰서 점이 생성되지 않는다. 또는 내부도형이 그려지지 않고 사라진다.

A 내부도형 또는 내부선분의 끝점은 패턴 내부에 선택해야 한다. 내부선분의 끝점으로 패턴 외부를 선택하여 더블클릭하면 제도하던 내부선분이 사라진다. 패턴의 외곽선에 맞춰서 점의 위치가 선택되지 않거나 패턴의 외부에 클릭하여 내부선분이 그려지지 않는 경우, 일단 패턴 내부에 클릭하여 내부도형 또는 내부선분을 생성한다. (점/선 수정)툴을 이용하여 점을 이동시켜 원하는 내부도형 또는 내부선분의 형태로 수정한다.

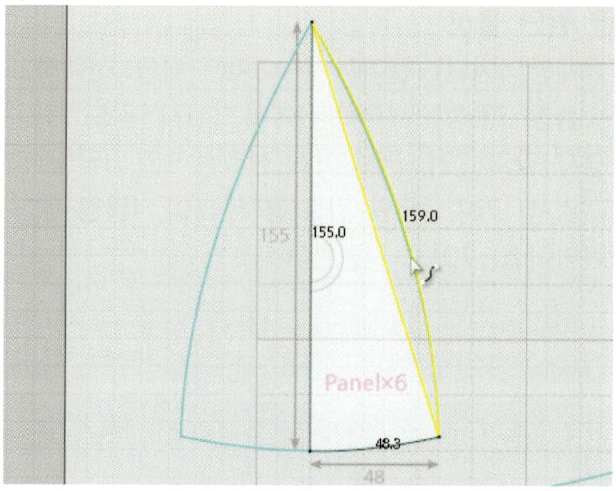

곡선으로 변경

(곡률 수정)툴을 이용하여 직선을 드래그하여 AI곡선으로 변경한다. (점/선 수정)툴을 이용하여 AI곡선의 파란색 핸들을 드래그하여 곡선의 형태를 변경할 수 있다.

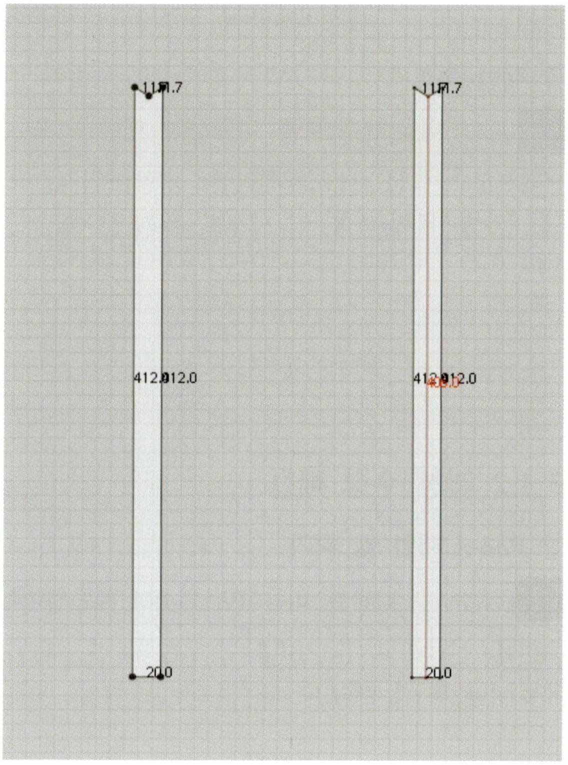

9.2.4 Binding 패턴

Binding 패턴 생성

(다각형 패턴)툴을 선택하여 Binding 패턴의 외곽선을 그린다.

내부선분 생성

(내부 다각형/선)툴을 이용하여 Binding의 내부선분을 생성한다.

패턴 이미지에 겹쳐서 패턴을 제도하면 [2D 창]에서 패턴이 겹쳐진 상태가 된다. 패턴 제도와 수정 후에는 (패턴 이동/변환)툴을 이용하여 패턴을 이동하여 겹치지 않도록 한다.

9.3 패턴 정리

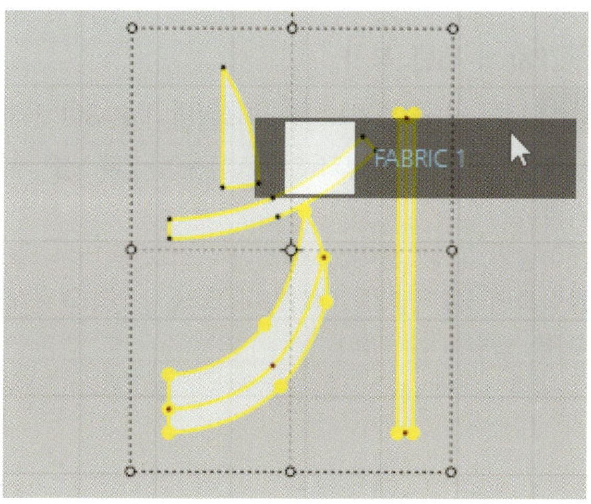

9.3.1 원단 물성과 패턴 속성

원단 적용

Brim(A), Brim(B), Brim(C), Panel, Binding 패턴을 선택하여 [물체창]-[원단] 탭에서 [FABRIC 1]을 드래그 & 드롭하여 적용한다.

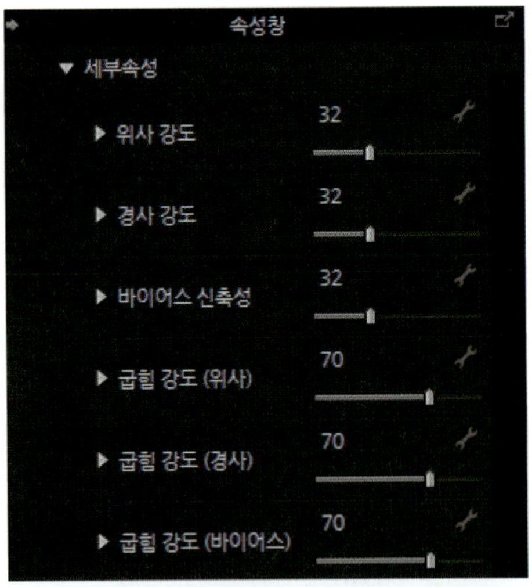

원단 물성

[물체창]-[원단] 탭에서 [FABRIC 1]을 선택하고 [속성창]-[물성]-[세부속성]에서 [위사 강도 32], [경사 강도 32], [바이어스 신축성 32], [굽힘 강도(위사) 70], [굽힘 강도(경사) 70], [굽힘 강도(바이어스) 70]로 지정한다.

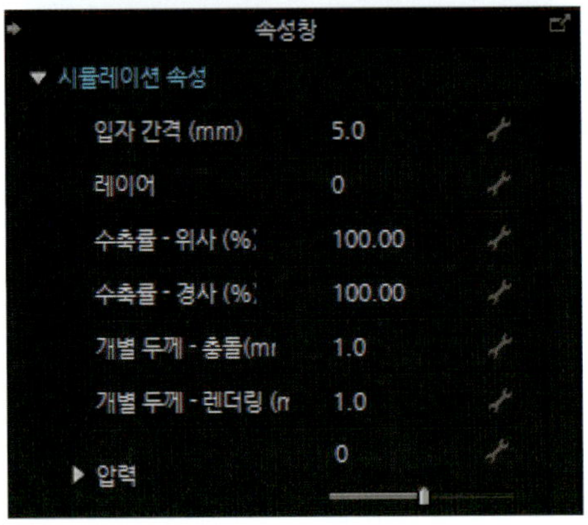

패턴 속성

(패턴 이동/변환)툴을 이용하여 패턴을 모두 선택하고 [속성창]-[시뮬레이션 속성]-[입자간격 5], [개별 두께-충돌 1], [개별 두께-렌더링 1] 한다.

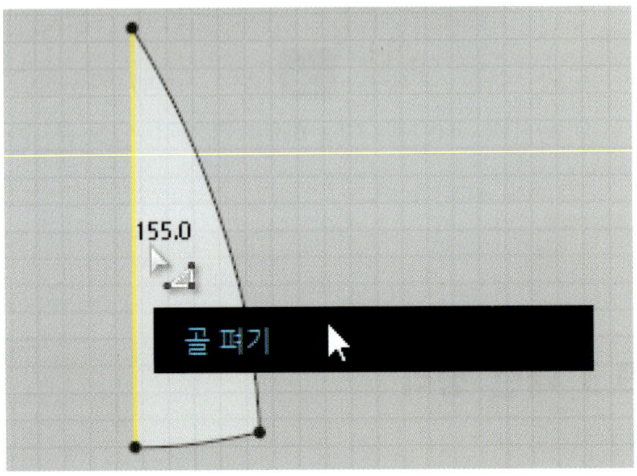

9.3.2 대칭 수정 패턴

Panel 패턴 골 펴기

(점/선 수정)툴을 이용하여 Panel 패턴의 세로선을 선택하고 [MRB(마우스오른쪽버튼) 팝업 메뉴]-[골 펴기] 한다.

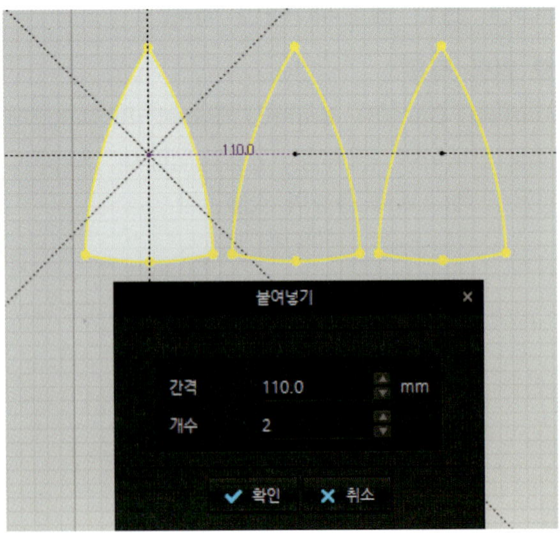

Panel 패턴 복사

(패턴 이동/변환)툴을 이용하여 Panel을 [복사(Ctrl+C)], [붙여넣기(Ctrl+V)]하여 2피스를 추가한다.
붙여넣기 과정 중에 [MRB(마우스오른쪽버튼)]를 클릭하면 [붙여넣기] 대화창이 열려, [간격]과 [개수]를 입력할 수 있다.

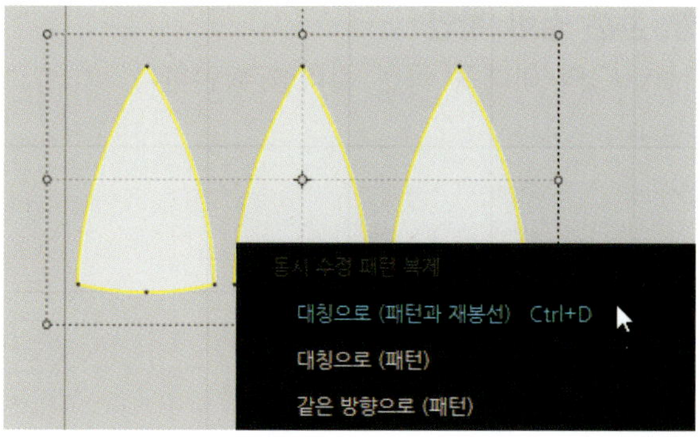

Panel 동시 수정 패턴 복제

(패턴 이동/변환)툴을 이용하여 Panel 패턴 3피스를 선택하고 [MRB(마우스오른쪽버튼) 팝업메뉴]-[동시 수정 패턴 복제]-[대칭으로(패턴과 재봉선)] 한다.

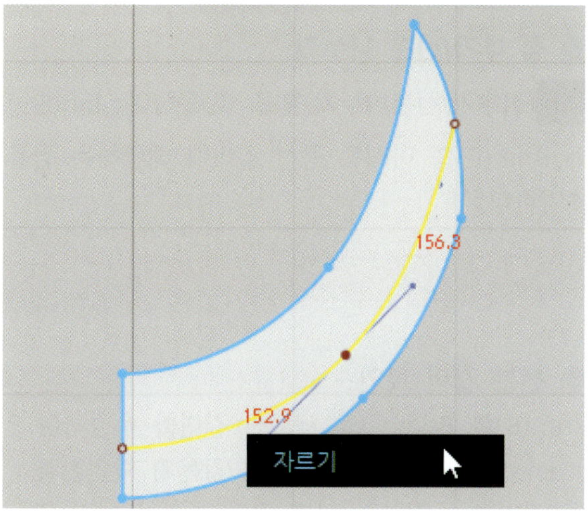

Brim(B), Brim(C) 분리하기

(점/선 수정)툴을 이용하여 Brim(B), (C) 패턴의 내부선분을 선택하고 [MRB(마우스오른쪽버튼) 팝업메뉴]-[자르기] 한다.

- 내부선분이 외곽선에 닿지 않으면 [자르기]가 되지 않는다. 내부선분을 완성한 후, (점/선 수정)툴을 이용하여 내부선분을 선택하고 [MRB(마우스오른쪽버튼) 팝업메뉴]-[외곽선에 맞추기] 한다.

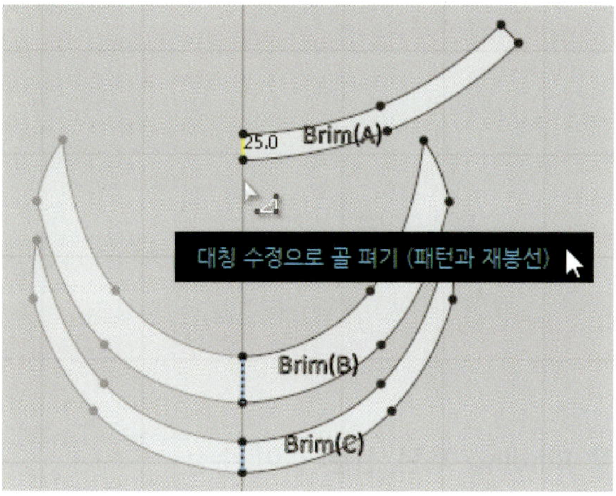

Brim(A), Brim(B), Brim(C) 패턴 골 펴기

(점/선 수정)툴을 이용하여 Brim(A)의 세로선을 선택하고 [MRB(마우스오른쪽버튼) 팝업메뉴]-[대칭 수정으로 골 펴기(패턴과 재봉선)] 한다. Brim(B)와 Brim(C)에도 동일한 방법으로 [대칭 수정으로 골 펴기(패턴과 재봉선)] 한다.

- [2D창]에서 A(패턴 주석)툴을 이용하여 패턴 이름을 표기해놓으면 직관적으로 확인할 수 있다. A(주석/기호 수정)툴을 이용하면 주석을 회전시킬 수 있다.

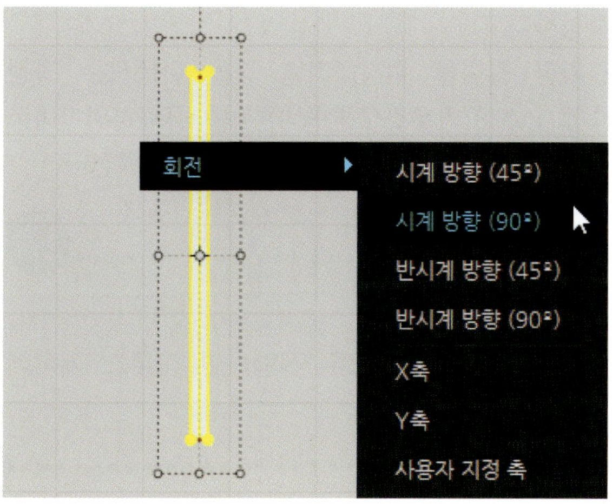

Binding 패턴 회전

(패턴 이동/변환)툴을 이용하여 Binding 패턴을 선택하고 [MRB(마우스오른쪽버튼) 팝업메뉴]-[회전]-[시계 방향(90°)] 한다.

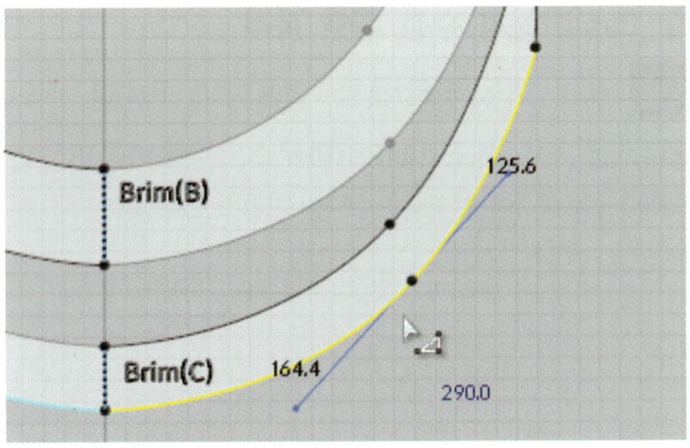

선분 길이 확인

Brim(C)의 아래쪽 곡선 길이를 확인한다.

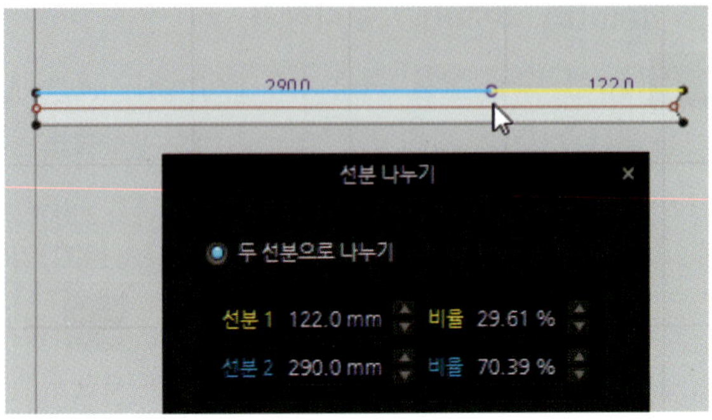

점 추가/선분 나누기

(점추가/선분나누기)툴을 이용하여 Binding에 Brim(C)의 아래쪽 곡선 길이에 해당하는 점을 추가한다.

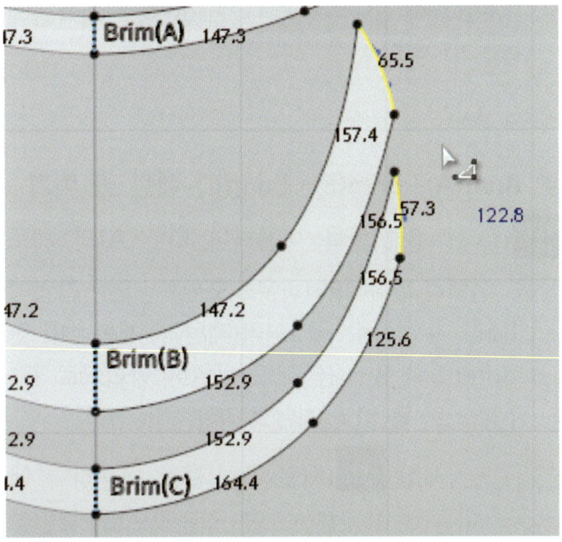

선분 길이 확인

Brim(B)와 Brim(C)의 세로선 길이를 측정하여 Binding의 남은 가로선 길이와 같은지 확인한다.

길이가 동일하면 선분 길이 수정을 하지 않는다.

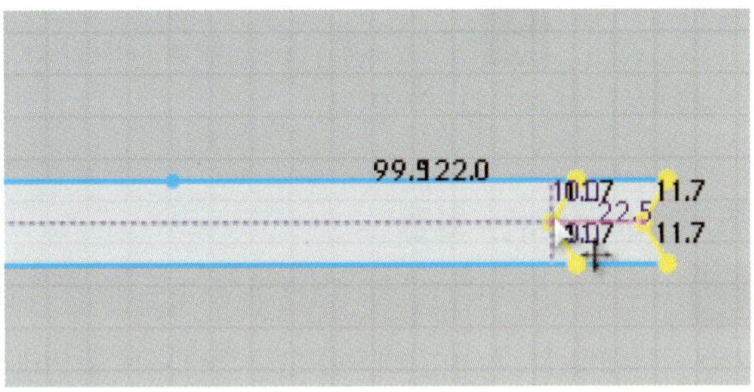

Binding 패턴 선분 길이 수정

(점/선 수정)툴을 이용하여 Binding 패턴의 오른쪽 점들을 모두 선택하고 이동시켜 길이를 수정한다.

정확한 길이를 수정하려면 점을 이동하는 과정 중에 [MRB(마우스오른쪽버튼)]를 클릭하여 [이동 거리] 대화창을 열고 [이동 거리]를 입력한다.

Q 여러 선분의 길이의 합을 쉽게 구하는 방법이 있나요?

A (점/선 수정)툴을 이용하여 선분의 길이를 합산하려는 선분들을 모두 선택하면 마우스 커서에 선택한 선분의 길이가 파란색으로 표시된다.

Binding 패턴 골 펴기

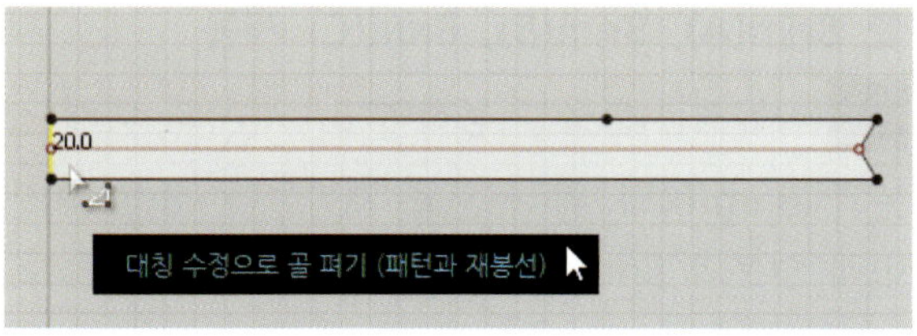

(점/선 수정)툴을 이용하여 Binding의 세로선을 선택하고 [MRB(마우스오른쪽버튼) 팝업메뉴]-[대칭 수정으로 골 펴기(패턴과 재봉선)] 한다.

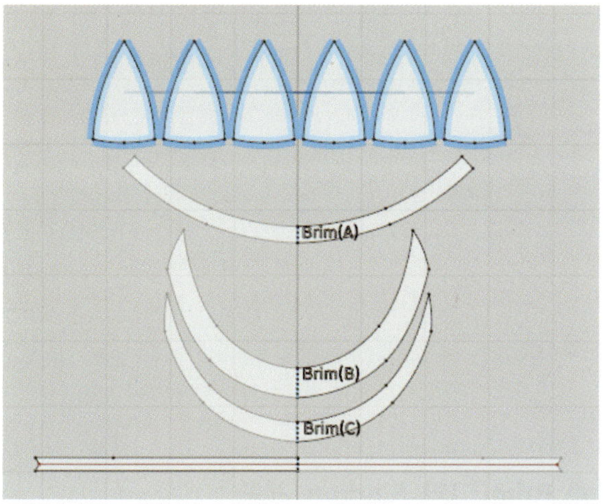

9.4 3D 클로슈 제작

9.4.1 패턴 재봉

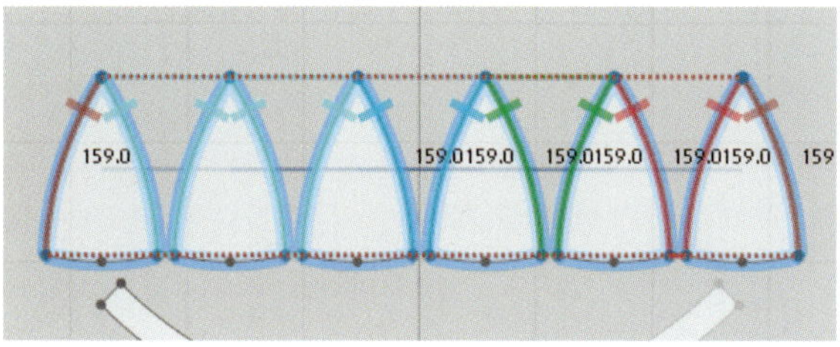

Panel 재봉

(선분재봉)툴 또는 (자유재봉)툴을 이용하여 Panel의 세로선을 각각 재봉한다.

- 양쪽끝 Panel의 뒤중심선도 서로 재봉한다.

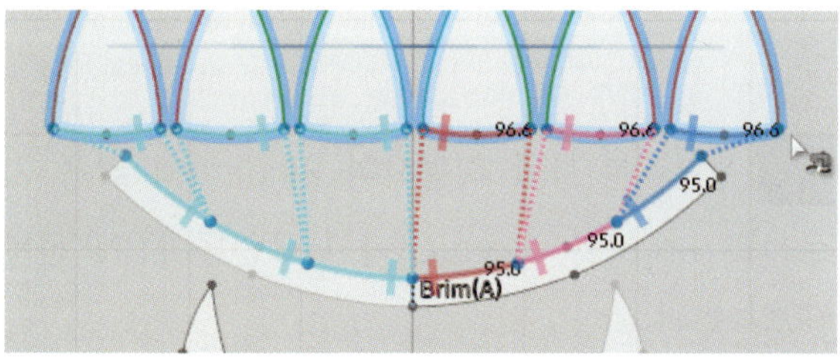

Panel과 Brim(A) 재봉

(자유재봉)툴을 이용하여 Panel의 아래선과 Brinm(A)의 위쪽 가로선을 [1:N 자유재봉] 한다.

- [동시 수정 설정]된 상태이므로 Panel과 Band의 오른쪽 또는 왼쪽만 재봉하면 반대쪽에도 동일한 재봉선이 생성된다.

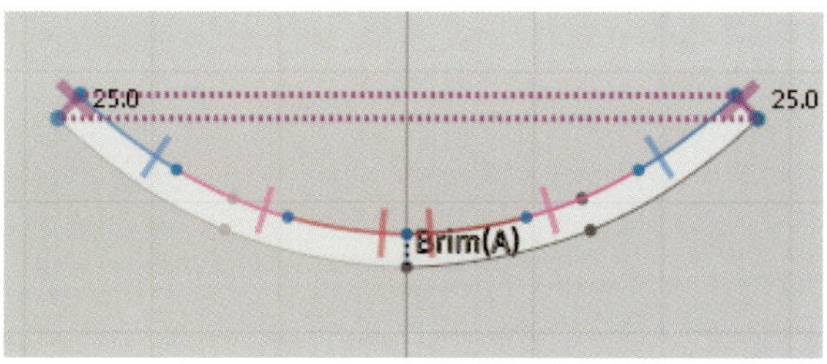

Brim(A) 뒤중심선 재봉

(선분재봉)툴을 이용하여 Brim(A)의 세로선을 재봉한다.

Brim(A), Brim(B), Brim(C) 재봉

(자유재봉)툴을 이용하여 Brim(A)의 아래 선분과 Brim(B)의 위 선분을 재봉한다. Brim(B)의 아래 선분과 Brim(C)의 위 선분을 재봉한다.

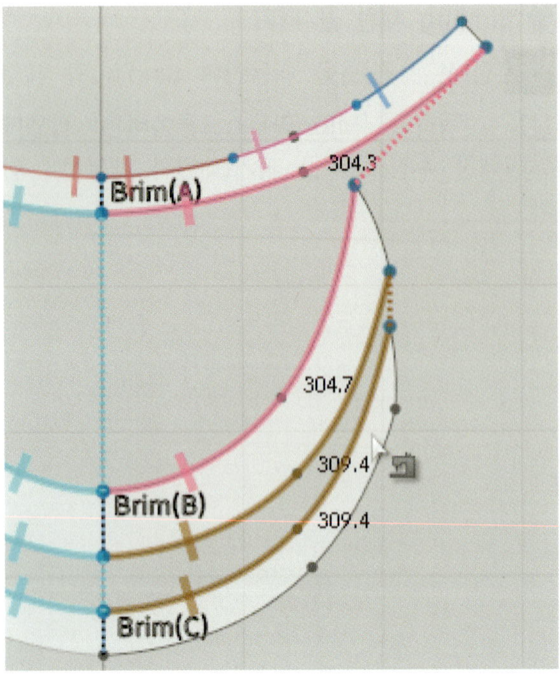

Brim(C)와 Binding 재봉

(자유재봉)툴을 이용하여 Brim(C)의 아래쪽 곡선과 Binding의 위쪽 가로선을 재봉한다.

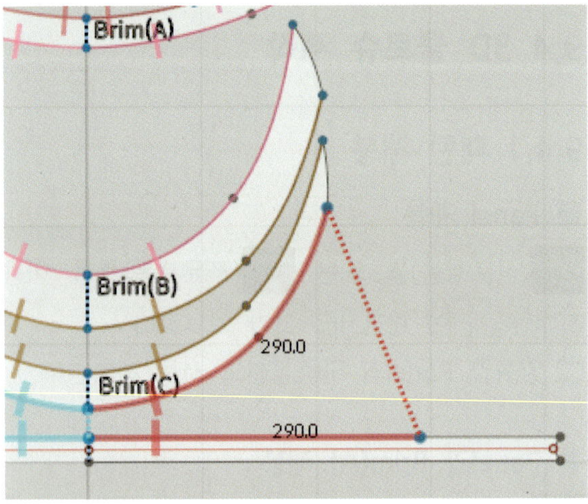

(선분재봉)툴을 이용하여 Binding의 위쪽 가로선과 Brim(B), Brim(C)의 세로선을 [1:N 선분 재봉] 한다.

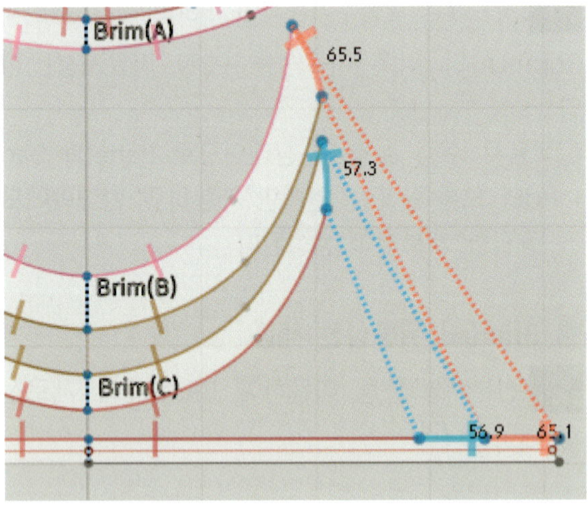

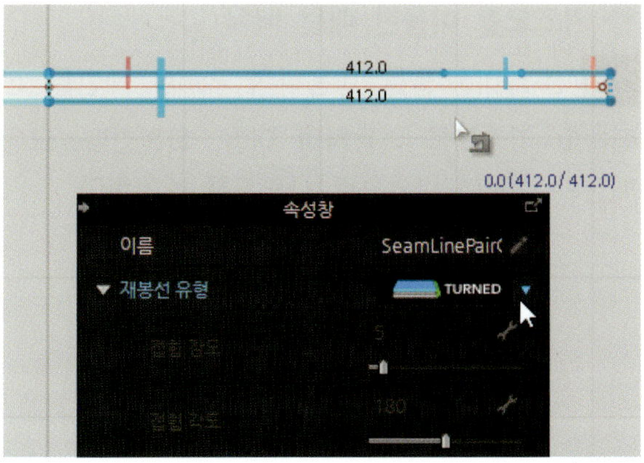

Binding 재봉

(자유재봉)툴을 이용하여 Binding의 위, 아래 가로선을 서로 재봉한다.

재봉선 유형

(재봉선 수정)툴을 이용하여 Binding의 위, 아래 가로선을 재봉한 재봉선을 선택하고 [속성창]-[재봉선 유형]-[Turned]로 지정한다.

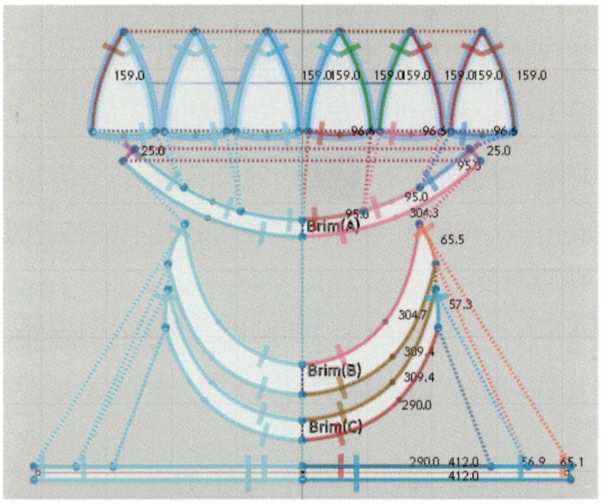

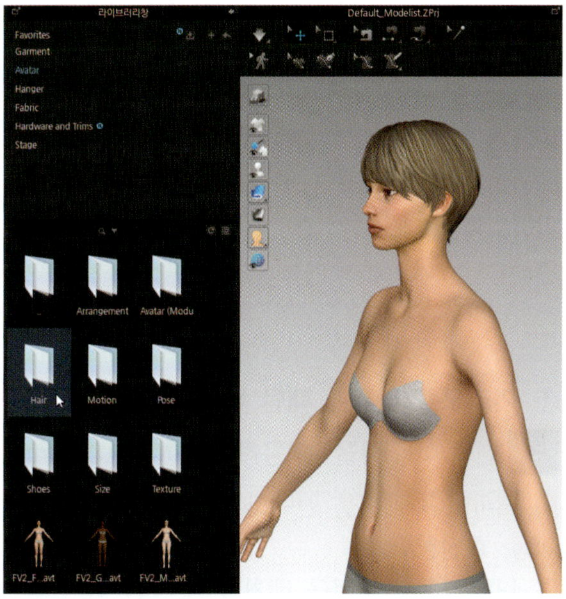

9.4.2 [3D창]에 패턴 배치

아바타 불러오기

[라이브러리창]-[Avatar] 폴더에서 여성 아바타를 선택하여 더블클릭하면 [3D창]에 [불러오기] 된다.

헤어 변경

[라이브러리창]의 [Hair] 폴더에서 모자를 착용하기에 적합한 헤어 스타일을 선택하여 더블클릭하면 [3D창]에 [불러오기] 된다.

[2D창] 상태로 패턴 재배치

[3D창]에서 (2D창 상태로 재배치)를 클릭하여 패턴을 모두 재배치한다.

기즈모를 이용한 패턴 배치

(선택/이동)툴을 이용하여 Panel 패턴을 선택하고 기즈모를 이용하여 이동, 회전한다. 모든 패턴의 겉면이 바깥으로 나오도록 배치한다.

배치포인트를 이용한 패턴 배치

[3D창]에서 아바타 보기 중, (배치포인트 보기)를 활성화한다. (선택/이동)툴을 이용하여 Brim(A) 패턴을 선택하고 [Head_R] 배치포인트에 배치한다.

배치포인트를 사용한 후에는 (배치포인트 보기)를 비활성화 한다.

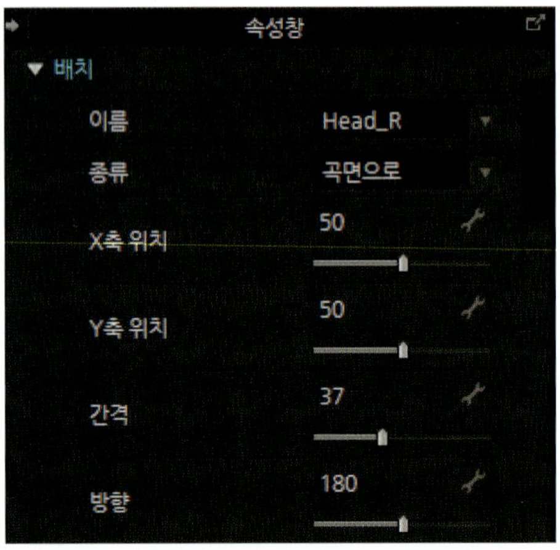

Brim(A) 패턴의 배치 속성 변경

패턴을 선택하여 [속성창]-[배치]에서 [X축 위치], [Y축 위치], [간격] 등을 조절하여 패턴이 아바타의 머리를 감싸도록 한다.

Brim(B), Brim(C) 패턴도 배치포인트를 이용하여 배치하고 배치 속성을 변경하여 아바타의 머리를 감싸도록 한다.

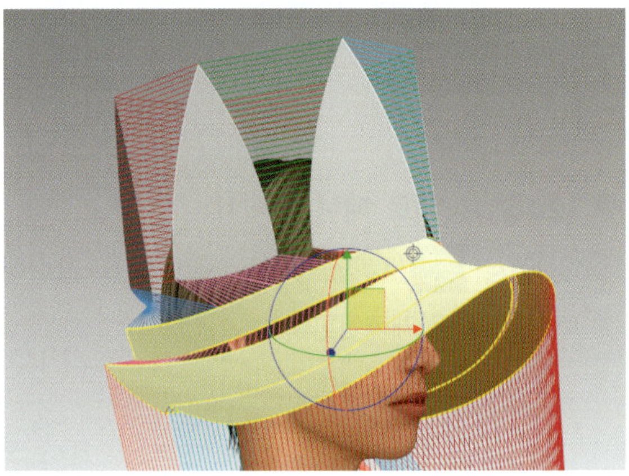

기즈모를 이용한 패턴 배치

(선택/이동)툴을 이용하여 Brim(A), Brim(B), Brim(C) 패턴을 선택하고 기즈모를 이용하여 이동, 회전한다.

[3D창]에서 패턴을 배치할 때, 의상이 완성된 상태와 유사하게 배치하면 시뮬레이션이 용이하다.

9.4.3 클로슈 시뮬레이션

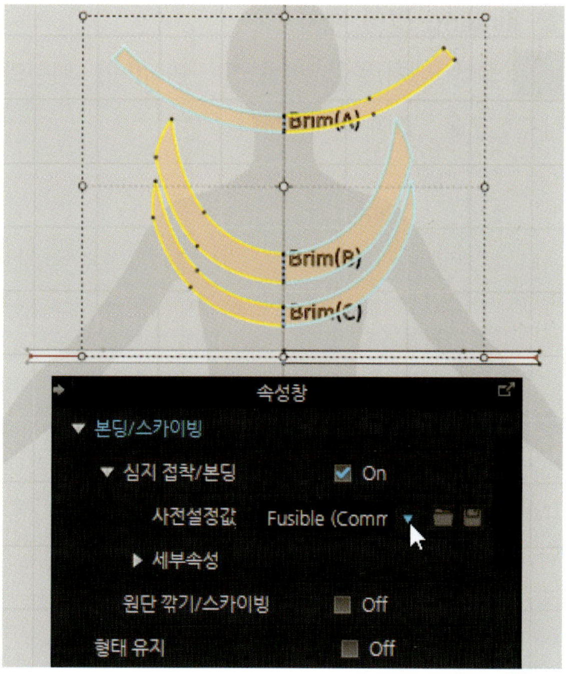

심지 접착

Brim(A), Brim(B), Brim(C) 패턴을 선택하여 [속성창]-[본딩/스카이빙]-[심지 접착/본딩 ON] 한다. 사전설정값에서 [Fusible(Common)]을 선택한다.

버전에 따라, Fusible(Common)이 없는 경우에는 디폴트값을 유지한다.

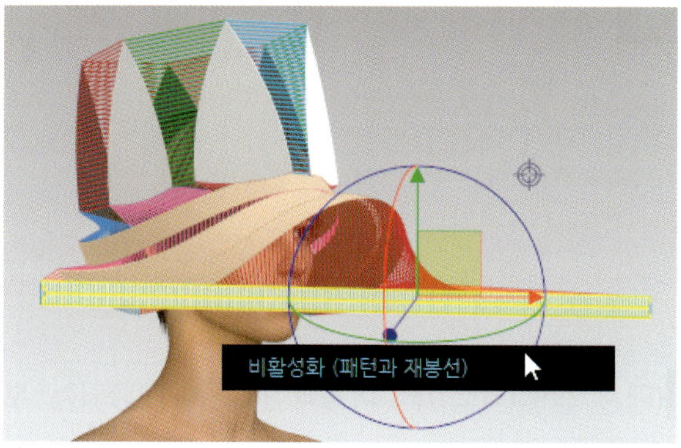

Binding 비활성화

Binding 패턴을 선택하여 [MRB(마우스오른쪽버튼) 팝업메뉴]-[비활성화(패턴과 재봉선)] 한다.

시뮬레이션

(시뮬레이션) 실행한다.

시뮬레이션이 실행되고 있는 동안 (핀칭) 툴을 이용하여 의상을 당겨서 시뮬레이션에 영향을 줄 수 있다.

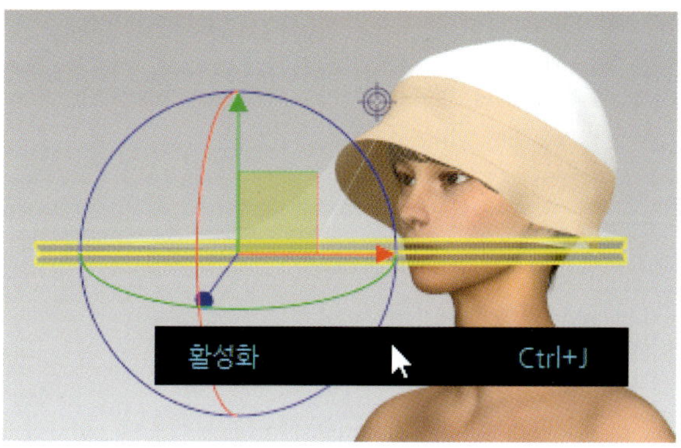

Binding 활성화

Binding 패턴을 선택하여 [MRB(마우스오른쪽버튼) 팝업메뉴]-[활성화] 한다.

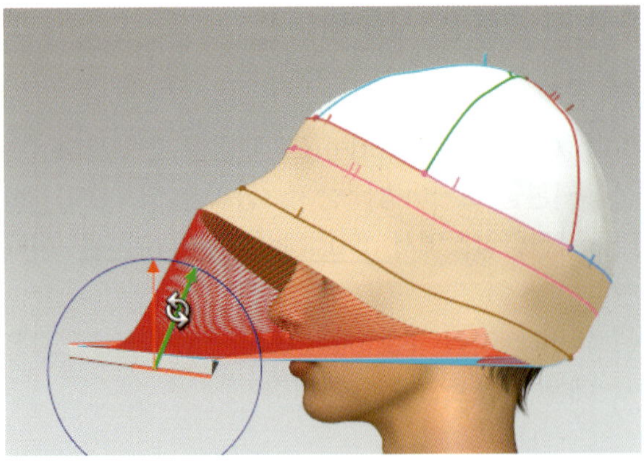

Binding 접어 배치

(접어 배치)툴을 이용하여 Binding 패턴의 내부선분을 [접어 배치] 한다.

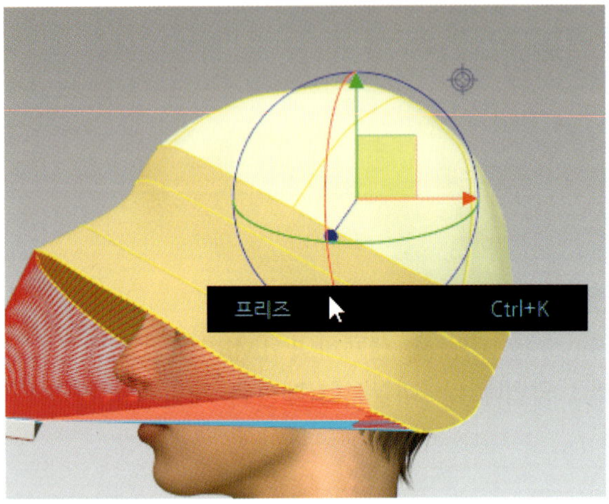

프리즈

Binding 패턴을 제외한 모든 패턴을 선택하여 [MRB(마우스오른쪽버튼) 팝업메뉴]-[프리즈] 한다.

시뮬레이션

(시뮬레이션) 실행한다.

시뮬레이션 안정화

그림과 같이 원단의 속면이 겉으로 나오는 경우, (메시 선택(박스))를 이용하여 겉에 해당되는 부분을 영역 선택하면 [3D창]에서 초록색으로 표시된다. [3D창]의 초록색 메시를 클릭하면 기즈모가 나타나고 기즈모를 이용하여 메시를 겉으로 이동시킨다. 다시 시뮬레이션하여 상태를 확인하고 안정화될 때까지 반복한다.

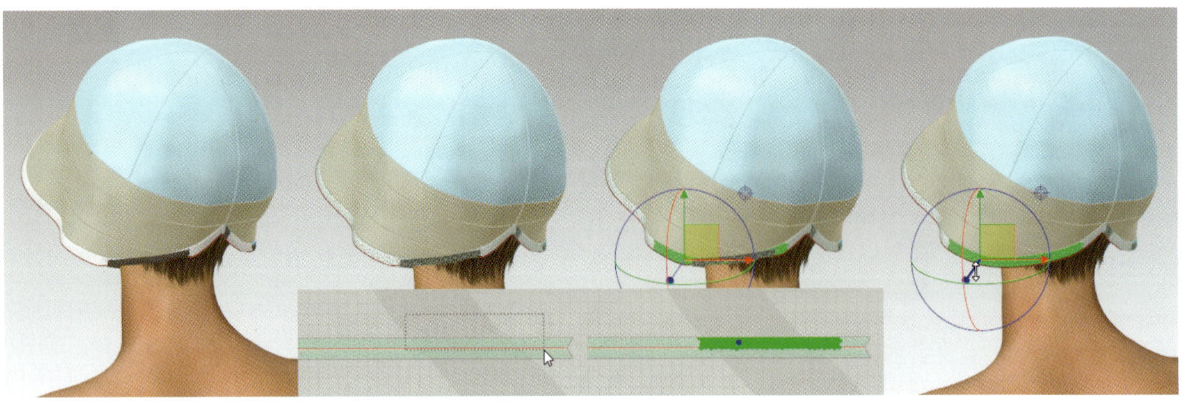

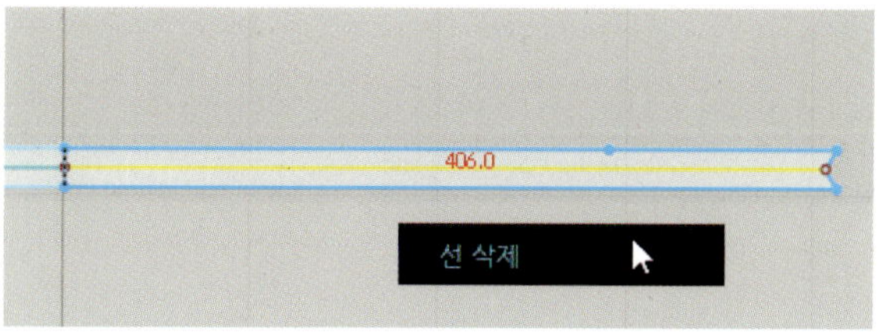

내부선분 삭제

Binding 패턴의 내부선분을 삭제하고 다시 (시뮬레이션) 실행한다.

Binding 패턴의 내부선분을 삭제하고 시뮬레이션 실행하면 바인딩이 둥근 형태로 감기는 것을 확인할 수 있다.

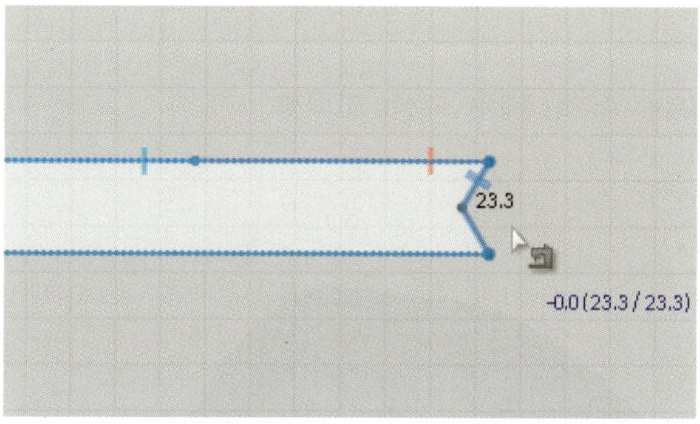

Binding 패턴 뒤중심선 재봉

(자유재봉)툴을 이용하여 Binding 패턴의 뒤중심선을 재봉한다.

시뮬레이션

모든 패턴을 선택하여 [프리즈 해제] 한다. (시뮬레이션) 실행하여 내부선분 삭제, 뒤중심선 재봉 등 변경 사항이 의상에 반영되도록 한다.

디자인에 따라 원단, 색상, 탑스티치, 겹 패턴 등 디테일을 추가하여 클로슈 3D 의상을 완성한다.

10 개츠비

Gatsby

10.1 디자인

난이도 ································ 중
패턴 ···································· 개츠비 패턴(256페이지)
주요 활용 기능 ············ 사각형 패턴, 다각형 패턴, 재봉선 유형, 배치 속성, 고무줄

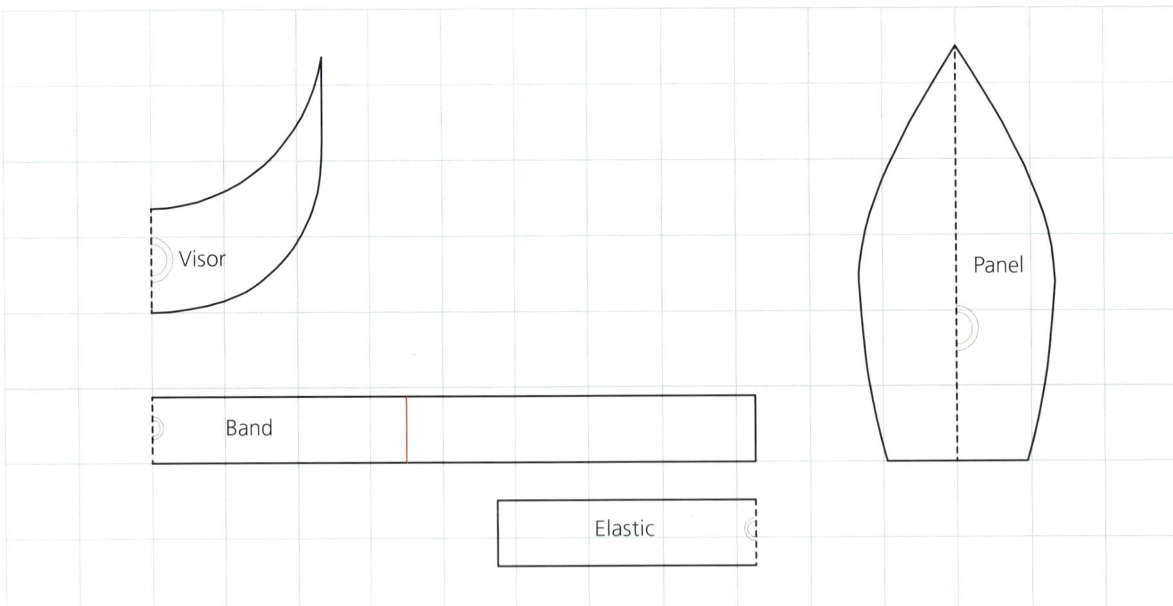

10.2 패턴 제작

10.2.1 패턴이미지 불러오기

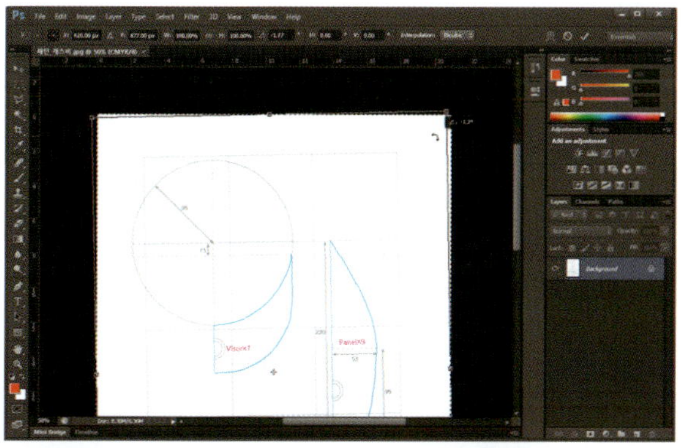

포토샵에서 패턴 이미지 정리

256페이지의 패턴 이미지를 스캔한다. 스캔한 이미지를 포토샵에서 수직, 수평을 맞추어 회전시키고 패턴 영역만 [자르기(crop)]하여 jpg 또는 png 포맷으로 저장한다.

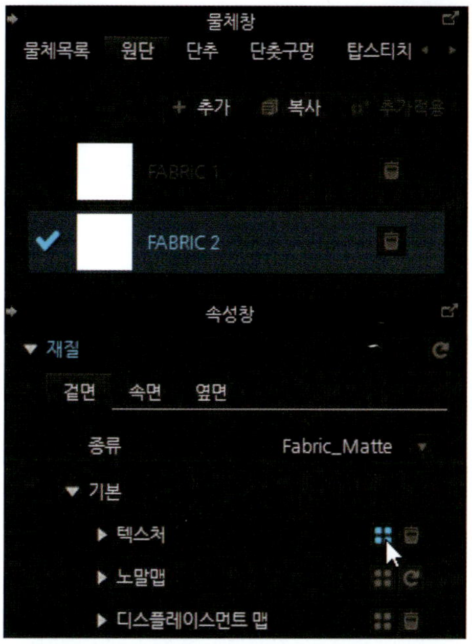

패턴 이미지 불러오기

[물체창]-[원단] 탭에서 + 추가(추가)를 클릭하여 새 원단을 생성한다(FABRIC 2). [FABRIC 2]를 선택하고 [속성창]-[재질]-[텍스처]의 (탐색) 버튼을 클릭하면 [파일 열기] 윈도우가 열린다.

포토샵에서 저장한 패턴 이미지 파일을 선택한다.

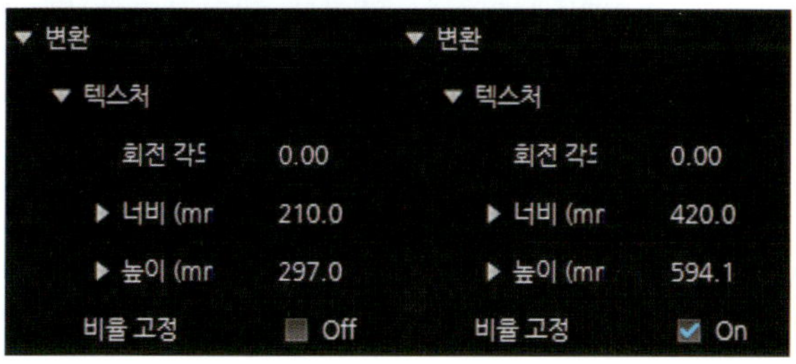

패턴 이미지 비율 변경

[물체창]-[원단] 탭에서 [FABRIC 2]를 선택하고 [속성창]-[변환]-[텍스처]에서 [비율 고정 ON] 하고, [너비] 또는 [높이]를 2배로 수정한다. [너비] 또는 [높이]를 그림과 같이 입력하는 것이 아니라, 사용자 파일의 크기를 2배로 수정한다.

개츠비 패턴 이미지는 50% 비율로 제공되므로 2배로 수정한다. 패턴 이미지의 비율이 100%라면 [너비] 또는 [높이]를 수정하지 않는다.

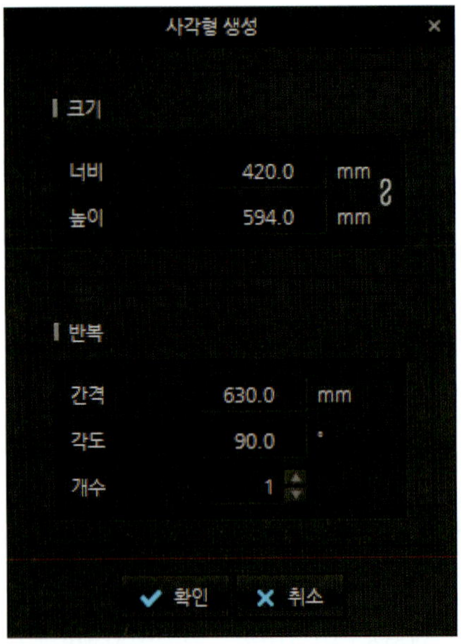

패턴 이미지를 적용할 사각형 패턴 그리기

(사각형 패턴)툴을 이용하여 [너비 420], [높이 594]의 사각형을 그린다.

이 사각형은 패턴 이미지를 불러오기 위한 것이므로 사각형의 너비, 높이는 패턴이 보일 정도의 크기로 자유롭게 지정할 수 있다.

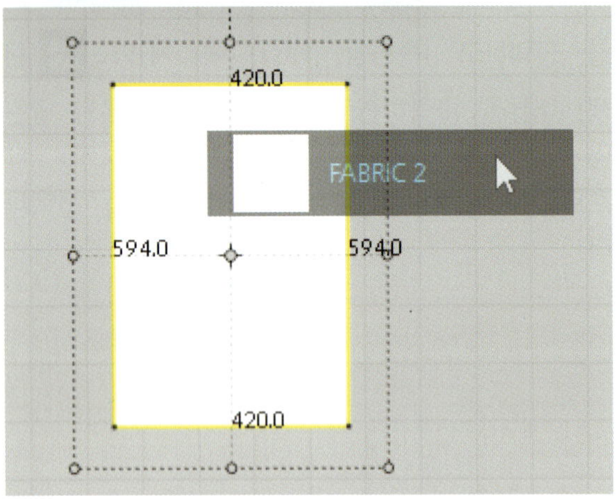

원단 적용

[물체창]-[원단] 탭에서 [FABRIC 2]를 선택하여 이 사각형에 드래그 & 드롭하여 적용한다.

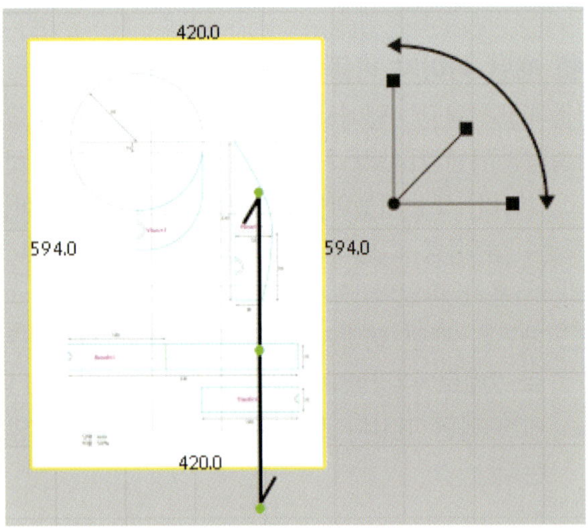

패턴 이미지 위치 이동

패턴 이미지가 사각형의 중앙에 위치하도록 텍스처를 이동시킨다. (텍스처 수정(2D))툴을 선택하여 패턴을 클릭 & 드래그하면 텍스처가 이동된다.

10.2.2 Visor 패턴

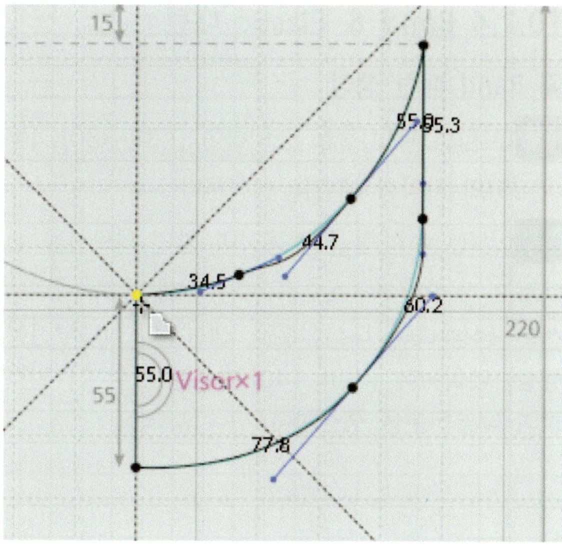

Visor 패턴 생성

(다각형 패턴)툴을 선택하여 패턴의 외곽선을 그린다. 패턴의 곡선 부분에서는 클릭한 상태로 드래그하면 AI곡선으로 그려지고 파란색 핸들이 나타난다. 다각형 패턴을 완성한 후에 핸들을 이용하여 AI곡선을 수정할 수 있다. 곡선에 연결하여 직선을 그리려면 [Backspace] 키를 탭하여 한쪽 핸들이 없어지도록 하고 다음 점 위치를 클릭한다.

- 도형을 그릴 때, 첫 번째 클릭했던 점을 다시 클릭하여야 폐곡선 형태로 패턴이 완성된다.

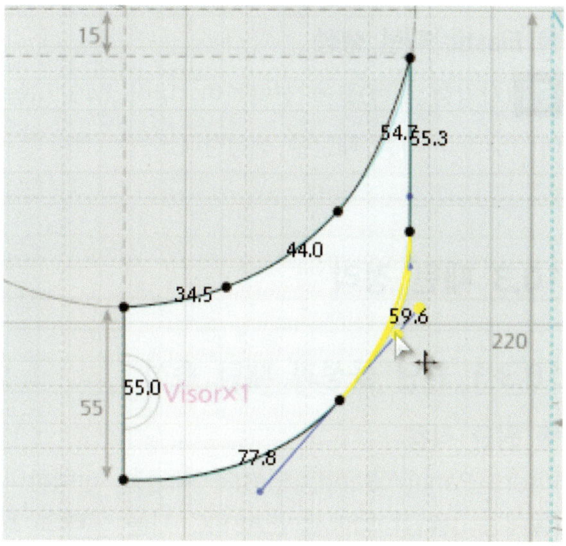

곡선 수정

(점/선 수정)툴을 이용하여 AI곡선의 끝점을 클릭하면 파란색 핸들이 나타난다. 핸들을 드래그하여 곡선의 형태를 변경할 수 있다.

- 패턴 이미지에 겹쳐서 패턴을 제도하면 [2D 창]에서 패턴이 겹쳐진 상태가 된다. 패턴 제도와 수정 후에는 (패턴 이동/변환)툴을 이용하여 패턴을 이동시켜서 겹치지 않도록 한다.

10.2.3 Panel 패턴

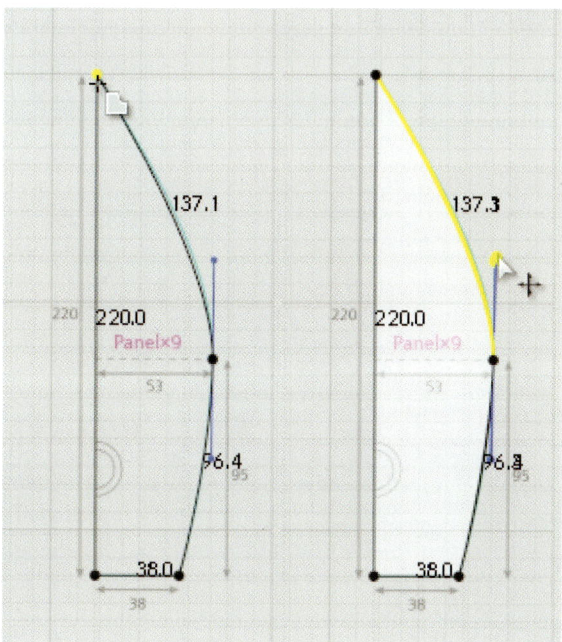

Panel 패턴 생성

(다각형 패턴)툴을 선택하여 Panel 패턴의 외곽선을 그린다.

곡선 수정

(점/선 수정)툴을 이용하여 AI곡선의 끝점을 클릭하면 파란색 핸들이 나타난다. 핸들을 드래그하여 곡선의 형태를 변경할 수 있다.

10.2.4 Band & Elastic 패턴

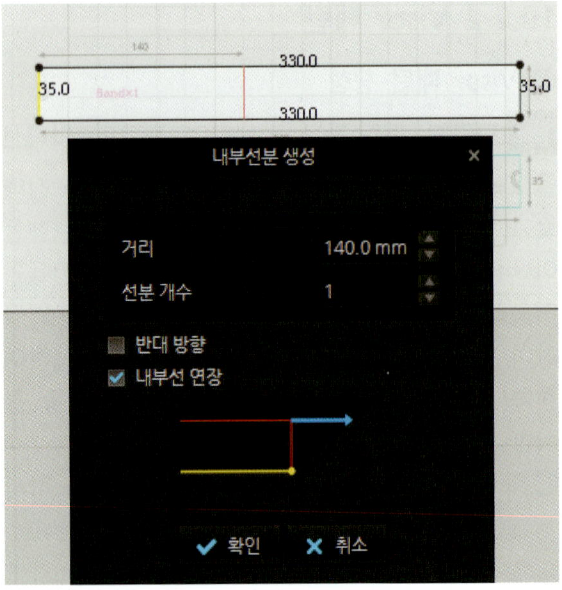

Band 패턴 생성

(사각형 패턴)툴을 선택하여 [너비 330], [높이 35]의 사각형 패턴을 생성한다.

(점/선 수정)툴을 이용하여 왼쪽 세로선을 선택하고 [MRB(마우스오른쪽버튼) 팝업메뉴]-[내부선분 생성]하여 내부선분을 생성한다. [내부선분 생성] 대화창에 [거리 140], [선분 개수 1] 입력하여 내부선분을 생성한다.

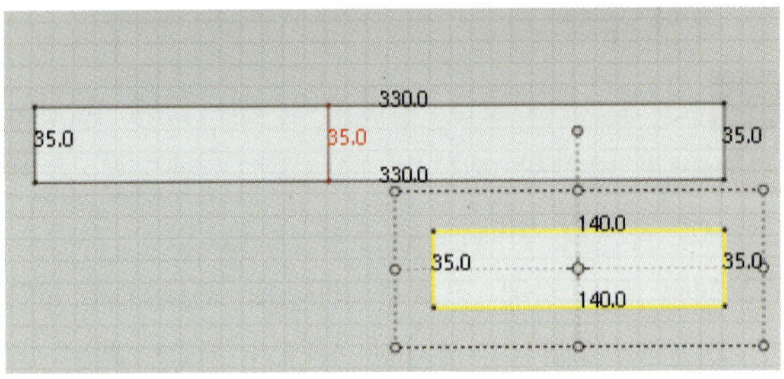

Elastic 패턴 생성

(사각형 패턴)툴을 선택하여 [너비 140], [높이 35]의 사각형 패턴을 생성한다.

10.3 패턴 정리

10.3.1 원단 물성과 패턴 속성

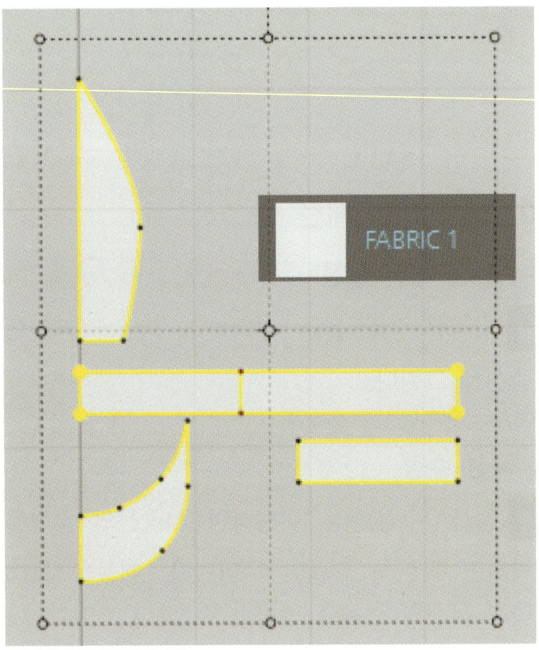

원단 적용

Visor, Panel, Band, Elastic 패턴을 선택하여 [물체창]-[원단] 탭에서 [FABRIC 1]을 드래그 & 드롭하여 적용한다.

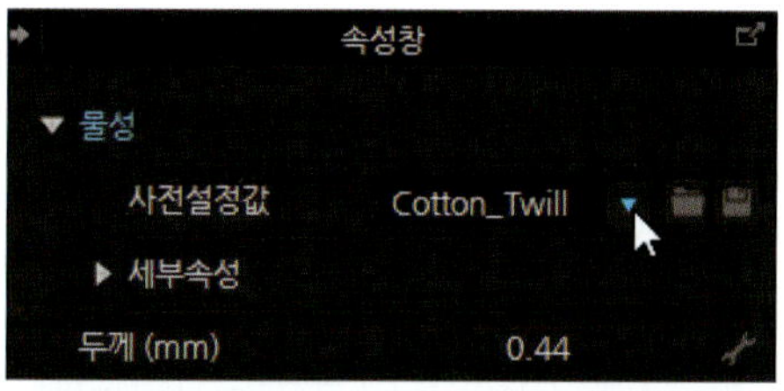

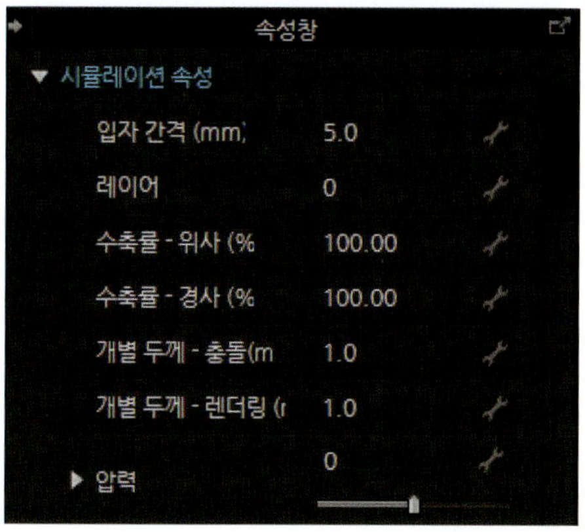

원단 물성

[물체창]-[원단] 탭에서 [FABRIC 1]을 선택하고 [속성창]-[물성]-[사전설정값]에서 [Cotton_Twill]을 선택한다.

패턴 속성

(패턴 이동/변환)툴을 이용하여 패턴을 모두 선택하고 [속성창]-[시뮬레이션 속성]-[입자간격 5], [개별 두께-충돌 1], [개별 두께-렌더링 1] 한다.

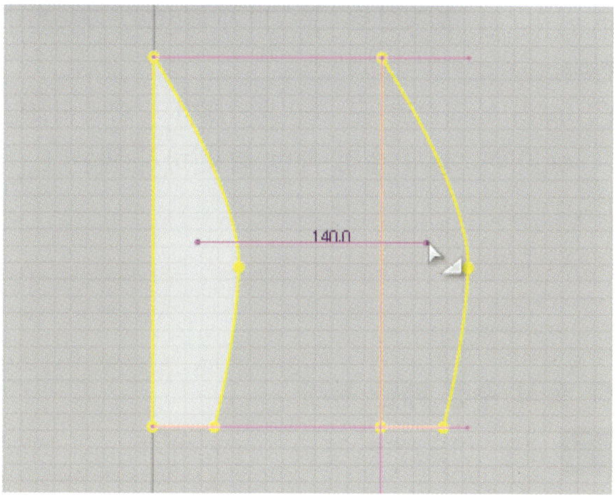

10.3.2 대칭 수정 패턴

Panel 패턴 복사

(패턴 이동/변환)툴을 이용하여 Panel 패턴을 [복사(Ctrl+C)], [붙여넣기(Ctrl+V)] 한다.

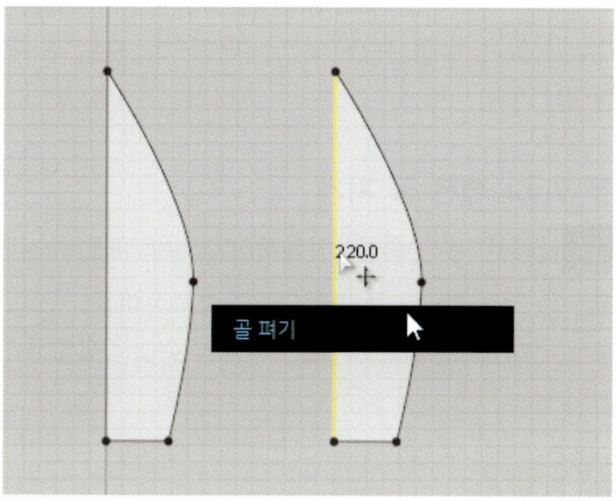

Panel 패턴 골 펴기

(점/선 수정)툴을 이용하여 Panel 복사본의 세로선을 선택하고 [MRB(마우스오른쪽버튼) 팝업메뉴]-[골 펴기] 한다.

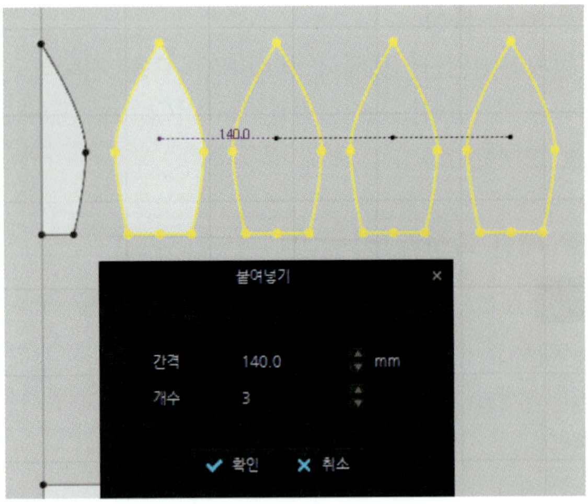

Panel 패턴 복사

(패턴 이동/변환)툴을 이용하여 Panel 복사본을 [복사(Ctrl+C)], [붙여넣기(Ctrl+V)]하여 3피스를 추가한다.
붙여넣기 과정 중에 [MRB(마우스오른쪽버튼)]를 클릭하면 [붙여넣기] 대화창이 열려, [간격]과 [개수]를 입력할 수 있다.

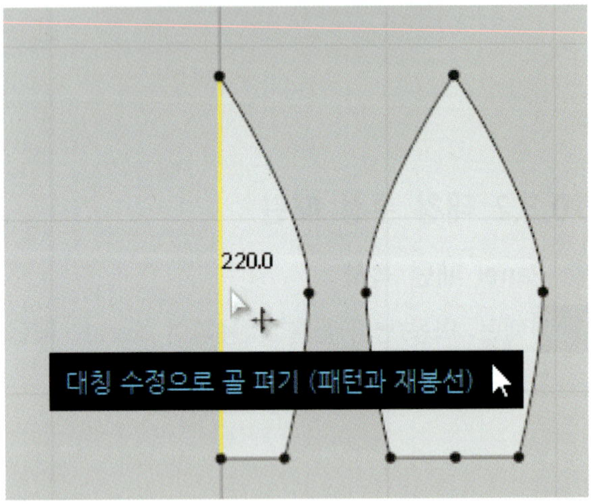

대칭 수정으로 골 펴기

(점/선 수정)툴을 이용하여 Panel 원본의 세로선을 선택하고 [MRB(마우스오른쪽버튼) 팝업메뉴]-[대칭 수정으로 골 펴기(패턴과 재봉선)]한다.

[대칭 수정으로 골 펴기]한 패턴은 앞중심 Panel이며 [동시 수정 패턴 복제]하지 않는다.

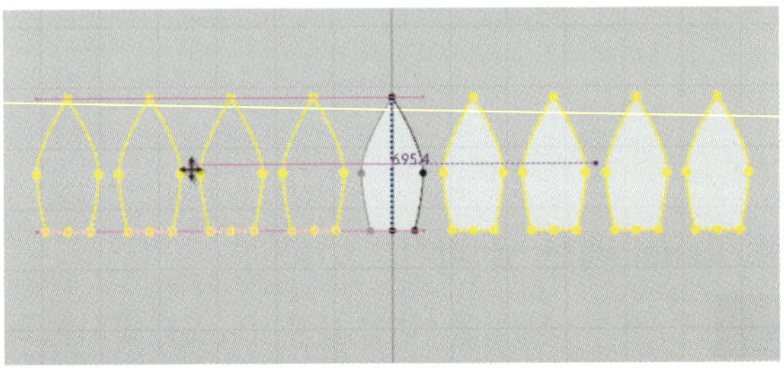

동시 수정 패턴 복제

(패턴 이동/변환)툴을 이용하여 Panel 패턴 4피스를 선택하고 [MRB(마우스오른쪽버튼) 팝업메뉴]-[동시 수정 패턴 복제]-[대칭으로(패턴과 재봉선)] 한다.

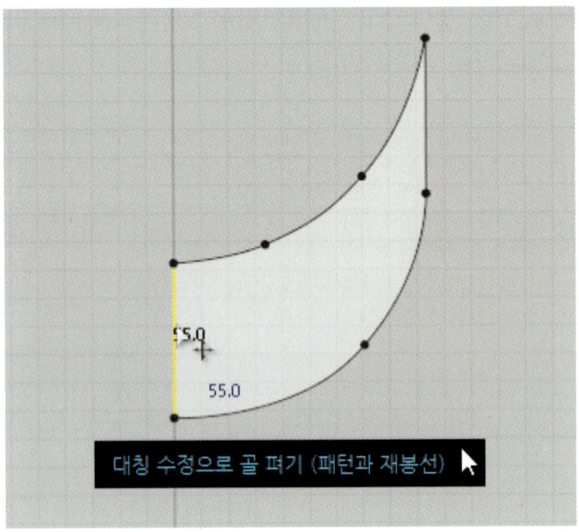

Visor 패턴 골 펴기

(점/선 수정)툴을 이용하여 Visor 패턴의 세로선을 선택하고 [MRB(마우스오른쪽버튼) 팝업메뉴]-[대칭 수정으로 골 펴기(패턴과 재봉선)]한다.

모든 패턴 골 펴기

Band 패턴의 앞중심선을 선택하여 [MRB(마우스오른쪽버튼) 팝업메뉴]-[대칭 수정으로 골 펴기(패턴과 재봉선)] 한다.

Elastic 패턴의 뒤중심선을 선택하여 [MRB(마우스오른쪽버튼) 팝업메뉴]-[대칭 수정으로 골 펴기(패턴과 재봉선)] 한다.

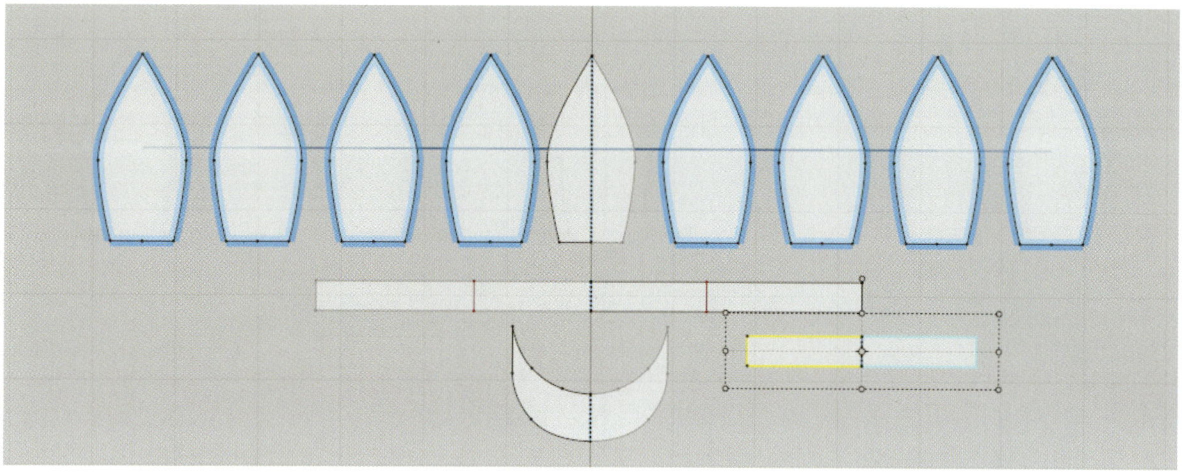

10.4 3D 개츠비 제작

10.4.1 패턴 재봉

Panel 재봉

(자유재봉)툴을 이용하여 Panel의 세로선을 각각 재봉한다.

양쪽 끝 Panel의 뒤중심선도 서로 재봉한다.

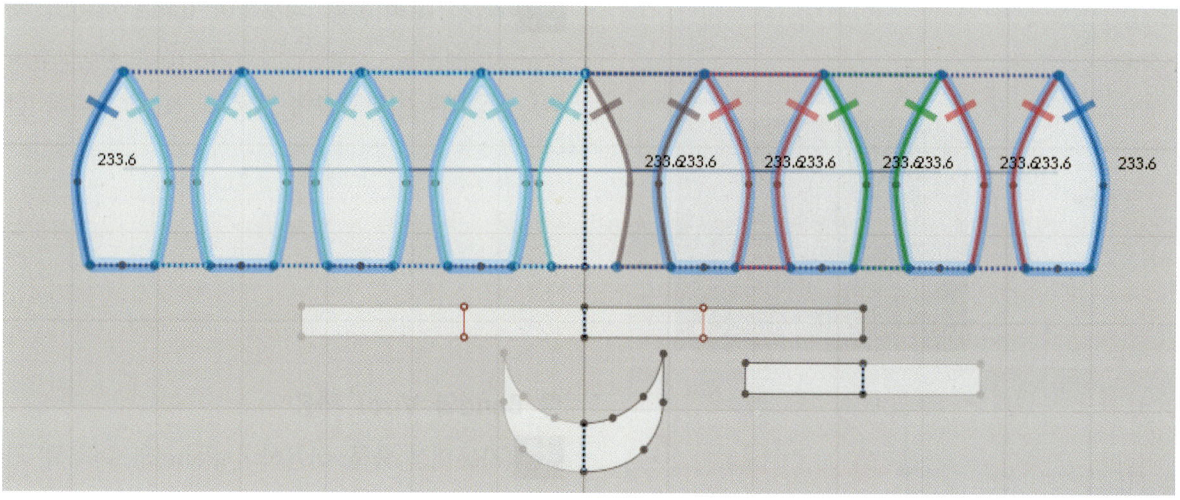

Panel과 Band 재봉

(자유재봉)툴을 이용하여 Panel의 아래쪽 가로선과 Band의 아래쪽 가로선을 [1:N 자유재봉] 한다. [동시 수정 설정]된 상태이므로 Panel과 Band의 오른쪽 또는 왼쪽만 재봉하면 반대쪽에도 동일한 재봉선이 생성된다.

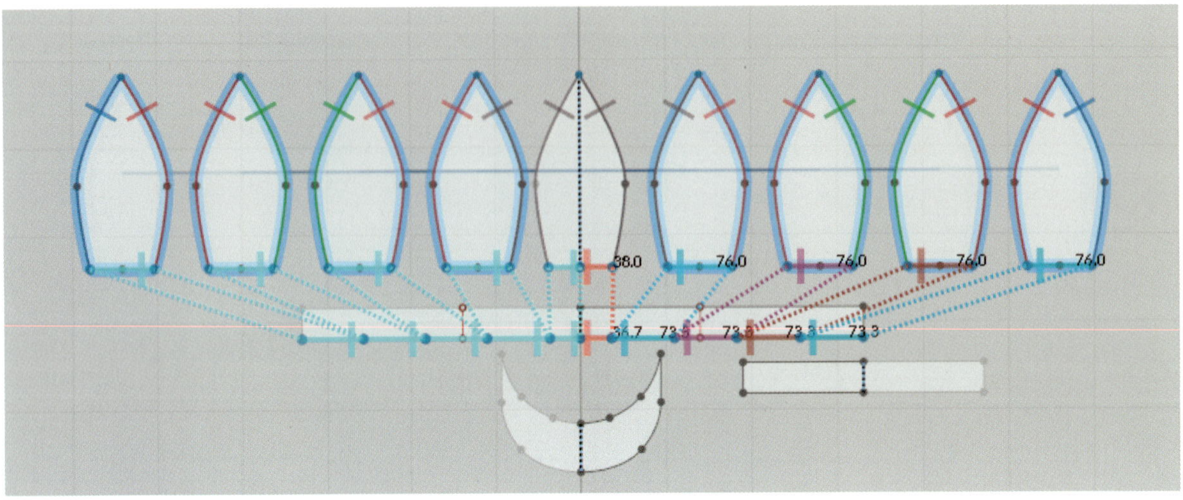

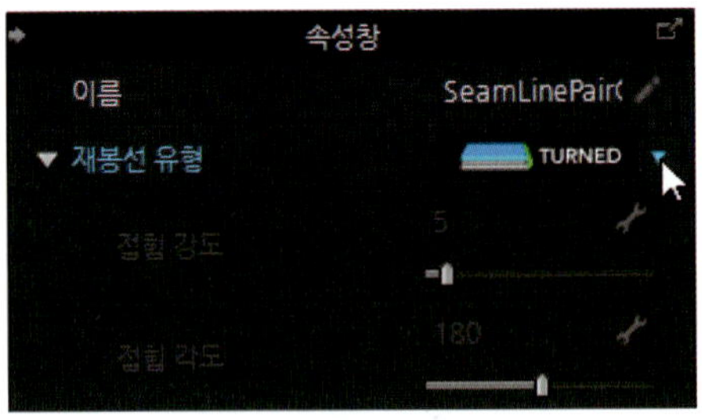

재봉선 유형

(재봉선 수정)툴을 이용하여 Panel과 Band의 재봉선을 선택하고 [속성창]-[재봉선 유형]-[Turned]로 변경한다.

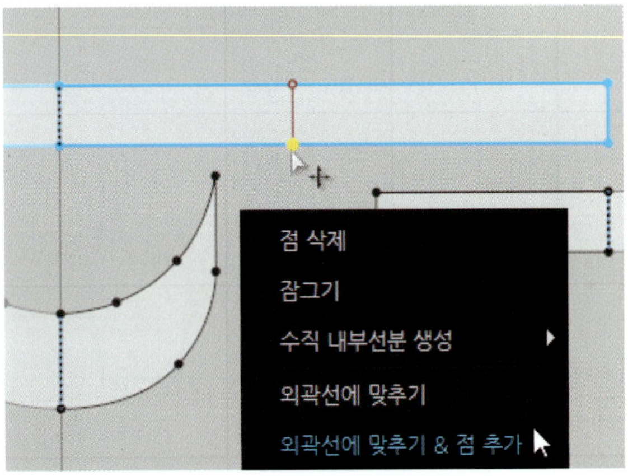

외곽선에 맞추기 & 점 추가

(점/선 수정)툴을 이용하여 Band 패턴의 내부선분아래점을 선택하고 [MRB(마우스오른쪽버튼) 팝업메뉴]-[외곽선에 맞추기 & 점 추가] 한다.

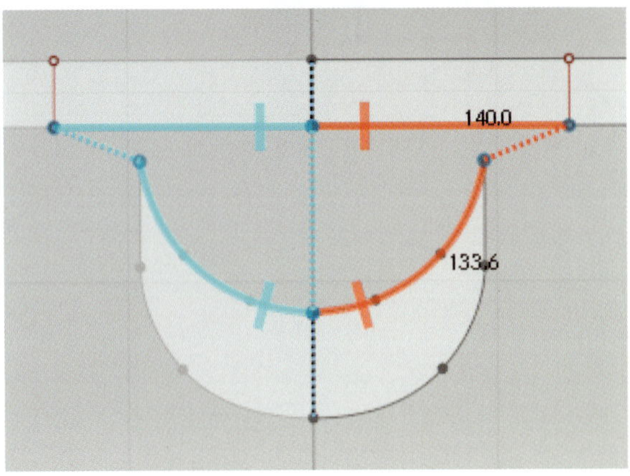

Band와 Visor 재봉

(자유재봉)툴을 이용하여 Panel의 아래쪽 가로선과 Visor의 위쪽 가로 곡선을 재봉한다.

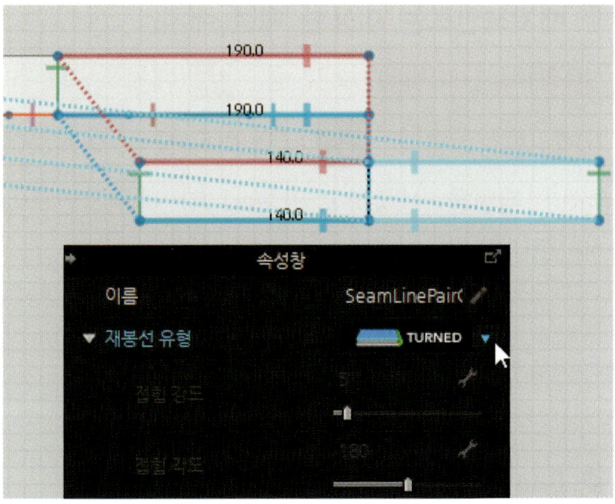

Band와 Elastic 재봉

(자유재봉)툴을 이용하여 Band와 Elastic의 가로선을 재봉한다. 이 재봉선을 선택하여 [속성창]-[재봉선 유형]-[Turned]로 변경한다.

(선분재봉)툴을 이용하여 Band의 내부선과 Elastic의 세로선을 재봉한다.

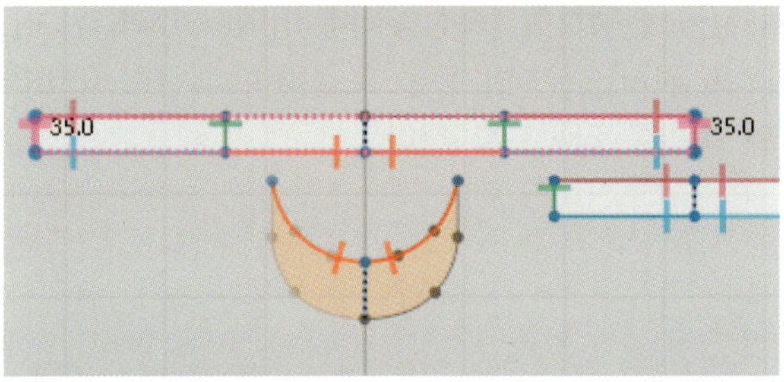

Band의 뒤중심선 재봉

(선분재봉)툴을 이용하여 Panel의 세로선(뒤중심선)을 재봉한다.

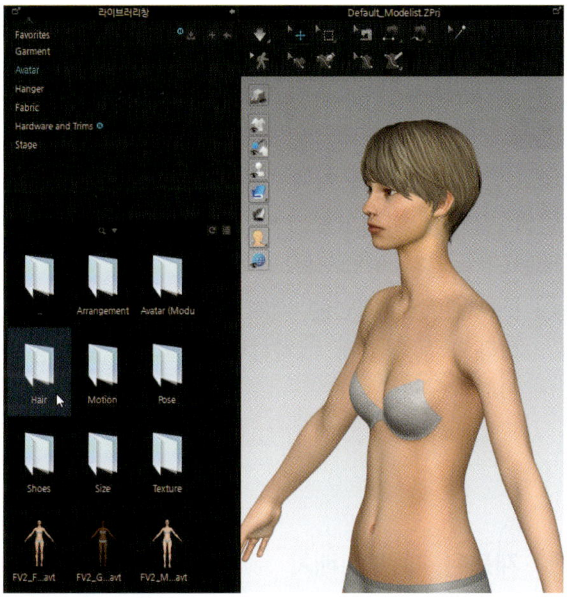

10.4.2 [3D창]에 패턴 배치

아바타 불러오기

[라이브러리창]-[Avatar] 폴더에서 여성 아바타를 선택하여 더블클릭하면 [3D창]에 [불러오기] 된다.

헤어 변경

[라이브러리창]의 [Hair] 폴더에서 모자를 착용하기에 적합한 헤어스타일을 선택하여 더블클릭하면 [3D창]에 [불러오기] 된다.

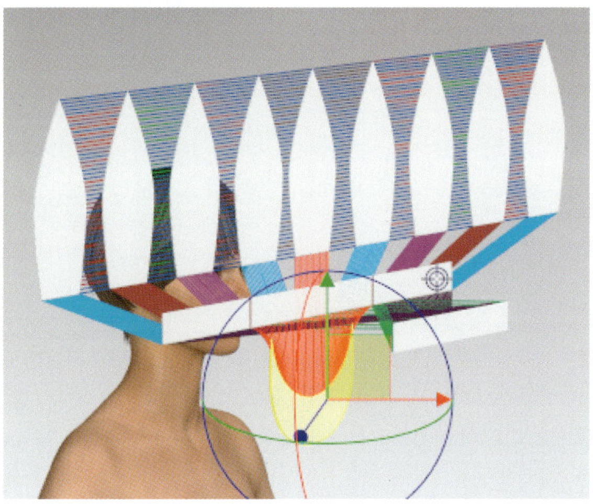

2D창 상태로 패턴 재배치

[3D창]에서 (2D창 상태로 재배치)를 클릭하여 패턴을 모두 재배치한다.

배치포인트를 이용한 패턴 배치

[3D창]에서 아바타 보기 중, (배치포인트 보기)를 활성화한다. (선택/이동)툴을 이용하여 Band 패턴을 선택하고 [Head_R] 배치포인트에 배치한다.

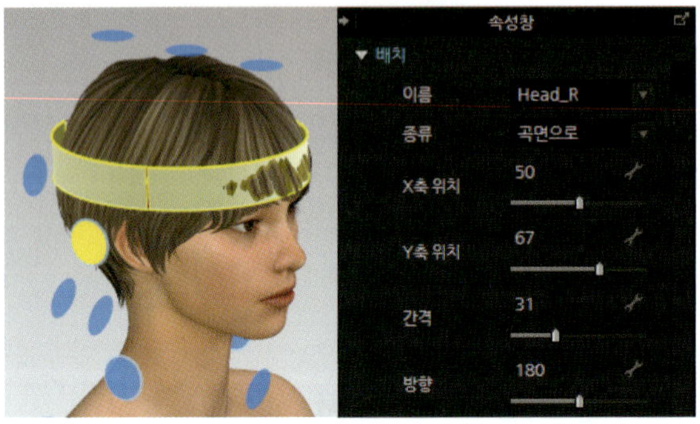

Band 패턴의 배치 속성 변경

패턴을 선택하여 [속성창]-[배치]에서 [X축 위치], [Y축 위치], [간격] 등을 조절하여 패턴이 아바타의 머리를 감싸도록 한다.

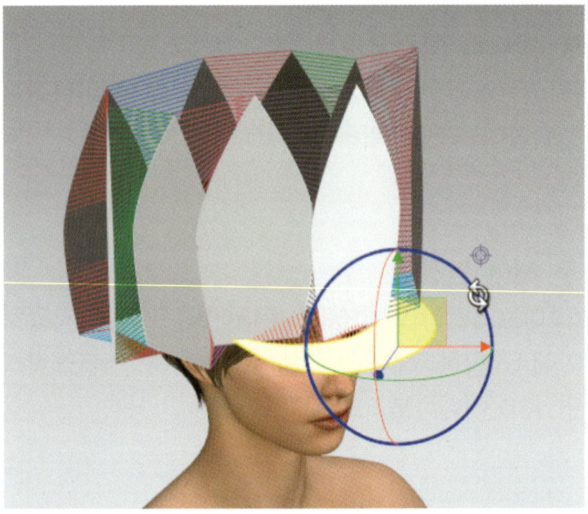

기즈모를 이용한 패턴 배치

(선택/이동)툴을 이용하여 Pane 패턴을 선택하고 기즈모를 이용하여 이동, 회전한다. 모든 패턴의 겉면이 바깥으로 나오도록 배치한다. Visor 패턴도 동일한 방법으로 배치한다.

- [3D창]에서 패턴을 배치할 때, 의상이 완성된 상태와 유사하게 배치하면 시뮬레이션이 용이하다.

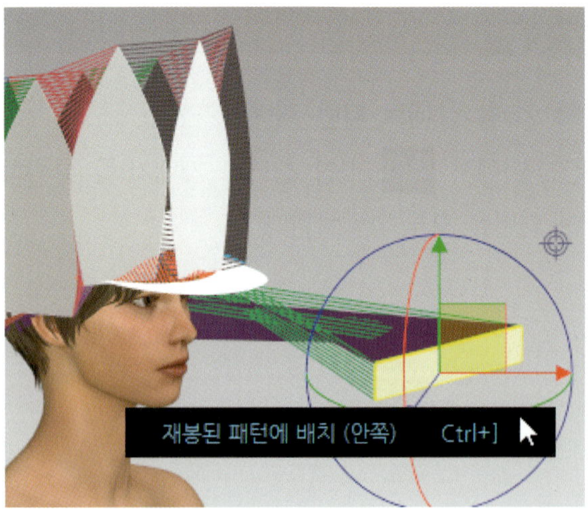

재봉된 패턴에 배치

Elastic 패턴을 [재봉된 패턴에 배치(안쪽)] 한다.

10.4.3 개츠비 시뮬레이션

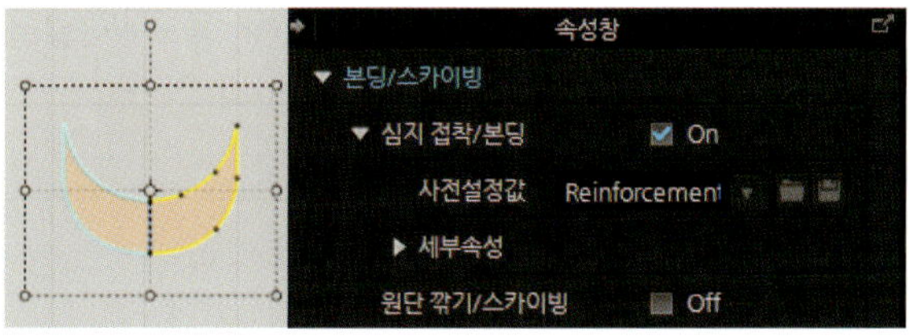

심지 접착/본딩

Visor 패턴을 선택하여 [속성창]-[본딩/스카이빙]-[심지 접착/본딩 ON] 한다. 사전설정값에서 [Reinforcement(Under collar)]를 선택한다.

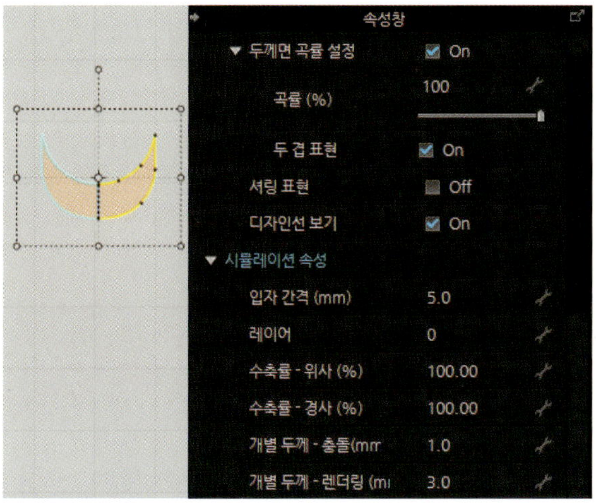

속성 변경

Visor 패턴을 선택하여 [속성창]-[선택 선분]-[두께면 곡률 설정]-[두 겹 표현 ON] 한다. [속성창]-[시뮬레이션 속성]-[개별 두께-렌더링 3]으로 변경한다.

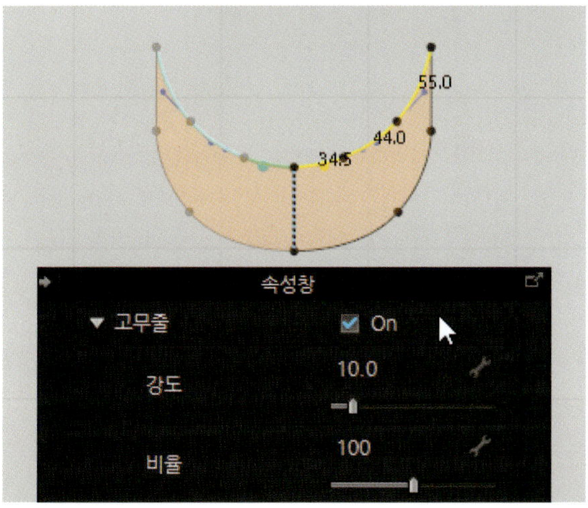

고무줄

(점/선 수정)툴을 이용하여 Visor의 위쪽 가로 곡선을 모두 선택하고 [속성창]-[고무줄 ON], [비율 100]으로 변경한다.

시뮬레이션

(시뮬레이션) 실행한다.

시뮬레이션이 실행되고 있는 동안 (핀칭) 툴을 이용하여 의상을 당겨서 시뮬레이션에 영향을 줄 수 있다.

디자인에 따라 원단, 색상, 탑스티치 등 디테일을 추가하여 개츠비 3D 의상을 완성한다.

11 야구모자

Baseball cap

11.1 디자인

난이도 .... 중
패턴 .... 야구모자 패턴(257페이지)
주요 활용 기능 .... 사각형 패턴, 다각형 패턴, AI곡선, 회전, 곡률 수정, 원단 물성

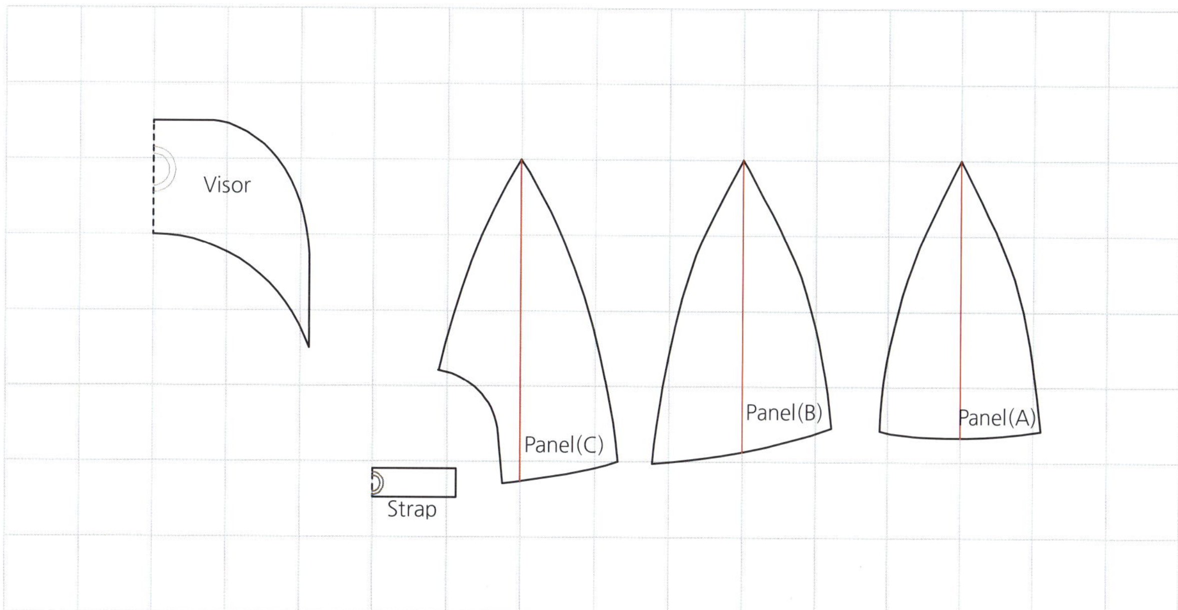

11.2 패턴 제작

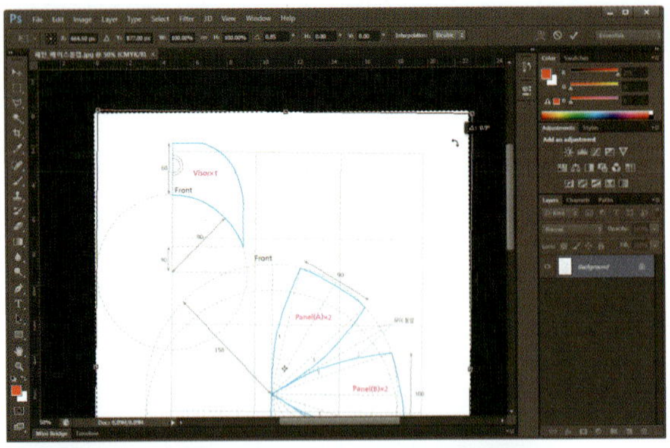

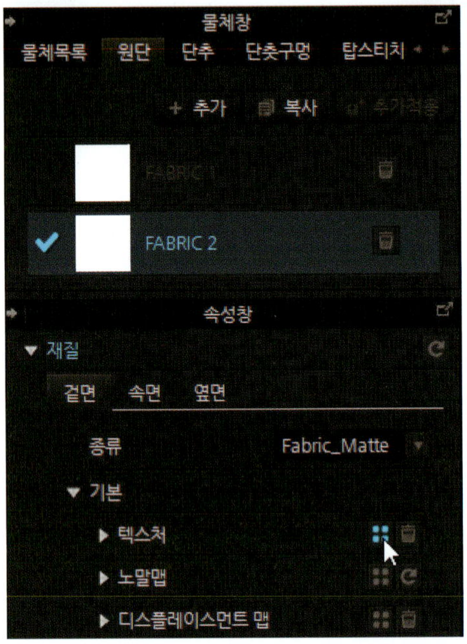

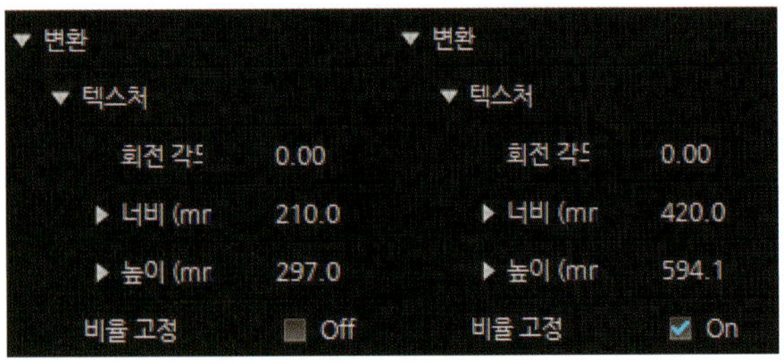

11.2.1 패턴이미지 불러오기

포토샵에서 패턴 이미지 정리

257페이지의 패턴 이미지를 스캔한다. 스캔한 이미지를 포토샵에서 수직, 수평을 맞추어 회전시키고 패턴 영역만 [자르기(crop)]하여 jpg 또는 png 포맷으로 저장한다.

패턴 이미지 불러오기

[물체창]-[원단] 탭에서 + 추가(추가)를 클릭하여 새 원단을 생성한다(FABRIC 2). [FABRIC 2]를 선택하고 [속성창]-[재질]-[텍스처]의 (탐색) 버튼을 클릭하면 [파일 열기] 윈도우가 열린다.

포토샵에서 저장한 패턴 이미지 파일을 선택한다.

패턴 이미지 비율 변경

[물체창]-[원단] 탭에서 [FABRIC 2]를 선택하고 [속성창]-[변환]-[텍스처]에서 [비율 고정 ON] 하고, [너비] 또는 [높이]를 2배로 수정한다. [너비] 또는 [높이]를 그림과 같이 입력하는 것이 아니라, 기존 크기를 2배로 수정한다.

- 야구모자 패턴 이미지는 50% 비율로 제공되므로 2배로 수정한다. 패턴 이미지의 비율이 100%라면 [너비] 또는 [높이]를 수정하지 않는다.

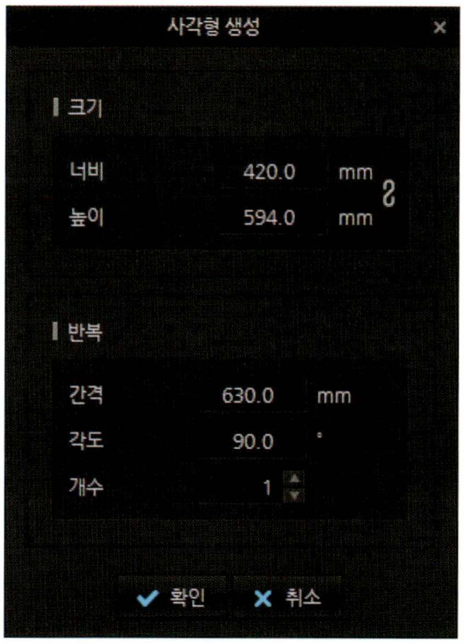

패턴 이미지를 적용할 사각형 패턴 그리기

(사각형 패턴)툴을 이용하여 [너비 420], [높이 594]의 사각형을 그린다.

이 사각형은 패턴 이미지를 불러오기 위한 것이므로 사각형의 너비, 높이는 패턴이 보일 정도의 크기로 자유롭게 지정할 수 있다.

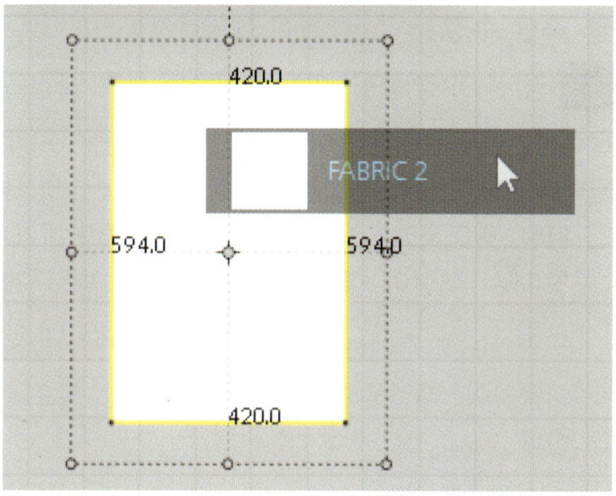

원단 적용

[물체창]-[원단] 탭에서 [FABRIC 2]를 선택하여 이 사각형에 드래그 & 드롭하여 적용한다.

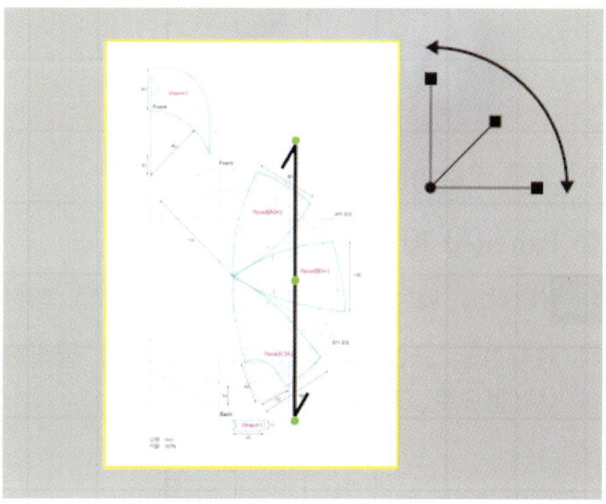

패턴 이미지 위치 이동

패턴 이미지가 사각형의 중앙에 위치하도록 텍스처를 이동시킨다. (텍스처 수정(2D))툴을 선택하여 패턴을 클릭 & 드래그하면 텍스처가 이동된다.

11.2.2 Visor 패턴

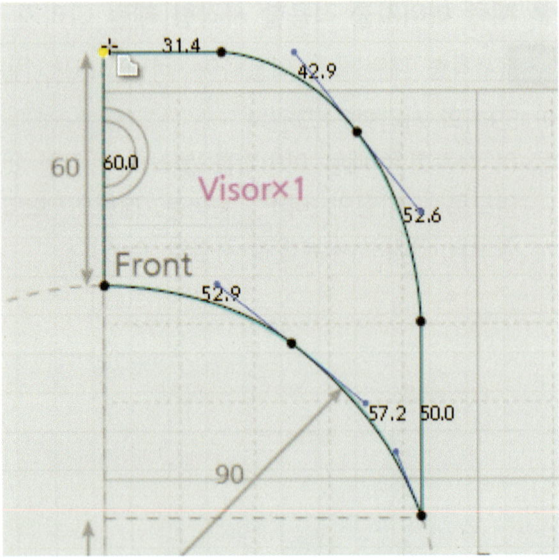

Visor 패턴 생성

(다각형 패턴)툴을 선택하여 패턴의 외곽선을 그린다. 패턴의 곡선 부분에서는 클릭한 상태로 드래그하면 AI곡선으로 그려지고 파란색 핸들이 나타난다. 다각형 패턴을 완성한 후에 핸들을 이용하여 AI곡선을 수정할 수 있다. 곡선에 연결하여 직선을 그리려면 [Backspace] 키를 탭하여 한쪽 핸들이 없어지도록 하고 다음 점 위치를 클릭한다.

- 도형을 그릴 때, 첫 번째 클릭했던 점을 다시 클릭하여야 폐곡선 형태로 패턴이 완성된다.

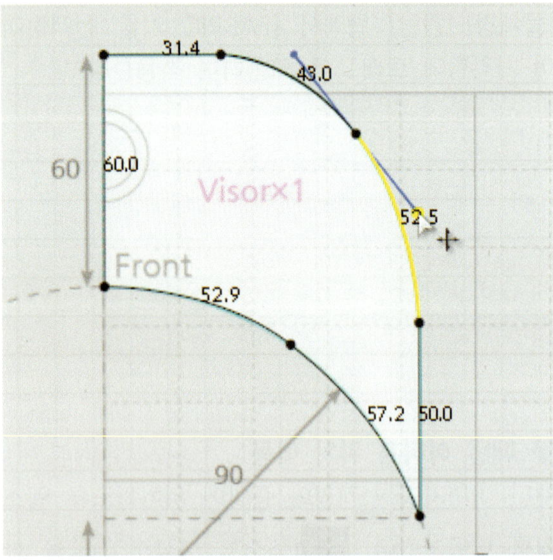

곡선 수정

(점/선 수정)툴을 이용하여 AI곡선의 끝점을 클릭하면 파란색 핸들이 나타난다. 핸들을 드래그하여 곡선의 형태를 변경할 수 있다.

- 패턴 이미지에 겹쳐서 패턴을 제도하면 [2D 창]에서 패턴이 겹쳐진 상태가 된다. 패턴 제도와 수정 후에는 (패턴 이동/변환)툴을 이용하여 패턴을 이동시켜서 겹치지 않도록 한다.

11.2.3 Panel 패턴

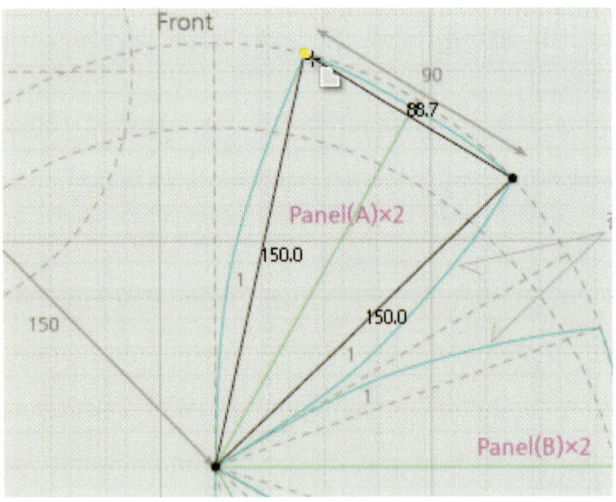

Panel(A) 패턴 생성

(다각형 패턴)툴을 선택하여 Panel(A) 패턴의 외곽선을 그린다. 패턴 코너의 3점을 클릭하여 삼각형으로 그린다.

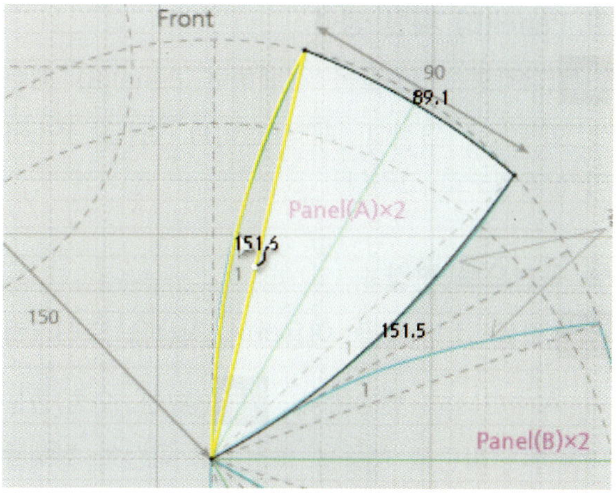

곡선으로 변경

(곡률 수정)툴을 이용하여 직선을 드래그하여 AI곡선으로 변경한다.

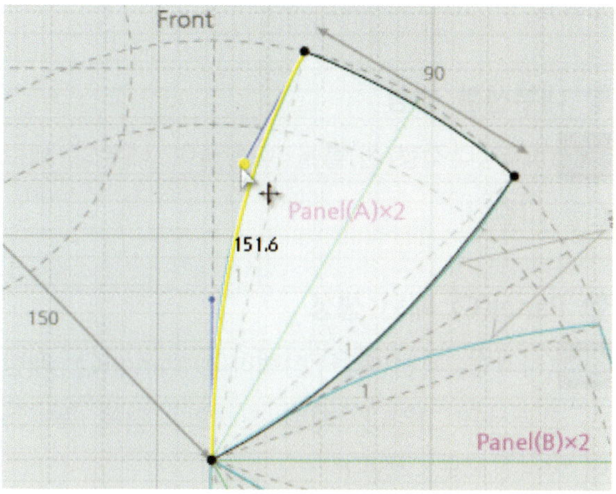

(점/선 수정)툴을 이용하여 파란색 핸들을 조절하여 곡선의 형태를 변경할 수 있다.

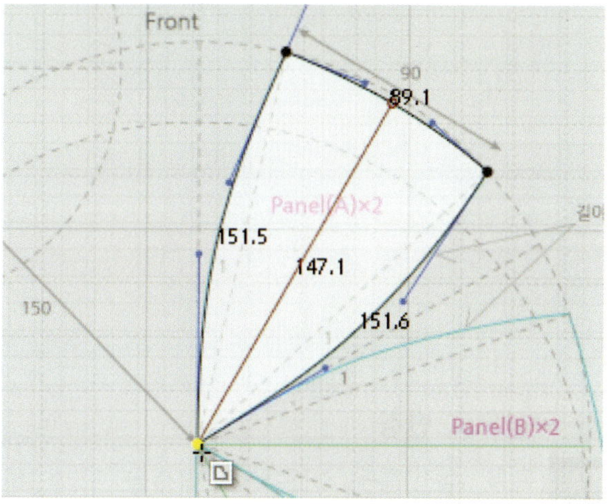

내부선분 생성

(내부 다각형/선)툴을 이용하여 내부의 세로선을 그린다.

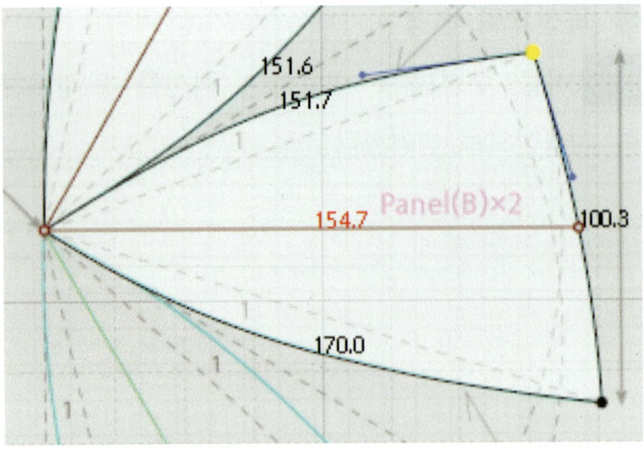

Panel(B) 패턴 생성

(다각형 패턴)툴을 선택하여 Panel(B) 패턴의 외곽선을 그린다. 패턴 코너의 3점을 클릭하여 삼각형으로 그린다.

곡선으로 변경

(곡률 수정)툴을 이용하여 직선을 드래그하여 AI곡선으로 변경한다. (점/선 수정)툴을 이용하여 파란색 핸들을 조절하여 곡선의 형태를 변경할 수 있다.

내부선분 생성

(내부 다각형/선)툴을 이용하여 내부의 세로선을 그린다.

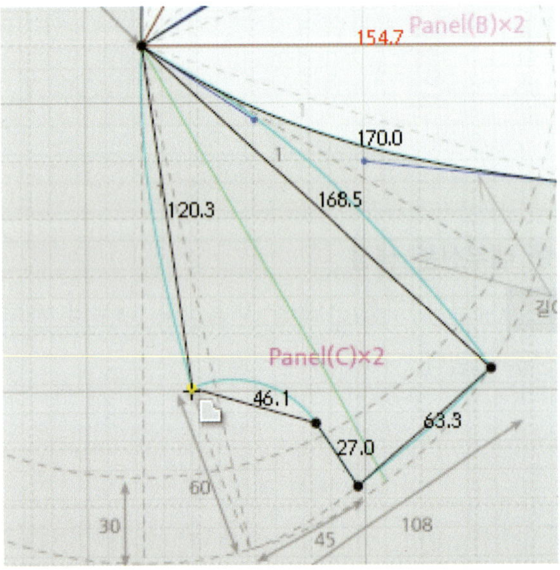

Panel(C) 패턴 생성

(다각형 패턴)툴을 선택하여 Panel(C) 패턴의 외곽선을 그린다. 패턴 코너의 4점을 클릭하여 삼각형으로 그린다.

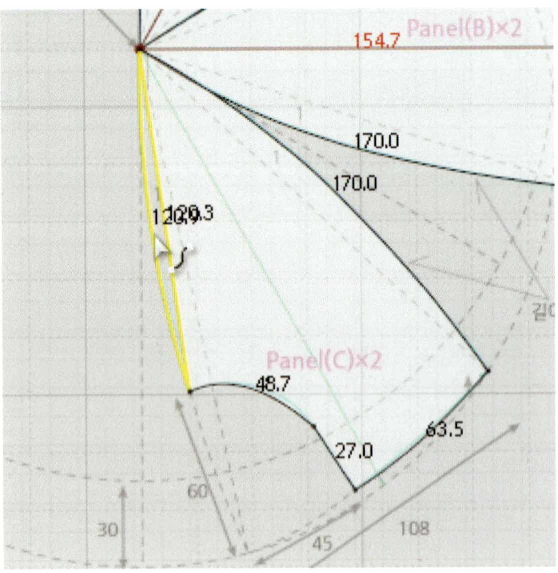

곡선으로 변경

(곡률 수정)툴을 이용하여 직선을 드래그하여 AI곡선으로 변경한다.

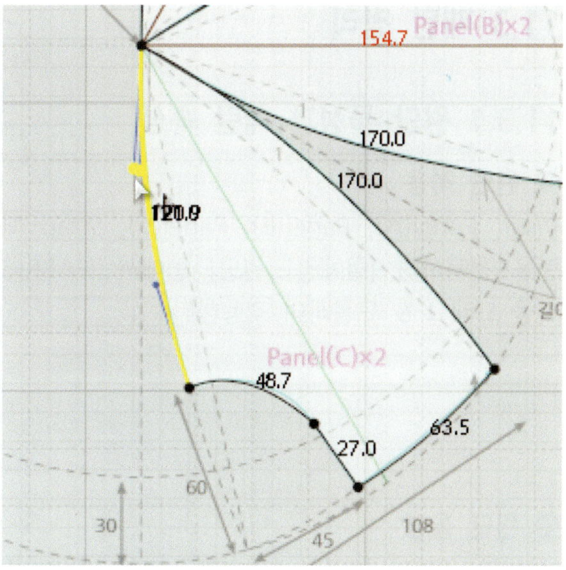

(점/선 수정)툴을 이용하여 파란색 핸들을 조절하여 곡선의 형태를 변경할 수 있다.

- 곡선의 형태를 표현하기 위하여 (점추가/선분나누기)툴을 이용하여 점을 추가할 수 있다.

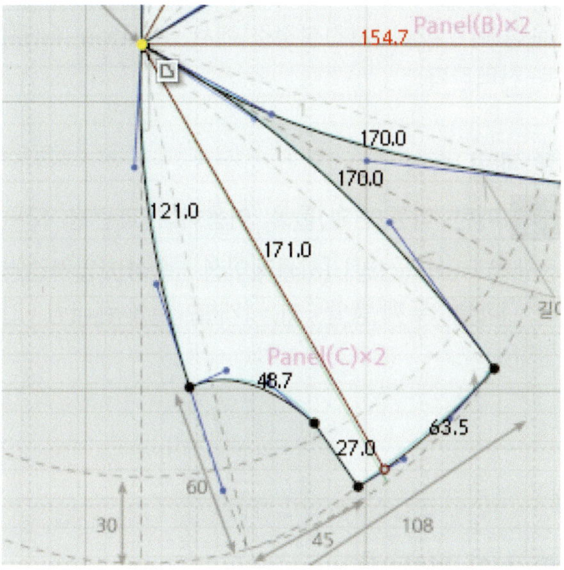

내부선분 생성

(내부 다각형/선)툴을 이용하여 내부의 세로선을 그린다.

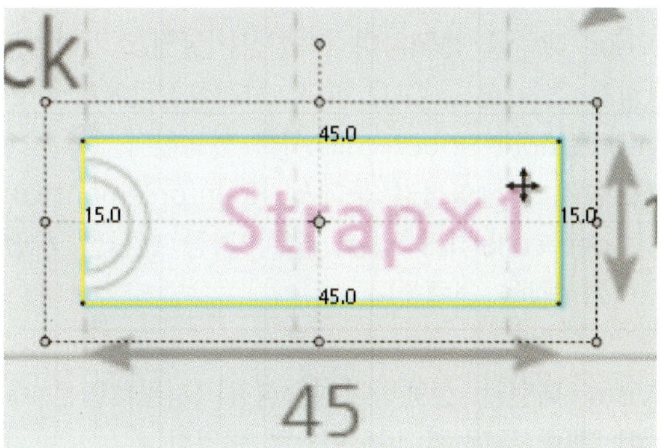

11.2.4 Strap 패턴

Band 패턴 생성

(사각형 패턴)툴을 이용하여 [너비 45], [높이 15]의 사각형 패턴을 생성한다.

11.3 패턴 정리

11.3.1 원단 물성과 패턴 속성

원단 적용

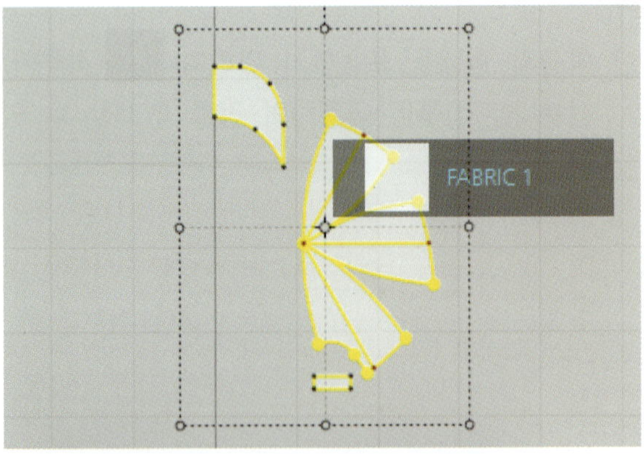

Visor, Panel(A), Panel(B), Panel(C), Strap 패턴을 선택하여 [물체창]-[원단] 탭에서 [FABRIC 1]을 드래그 & 드롭하여 적용한다.

원단 물성

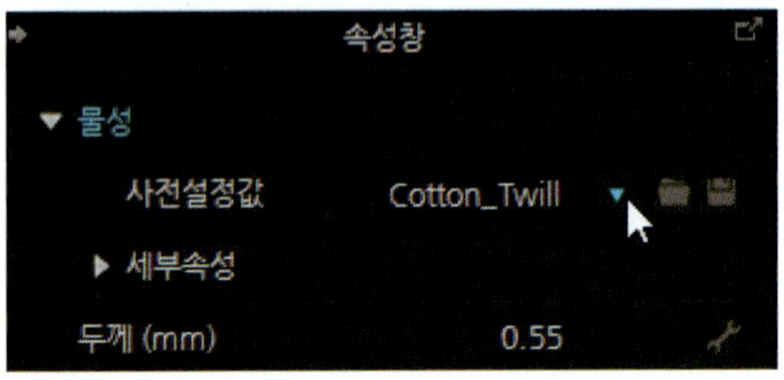

[물체창]-[원단] 탭에서 [FABRIC 1]을 선택하고 [속성창]-[물성]-[사전설정값]에서 [Cotton_Twill]을 선택한다.

패턴 속성

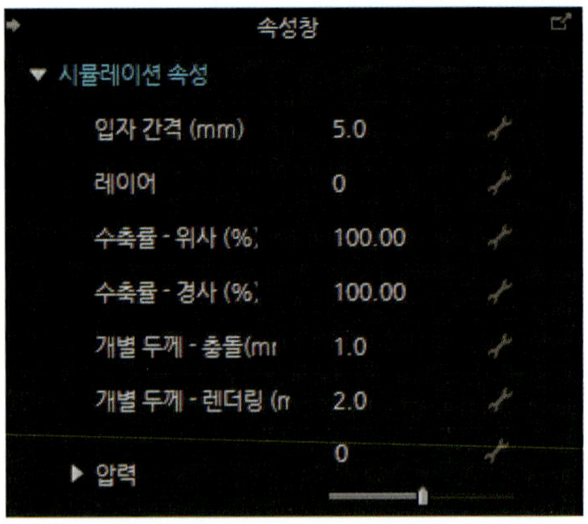

(패턴 이동/변환)툴을 이용하여 패턴을 모두 선택하고 [속성창]-[시뮬레이션 속성]-[입자간격 5], [개별 두께-충돌 1], [개별 두께-렌더링 2] 한다.

심지 접착/본딩

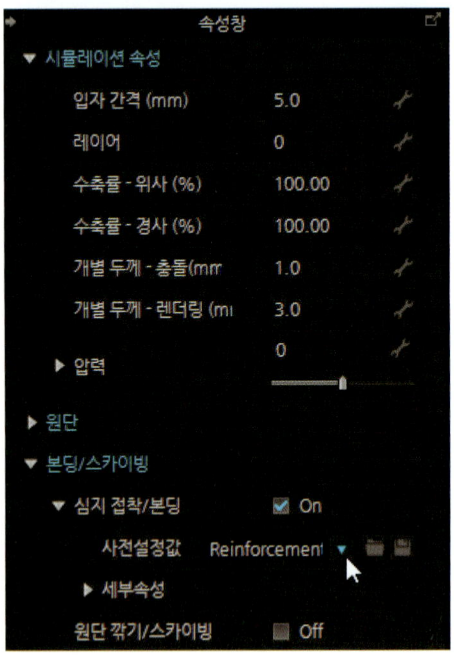

Visor 패턴을 선택하여 [속성창]-[본딩/스카이빙]-[심지 접착/본딩 ON] 한다. 사전설정값에서 [Reinforcement(Under collar)]를 선택한다.

- 심지 사전설정값 중에서 [Reinforcement(Under collar)]가 없는 경우, 가장 단단한 사전설정값을 선택한다.

Visor 패턴만 선택하여 [속성창]-[시뮬레이션 속성]-[개별 두께-렌더링 3]으로 변경한다.

11.3.2 [2D창] 패턴 정리

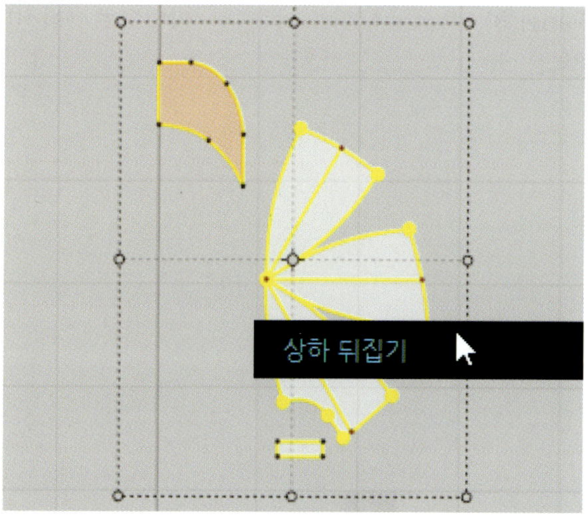

상하 뒤집기

[2D창]에서 (패턴 이동/변환)툴을 이용하여 모든 패턴을 선택하고 [MRB(마우스오른쪽버튼) 팝업메뉴]-[상하 뒤집기] 한다.

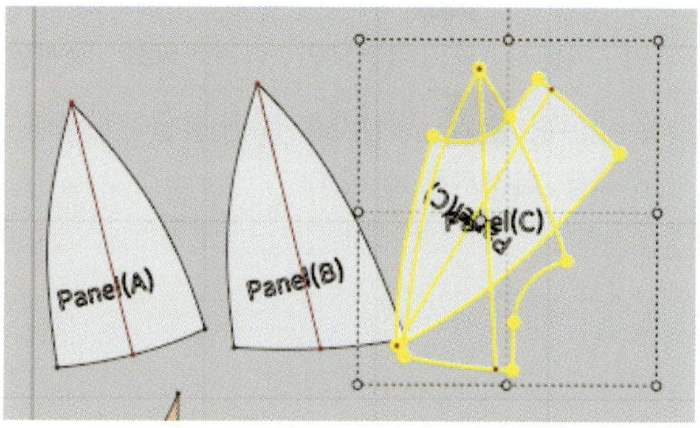

회전

(패턴 이동/변환)툴을 이용하여 패턴 방향을 직관적으로 회전시켜 놓는다.

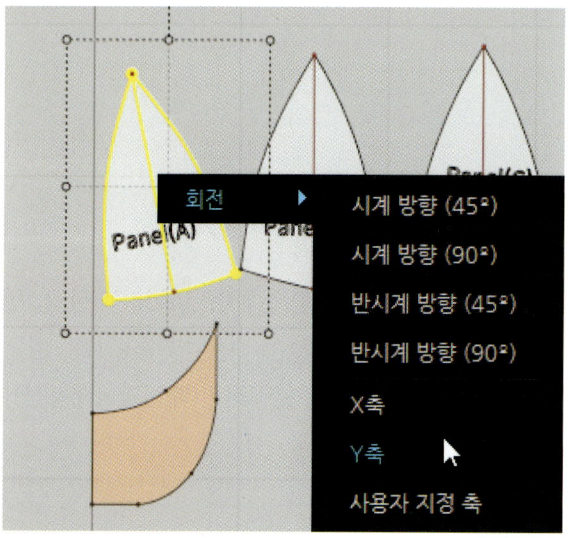

Y축으로 회전

[2D창]에서 (패턴 이동/변환)툴을 이용하여 Panel(A)를 선택한다. [MRB(마우스오른쪽버튼) 팝업메뉴]-[회전]-[Y축]하여 [Y축으로 회전]을 실행한다.

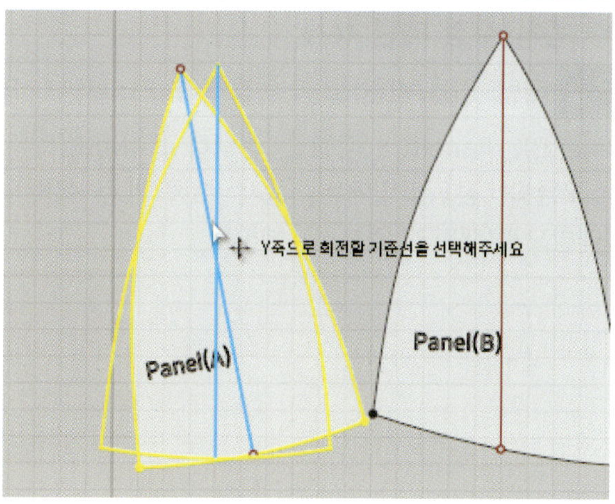

마우스에 [Y축으로 회전할 기준선을 선택해주세요] 메시지가 열린다. 이때 Panel(A)의 내부선분을 클릭하면 내부선분이 수직이 되도록 Panel(A) 패턴이 회전된다.

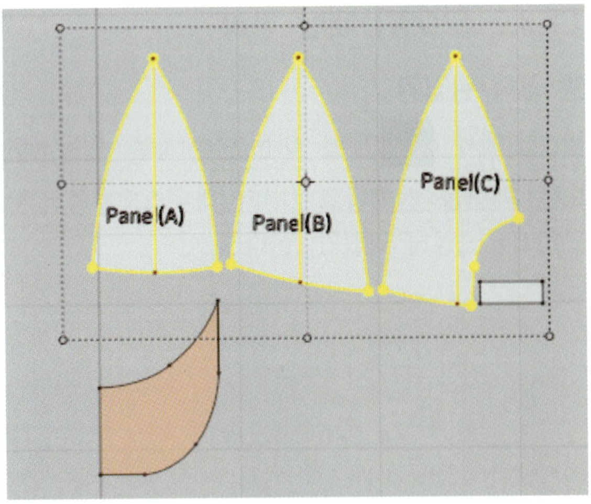

Panel(B), Panel(C)에도 동일한 방법으로 [회전] 한다.

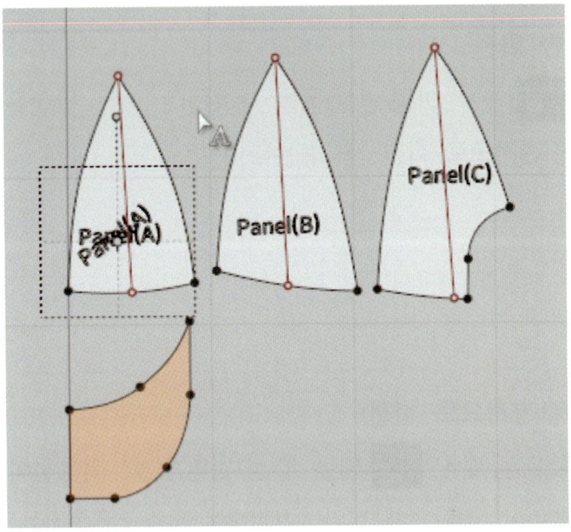

[2D창]에서 (패턴 주석)툴을 이용하여 패턴 이름을 표기해놓으면 직관적으로 확인할 수 있다. (주석/기호 수정)툴을 이용하면 주석을 회전시킬 수 있다.

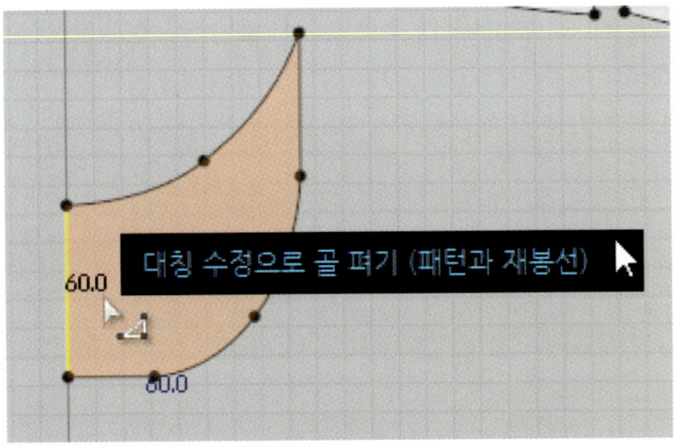

11.3.3 대칭 수정 패턴

Visor 패턴 골 펴기

(점/선 수정)툴을 이용하여 Visor 패턴의 세로선을 선택하고 [MRB(마우스오른쪽버튼) 팝업메뉴]-[대칭 수정으로 골 펴기(패턴과 재봉선)] 한다.

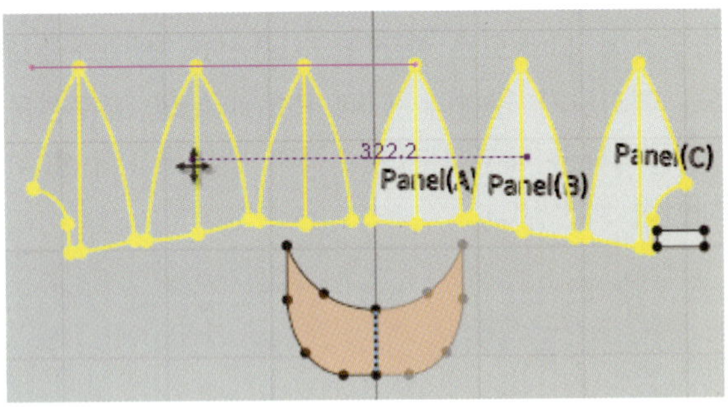

동시 수정 패턴 복제

(패턴 이동/변환)툴을 이용하여 Panel(A), Panel(B), Panel(C) 패턴을 선택하고 [MRB(마우스오른쪽버튼) 팝업메뉴]-[동시 수정 패턴 복제]-[대칭으로(패턴과 재봉선)] 한다.

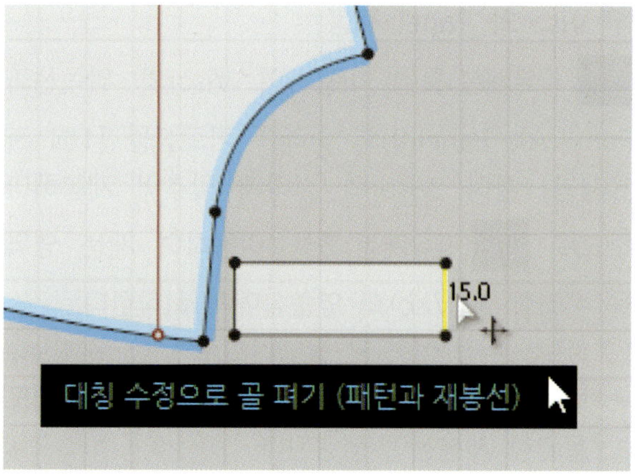

Strap 패턴 골 펴기

(점/선 수정)툴을 이용하여 Strap 패턴의 세로선을 선택하고 [MRB(마우스오른쪽버튼) 팝업 메뉴]-[대칭 수정으로 골 펴기(패턴과 재봉선)] 한다.

11.4 3D 야구모자 제작

11.4.1 패턴 재봉

Panel 재봉

(선분재봉)툴 또는 (자유재봉)툴을 이용하여 Panel(A), Panel(B), Panel(C)의 세로선을 각각 재봉한다.

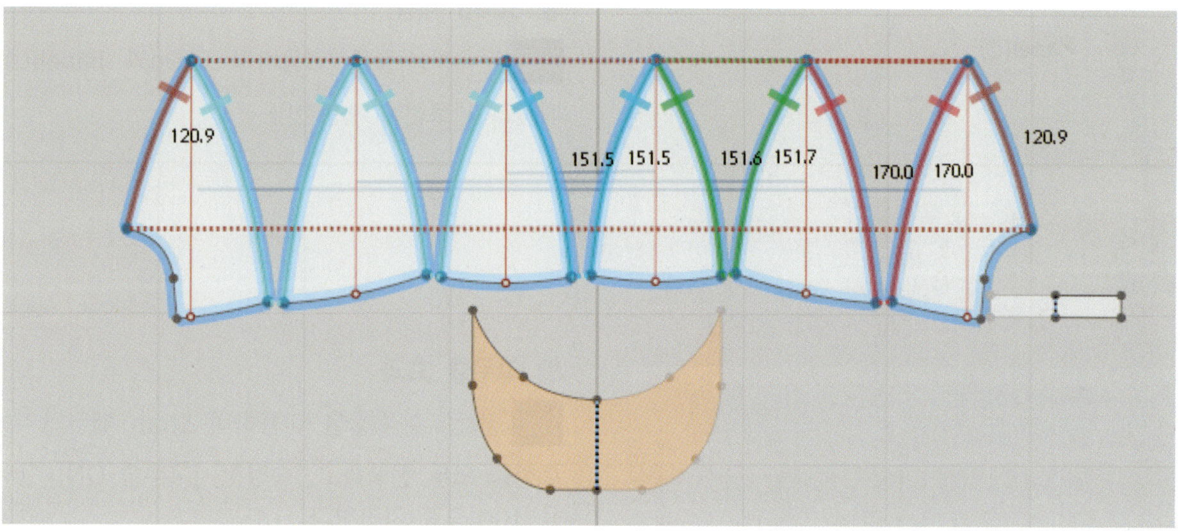

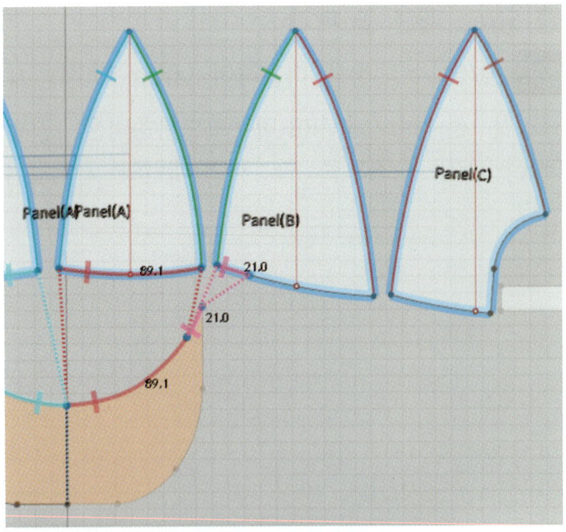

Visor와 Panel 재봉

(자유재봉)툴을 이용하여 Visor의 위쪽선과 Panel(A), Panel(B)의 아래쪽 가로선을 [1:N 자유재봉] 한다. Visor의 길이에 맞추어 재봉해야 하므로 (자유재봉)툴을 이용하여 재봉 영역을 지정할 때 Visor의 앞중심에서 시작한다.

[동시 수정 설정]된 상태이므로 Visor와 Panel의 오른쪽 또는 왼쪽만 재봉하면 반대쪽에도 동일한 재봉선이 생성된다.

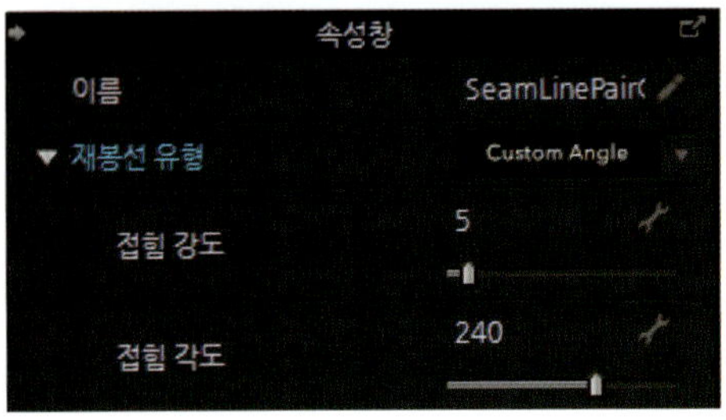

재봉선 유형

(재봉선 수정)툴을 이용하여 Visor의 재봉선을 선택하고 [속성창]-[재봉선 유형]-[접힘 각도 240]으로 지정한다. [접힘 각도]는 시뮬레이션 상태를 확인하여 디자인에 따라 변경한다.

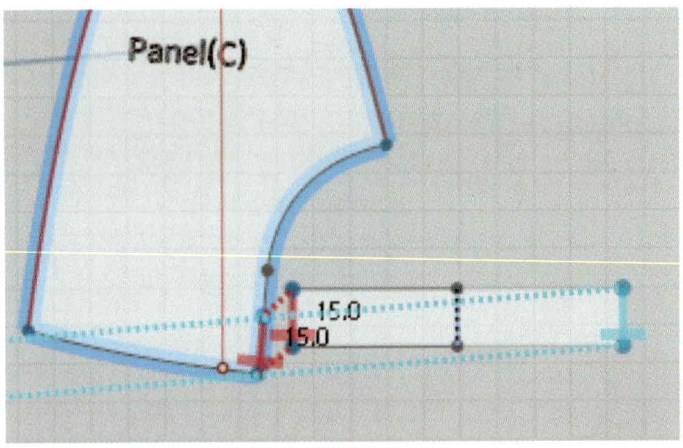

Strap 재봉

(자유재봉)툴을 이용하여 Strap과 Panel(C) 패턴의 세로선을 재봉한다.

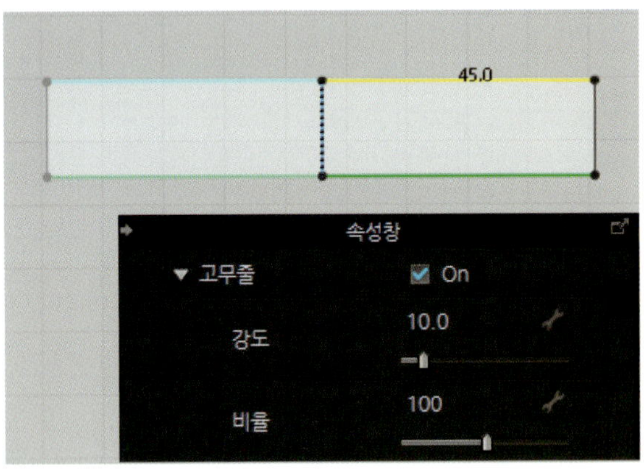

고무줄 효과

(점/선 수정)툴을 이용하여 Strap 패턴의 가로선을 모두 선택하고 [속성창]-[고무줄 ON], [비율 100]으로 지정한다.

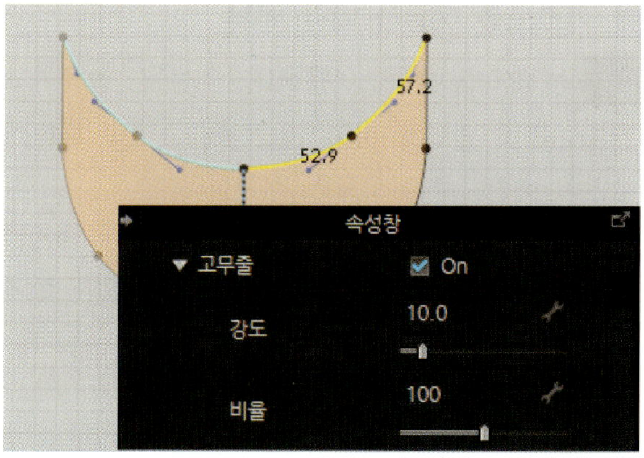

Visor의 위쪽 가로선을 선택하여 [속성창]-[고무줄 ON], [비율 100]으로 지정한다.

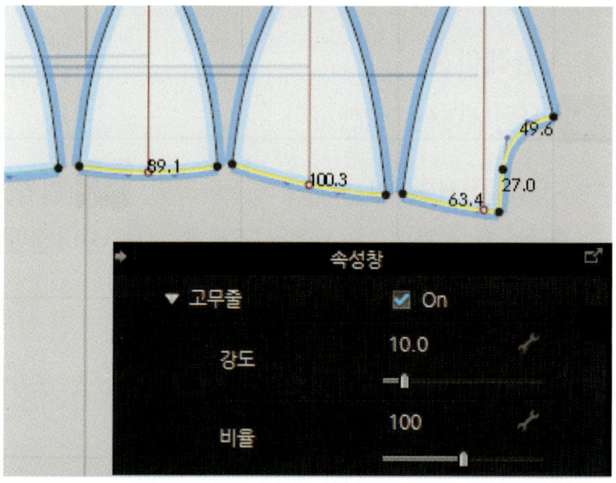

동일한 방식으로 Panel(A), Panel(B), Panel(C)의 아래쪽 선과 홀의 선을 선택하여 [속성창]-[고무줄 ON], [비율 100]으로 지정한다.

11.4.2 [3D창]에 패턴 배치

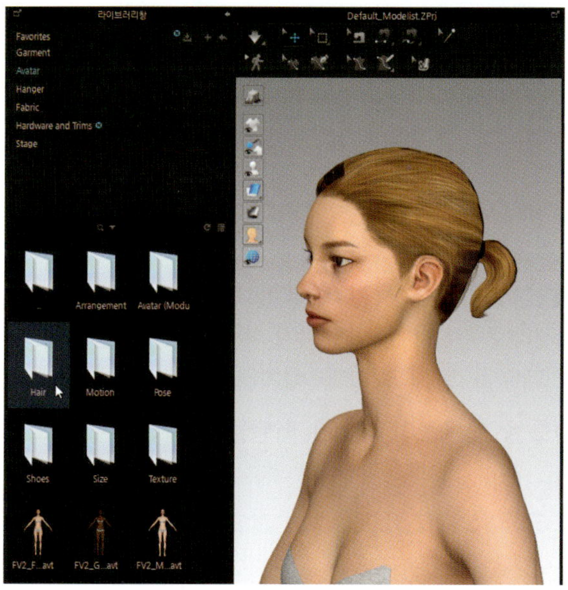

아바타 불러오기

[라이브러리창]-[Avatar] 폴더에서 여성 아바타를 선택하여 더블클릭하면 [3D창]에 [불러오기] 된다.

헤어 변경

[라이브러리창]의 [Hair] 폴더에서 야구모자를 착용하기에 편리한 [Ponytail]을 선택하여 더블클릭하면 [3D창]에 [불러오기] 된다.

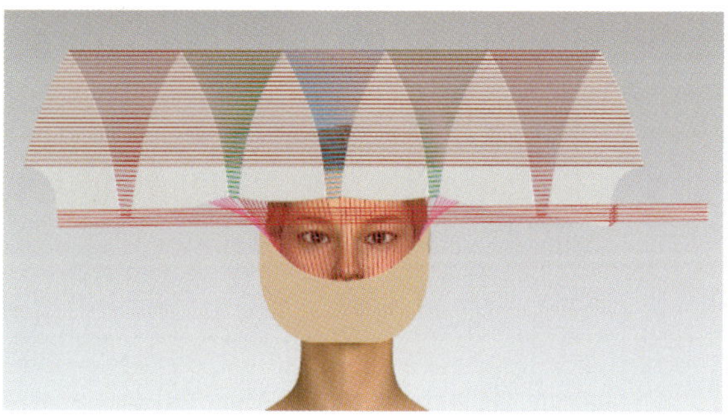

2D창 상태로 패턴 재배치

[3D창]에서 (2D창 상태로 재배치)를 클릭하여 패턴을 모두 재배치한다.

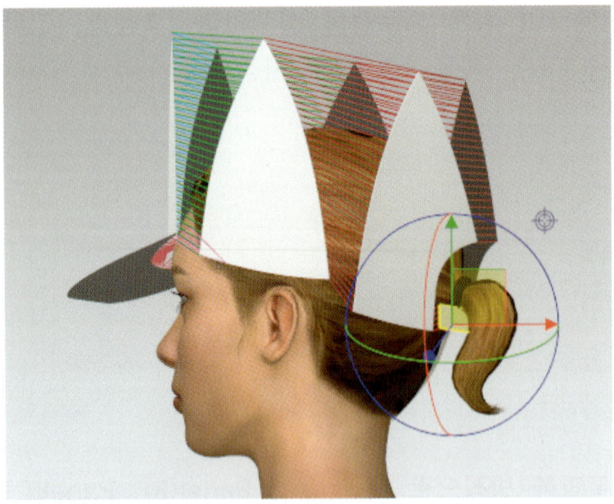

기즈모를 이용한 패턴 배치

(선택/이동)툴을 이용하여 패턴을 선택하고 기즈모를 이용하여 이동, 회전한다. 모든 패턴의 겉면이 바깥으로 나오도록 배치한다.

- [3D창]에서 패턴을 배치할 때, 의상이 완성된 상태와 유사하게 배치하면 시뮬레이션이 용이하다.

시뮬레이션

(시뮬레이션) 실행한다.

- 시뮬레이션이 실행되고 있는 동안 (핀칭)툴을 이용하여 의상을 당겨서 시뮬레이션에 영향을 줄 수 있다.

Q 모자를 시뮬레이션하였는데, 패턴이 날아가는 듯이 벗겨진다.

A (1) 패턴의 [입자 간격]이 크면 작은 피스의 패턴들은 날아가는 듯한 현상이 나타난다. 패턴의 [입자 간격]을 5이하로 조절한다. (2) 패턴 피스들이 제대로 3D 배치되었는지 확인한다. 재봉선이 연결된 패턴들이 서로 나란히 배치되도록 한다. 좌우 패턴을 반대 방향에 배치하지 않도록 주의한다. (3) Visor와 Strap을 [프리즈]하거나 (핀(박스))툴을 이용하여 Panel 패턴들의 아래부분을 고정하여 시뮬레이션하고 상태가 개선되면 [프리즈 해제], [핀 삭제] 한다.

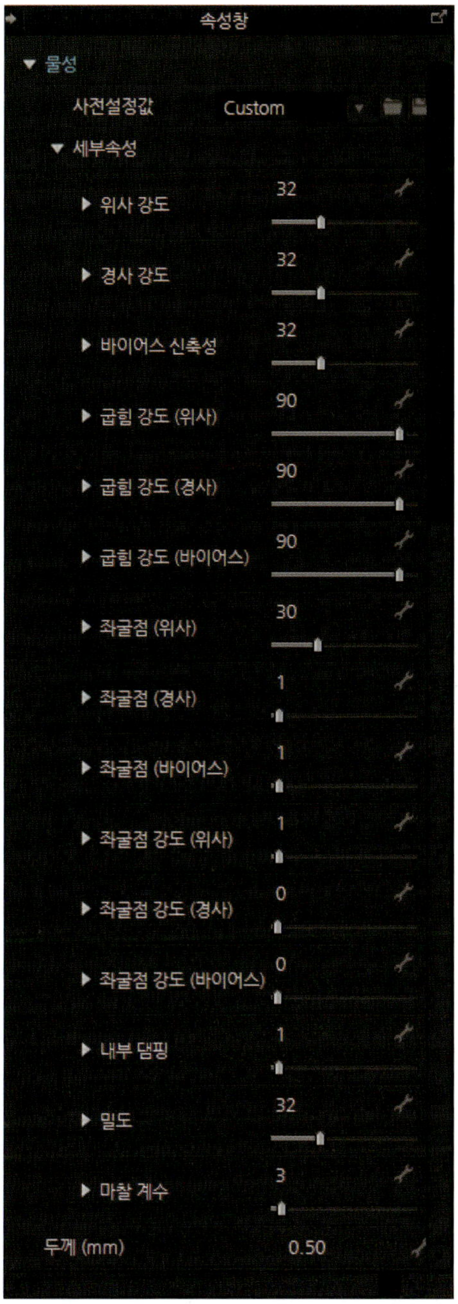

원단 물성

시뮬레이션 상태를 확인한 후, Visor의 물성을 변경한다. [물체창]-[원단] 탭에서 원단을 추가하여 Visor 패턴에만 적용한다. 원단을 선택한 후, [속성창]-[물성]-[세부속성]을 열고 위사 강도, 경사 강도, 바이어스 신축성, 굽힘 강도(위사), 굽힘 강도(경사), 굽힘 강도(바이어스), 좌굴점(위사), 좌굴점(경사), 좌굴점(바이어스), 좌굴점 강도(위사), 좌굴점 강도(경사), 좌굴점 강도(바이어스), 내부댐핑, 밀도 등을 조절하여 Visor의 단단한 물성을 표현한다.

디자인에 따라 원단, 색상, 탑스티치 등 디테일을 추가하여 야구모자 3D 의상을 완성한다.

Q 포토샵에서 저장한 이미지 파일을 CLO에 텍스처로 적용했을 때 몇 % 비율로 적용되나요?

A 포토샵에서 저장한 이미지 사이즈 그대로 적용된다. 책의 패턴 이미지는 100% 또는 50% 비율로 수록되어 있으므로 스캔하여 패턴 이미지로 사용할 때, 포토샵에서 사이즈 변경은 하지 않는 것이 편리하다. 50% 비율로 제도된 패턴 이미지는 CLO에서 원단 이미지로 적용한 후, [속성창]-[변환]-[텍스처]에서 [비율 고정 ON]하고, 너비 또는 높이를 2배로 키우면 100% 비율이 된다.

① 이미지 사이즈 변경 전

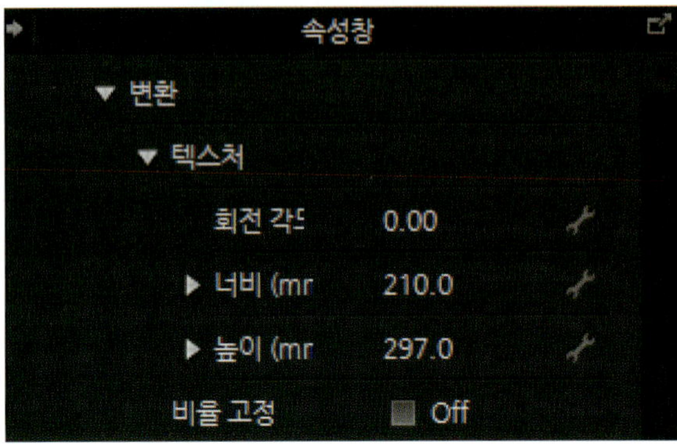

② 이미지 사이즈 변경 후

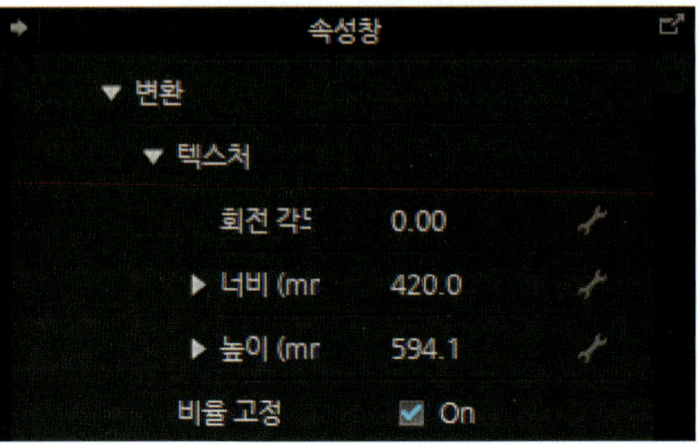

12 쇼퍼백

Shopper bag

12.1 디자인

난이도 ······························ 상
패턴 ································· 쇼퍼백 패턴(258페이지)
주요 활용 기능 ················ 사각형 패턴, 다각형 패턴, AI곡선, 회전, 곡률 수정, 겹친 점 합치기, 합치기, 점 추가/선분 나누기, 홀로 변환, 지퍼

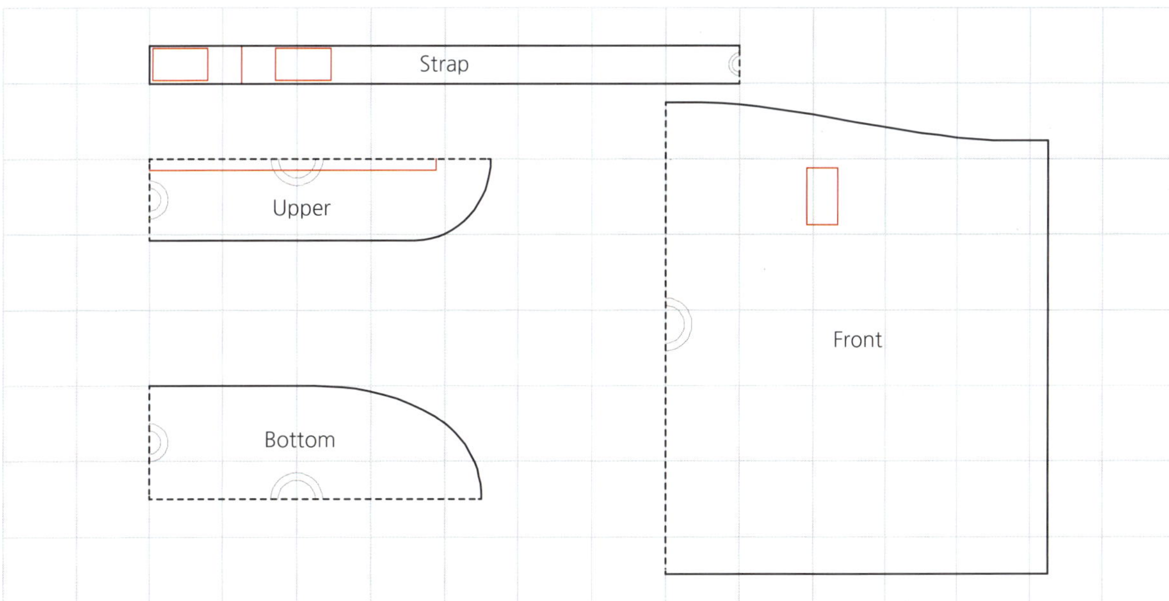

12.2 패턴 제작

12.2.1 패턴이미지 불러오기

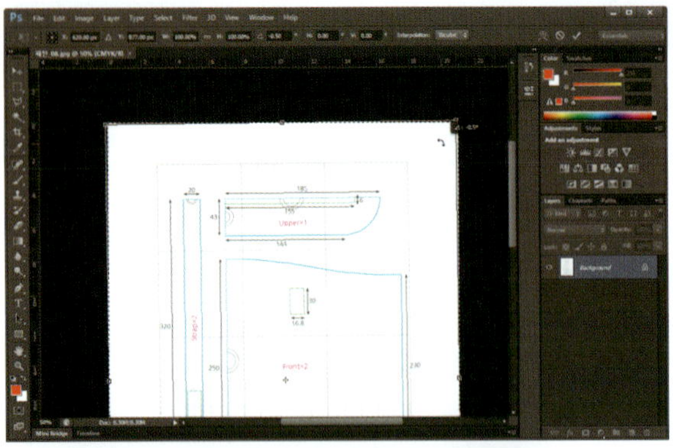

포토샵에서 패턴 이미지 정리

258페이지의 패턴 이미지를 스캔한다. 스캔한 이미지를 포토샵에서 수직, 수평을 맞추어 회전시키고 패턴 영역만 [자르기(crop)]하여 jpg 또는 png 포맷으로 저장한다.

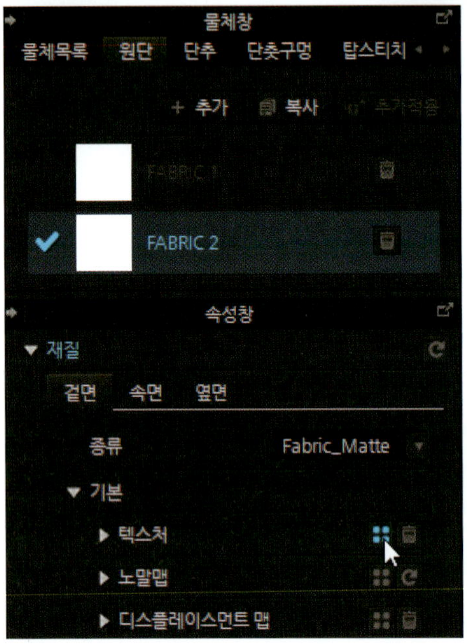

패턴 이미지 불러오기

[물체창]-[원단] 탭에서 + 추가(추가)를 클릭하여 새 원단을 생성한다(FABRIC 2). [FABRIC 2]를 선택하고 [속성창]-[재질]-[텍스처]의 (탐색) 버튼을 클릭하면 [파일 열기] 윈도우가 열린다.

포토샵에서 저장한 패턴 이미지 파일을 선택한다.

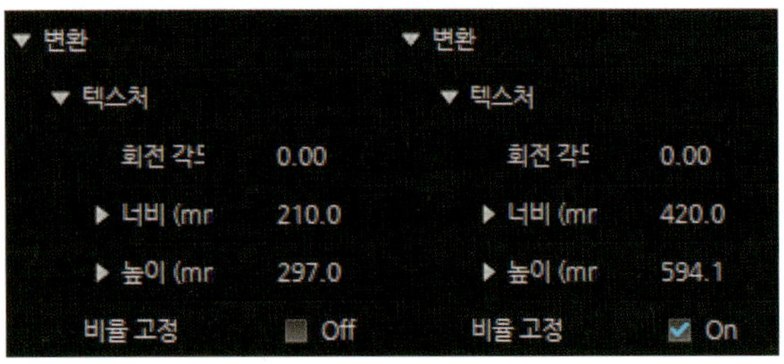

패턴 이미지 비율 변경

[물체창]-[원단] 탭에서 [FABRIC 2]를 선택하여 [속성창]-[변환]-[텍스처]에서 [비율 고정 ON] 하고, [너비] 또는 [높이]를 2배로 수정한다. [너비] 또는 [높이]를 그림과 같이 입력하는 것이 아니라, 기존 크기를 2배로 수정한다.

- 쇼퍼백 패턴 이미지는 50% 비율로 제공되므로 2배로 수정한다. 패턴 이미지의 비율이 100%라면 [너비] 또는 [높이]를 수정하지 않는다.

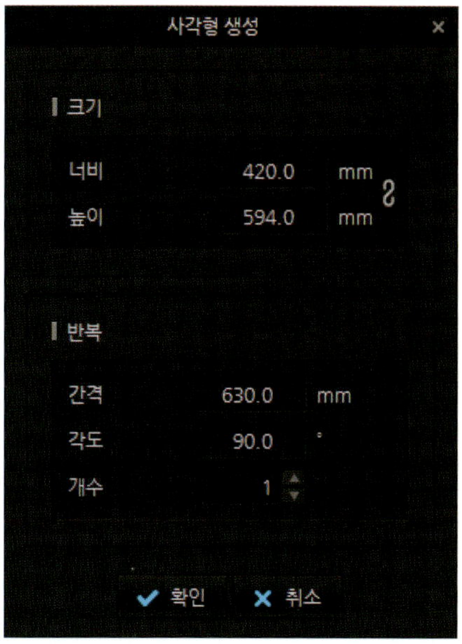

패턴 이미지를 적용할 사각형 패턴 그리기

(사각형 패턴)툴을 이용하여 [너비 420], [높이 594]의 사각형을 그린다.

- 이 사각형은 패턴 이미지를 불러오기 위한 것이므로 사각형의 너비, 높이는 패턴이 보일 정도의 크기로 자유롭게 지정할 수 있다.

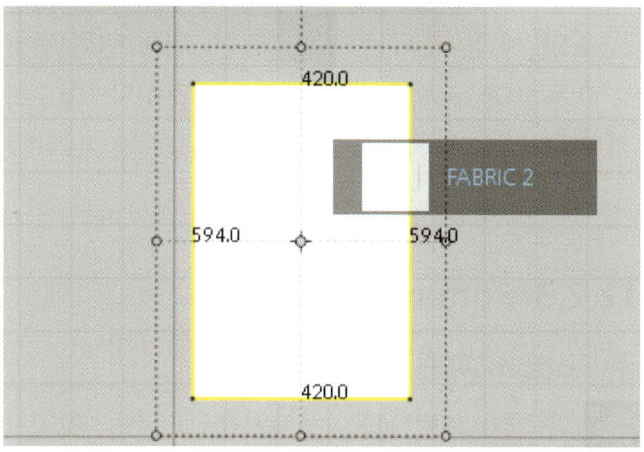

원단 적용

[물체창]-[원단] 탭에서 [FABRIC 2]를 선택하여 이 사각형에 드래그 & 드롭하여 적용한다.

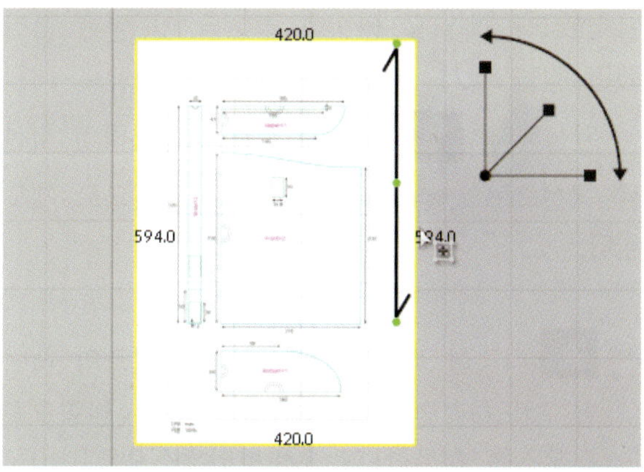

패턴 이미지 위치 이동

쇼퍼백 패턴 이미지가 사각형의 중앙에 위치하도록 텍스처를 이동시킨다. (텍스처 수정(2D))툴을 선택하여 패턴을 클릭 & 드래그하면 텍스처가 이동된다.

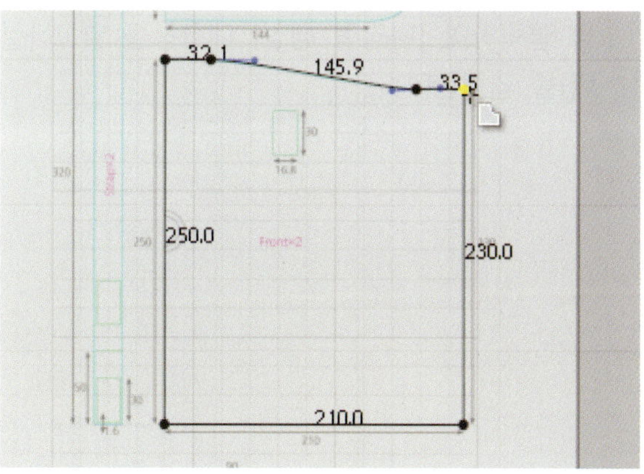

12.2.2 Front 패턴

Front 패턴 외곽선 생성

(다각형 패턴)툴을 선택하여 패턴의 외곽선을 그린다. (다각형 패턴)툴을 이용하여 패턴을 그릴 때, 마우스로 클릭한 상태에서 드래그하면 A곡이 생성되고 파란색 핸들이 나타난다. 패턴을 완성한 후에는 첫 번째 클릭했던 점을 다시 클릭하여야 폐곡선 형태로 패턴이 완성된다.

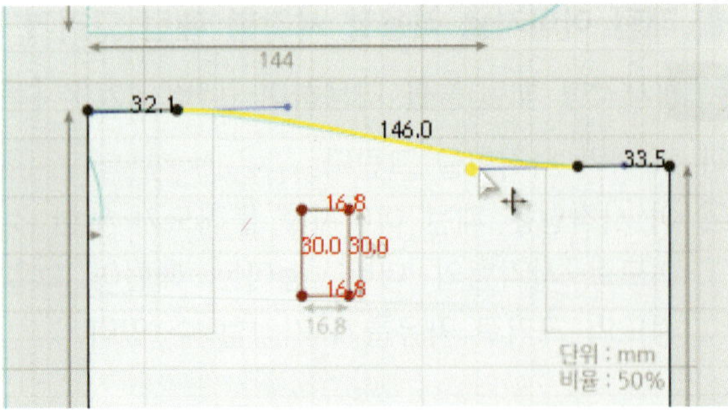

곡선 수정

(점/선 수정)툴을 이용하여 AI곡선의 끝점을 클릭하면 파란색 핸들이 나타난다. 핸들을 드래그하여 곡선의 형태를 변경할 수 있다.

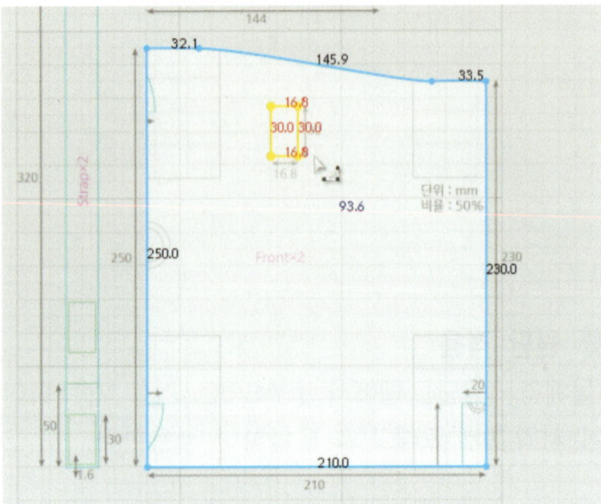

Front 패턴 내부선분 생성

(내부 다각형/선)툴 또는 (내부 사각형)툴을 이용하여 Front 패턴 내부에 Strap을 재봉할 내부도형을 생성한다.

- 패턴 이미지에 겹쳐서 패턴을 제도하면 [2D 창]에서 패턴이 겹쳐진 상태가 된다. 패턴 제도와 수정 후에는 (패턴 이동/변환)툴을 이용하여 패턴을 이동시켜서 겹치지 않도록 한다.

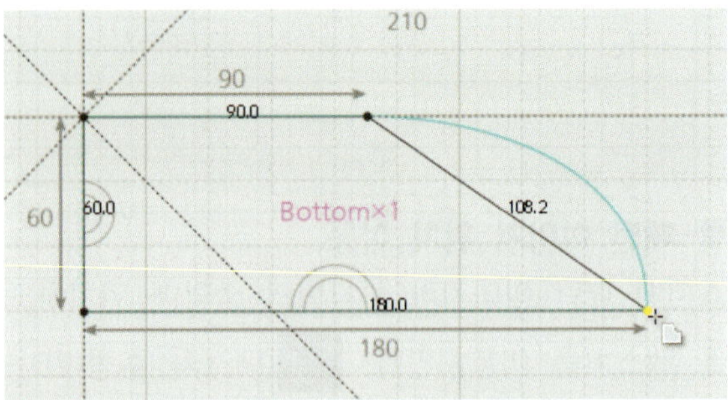

12.2.3 Bottom 패턴

Bottom 패턴 외곽선 생성

(다각형 패턴)툴을 선택하여 패턴의 외곽선을 그린다. 패턴을 완성한 후에는 첫 번째 클릭했던 점을 다시 클릭하여야 폐곡선 형태로 패턴이 완성된다. (곡률 수정)툴을 이용하여 직선을 곡선으로 변경할 수 있으므로 직선으로 제도한다.

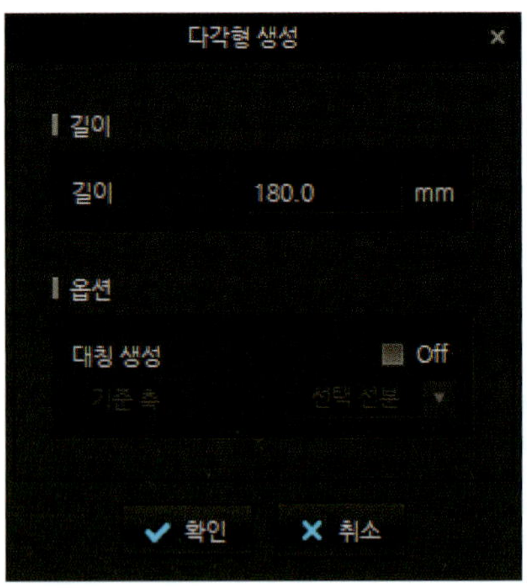

- (다각형 패턴)툴을 정확한 사이즈의 패턴을 제도하려면 다음 점을 찍으려는 방향으로 마우스를 이동한 뒤, MRB(마우스오른쪽버튼)을 클릭하여 [다각형 생성] 대화창을 열고 [길이]를 입력한다.

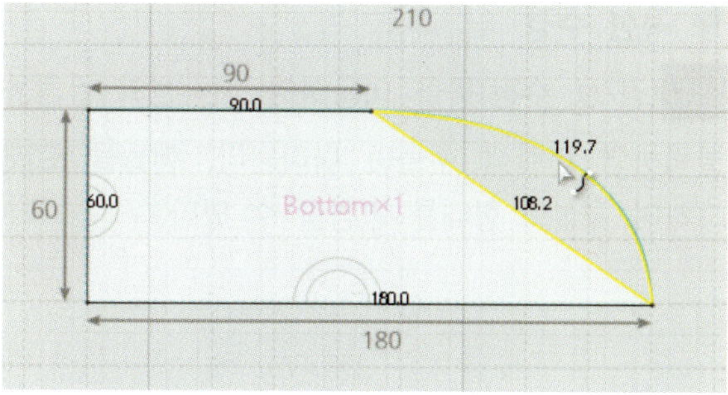

직선을 곡선으로 변형

(곡률 수정)툴을 이용하여 Bottom 패턴의 사선을 선택하고 드래그하면 곡선으로 변경된다. (점/선 수정)툴을 이용하여 곡선의 끝점을 클릭하여 파란색 핸들을 이동시켜 곡선의 형태를 변경할 수 있다.

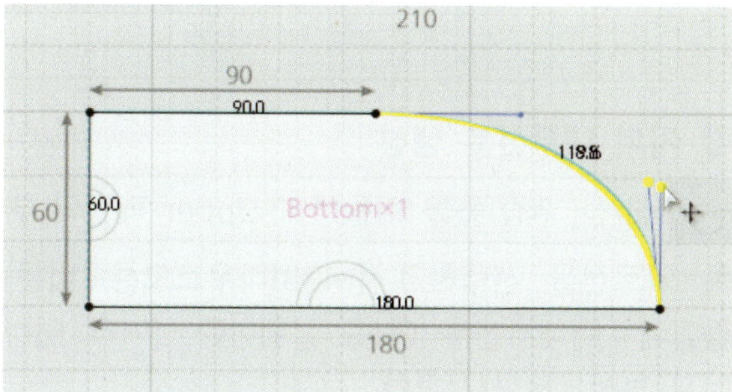

곡선 수정

(점/선 수정)툴을 이용하여 AI곡선의 끝점을 클릭하면 파란색 핸들이 나타난다. 핸들을 드래그하여 곡선의 형태를 변경할 수 있다.

- 패턴 이미지에 겹쳐서 패턴을 제도하면 [2D 창]에서 패턴이 겹쳐진 상태가 된다. 패턴 제도와 수정 후에는 (패턴 이동/변환)툴을 이용하여 패턴을 이동시켜서 겹치지 않도록 한다.

12.2.4 Upper 패턴

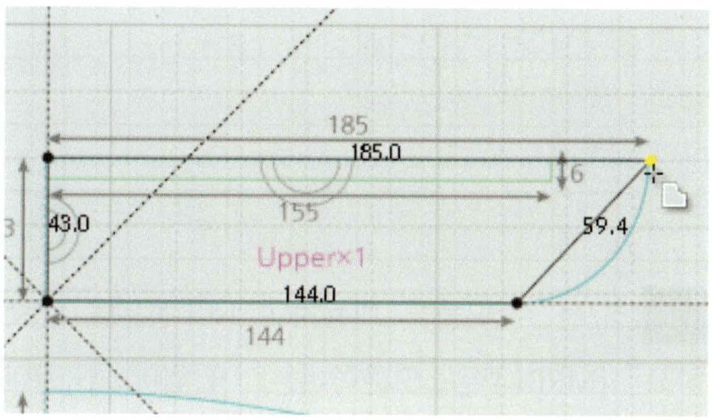

Upper 패턴 외곽선 생성

(다각형 패턴)툴을 선택하여 패턴의 외곽선을 그린다. 패턴을 완성한 후에는 첫 번째 클릭했던 점을 다시 클릭하여야 폐곡선 형태로 패턴이 완성된다. (곡률 수정)툴을 이용하여 직선을 곡선으로 변경할 수 있으므로 직선으로 제도한다.

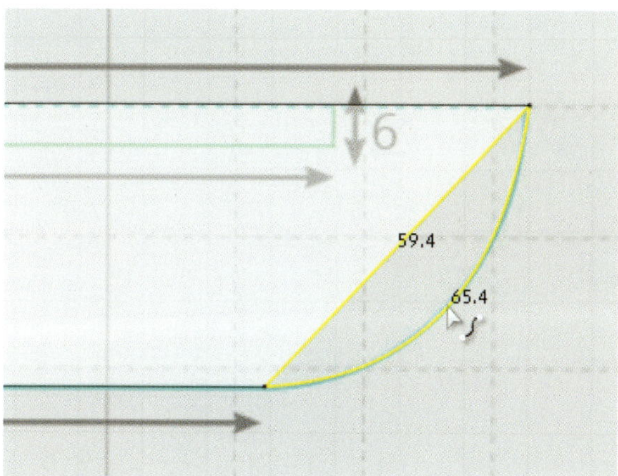

직선을 곡선으로 변형

(곡률 수정)툴을 이용하여 Upper 패턴의 사선을 선택하고 드래그하면 곡선으로 변경된다. (점/선 수정)툴을 이용하여 곡선의 끝점을 클릭하여 파란색 핸들을 이동시켜 곡선의 형태를 변경할 수 있다.

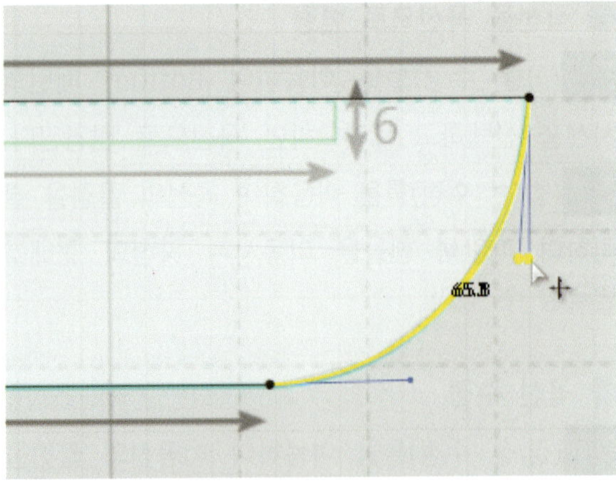

곡선 수정

(점/선 수정)툴을 이용하여 AI곡선의 끝점을 클릭하면 파란색 핸들이 나타난다. 핸들을 드래그하여 곡선의 형태를 변경할 수 있다.

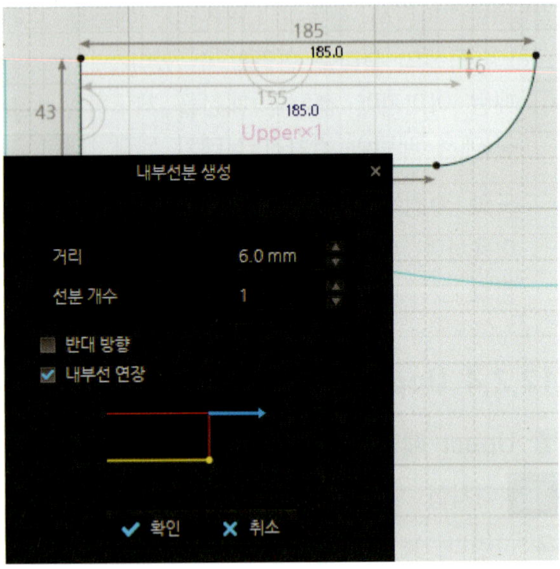

지퍼 내부선분 생성

(점/선 수정)툴을 이용하여 Upper 패턴의 위쪽 가로선을 선택하고 [MRB(마우스오른쪽버튼) 팝업메뉴]-[내부선분 생성] 실행한다. [거리 6]하여 내부선분을 생성한다.

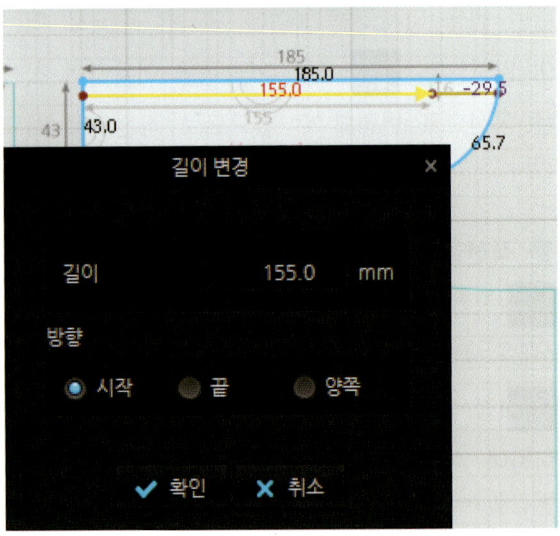

(점/선 수정)툴을 이용하여 내부선분을 선택하고 [MRB(마우스오른쪽버튼) 팝업메뉴]-[길이 변경] 실행한다. [길이 155]하여 내부선분의 길이를 변경한다.

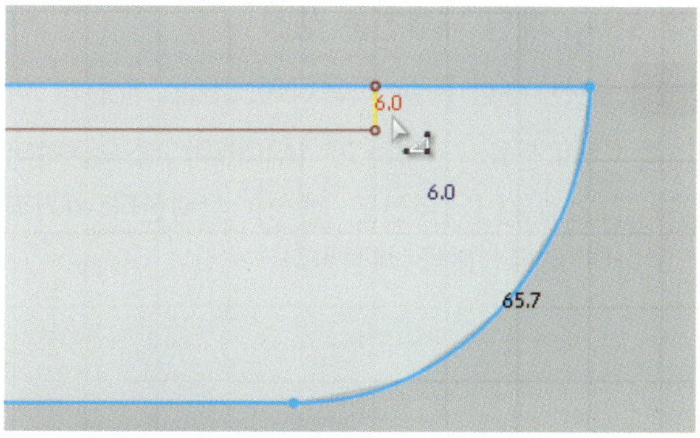

(내부 다각형/선)툴을 이용하여 내부선의 끝점에서 6mm 길이 수직선을 그린다.

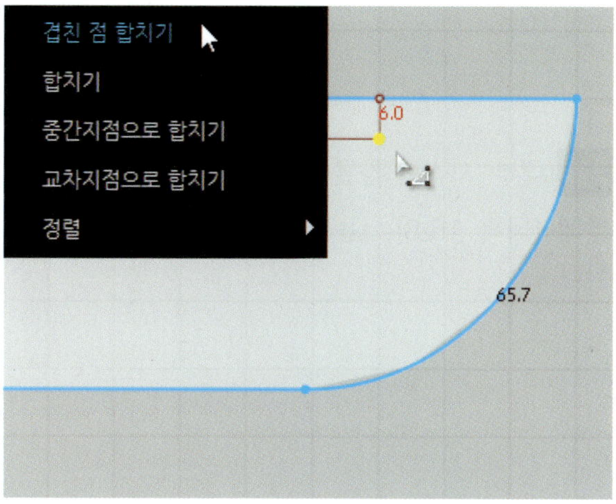

겹친 점 합치기

(점/선 수정)툴을 이용하여 두 내부선의 겹친 점을 선택하고 [MRB(마우스오른쪽버튼) 팝업메뉴]-[겹친 점 합치기]한다.

- 두 내부선의 겹친 점을 선택할 때, (점/선 수정)툴을 이용하여 영역으로 선택하는 것이 편리하다.
- 패턴 이미지에 겹쳐서 패턴을 제도하면 [2D 창]에서 패턴이 겹쳐진 상태가 된다. 패턴 제도와 수정 후에는 (패턴 이동/변환)툴을 이용하여 패턴을 이동시켜서 겹치지 않도록 한다.

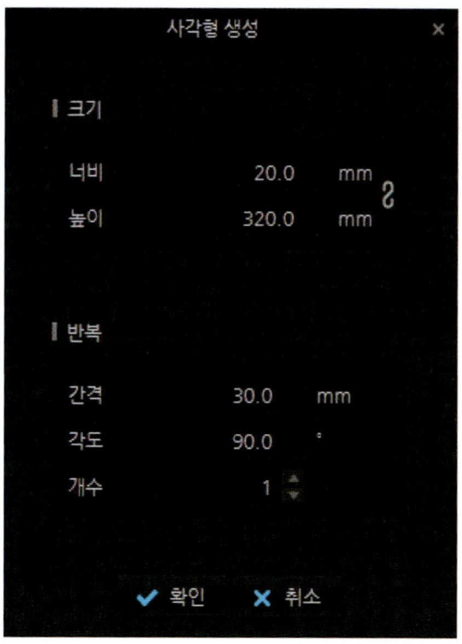

12.2.5 Strap 패턴

Strap 패턴 생성

(사각형 패턴)툴을 선택하여 [너비 20], [높이 320]의 사각형을 그린다.

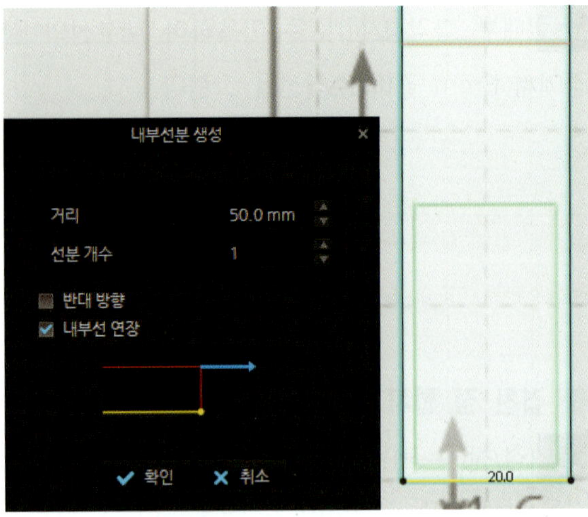

Strap 패턴 내부선분 생성

(점/선 수정)툴을 이용하여 Strap 패턴의 아래쪽 가로선을 선택하고 [MRB(마우스오른쪽버튼) 팝업메뉴]-[내부선분 생성] 실행한다. [거리 50]하여 내부선분을 생성한다.

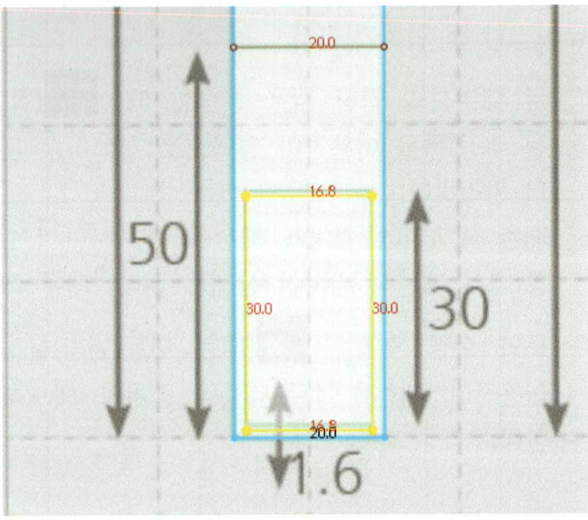

(내부 사각형)툴을 이용하여 Strap 패턴 내부에 [너비 16.8], [높이 30]의 내부도형을 생성한다.

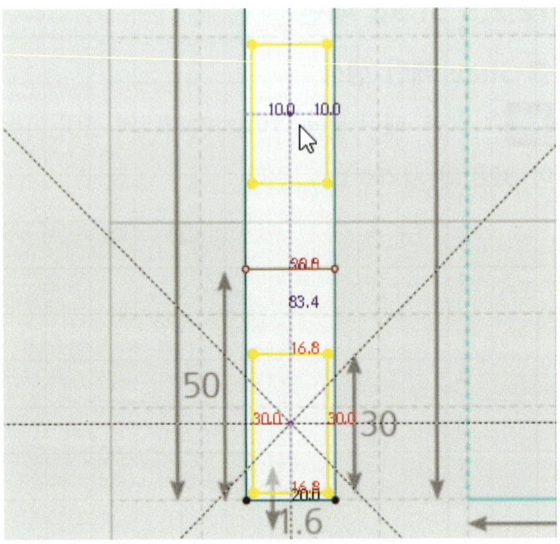

(패턴 이동/변환)툴을 이용하여 내부 사각형을 선택하고 패턴 외곽선에서 1.6mm 떨어진 위치에 맞춘다. 내부 사각형 패턴을 [복사(Ctrl+C)], [붙여넣기(Ctrl+V)]하여 위쪽 내부 사각형을 생성한다.

내부선분을 기준으로 접을 것이므로 위/아래의 내부 사각형은 내부선분을 기준으로 반전되도록 배치한다.

12.3 패턴 정리

12.3.1 원단 물성과 패턴 속성

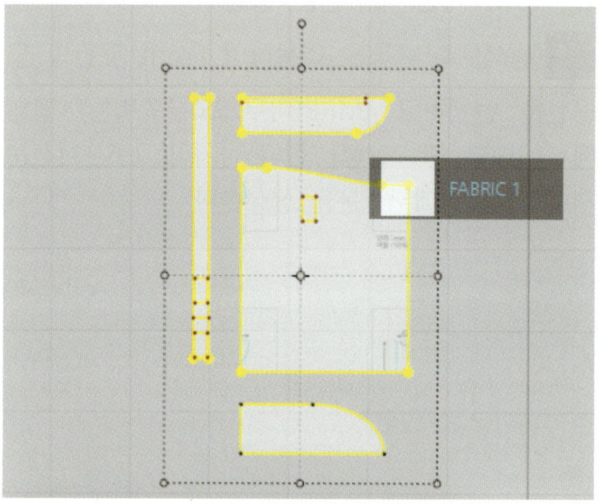

원단 적용

Front, Bottom, Upper, Strap 패턴을 선택하고 [물체창]-[원단] 탭에서 [FABRIC 1]을 드래그 & 드롭하여 적용한다.

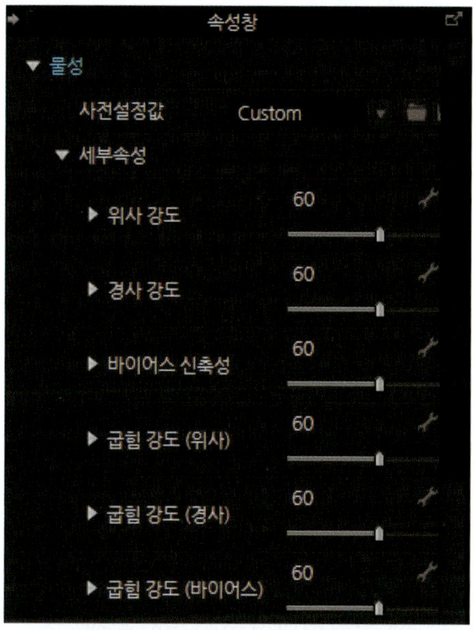

원단 물성

[물체창]-[원단] 탭에서 [FABRIC 1]을 선택하고 [속성창]-[물성]-[세부속성]의 [위사 강도], [경사 강도], [바이어스 신축성], [굽힘 강도(위사)], [굽힘 강도(경사)], [굽힘 강도(바이어스)]를 조절하여 단단한 물성을 표현한다.

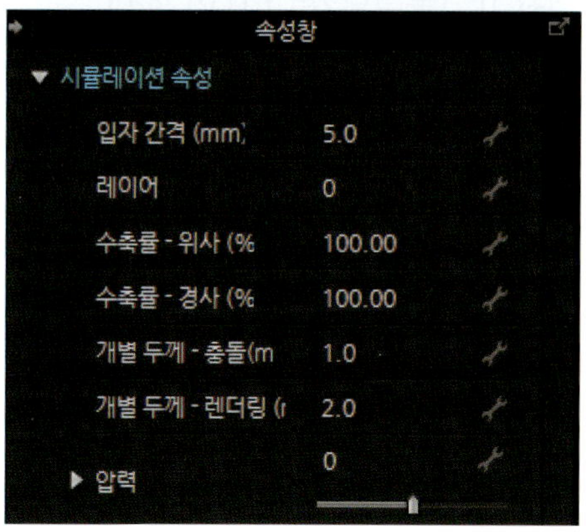

패턴 속성

(패턴 이동/변환)툴을 이용하여 쇼퍼백 패턴을 모두 선택하고 [속성창]-[시뮬레이션 속성]-[입자간격 5], [개별 두께-충돌 1], [개별 두께-렌더링 2] 한다.

Strap 패턴만 선택하여 [개별 두께-렌더링 3], [두 겹 표현 ON] 한다.

12.3.2 패턴 정리

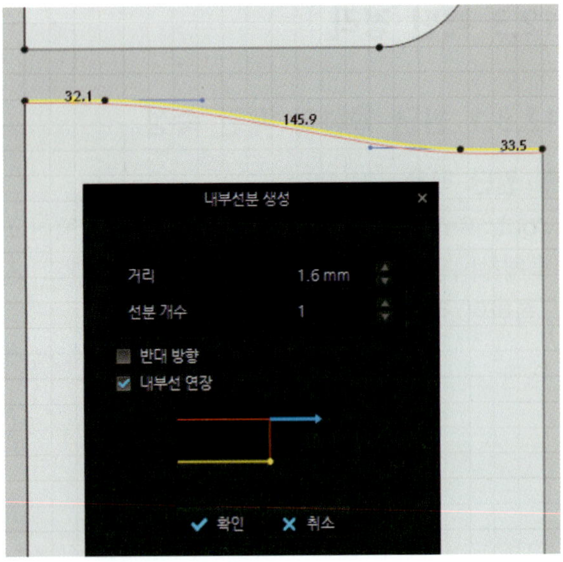

Front 패턴 내부선분 생성

(점/선 수정)툴을 이용하여 Front 패턴의 입구선을 선택하고 [MRB(마우스오른쪽버튼) 팝업메뉴]-[내부선분 생성] 한다. [거리 1.6], [선분 개수 1]하여 내부선분을 생성한다.

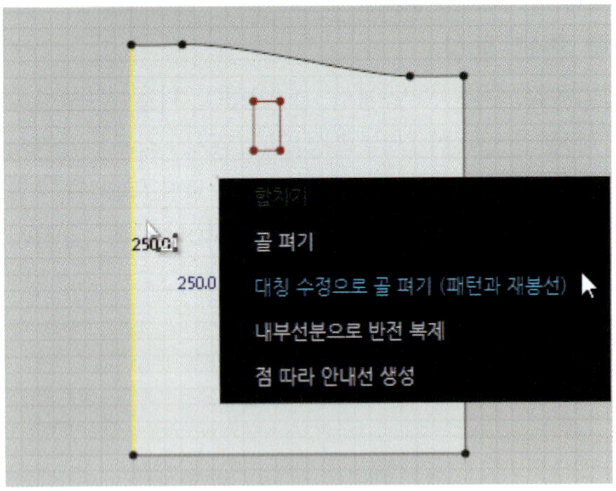

Front 패턴 골 펴기

(점/선 수정)툴을 이용하여 Front 패턴의 세로선을 선택하고 [MRB(마우스오른쪽버튼) 팝업메뉴]-[대칭 수정으로 골 펴기(패턴과 재봉선)] 한다.

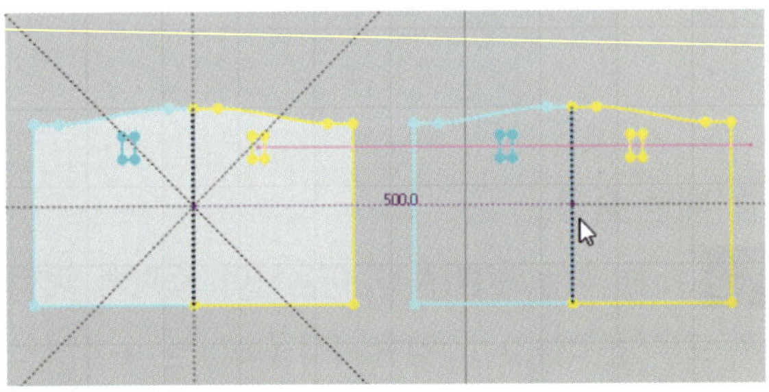

Front 패턴 복사

(패턴 이동/변환)툴을 이용하여 Front 패턴을 [복사(Ctrl+C)], [붙여넣기(Ctrl+V) 한다.

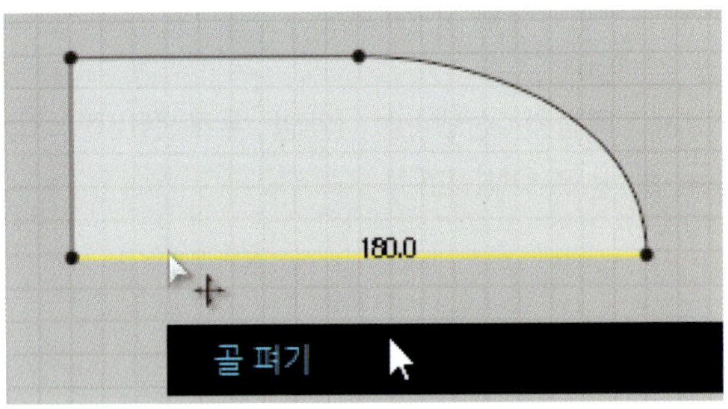

Bottom 패턴 골 펴기

(점/선 수정)툴을 이용하여 패턴 아래쪽 가로선을 선택하고 [MRB(마우스오른쪽버튼) 팝업메뉴]-[골 펴기] 한다.

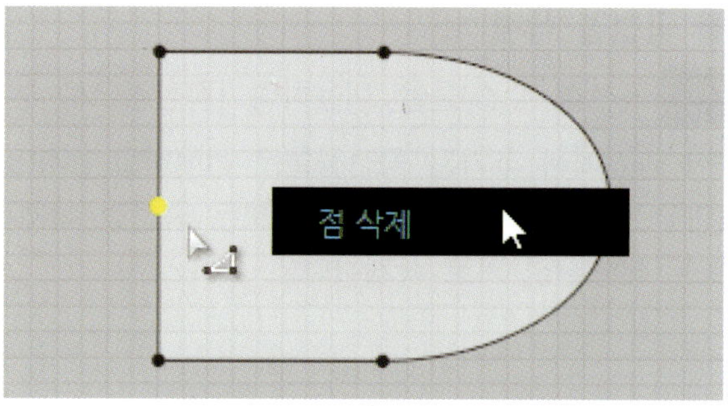

점 삭제

(점/선 수정)툴을 이용하여 세로선 가운데의 점을 선택하고 삭제한다.

- 이 점을 삭제하지 않으면, 세로선을 기준으로 [골 펴기]가 되지 않는다.

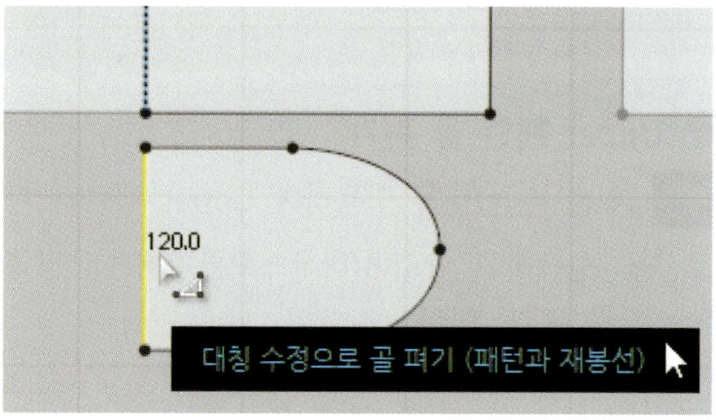

Bottom 패턴 골 펴기

(점/선 수정)툴을 이용하여 Bottom 패턴의 세로선을 선택하고 [MRB(마우스오른쪽버튼) 팝업메뉴]-[대칭 수정으로 골 펴기(패턴과 재봉선)] 한다.

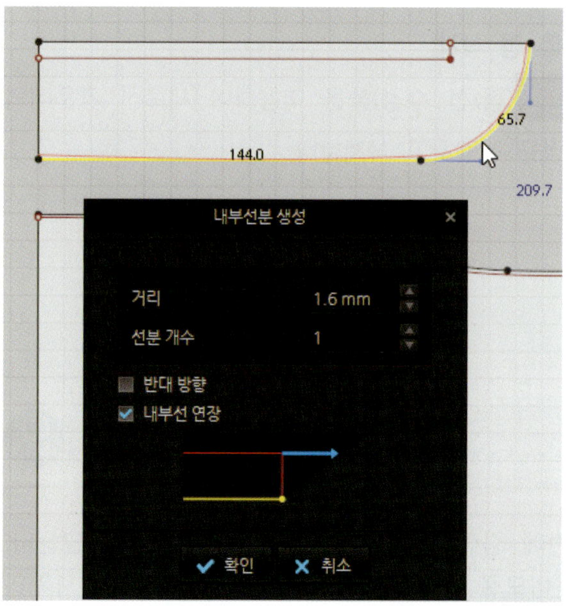

Upper 패턴 내부선분 생성

(점/선 수정)툴을 이용하여 Front 패턴의 외곽선을 선택하고 [MRB(마우스오른쪽버튼) 팝업메뉴]-[내부선분 생성] 한다. [거리 1.6], [선분 개수 1]하여 내부선분을 생성한다.

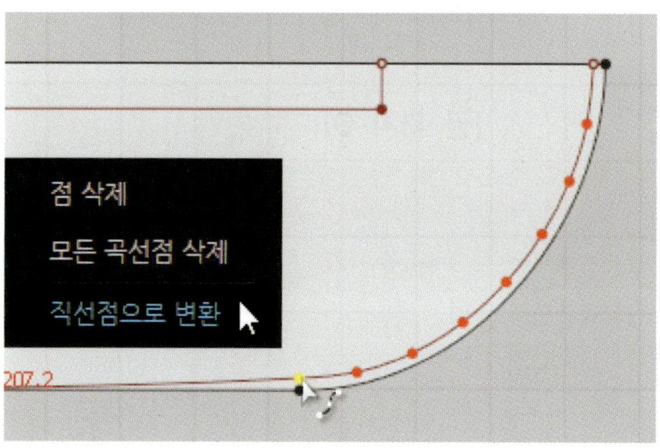

Upper 패턴 내부선분 수정

복수로 선택된 선분에 대한 내부선분을 생성하면 1개의 선분으로 생성되면서 직선이어야하는 부분이 곡선이 되기도 한다. (곡선점 수정)툴을 이용하여 직선점 위치의 곡선점을 선택하고 [MRB(마우스오른쪽버튼) 팝업메뉴]-[직선점으로 변환] 한다.

- [직선점으로 변환] 과정에서 기존의 곡선 형태를 유지하기 위한 곡선점들이 생성된다. 직선으로 만들고자 한다면, 이 곡선점들은 삭제하여야 한다.

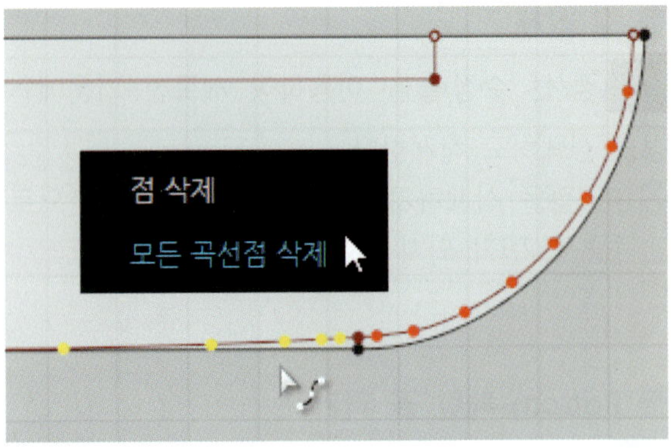

곡선점 삭제

(곡선점 수정)툴을 이용하여 [직선점으로 변환] 과정에서 추가된 곡선점들은 선택하고 [MRB(마우스오른쪽버튼) 팝업메뉴]-[모든 곡선점 삭제] 또는 [Delete] 키로 삭제한다.

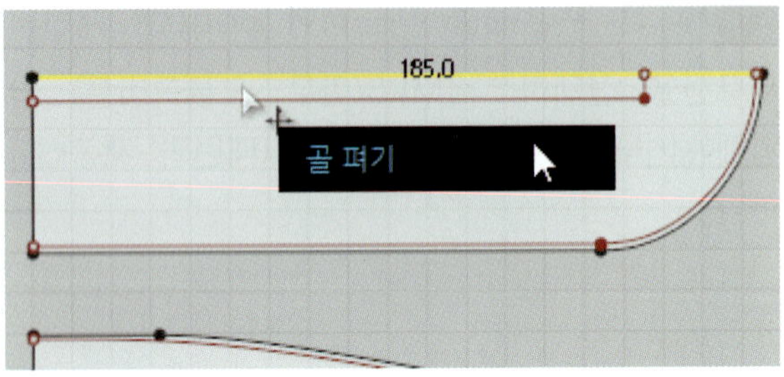

Upper 패턴 골 펴기

(점/선 수정)툴을 이용하여 Upper 패턴의 가로선을 선택하고 [MRB(마우스오른쪽버튼) 팝업메뉴]-[골 펴기] 한다.

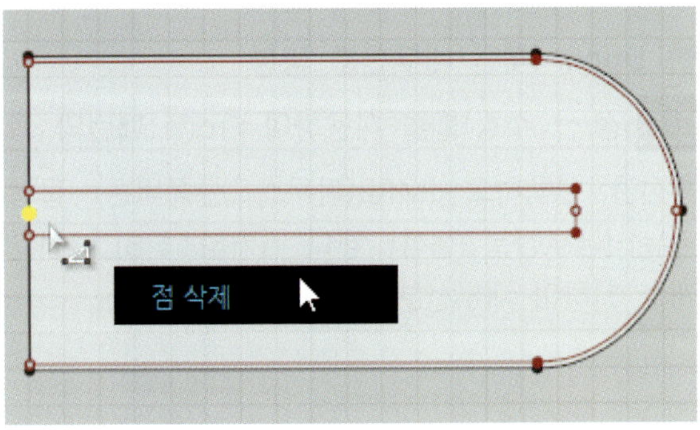

점 삭제

(점/선 수정)툴을 이용하여 세로선 가운데의 점을 선택하고 삭제한다.

Q 선분을 기준으로 [골 펴기]가 되지 않는다.

A 일직선인 선분이 나뉘어있는 경우(선택한 선분 중간에 점이 있는 경우), [골 펴기]가 되지 않는다. 이유는 패턴이 [골 펴기] 되었을 때 겹쳐지기 때문이므로 선분 중간에 있는 점을 삭제하여 1개의 선을 기준으로 [골 펴기] 해야 한다.

[골 펴기 X] **[골 펴기 O]**

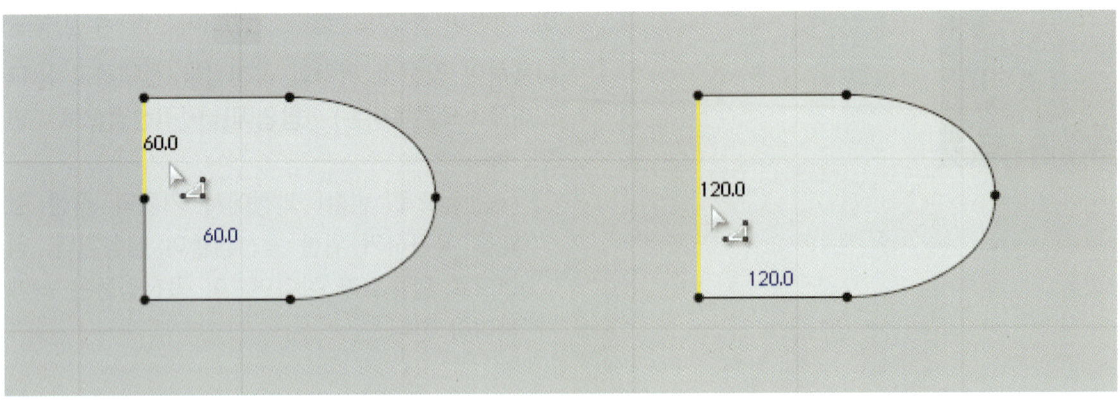

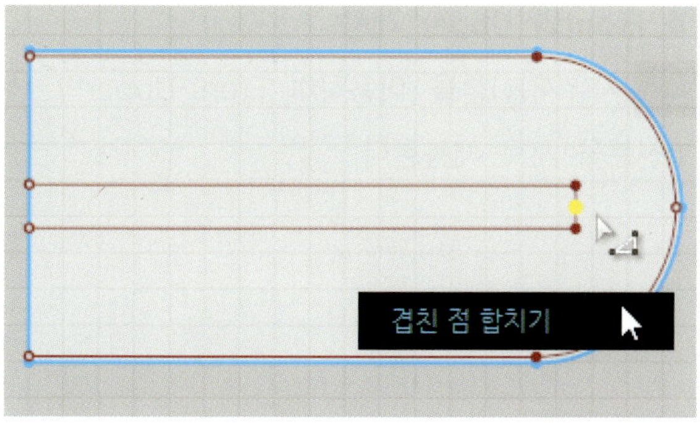

겹친 점 합치기

(점/선 수정)툴을 이용하여 내부선의 겹친 점을 영역으로 선택하고 [MRB(마우스오른쪽버튼) 팝업메뉴]-[겹친 점 합치기] 한다.

[겹친 점 합치기]를 하지 않으면, 내부도형이 각각 별개의 도형으로 인식되어 [홀로 변환]이 되지 않는다.

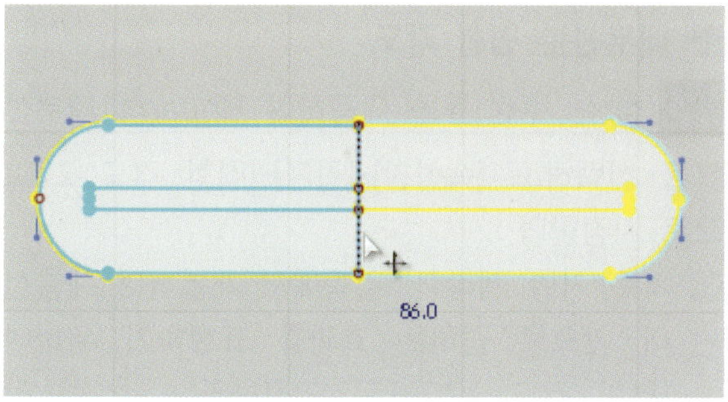

Upper 패턴 골 펴기

(점/선 수정)툴을 이용하여 Upper 패턴의 세로선을 선택하고 [MRB(마우스오른쪽버튼) 팝업메뉴]-[대칭 수정으로 골 펴기(패턴과 재봉선)] 한다.

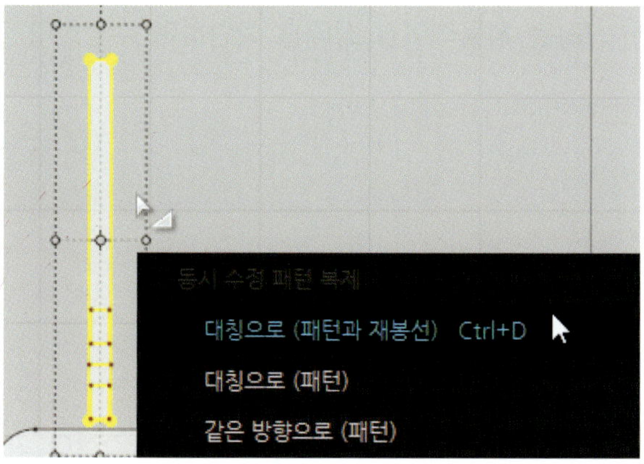

Strap 패턴 동시 수정 패턴 복제

(패턴 이동/변환)툴을 이용하여 Strap 패턴을 선택하고 [MRB(마우스오른쪽버튼) 팝업메뉴]-[동시 수정 패턴 복제]-[대칭으로(패턴과 재봉선)] 한다.

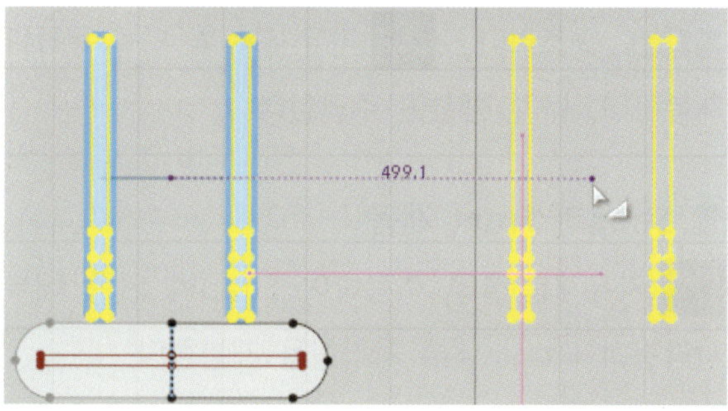

Strap 패턴 복사

Strap 패턴 2개를 모두 선택하고 [복사(Ctrl+C)], [붙여넣기(Ctrl+V)] 한다.

12.4 3D 쇼퍼백 제작

12.4.1 쇼퍼백 재봉

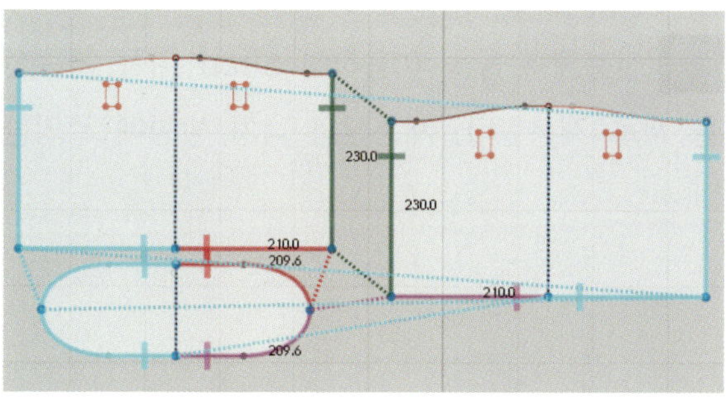

Front와 Bottom 재봉

(선분재봉)툴과 (자유재봉)툴을 이용하여 Front-Front, Front-Bottom을 재봉한다.
특히, Front-Bottom 재봉선의 너치 방향에 주의한다.

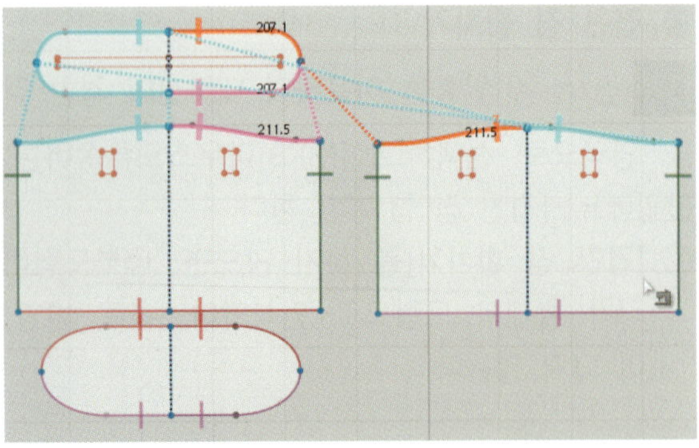

Front와 Upper 재봉

(자유재봉)툴을 이용하여 Front-Upper의 내부선분을 서로 재봉한다.

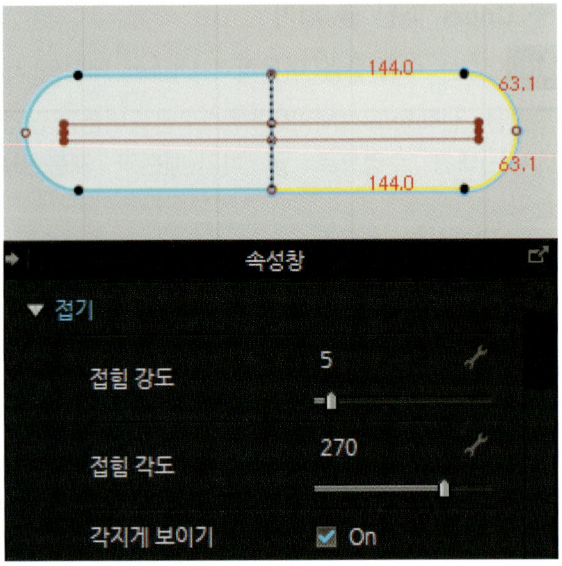

내부선분 접힘 각도

(점/선 수정)툴을 이용하여 Upper의 내부선분을 선택하고 [속성창]-[접기]-[접힘 각도 270]으로 지정한다.

가죽 가방 제작시, 겉쪽에서 재봉하여 재봉선이 안으로 접히는 효과를 표현하기 위하여 [접힘 각도 270]으로 지정하였다. [접힘 각도]는 시뮬레이션 상태를 확인하여 수정한다.

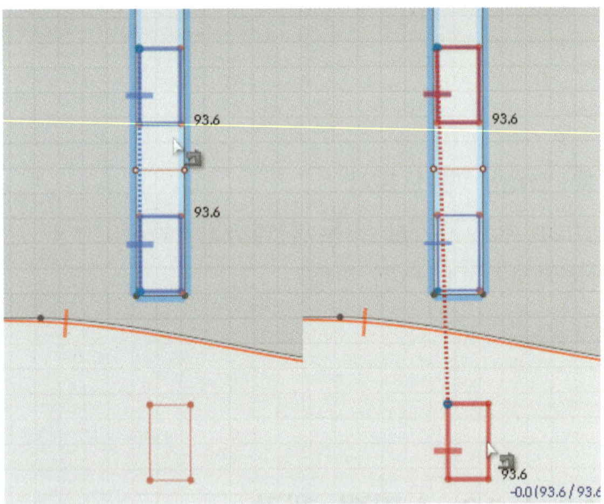

12.4.2 Strap 재봉

Strap 내부 사각형 재봉

내부선분을 기준으로 접어서 위아래 사각형이 재봉되는 구조이다. (자유재봉)툴을 이용하여 재봉하며, 너치 방향에 주의한다.

Strap과 Front 재봉

(자유재봉)툴을 이용하여 Strap의 위쪽 내부 사각형과 Front 내부 사각형을 재봉한다.

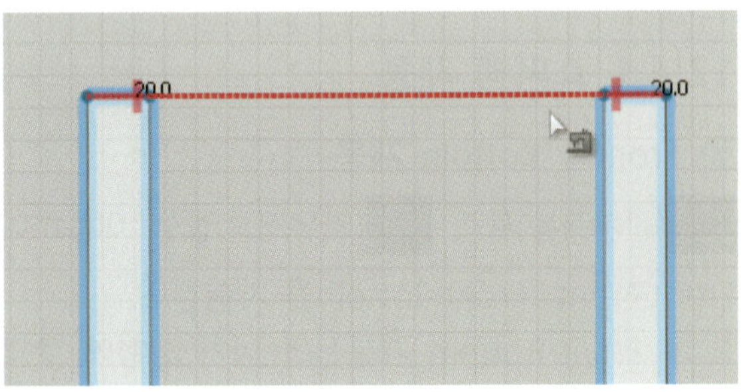

Strap 재봉

(선분재봉)툴을 이용하여 Strap 위쪽 가로선을 서로 재봉한다. 재봉선의 너치 방향에 주의한다.

12.4.3 [3D창]에 패턴 배치

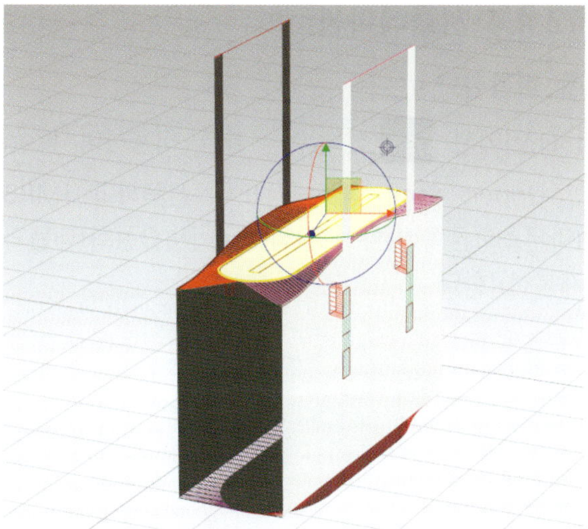

2D창 상태로 패턴 재배치

[3D창]에서 (2D창 상태로 재배치)를 클릭하여 패턴을 모두 재배치한다.

패턴 배치

(선택/이동)툴을 이용하여 패턴을 선택하고 기즈모를 이용하여 이동, 회전한다.

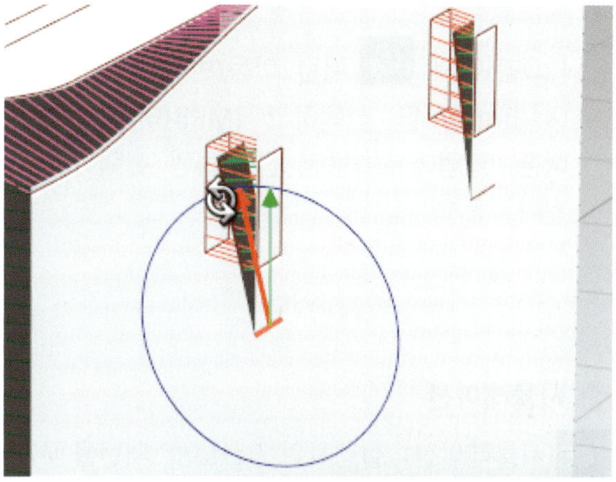

접어 배치

(접어 배치)툴을 이용하여 Strap의 내부선분을 선택하고 아래쪽을 안으로 [접어 배치]한다. Strap 패턴 4피스에 [접어 배치] 한다.

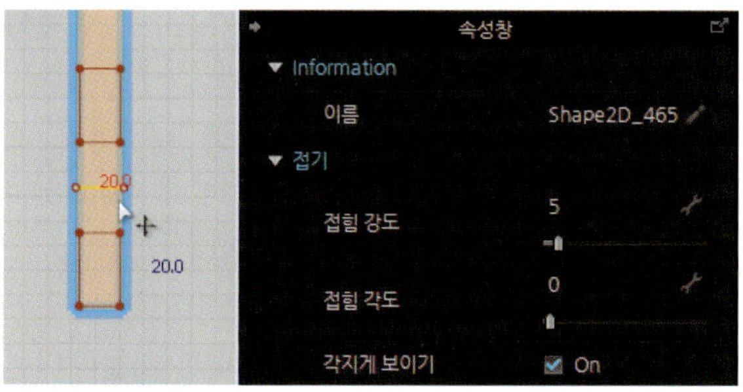

접힘 각도

(선택/이동)툴을 이용하여 Strap의 내부선분을 선택하고 [속성창]-[접기]-[접힘 각도 0]으로 지정한다.

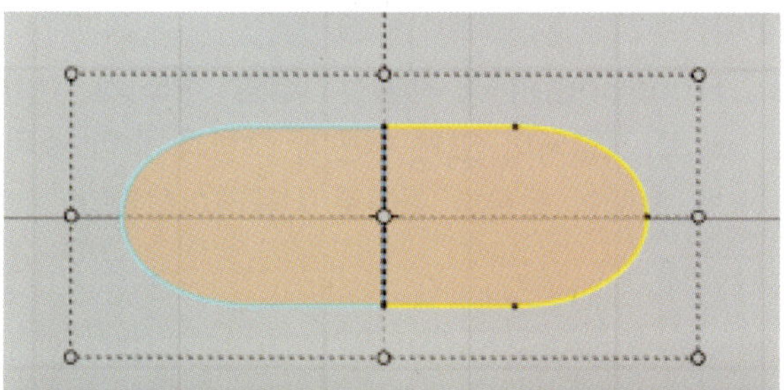

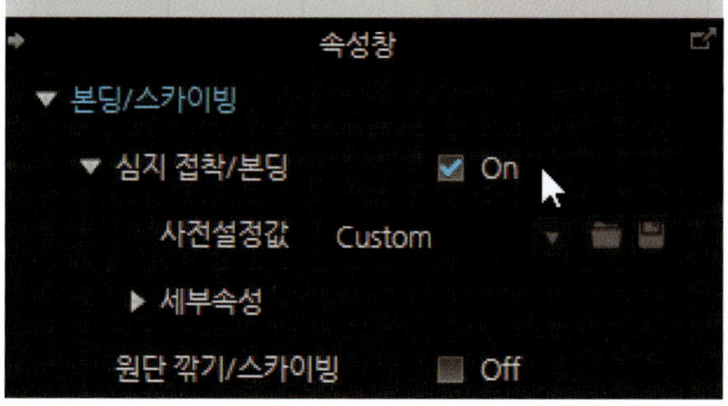

Bottom 심지접착

Bottom을 선택하고 [속성창]-[본딩/스카이빙]-[심지 접착/본딩 ON] 한다.

12.4.4 시뮬레이션

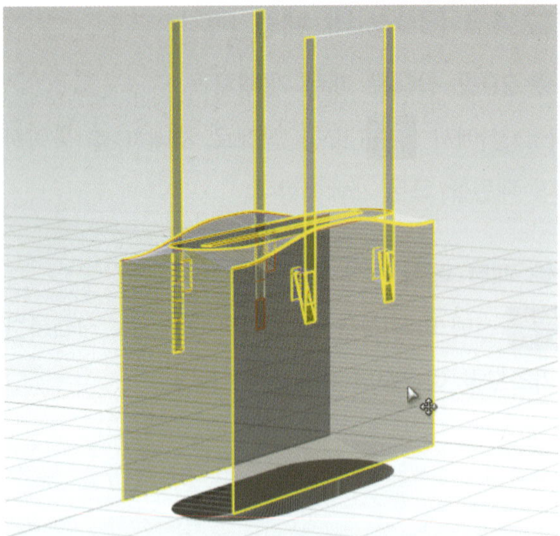

비활성화

[3D창]에서 (선택/이동)툴을 이용하여 Front, Upper, Strap 패턴을 모두 선택하고 [MRB(마우스오른쪽버튼) 팝업메뉴]-[비활성화(패턴과 재봉선)]한다.

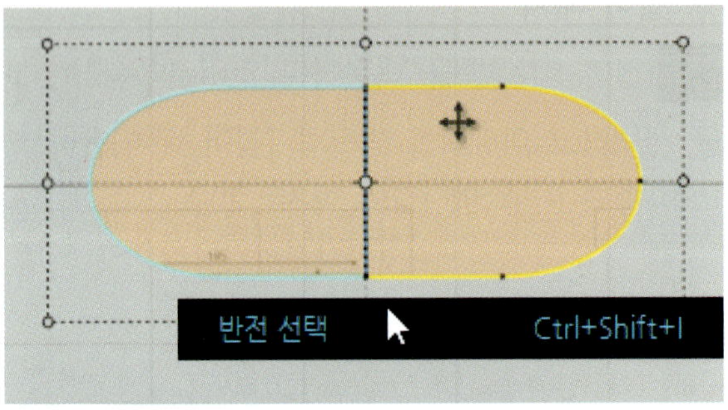

- [2D창]에서 (패턴 이동/변환)툴을 이용하여 Bottom을 선택하고 [MRB(마우스오른쪽버튼) 팝업메뉴]-[반전 선택]하면 선택이 반전된다.

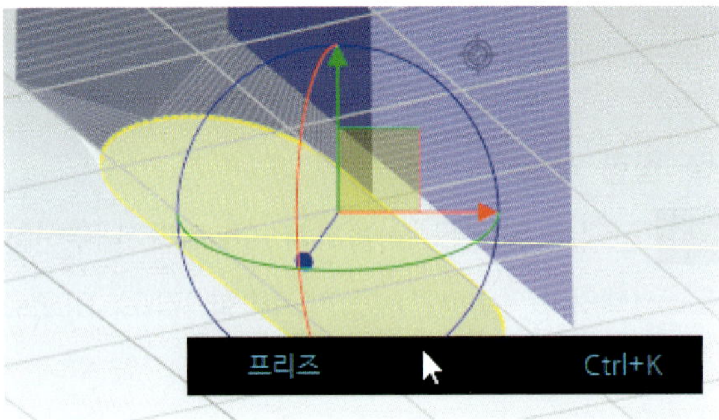

시뮬레이션

(시뮬레이션) 실행하여 Bottom 패턴을 시뮬레이션한다. Bottom 패턴이 시뮬레이션 완료되면 [프리즈] 한다.

- 가방 패턴을 [3D창]에서 배치할 때, 바닥 패턴을 [3D창]의 기준면에 가깝도록 배치하면 안정적으로 시뮬레이션할 수 있다.

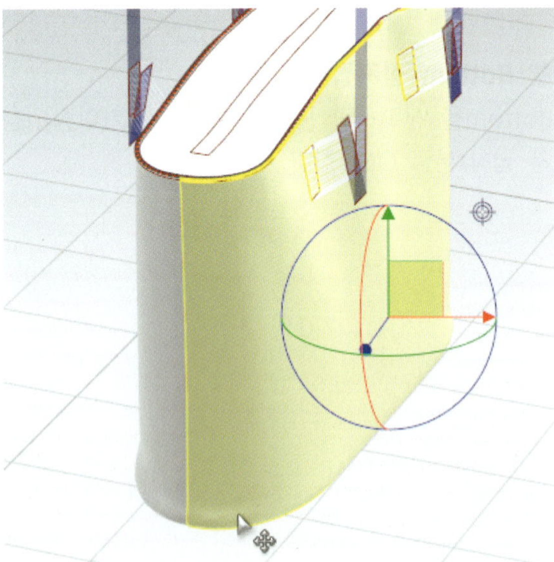

Front와 Upper 패턴을 [활성화]하여 시뮬레이션한다.

- Front-Bottom의 재봉선 [접힘 각도]가 180으로 지정되어 있기 때문에 그림과 같이 쇼퍼백 하단이 볼록한 형태로 시뮬레이션된다.

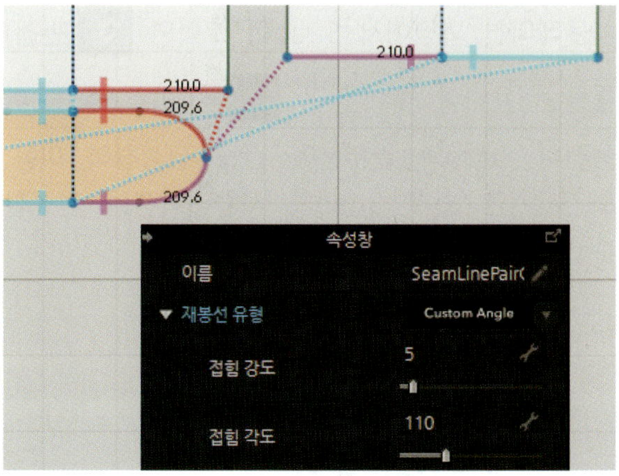

재봉선 접힘 각도

(재봉선 수정)툴을 이용하여 Front-Bottom 재봉선을 선택하고 [속성창]-[재봉선 유형]-[접힘 각도 110~120]으로 변경한다.

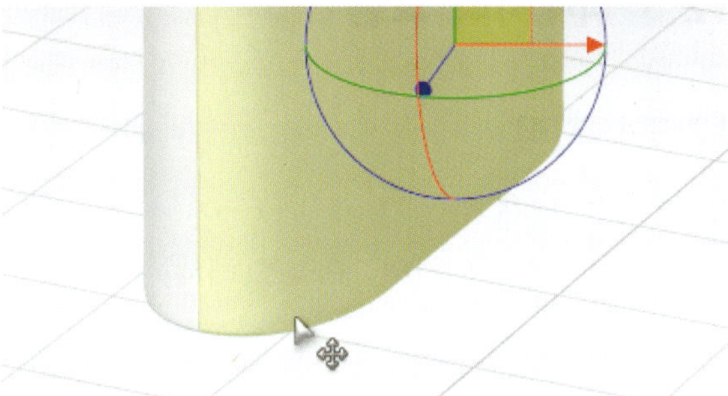

다시 (시뮬레이션) 실행하여 쇼퍼백 하단 부분의 시뮬레이션 상태를 확인한다.

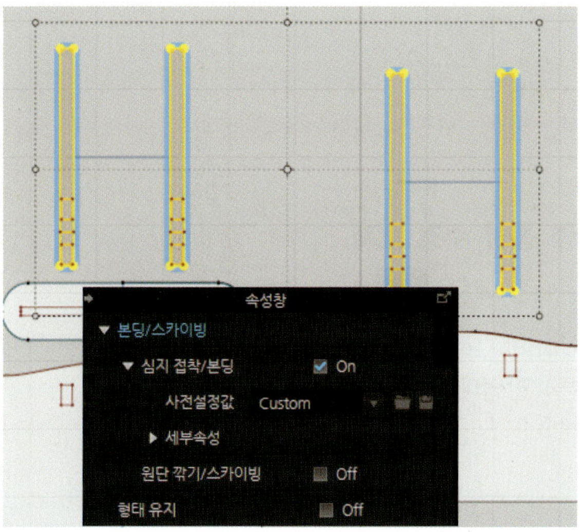

Strap 심지접착

Strap 패턴을 선택하여 [속성창]-[본딩/스카이빙]-[심지 접착/본딩 ON] 한다.

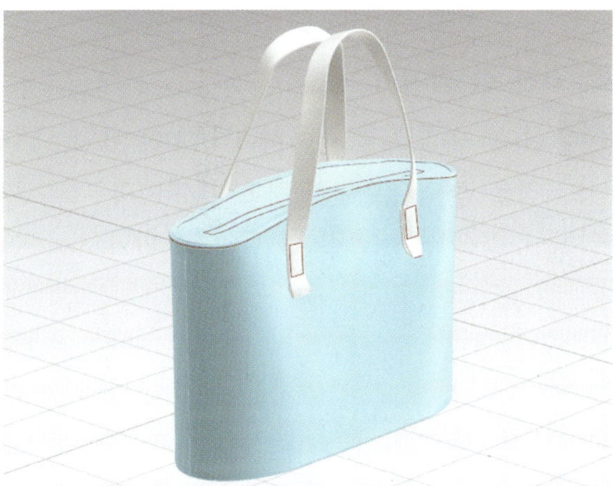

Strap 활성화

Front, Upper, Bottom 패턴을 모두 [프리즈]한다.

Strap 패턴을 선택하여 [MRB(마우스오른쪽버튼) 팝업메뉴]-[활성화]하여 시뮬레이션한다.

시뮬레이션 과정에서 Strap이 꼬이면 (핀칭) 툴을 이용하여 풀어준다. (핀(박스))툴을 이용하여 Strap의 끝부분에 핀을 생성하여 이동, 회전시키면 쉽게 Strap의 시뮬레이션을 완성할 수 있다.

12.5 액세서리 표현

12.5.1 지퍼

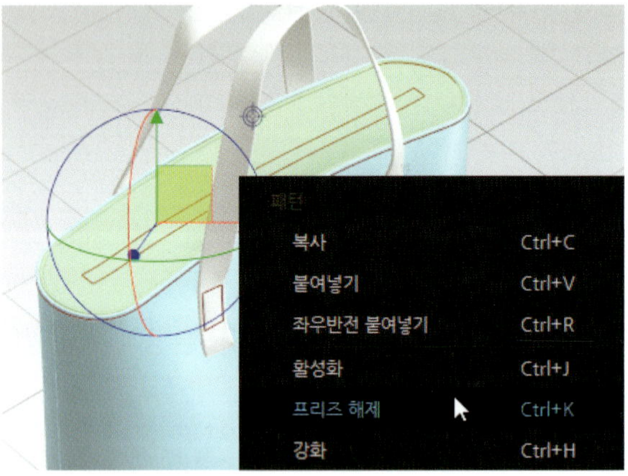

프리즈 해제

Upper 패턴을 선택하여 [프리즈 해제] 한다.

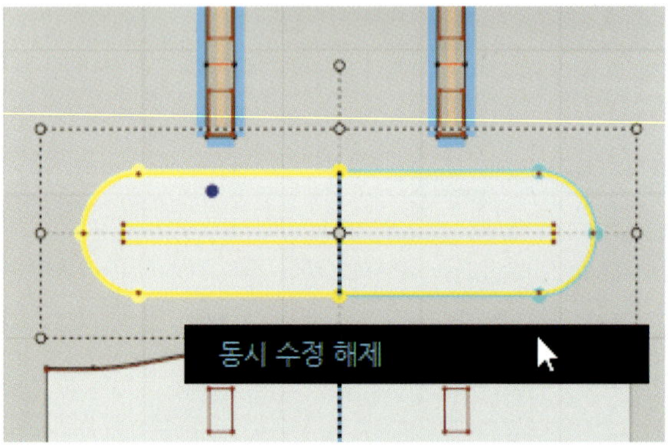

동시 수정 해제

[2D창]에서 (패턴 이동/변환)툴을 이용하여 Upper 패턴을 선택하고 [MRB(마우스오른쪽버튼) 팝업메뉴]-[동시 수정 해제]한다.

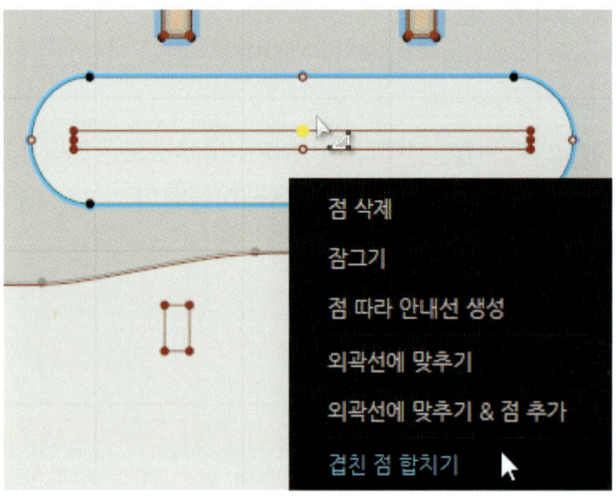

겹친 점 합치기

(점/선 수정)툴을 이용하여 Upper 패턴 내부 선의 점을 영역으로 선택하고 [MRB(마우스오른쪽버튼) 팝업메뉴]-[겹친 점 합치기] 한다.

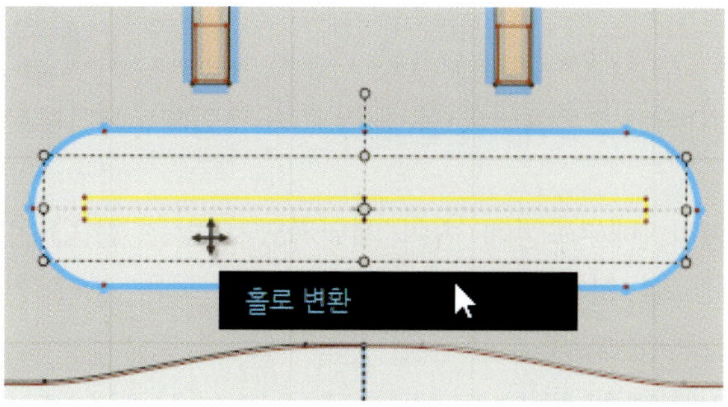

홀로 변환

(패턴 이동/변환)툴을 이용하여 내부도형을 선택하고 [MRB(마우스오른쪽버튼) 팝업메뉴]-[홀로 변환] 한다.

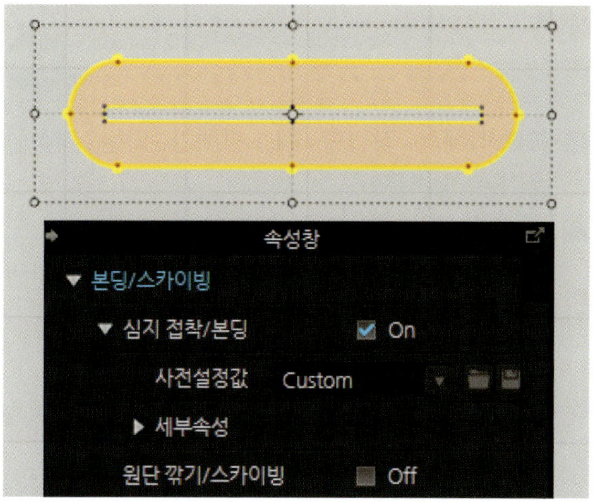

Upper 심지접착

Upper 패턴을 선택하여 [속성창]-[본딩/스카이빙]-[심지 접착/본딩 ON] 한다.

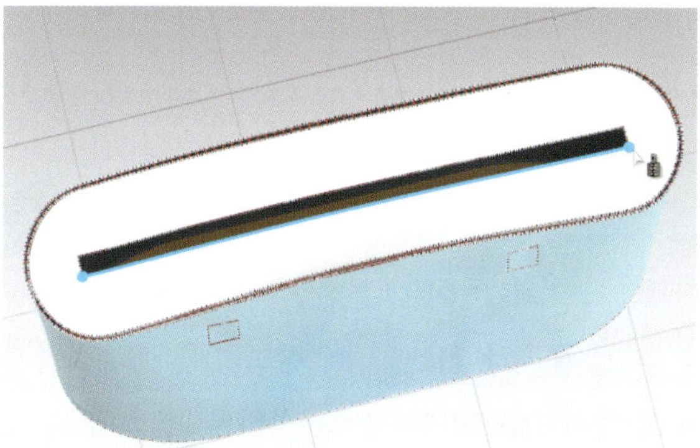

지퍼 생성

[3D창]에서 (지퍼)툴을 이용하여 지퍼를 생성한다. 지퍼의 시작점을 클릭하고 커서를 이동하여 종료 지점에서 더블클릭하면 한쪽 지퍼날의 범위가 지정된다.

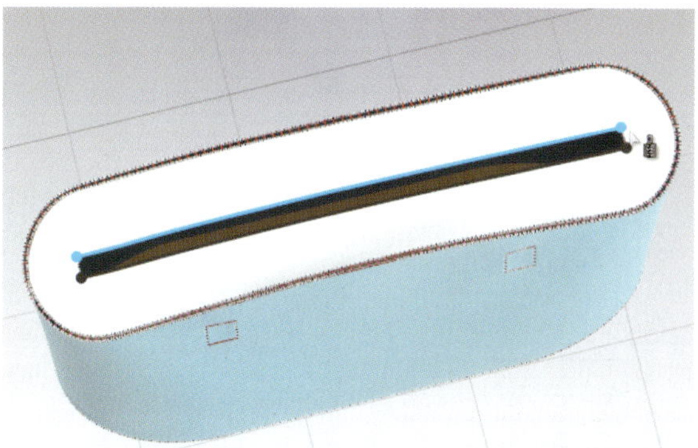

반대쪽 지퍼날을 생성할 선분에서 시작점을 클릭하고 커서를 이동하면 먼저 생성한 지퍼날의 길이와 동일한 지점에 파란색 점이 표시된다. 이 파란색 점을 더블클릭하면 지퍼 생성이 완료된다.

Q [겹친 점 합치기]를 할 때, [대칭 문제로 인해 내부선분의 일부 점을 합칠 수 없습니다.] 메시지가 나오고 [겹친 점 합치기]가 되지 않는다.

A [동시 수정 설정]이 되어있는 상태에서는 [겹친 점 합치기]가 되지 않는다. [동시 수정 해제] 한 뒤, [겹친 점 합치기] 한다.

Q [홀로 변환]하기 위하여 내부도형을 선택하여 MRB(마우스오른쪽버튼)을 눌렀으나 팝업메뉴에 [홀로 변환] 메뉴가 보이지 않는다.

A 내부도형이 완전히 한 개의 도형으로 연결되어야 한다. 내부도형에 속이 채워져있지 않은 점(○)은 선이 연결되지 않은 것을 뜻하므로 이 점에서 [겹친 점 합치기]를 하여 내부도형의 모든 선이 한 개의 도형으로 연결되도록 한다.

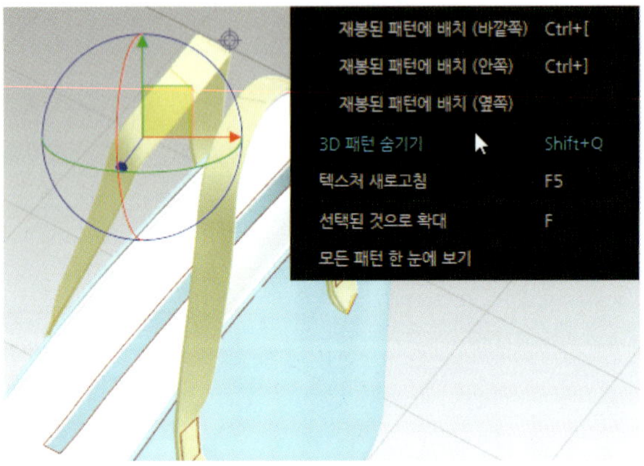

Q [3D창]에서 작업할 때, 방해가 되는 의상을 숨기는 방법은?

A [3D창]에서 패턴을 선택하고 [MRB(마우스오른쪽버튼) 팝업메뉴]-[3D 패턴 숨기기]하면 선택한 의상만 보이지 않게 된다.

Q [숨기기]한 의상이 다시 보이도록 하는 방법은?

A [숨기기]한 의상을 다시 보이도록 하려면 [3D 의상 보기] 중에서 (1) (의상보기)를 활성화하거나, (2) [2D창]에서 [숨기기]한 패턴을 선택하여 [3D창]에서 [MRB(마우스오른쪽버튼) 팝업메뉴]-[3D 패턴 보기]하면 패턴이 [보이기] 된다.

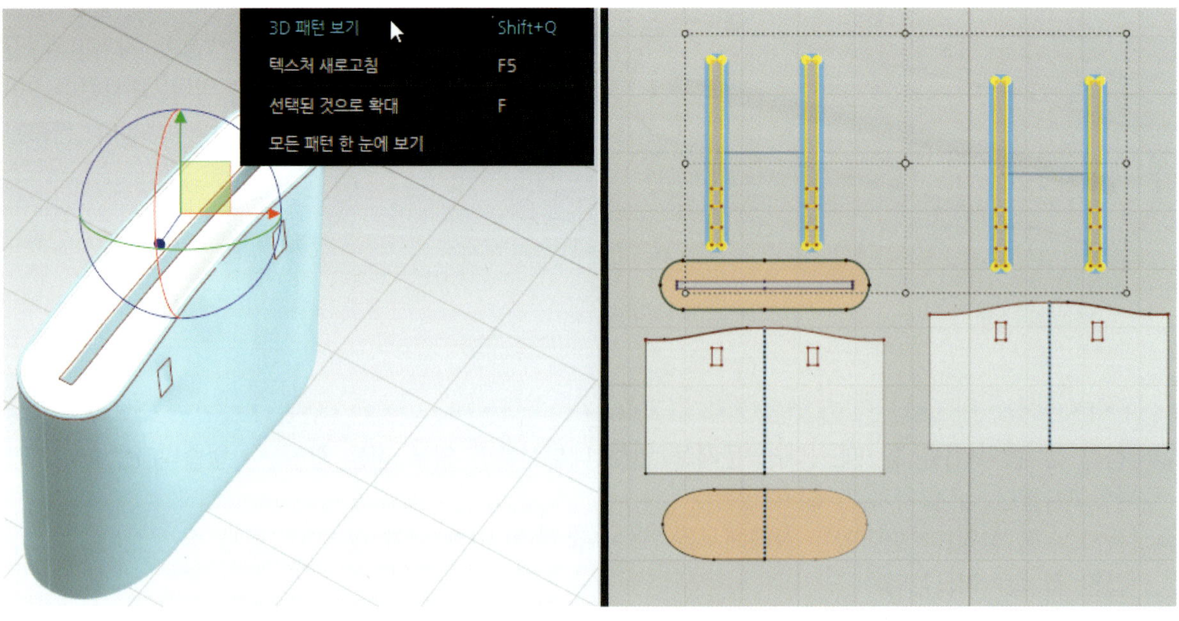

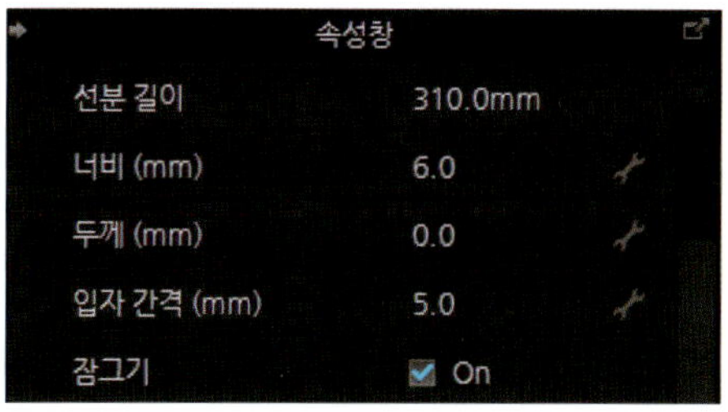

지퍼 속성

[3D창]에서 (선택/이동)툴을 이용하여 지퍼를 선택하고 [속성창]-[너비 6], [입자간격 5]로 변경한다.

- 지퍼 색상, 슬라이더와 풀러의 종류 및 색상 등 지퍼 관련 속성은 디자인에 따라 변형한다.

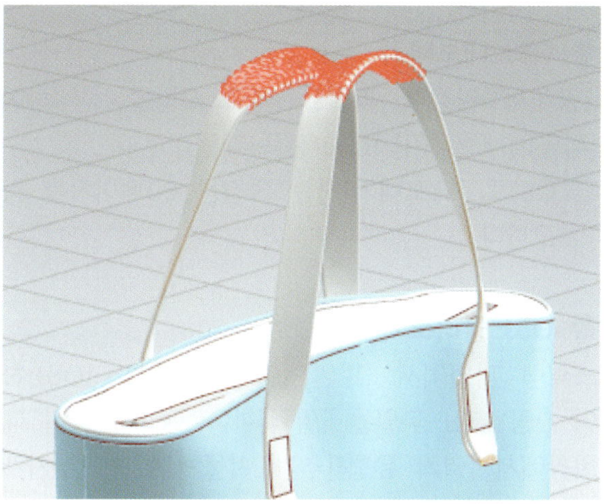

12.5.2 D링

핀 고정

(핀(박스))툴을 이용하여 Strap 위쪽이 흘러내리지 않도록 고정한다.

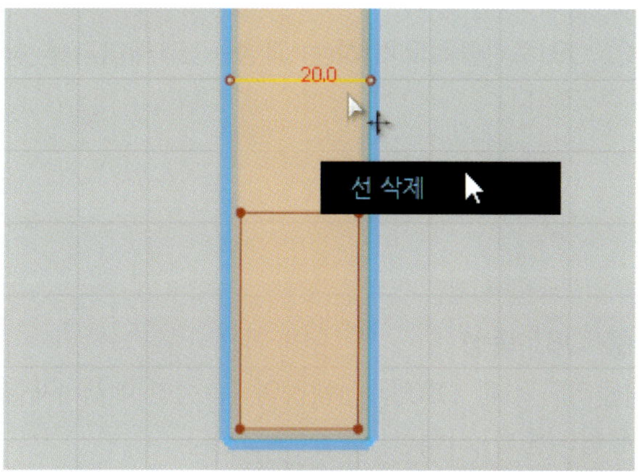

내부선분 삭제

Strap의 내부선분을 삭제한다.

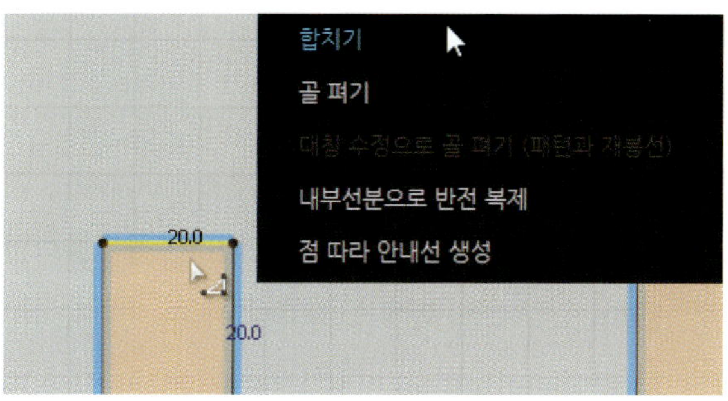

선 합치기

[2D창]에서 (점/선 수정)툴을 이용하여 Strap의 위쪽 가로선을 선택하고 [MRB(마우스오른쪽 버튼) 팝업메뉴]-[합치기] 한다. Strap 패턴 2쌍을 각각 [합치기]한다.

시뮬레이션

Strap의 내부선분을 삭제한 후, 시뮬레이션하면 접힌 부분이 펼쳐져 D링을 끼울 공간이 생긴다.

OBJ 내보내기

2강에서 완성한 파일을 열고 D링을 선택하여 [파일]-[내보내기]-[OBJ(선택 패턴)] 한다.

OBJ로 [내보내기]하는 과정은 60페이지를 참고한다.

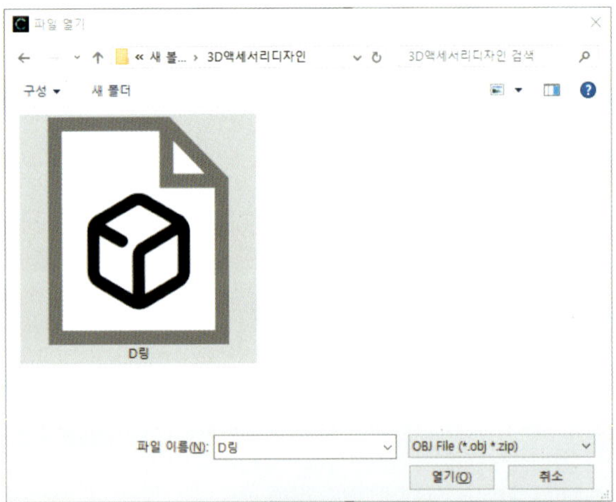

OBJ 불러오기

쇼퍼백 파일에서 [파일]-[불러오기(추가)-[OBJ]하여 D링 OBJ 파일을 [열기]한다. [OBJ 추가] 대화창에서 [열기 유형-[추가], [물체 유형]-[부자재로 불러오기] 한다.

OBJ로 [불러오기]하는 과정은 61페이지를 참고한다.

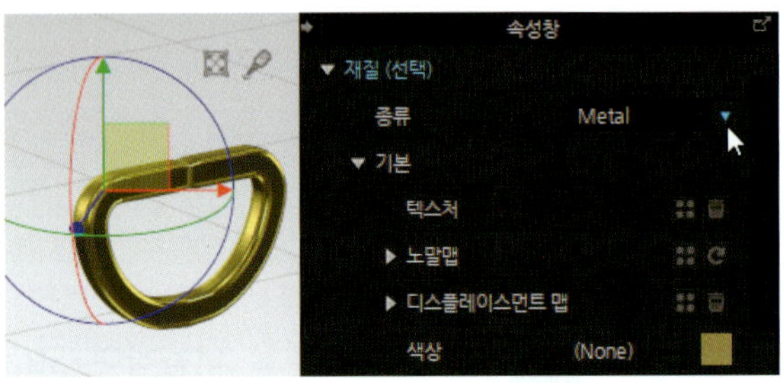

OBJ 속성

[불러오기]한 OBJ를 선택하여 [속성창]에서 [재질 유형]-[종류], [색상] 등을 수정한다.

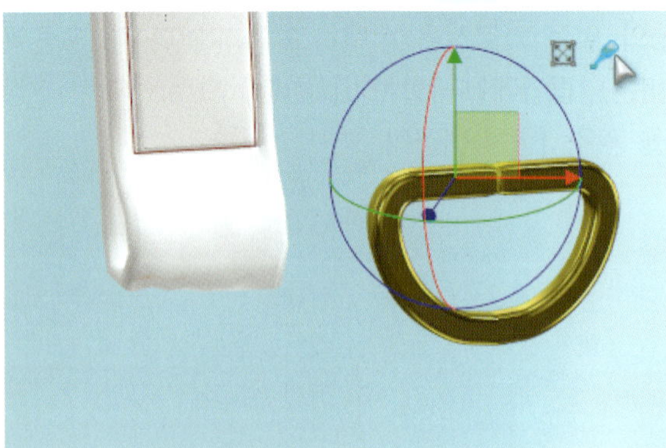

OBJ 붙이기

OBJ 기즈모 옆의 (글루) 아이콘을 클릭한 후, 원하는 위치에 마우스 오버한다.

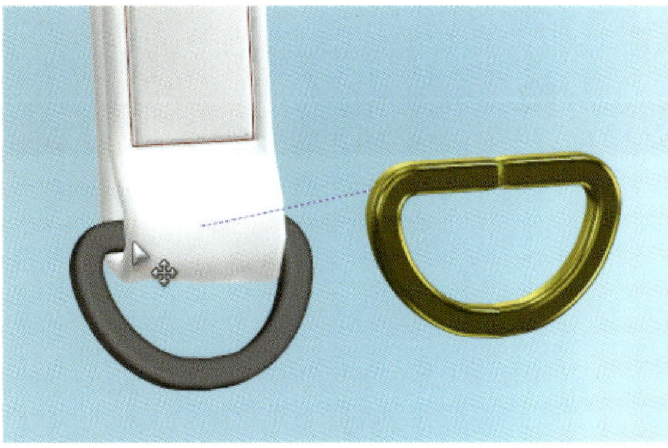

OBJ의 미리보기가 마우스를 따라다니므로 이를 참고하여 원하는 위치를 클릭하면 선택된 OBJ가 클릭한 위치에 붙여진다. 필요에 따라 기즈모로 위치와 각도를 조정한다.

[OBJ 붙이기]를 하여 (시뮬레이션) 실행하면 OBJ가 의상에 부착되어 함께 시뮬레이션 된다.

OBJ 복사하기

OBJ를 [복사(Ctrl+C)], [붙여넣기(Ctrl+V)]하여 Strap 4개에 모두 붙인다.

쇼퍼백 완성

[프리즈 해제], [모든 핀 삭제]하여 (시뮬레이션) 실행하여 쇼퍼백을 완성한다.
[라이브러리창]-[Fabric]-[Leather_Lambskin]을 적용한다. [색상] 변경, [탑스티치] 등을 추가하여 쇼퍼백을 완성한다.

13 버킷백

Bucket bag

13.1 디자인

난이도 .... 상
패턴 .... 버킷백 패턴(259페이지)
주요 활용 기능 .... 사각형 패턴, 다각형 패턴, 원 패턴, 겹친 점 합치기, 점 추가/선분 나누기, 홀로 변환, 접어 배치, 재봉된 패턴에 배치

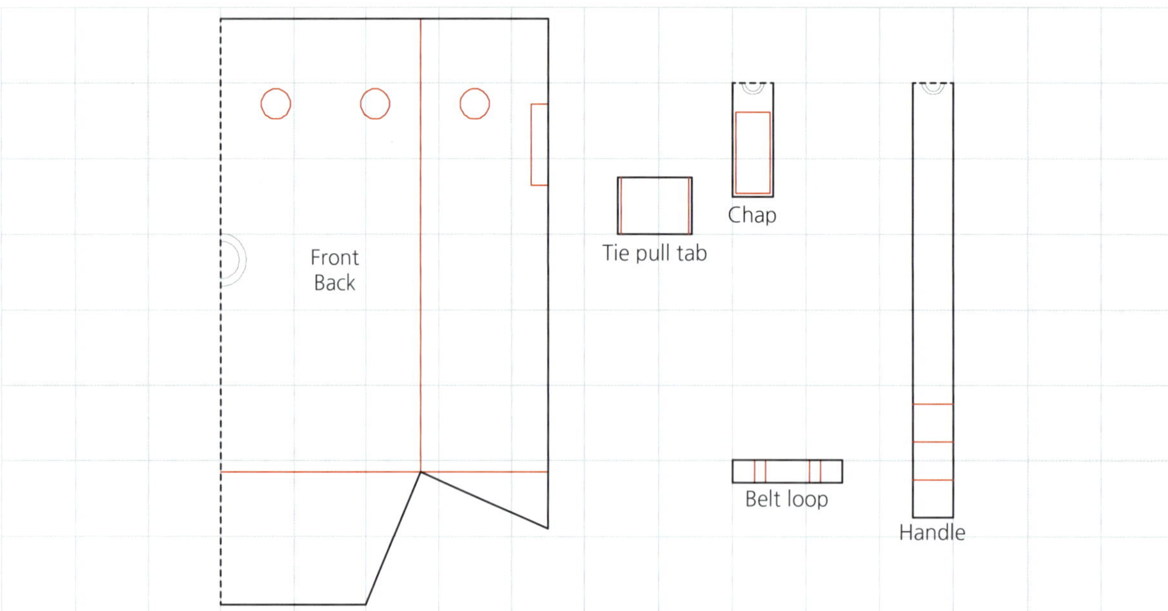

13.2 패턴 제작

13.2.1 패턴이미지 불러오기

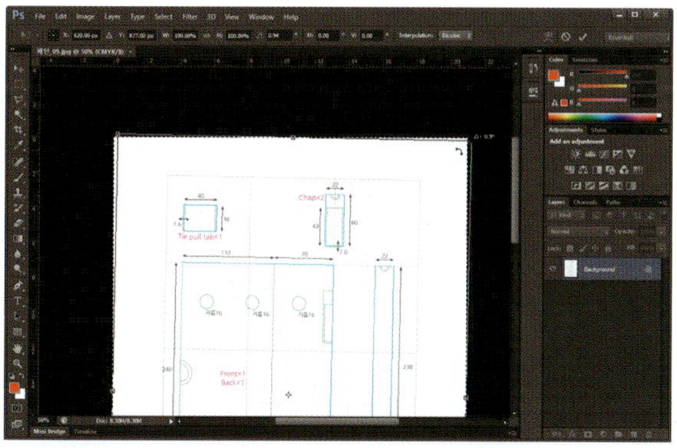

포토샵에서 패턴 이미지 정리

259페이지의 패턴 이미지를 스캔한다. 스캔한 이미지를 포토샵에서 수직, 수평을 맞추어 회전시키고 패턴 영역만 [자르기(crop)]하여 jpg 또는 png 포맷으로 저장한다.

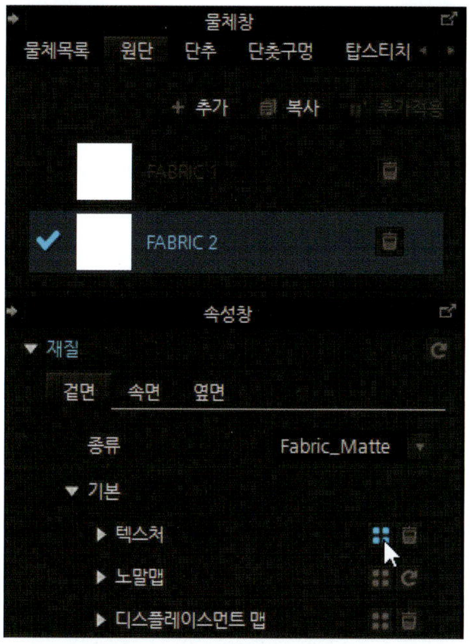

패턴 이미지 불러오기

[물체창]-[원단] 탭에서 + 추가(추가)를 클릭하여 새 원단을 생성한다(FABRIC 2). [FABRIC 2]를 선택하고 [속성창]-[재질]-[텍스처]의 (탐색) 버튼을 클릭하면 [파일 열기] 윈도우가 열린다.

포토샵에서 저장한 패턴 이미지 파일을 선택한다.

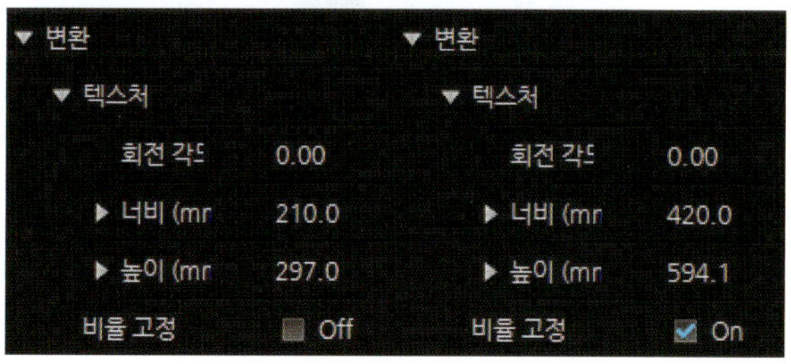

패턴 이미지 비율 변경

[물체창]-[원단] 탭에서 [FABRIC 2]를 선택하고 [속성창]-[변환]-[텍스처]에서 [비율 고정 ON] 하고, [너비] 또는 [높이]를 2배로 수정한다. [너비] 또는 [높이]를 그림과 같이 입력하는 것이 아니라, 기존 크기를 2배로 수정한다.

버킷백 패턴 이미지는 50% 비율로 제공되므로 2배로 수정한다. 패턴 이미지의 비율이 100%라면 [너비] 또는 [높이]를 수정하지 않는다.

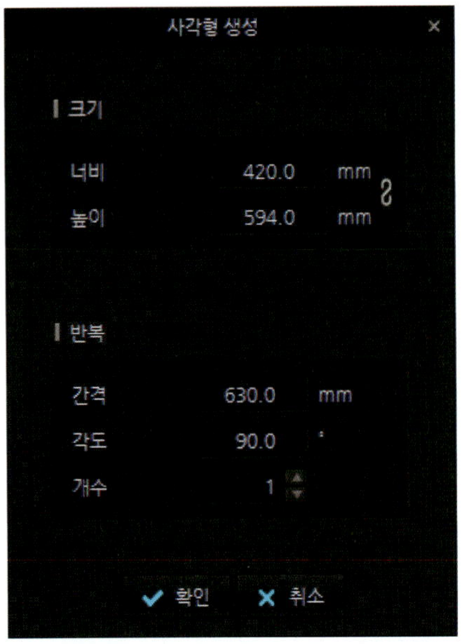

패턴 이미지를 적용할 사각형 패턴 그리기

(사각형 패턴)툴을 이용하여 [너비 420], [높이 594]의 사각형을 그린다.

이 사각형은 패턴 이미지를 불러오기 위한 것이므로 사각형의 너비, 높이는 패턴이 보일 정도의 크기로 자유롭게 지정할 수 있다.

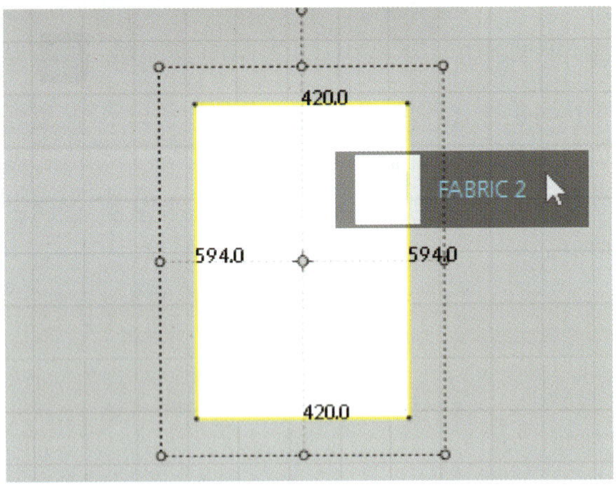

원단 적용

[물체창]-[원단] 탭에서 [FABRIC 2]를 선택하여 이 사각형에 드래그 & 드롭하여 적용한다.

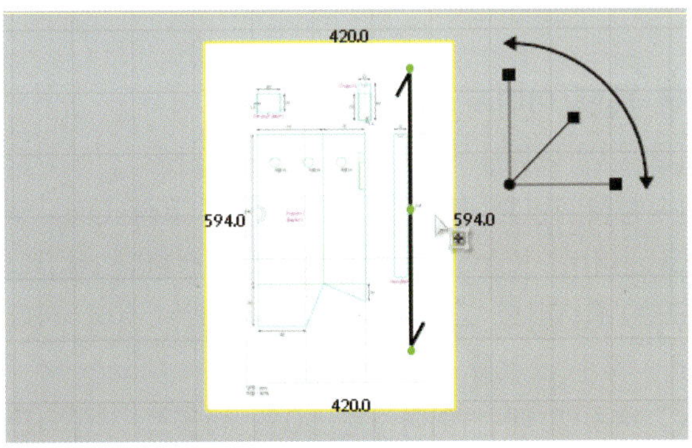

패턴 이미지 위치 이동

버킷백 패턴 이미지가 사각형의 중앙에 위치하도록 텍스처를 이동시킨다. (텍스처 수정(2D))툴을 선택하여 패턴을 클릭 & 드래그하면 텍스처가 이동된다.

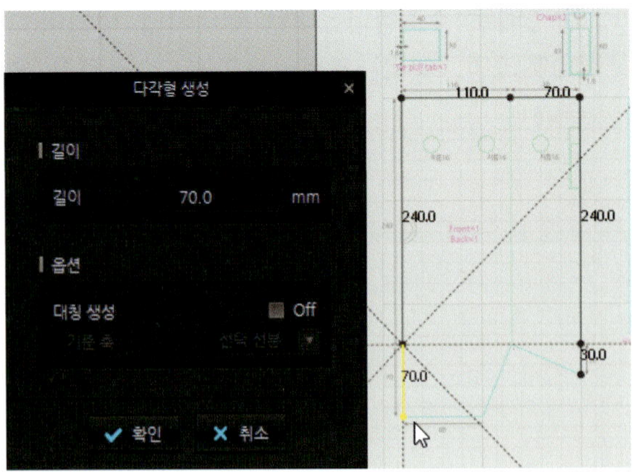

13.2.2 Front 패턴

Front 패턴 외곽선 생성

(다각형 패턴)툴을 선택하여 패턴의 외곽선을 그린다. 버킷백 외곽선은 직선으로 구성되므로 다음 점을 찍을 방향을 정한 후, [MRB(마우스오른쪽버튼)] 클릭하여 [다각형 생성] 대화창에서 [거리]를 입력하면 정확한 크기의 다각형을 제도할 수 있다. 패턴을 완성한 후에는 첫 번째 클릭했던 점을 다시 클릭하여야 폐곡선 형태로 패턴이 완성된다.

Q 패턴을 생성, 배치할 때 핑크색 선이 나타난다(또는 나타나지 않는다).

A 패턴을 생성하거나 배치(이동)할 때 나타나는 핑크색 선은 [스마트 가이드]이다. 스마트 가이드는 패턴을 생성하고 배치할 때 주변 점들을 가이드로 활용하여 쉽게 작업할 수 있도록 하는 기능이다. [2D창] 배경에서 [MRB(마우스오른쪽버튼) 팝업메뉴]-[스마트 가이드] 체크/해제를 통하여 스마트 가이드 기능을 활성화, 비활성화 할 수 있다.

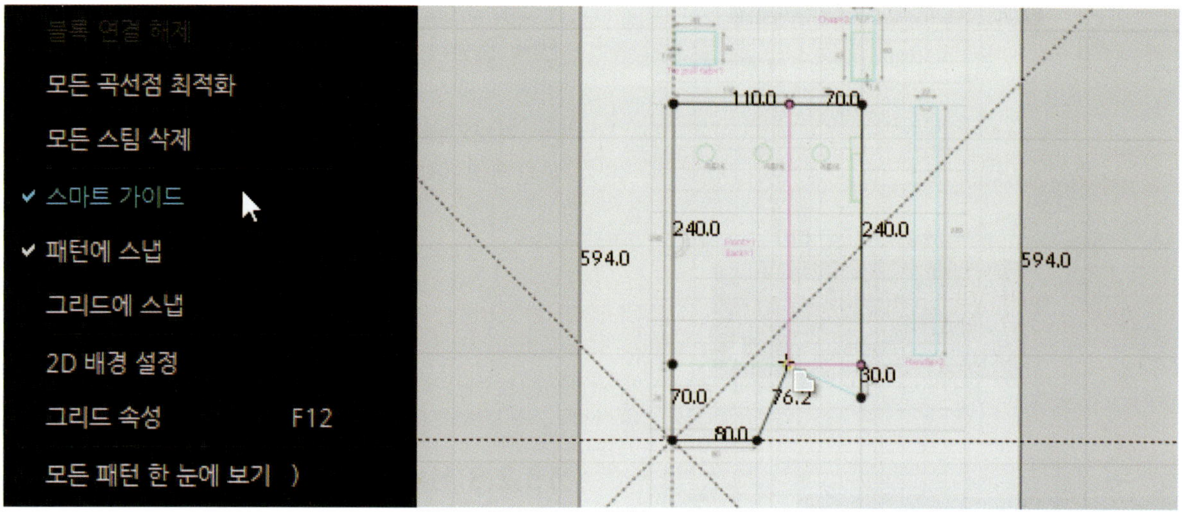

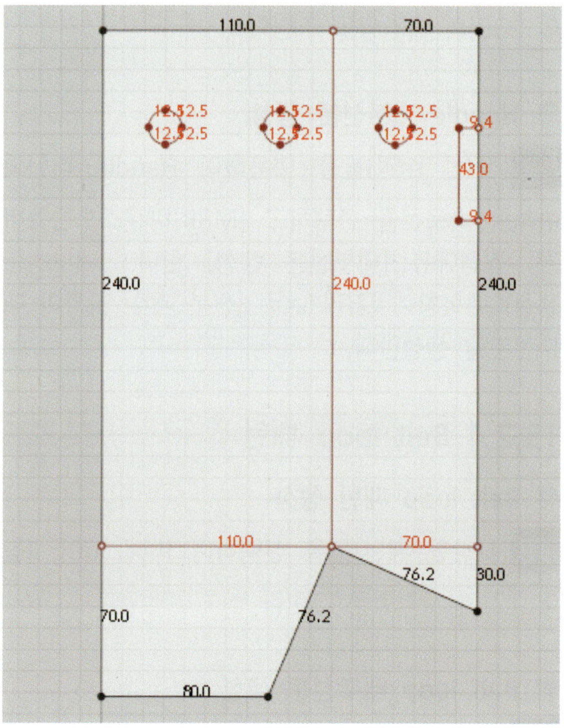

Front 패턴 내부선분 생성

(내부 다각형/선)툴을 이용하여 Front 패턴 내부에 Strap을 재봉할 내부도형을 생성한다.

(내부 원)툴을 이용하여 Front 패턴 내부에 지름 16mm 원을 생성한다.

- 패턴 이미지에 겹쳐서 패턴을 제도하면 [2D창]에서 패턴이 겹쳐진 상태가 된다. 패턴 제도와 수정 후에는 (패턴 이동/변환)툴을 이용하여 패턴을 이동시켜서 겹치지 않도록 한다.
- 18페이지의 Q&A를 참고하여 [2D창]의 패턴을 [반투명]하게 보이도록 하여 내부원의 위치를 결정한다.

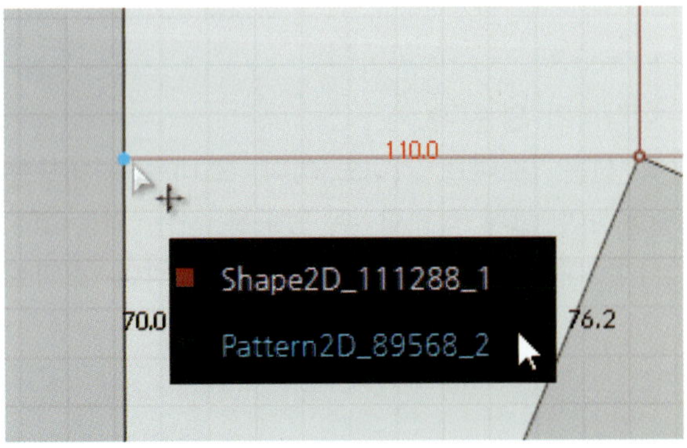

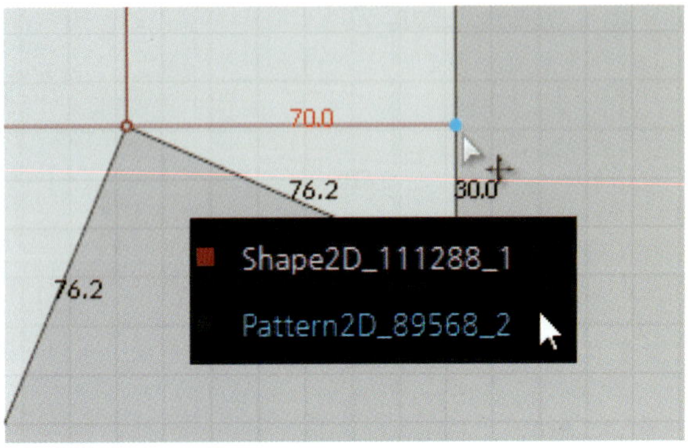

외곽선의 점 정리

(다각형 패턴)툴을 이용하여 Front 패턴 외곽선을 생성할 때, 세로선에 추가한 점이 있다면 삭제한다. 중심선 내에 점이 있으면 [골 펴기]가 되지 않으므로 미리 삭제한다.

점을 선택할 때, 점이 겹쳐있으면 외곽선점과 내부선분점 중에 어느 점을 선택할 것인지 선택 옵션이 열린다. 이때 블랙으로 표시된 점을 클릭하여야 외곽선의 점이 선택된다. 점을 선택한 후에는 키보드의 [Delete]를 눌러 삭제한다. 반대쪽 세로선의 외곽선점도 같은 방법으로 삭제한다.

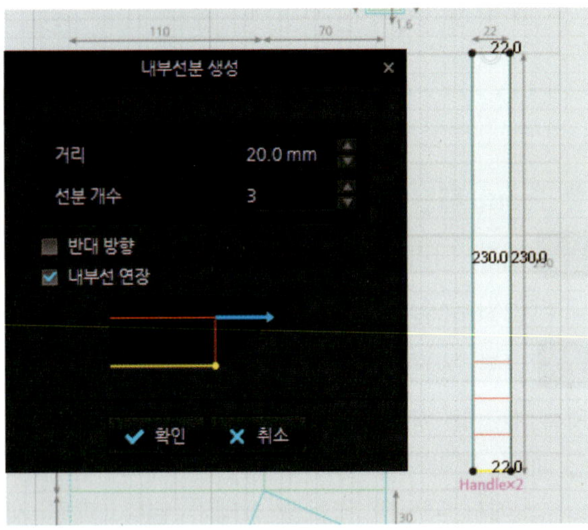

13.2.3 Handle 패턴

Handle 패턴 생성

(사각형 패턴)툴을 선택하여 [너비 22], [높이 230]의 사각형을 그린다.

Handle 내부선분 생성

(점/선 수정)툴을 이용하여 Handle 패턴의 아래쪽 가로선을 선택하고 [MRB(마우스오른쪽버튼) 팝업메뉴]-[내부선분 생성] 한다. [내부선분 생성] 대화창에 [거리 20], [선분 개수 3]하여 내부선분을 생성한다.

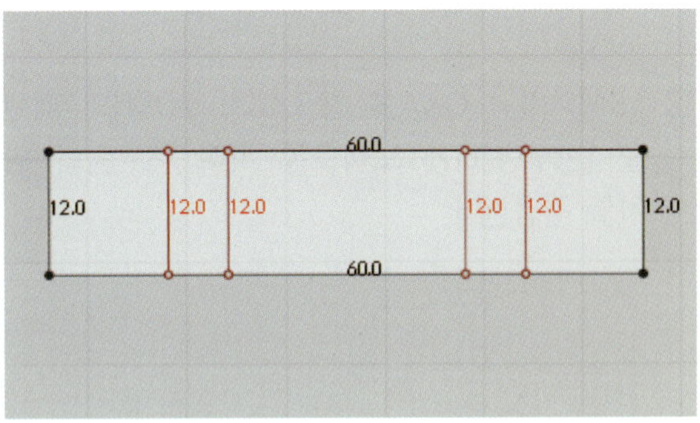

13.2.4 Belt loop 패턴

Belt loop 패턴 생성

(사각형 패턴)툴을 선택하여 [너비 60], [높이 12]의 사각형을 그린다.

Belt loop 내부선분 생성

(내부 다각형/선)툴을 이용하여 내부선분을 그린다.

13.2.5 Chap 패턴 생성

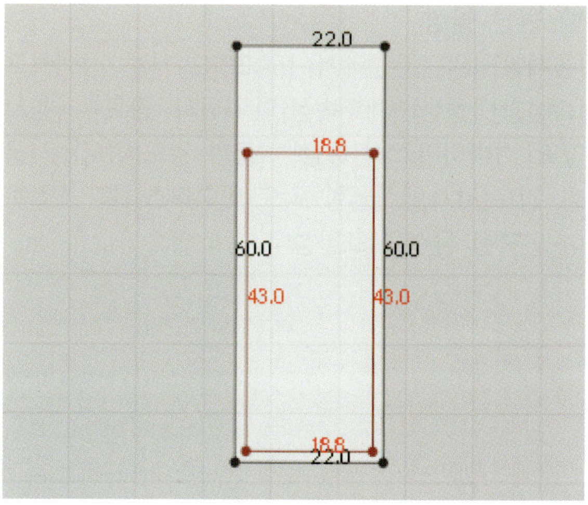

Chap 패턴 생성

(사각형 패턴)툴을 선택하여 [너비 22], [높이 60]의 사각형을 그린다.

Chap 내부도형 생성

(내부 다각형/선)툴을 이용하여 Chap 패턴 내부도형을 그린다.

13.2.6 Tie pull tab 패턴 생성

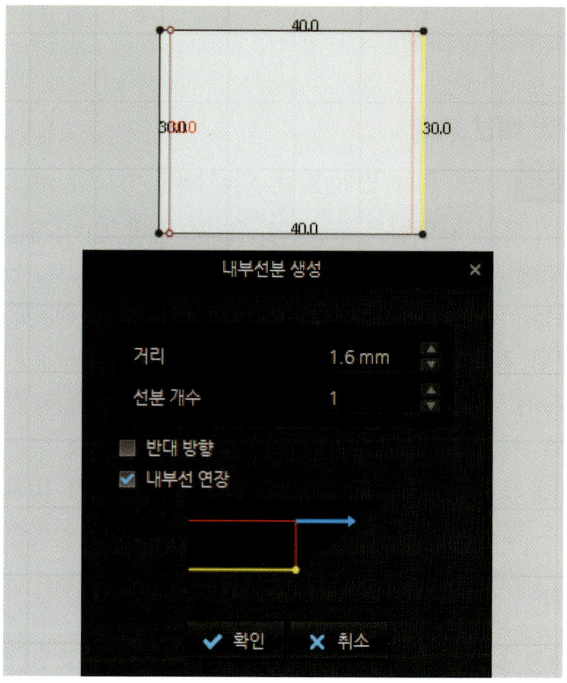

Tie pull tab 패턴 생성

(사각형 패턴)툴을 선택하여 [너비 40], [높이 30]의 사각형을 그린다.

Tie pull tab 내부선분 생성

(점/선 수정)툴을 이용하여 패턴의 세로선을 선택하고 [MRB(마우스오른쪽버튼) 팝업메뉴]-[내부선분 생성] 한다. [내부선분 생성] 대화창에 [거리 1.6], [선분 개수 1]하여 내부선분을 생성한다. 반대쪽 세로선을 선택하여 동일한 방법으로 내부선분을 생성한다.
동일한 방법으로 패턴의 중심에 내부선분(세로)을 추가한다.

13.3 패턴 정리

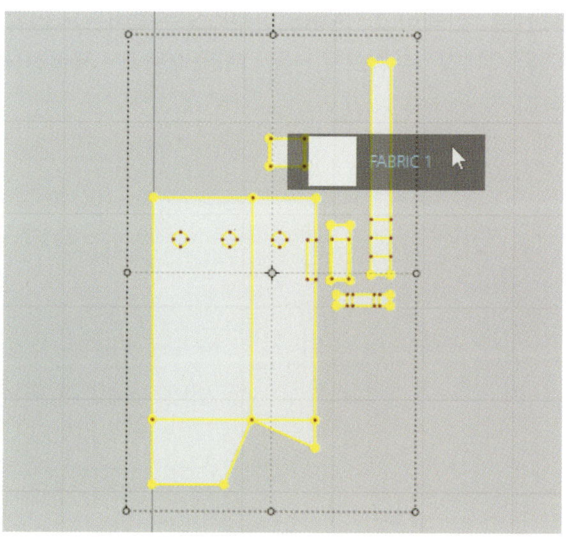

13.3.1 원단 물성과 패턴 속성

원단 적용

모든 패턴에 [물체창]-[원단] 탭에서 [FABRIC 1]을 드래그 & 드롭하여 적용한다.

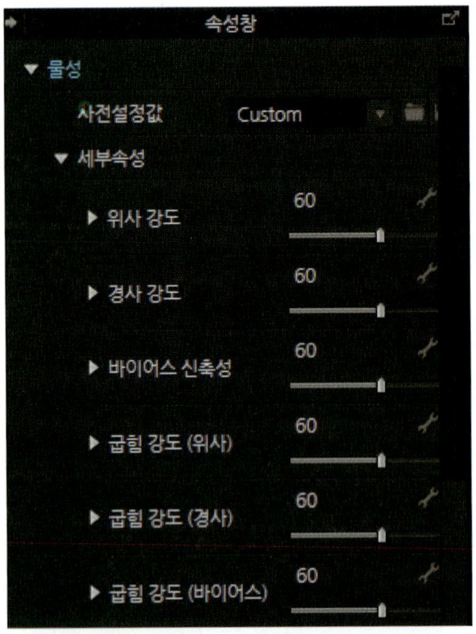

원단 물성

[물체창]-[원단] 탭에서 [FABRIC 1]을 선택하고 [속성창]-[물성]-[세부속성]의 [위사 강도], [경사 강도], [바이어스 신축성], [굽힘 강도(위사)], [굽힘 강도(경사)], [굽힘 강도(바이어스)]를 조절하여 단단한 물성을 표현한다.

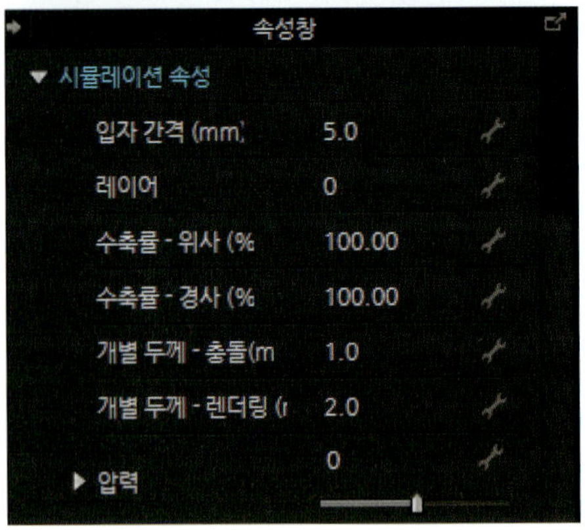

패턴 속성

(패턴 이동/변환)툴을 이용하여 버킷백 패턴을 모두 선택하여 [속성창]-[입자 간격 5], [개별 두께-충돌 1], [개별 두께-렌더링 2] 한다.

Handle 패턴만 선택하여 [개별 두께-렌더링 3], [두 겹 표현 ON] 한다.

Belt loop, Chap, Tie pull tab 패턴은 [입자 간격 2]로 변경한다.

크기가 작은 패턴은 [입자 간격]이 크면 의상을 구성하는 버텍스 수가 적어 제대로 시뮬레이션되지 않는다.

13.3.2 패턴 정리

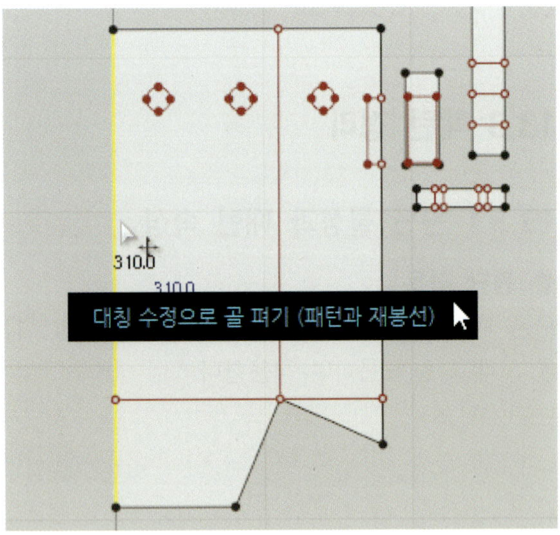

Front 패턴 골 펴기

(점/선 수정)툴을 이용하여 Front 패턴의 세로선을 선택하고 [MRB(마우스오른쪽버튼) 팝업 메뉴]-[대칭 수정으로 골 펴기(패턴과 재봉선)] 한다.

Front 패턴 복사

(패턴 이동/변환)툴을 이용하여 Front 패턴을 [복사(Ctrl+C)], [붙여넣기(Ctrl+V)]하여 Back 패턴을 생성한다.

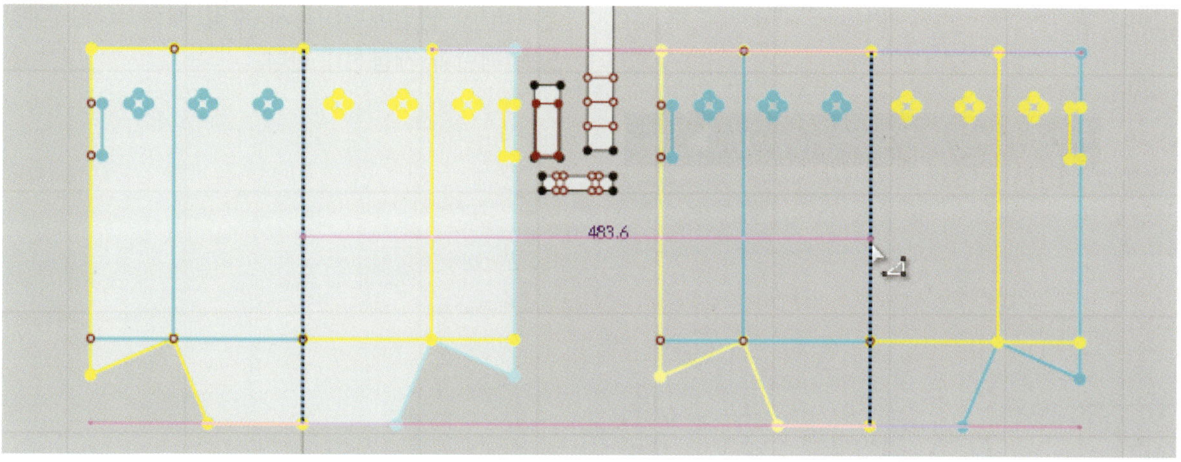

Chap 패턴 골 펴기

(점/선 수정)툴을 이용하여 패턴 위쪽 가로선을 선택하여 [MRB(마우스오른쪽버튼) 팝업메뉴]-[골 펴기] 한다.

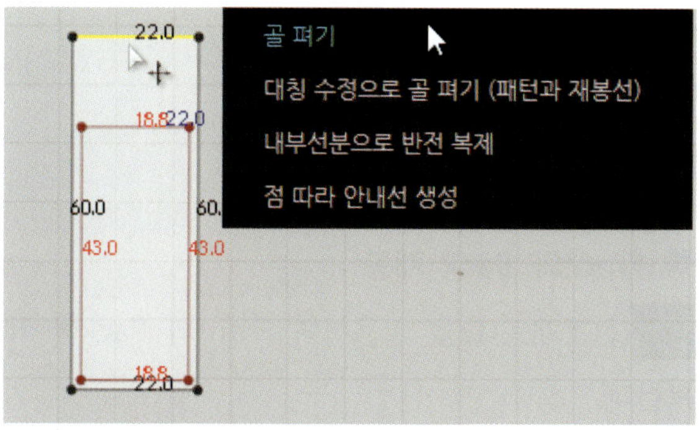

Chap 패턴 내부선분 생성

(내부 다각형/선)툴을 이용하여 골 펴기한 위치에 가로선을 그린다.

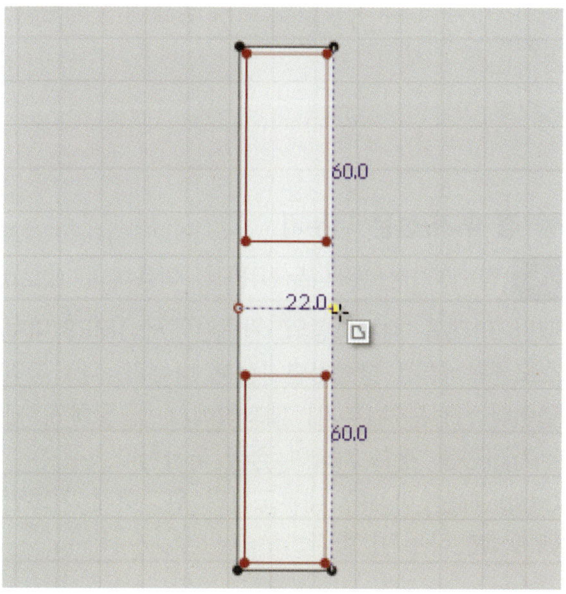

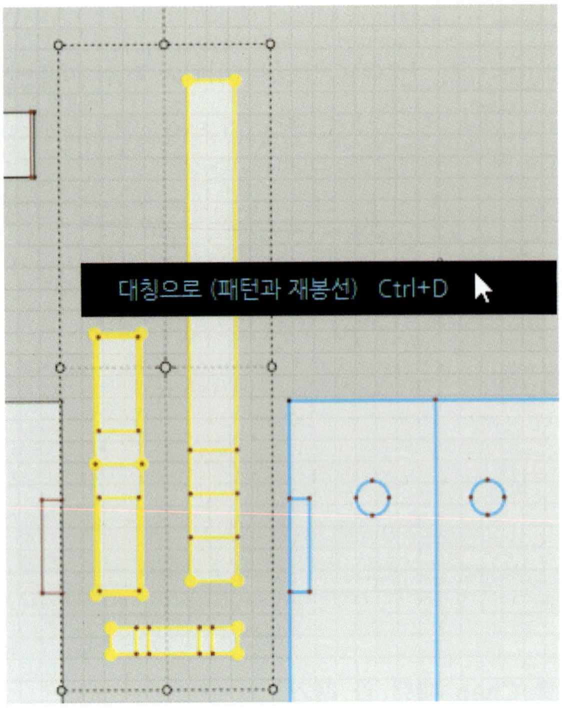

동시 수정 패턴 복제

(패턴 이동/변환)툴을 이용하여 Handle, Belt loop, Chap 패턴을 선택하고 [MRB(마우스오른쪽버튼) 팝업메뉴]-[동시 수정 패턴 복제]-[대칭으로(패턴과 재봉선)] 한다.

13.4 3D 버킷백 제작

13.4.1 버킷 재봉

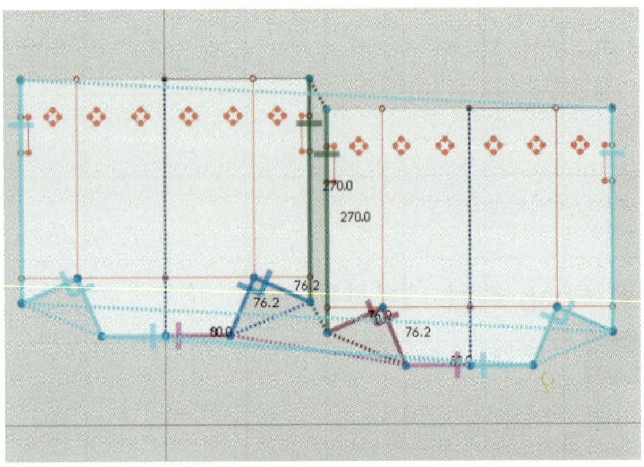

Front와 Back 재봉

(선분재봉)툴을 이용하여 Front와 Back을 재봉한다.
특히, 바닥 코너 재봉선의 너치 방향에 주의한다.

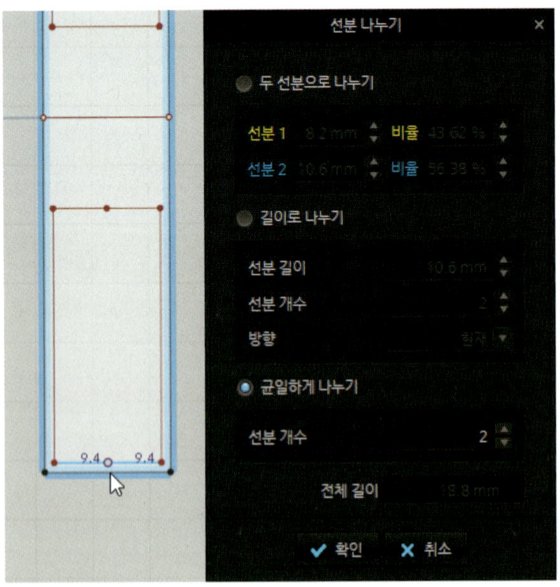

점 추가/선분 나누기

(점 추가/선분 나누기)툴을 이용하여 Chap 패턴 아래쪽 내부도형의 가로선에서 [MRB(마우스오른쪽버튼)] 클릭하면 [선분 나누기] 대화창이 열린다. [선분 나누기] 대화창에서 [균일하게 나누기]-[선분 개수 2]하여 점을 추가한다.
Chap 패턴 아래쪽 내부도형의 위, 아래 가로선에 [선분 나누기] 한다.

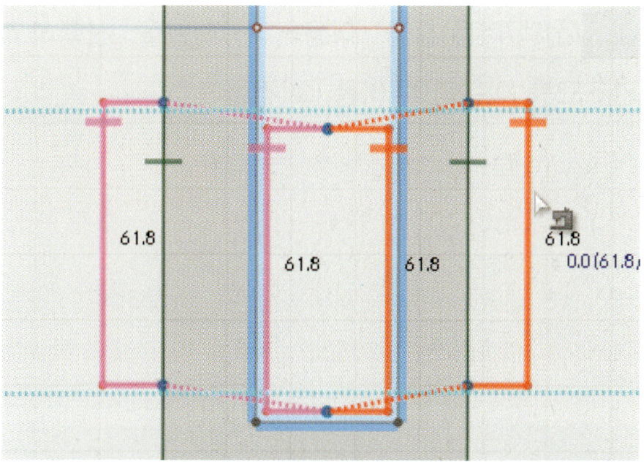

Chap 재봉

(자유재봉)툴을 이용하여 Front-Chap, Back-Chap의 내부선분을 재봉한다.

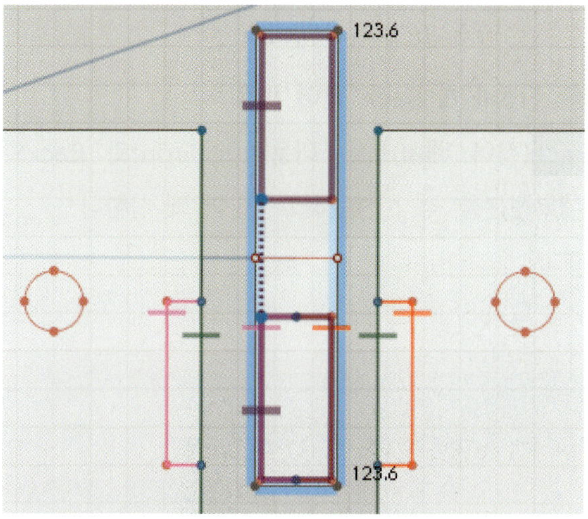

(자유재봉)툴을 이용하여 Chap 패턴의 내부 사각형을 서로 재봉한다. 내부선분을 접었을 때 재봉선의 방향이 맞도록 재봉선의 시작점과 너치 방향에 주의한다.

13.4.2 [3D창]에 패턴 배치

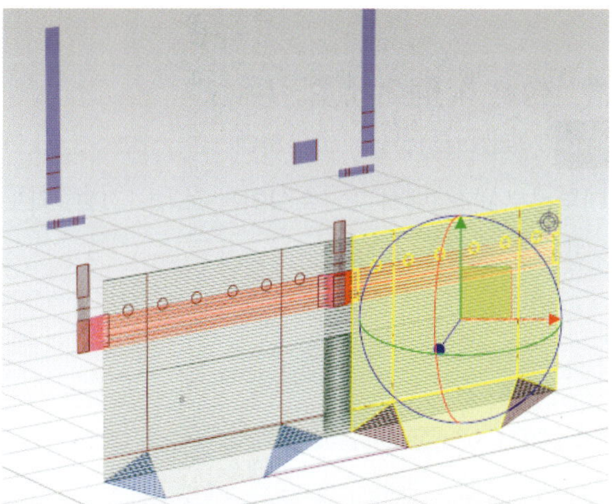

2D창 상태로 패턴 재배치

[3D창]에서 (2D창 상태로 재배치)를 클릭하여 패턴을 모두 재배치한다.

비활성화

Handle, Belt loop, Tie pull tap 패턴은 [비활성화] 한다.

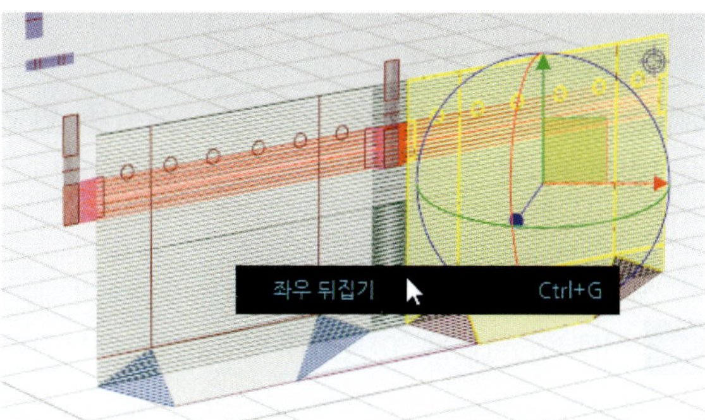

패턴 배치

(선택/이동)툴을 이용하여 Back 패턴을 선택하고 [MRB(마우스오른쪽버튼) 팝업메뉴]-[좌우 뒤집기] 한다.

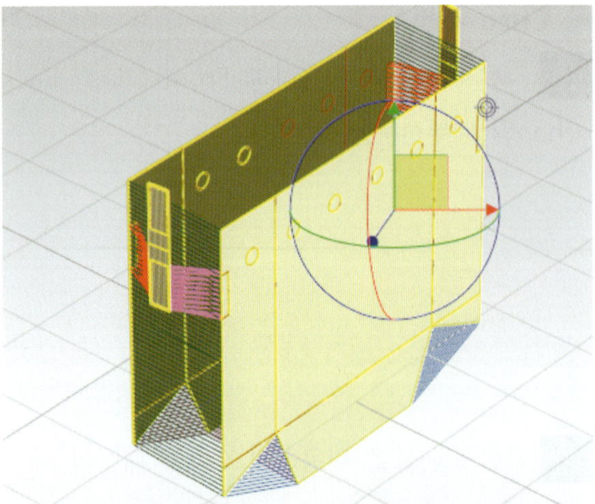

(선택/이동)툴을 이용하여 패턴을 선택하고 기즈모를 이용하여 이동, 회전한다.

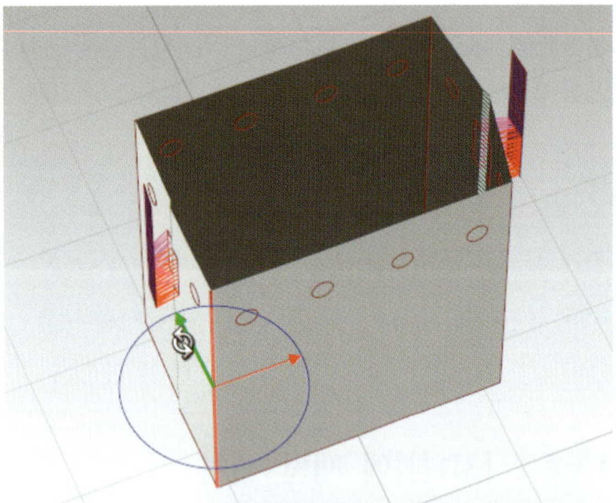

Front & Back 접어 배치

(접어 배치)툴을 이용하여 Front와 Back의 내부선분을 각각 선택하고 [접어 배치]한다.

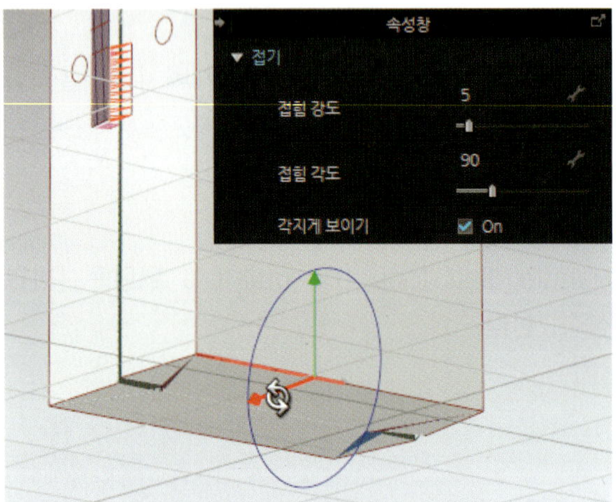

Front & Back 접힘 각도

(선택/이동)툴을 이용하여 Front와 Back의 내부선분을 선택하고 [속성창]-[접기]-[접힘 각도 90]으로 지정한다.

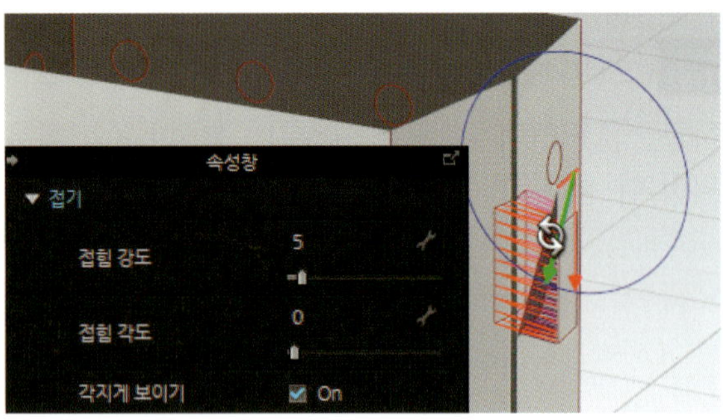

Chap 접어 배치

Chap 패턴의 내부선분을 기준으로 위쪽을 안으로 [접어 배치] 한다.

Chap 내부선분 접힘 각도

(선택/이동)툴을 이용하여 Chap의 내부선분을 선택하고 [속성창]-[접기]-[접힘 각도 0]으로 지정한다.

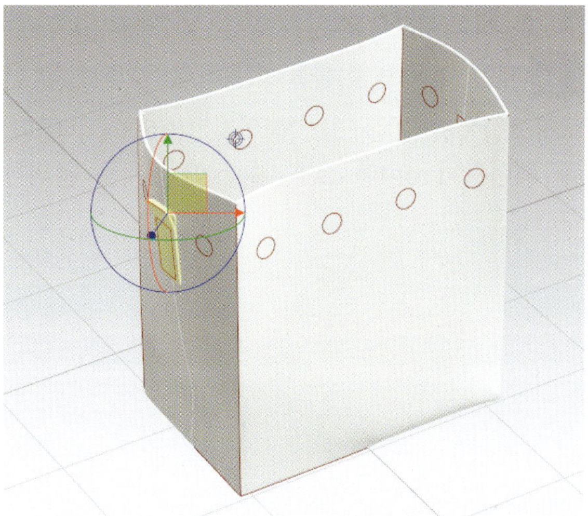

시뮬레이션

(시뮬레이션)을 클릭하여 시뮬레이션 실행한다.

13.5 스트링 끼우기

13.5.1 홀 만들기

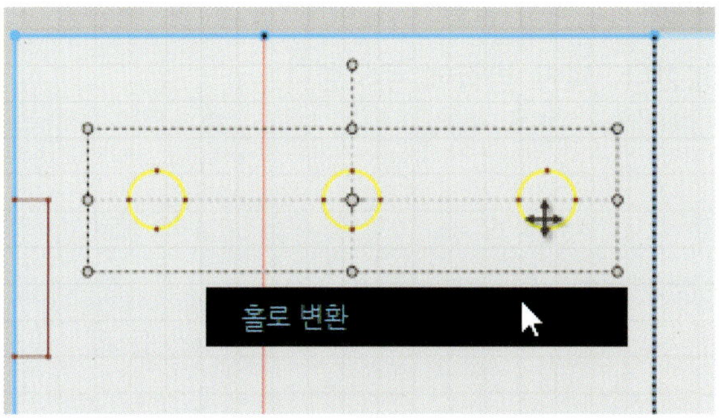

홀로 변환

(패턴 이동/변환)툴을 이용하여 내부원을 선택하고 [MRB(마우스오른쪽버튼) 팝업메뉴]-[홀로 변환] 한다. Front와 Back 내부원에 반복한다.

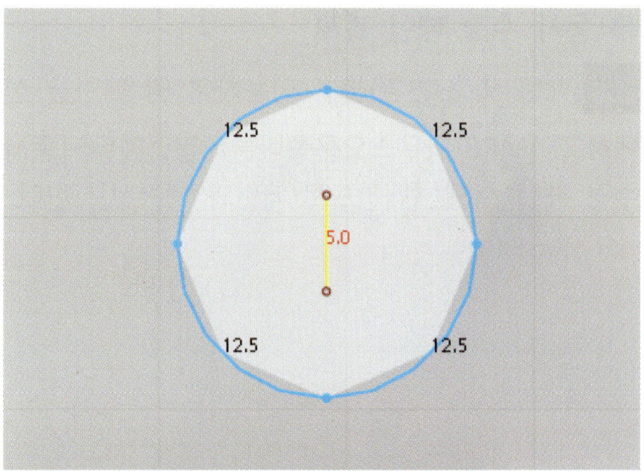

원 패턴 생성

(원)툴을 이용하여 [지름 너비 16], [지름 높이 16]의 원 패턴을 생성한다.

(내부 다각형/선)툴을 이용하여 원의 내부에 5mm 길이의 세로선을 그린다.

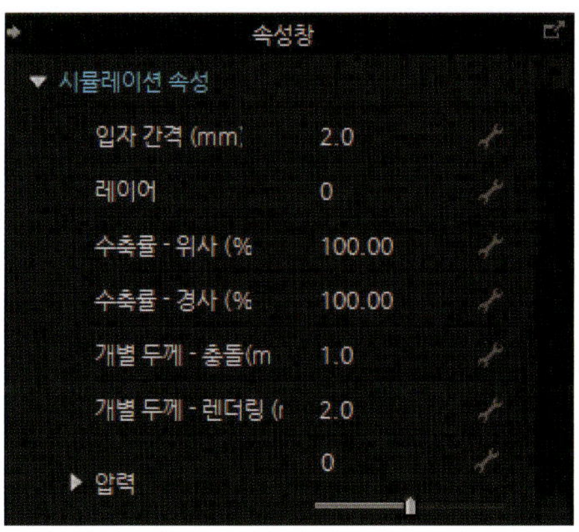

패턴 속성

(패턴 이동/변환)툴을 이용하여 원 패턴을 선택하고 [속성창]-[입자 간격 2], [개별 두께-충돌 1], [개별 두께-렌더링 2] 한다. 원단은 [FABRIC 1]을 지정한다.

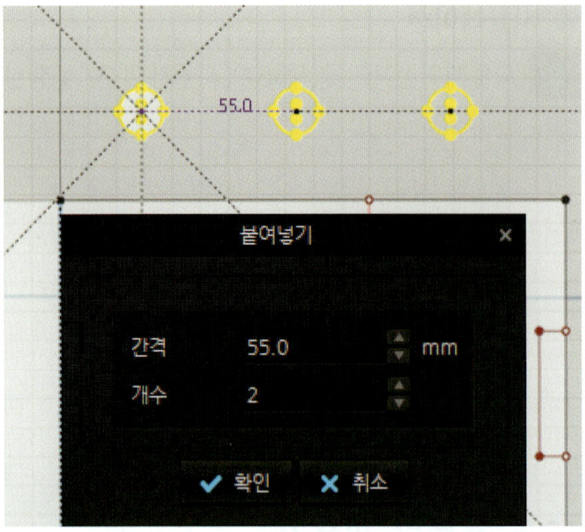

원 패턴 복사

(패턴 이동/변환)툴을 이용하여 원 패턴을 선택하고 [복사(Ctrl+C)], [붙여넣기(Ctrl+V)] 한다. 원 패턴은 Front에 3개, Back에 3개를 준비한다.

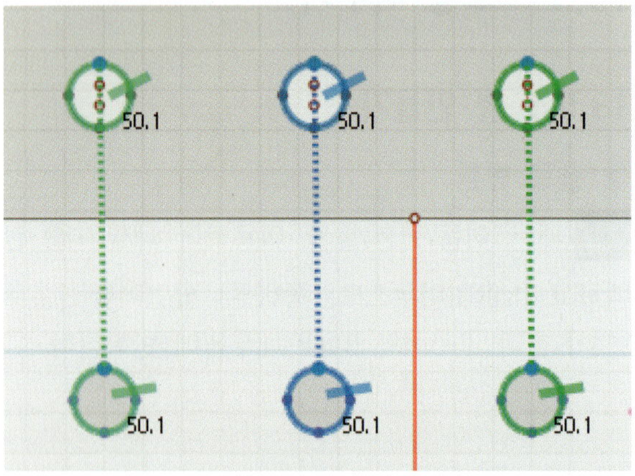

원 패턴 재봉

(자유재봉)툴을 이용하여 홀과 원 패턴을 재봉한다. 너치 방향에 주의한다.

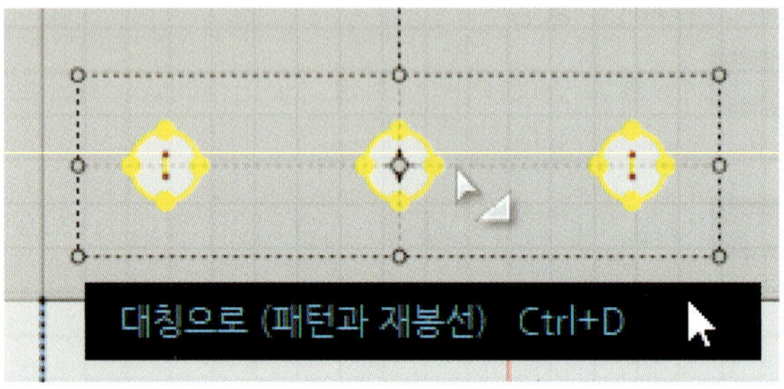

동시 수정 패턴 복제

(패턴 이동/변환)툴을 이용하여 원 패턴을 선택하고 [MRB(마우스오른쪽버튼) 팝업메뉴]-[동시 수정 패턴 복제]-[대칭으로(패턴과 재봉선)] 한다.

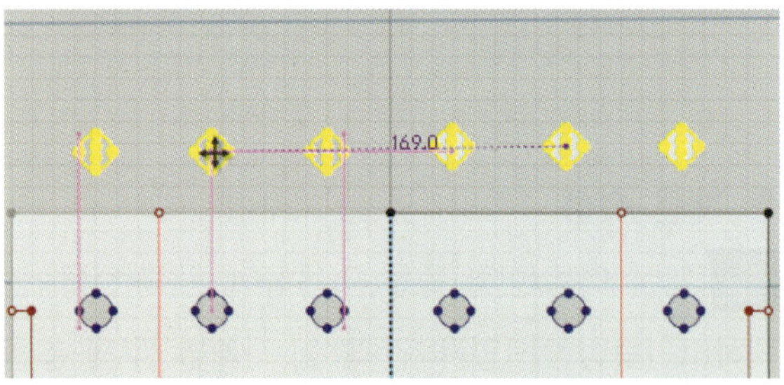

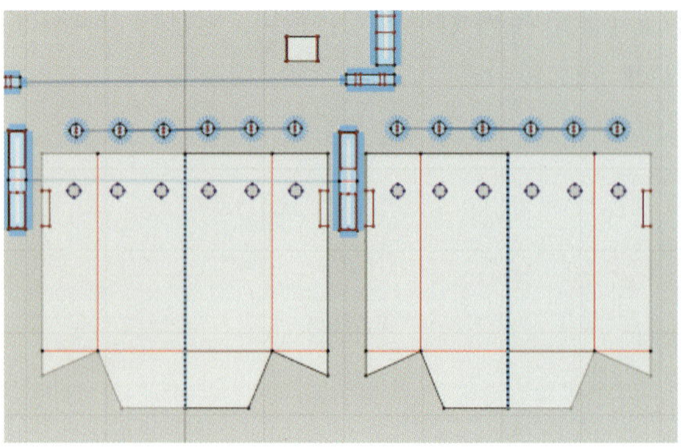

Front와 Back의 원 패턴을 모두 [동시 수정 패턴 복제]-[대칭으로(패턴과 재봉선)] 한다.

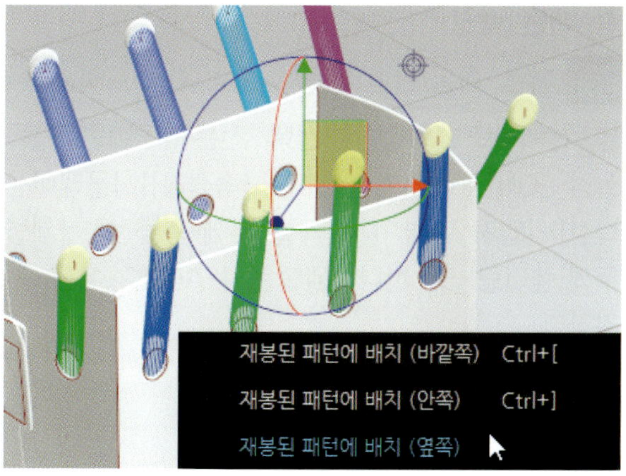

재봉된 패턴에 배치

[3D창]에서 (선택/이동)툴을 이용하여 원패턴을 선택하고 [MRB(마우스오른쪽버튼) 팝업메뉴]-[재봉된 패턴에 배치(옆쪽)] 한다.

- [재봉된 패턴에 배치]하면 패턴이 재봉된 위치에 배치되므로 의상을 시뮬레이션한 후에 배치할 때 편리하다. 바깥쪽, 안쪽, 옆쪽 중에서 패턴의 상태에 적합한 옵션을 선택한다.

13.5.2 스트링 제작

스트링 패턴

(사각형 패턴)툴을 이용하여 [너비 20], [높이 5] 사각형을 만든다. 이 사각형을 5개로 복사하여 홀과 홀 사이에 배치한다.

(사각형 패턴)툴을 이용하여 [너비 10], [높이 5] 사각형을 만든다. 이 사각형은 Back의 중심 위치에 배치한다.

(사각형 패턴)툴을 이용하여 [너비 150], [높이 5] 사각형을 만든다. 이 사각형은 Front 중심 위치에 배치한다.

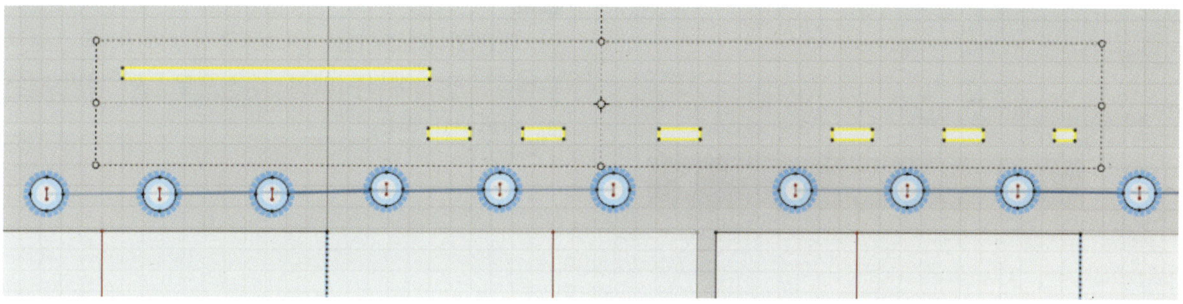

스트링 재봉

(선분재봉)툴을 이용하여 스트링 패턴을 원의 세로선에 재봉한다. 재봉선의 너치 방향에 주의한다.

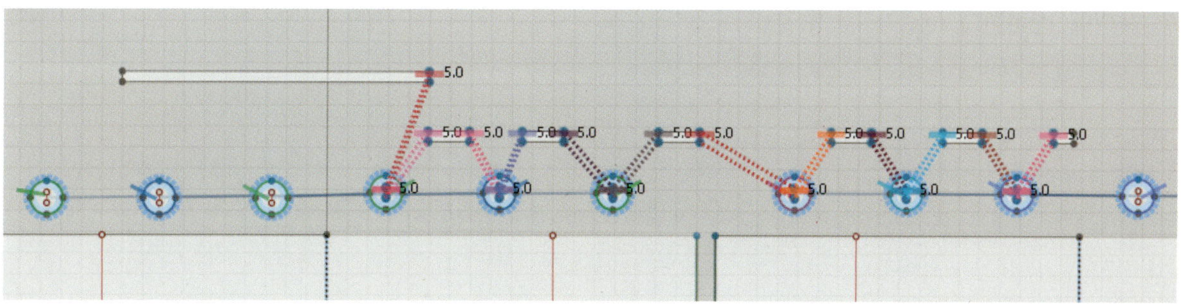

패턴 속성

(패턴 이동/변환)툴을 이용하여 스트링 패턴을 선택하고 [속성창]-[선택 선분]-[두께면 곡률 설정 ON]-[곡률(%) 50], [속성창][시뮬레이션 속성]--[입자 간격 1], [개별 두께-충돌 1], [개별 두께-렌더링 5] 한다. 원단은 [FABRIC 1]을 지정한다.

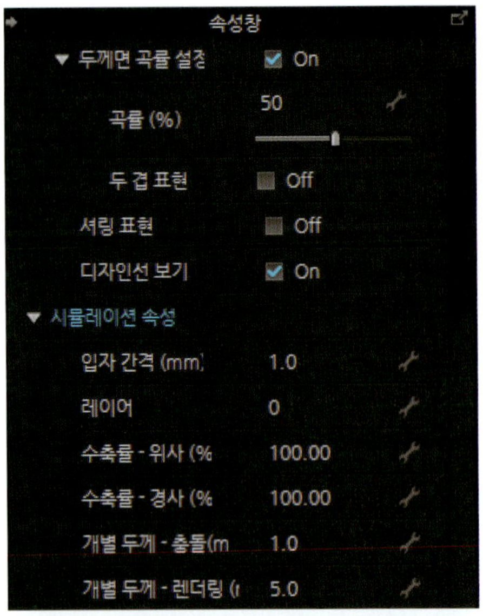

고무줄

스트링 사각형 패턴의 가로선을 모두 선택하여 [속성창]-[고무줄 ON]-[비율 100]하여 늘어나지 않도록 한다.

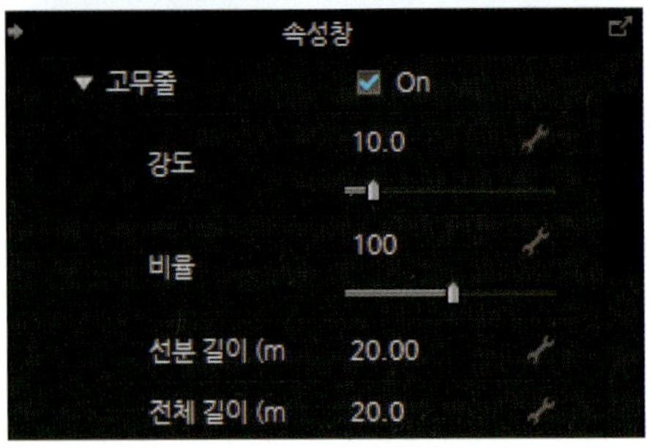

대칭 수정으로 골 펴기

(점/선 수정)툴을 이용하여 [너비 10] 스트링 패턴의 세로선을 선택하고 [MRB(마우스오른쪽버튼) 팝업메뉴]-[대칭 수정으로 골 펴기(패턴과 재봉선)] 한다.

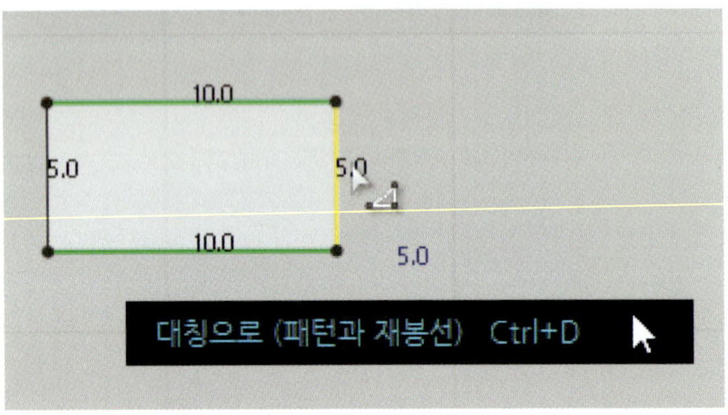

동시 수정 패턴 복제

(패턴 이동/변환)툴을 이용하여 [너비 30], [너비 150] 스트링 패턴들을 모두 선택하고 [MRB(마우스오른쪽버튼) 팝업메뉴]-[동시 수정 패턴 복제]-[대칭으로(패턴과 재봉선)] 한다. 복제된 패턴은 원 패턴 사이에 배치한다.

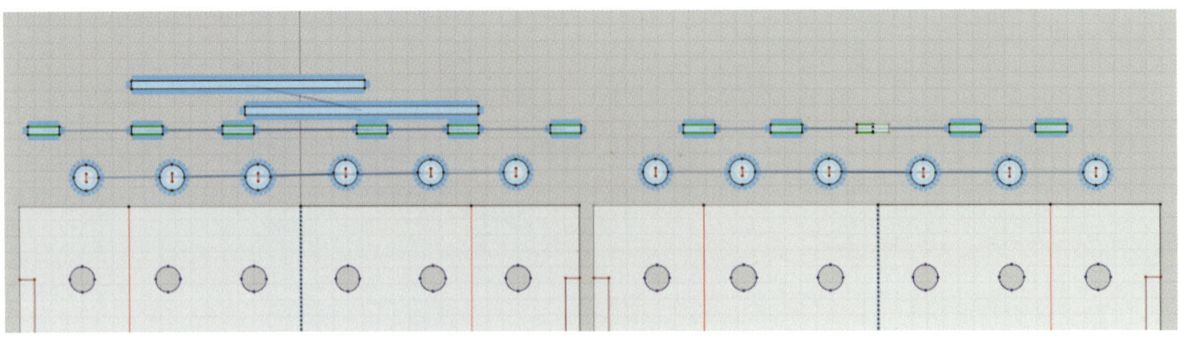

13.5.3 스트링 시뮬레이션

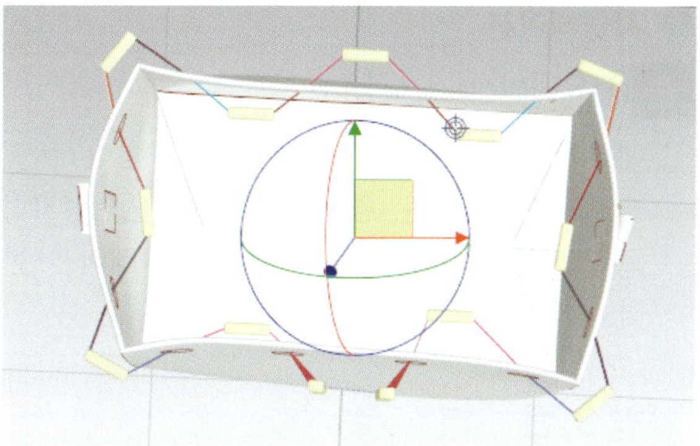

3D창에서 배치

(선택/이동)툴을 이용하여 스트링 패턴을 이동, 회전하여 [3D창]에서 재봉될 위치에 배치한다.

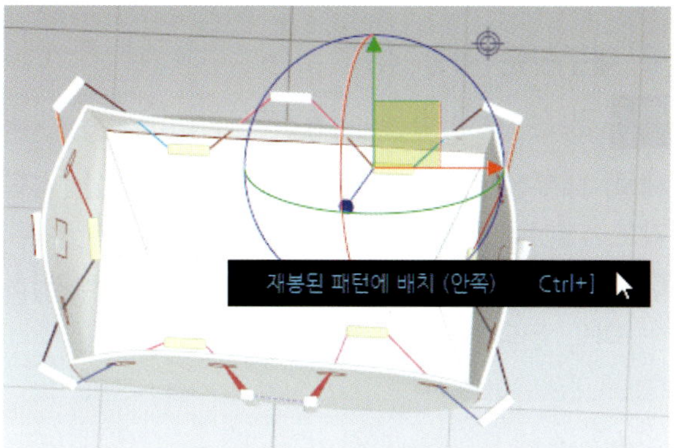

재봉된 패턴에 배치(안쪽)

안쪽에 배치된 스트링을 모두 선택하고 [3D창]에서 [MRB(마우스오른쪽버튼) 팝업메뉴]-[재봉된 패턴에 배치(안쪽)] 한다.

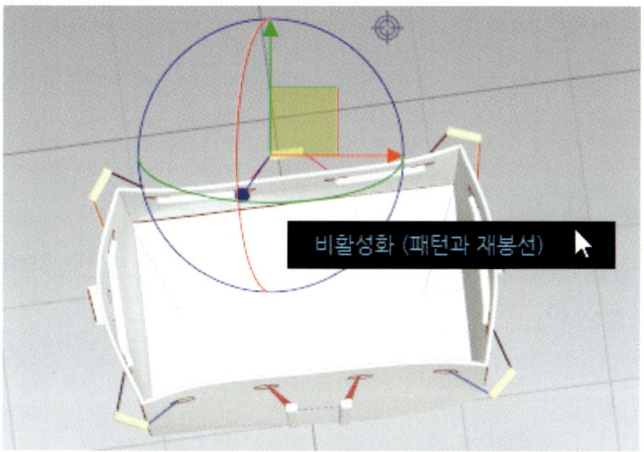

비활성화

바깥에 배치된 [너비 20] 스트링을 모두 선택하고 [3D창]에서 [MRB(마우스오른쪽버튼) 팝업메뉴]-[비활성화(패턴과 재봉선)] 한다.

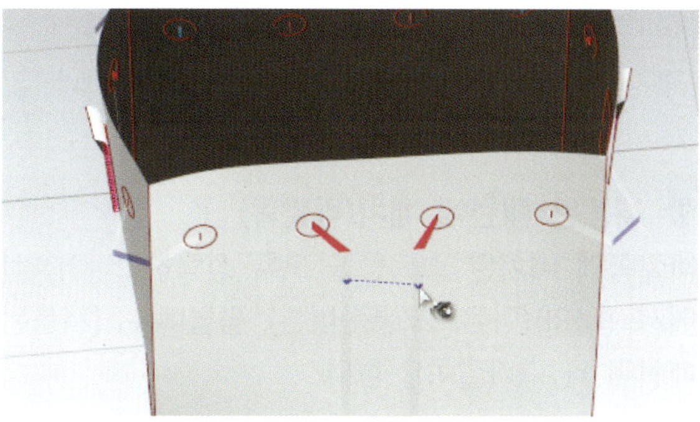

시침

[3D창]에서 (시침)툴을 이용하여 앞의 스트링 2개 사이를 고정한다.

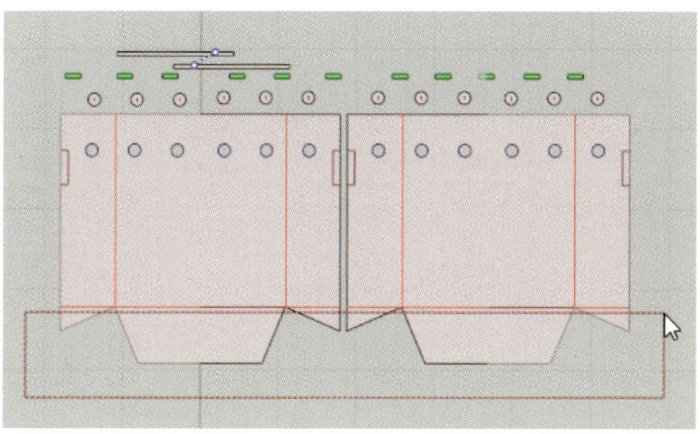

핀 고정

(핀(박스))툴을 이용하여 버킷백 바닥을 핀으로 고정한다. [2D창]에서 영역을 지정하면 쉽게 핀을 생성할 수 있다.

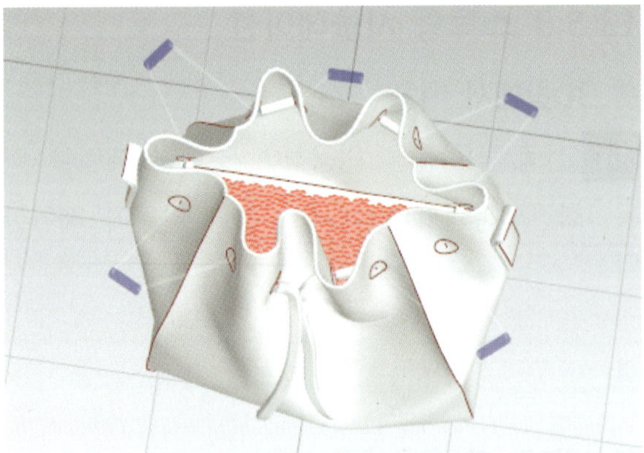

시뮬레이션

(시뮬레이션) 실행한다.

- 내부에 시뮬레이션되어야하는 스트링이 버킷백 외부로 나오는 경우, 시뮬레이션을 정지하고 스트링의 위치를 옮겨 다시 시뮬레이션 한다.

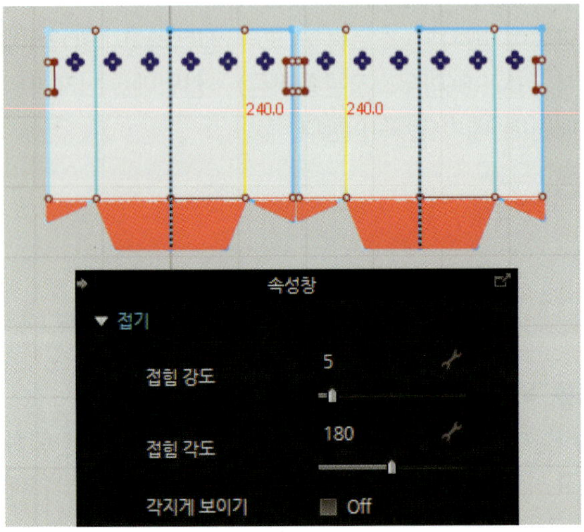

내부선분 접힘 각도

(점/선 수정)툴을 이용하여 Front와 Back의 세로 내부선분을 선택하고 [속성창]-[접기]-[접힘 각도 180], [각지게 보이기 OFF] 한다.

- 버킷백을 완성한 후, 이 내부선분은 [삭제]하여도 된다.

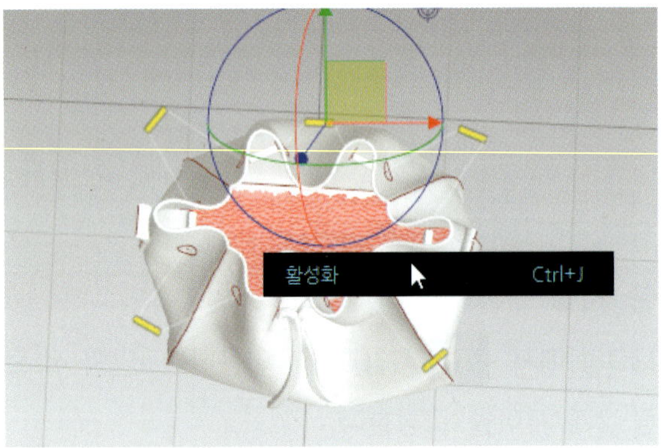

활성화

비활성화했던 스트링 피스들을 모두 선택하여 [활성화] 한다.

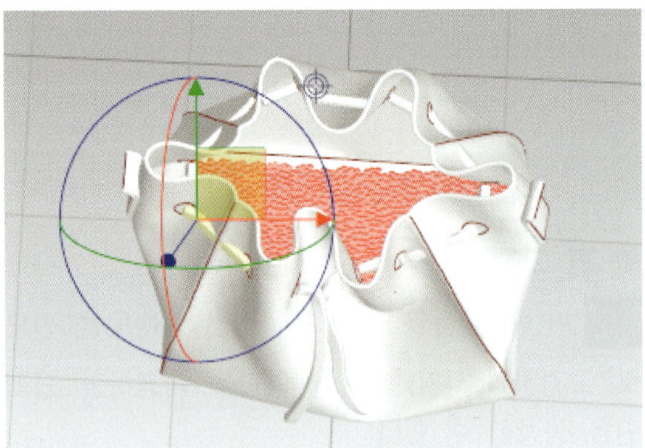

재봉된 패턴에 배치(바깥쪽)

바깥쪽에 배치된 스트링을 모두 선택하고 [3D창]에서 [MRB(마우스오른쪽버튼) 팝업메뉴]-[재봉된 패턴에 배치(바깥쪽)] 한다.

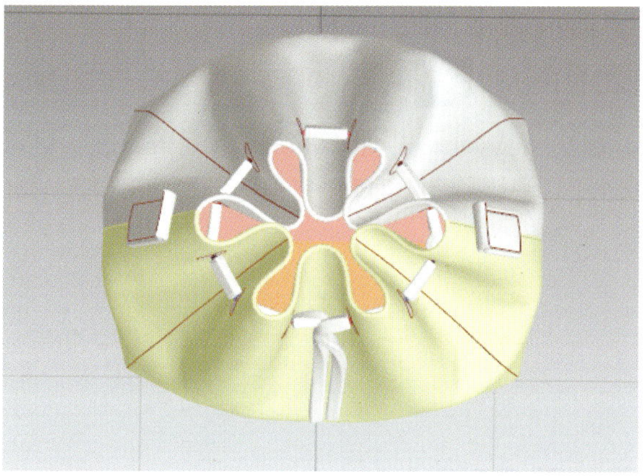

시뮬레이션

(시뮬레이션) 실행한다.

스트링이 제 위치에 시뮬레이션되지 않는 경우, 시뮬레이션을 정지하고 스트링의 위치를 옮겨 다시 시뮬레이션 한다.

Front, Back, 스트링 패턴을 모두 선택하여 [프리즈] 한다.

13.6 핸들 표현

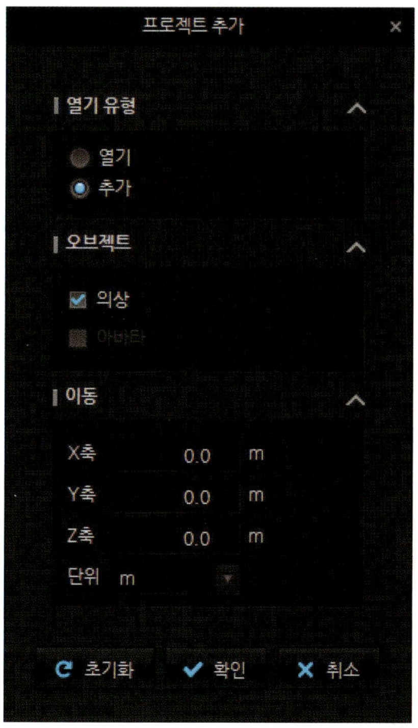

13.6.1 □링 추가

□링 불러오기

2강의 실습파일 중, □링만 저장하여 버킷백 프로젝트 파일에 [파일]-추가]-[프로젝트] 한다. [프로젝트 추가] 대화창에서 [열기 유형-추가], [오브젝트-의상] 하면 현재 파일에 [추가]된다.

또는 프로젝트 파일을 열고 □링을 복사(Ctrl+C)하여 버킷백 프로젝트 파일에 붙여넣기(Ctrl+V) 하여도 □링이 추가된다.

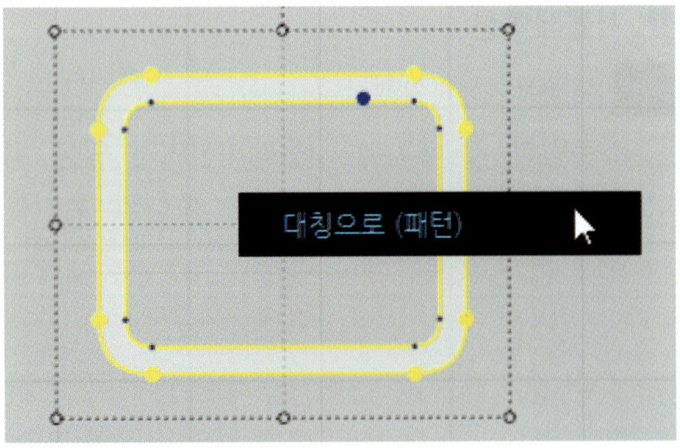

동시 수정 패턴 복제

[2D창]에서 (패턴 이동/변환)툴을 이용하여 □링을 선택하고 [MRB(마우스오른쪽버튼) 팝업메뉴]-[동시 수정 패턴 복제]-[대칭으로(패턴)]하여 복제한다.

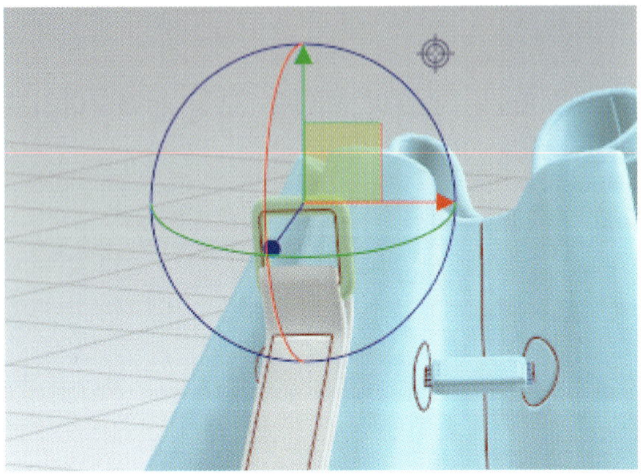

□링 프리즈

□링을 선택하여 [프리즈] 한다.

□링 위치 조절

[3D창]에서 □링의 위치를 이동, 회전하여 Chap의 접힌 위치에 끼워지도록 한다.

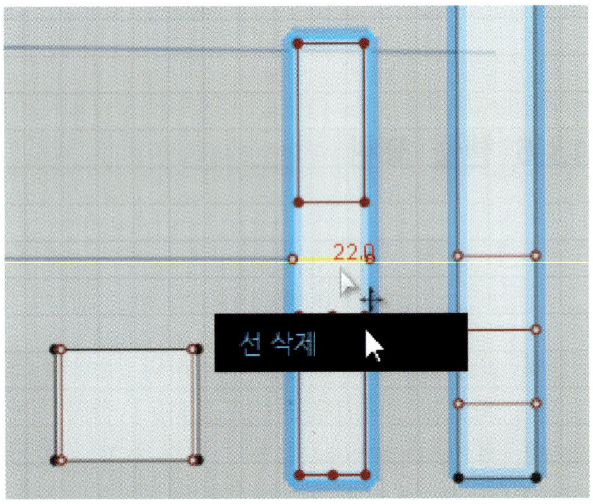

Chap 패턴 내부선분 삭제

[2D창]에서 (점/선 수정)툴을 이용하여 Chap 패턴의 내부선(접힘선)을 선택하고 [삭제]한다.

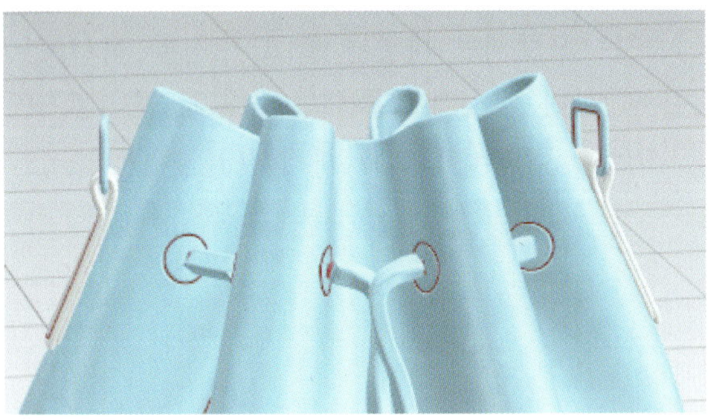

시뮬레이션

(시뮬레이션) 실행한다.

□링이 제대로 끼워지지 않는 경우, 시뮬레이션을 정지하고 □링이 Chap 패턴에 끼워지도록 회전시키고 다시 시뮬레이션 한다.

13.6.2 핸들 끼우기

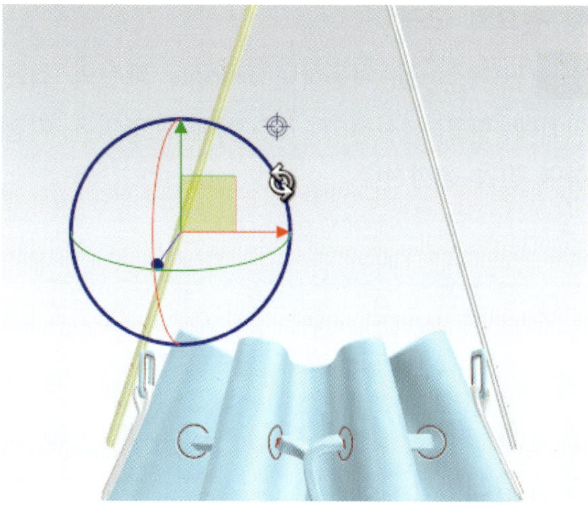

핸들 패턴 배치

[3D창]에서 (선택/이동)툴을 이용하여 Handle 패턴을 선택하고 [활성화] 한다. 기즈모를 이용하여 패턴을 이동, 회전하여 □링 옆에 배치한다.

- [3D창]에서 Handle 패턴이 보이지 않는 경우, [3D의상 보기] 중에서 (의상보기)를 활성화하면 [3D 패턴 숨기기]한 패턴이 보이게 된다.

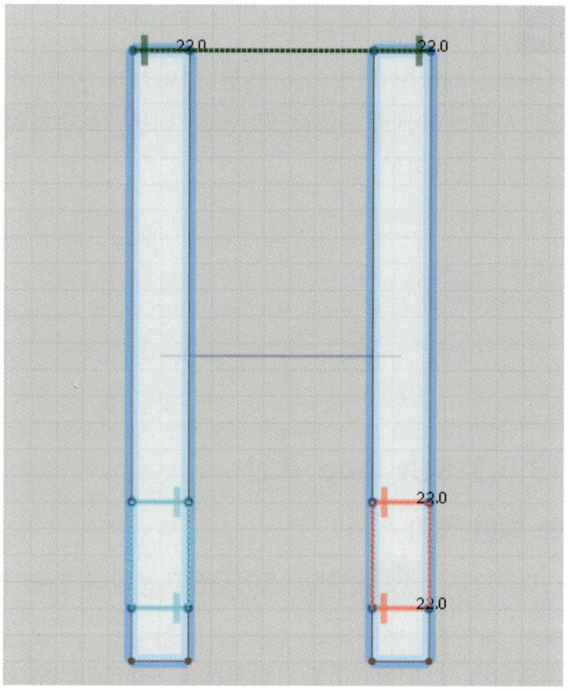

핸들 패턴 재봉

(선분재봉)툴을 이용하여 핸들의 내부선분을 재봉한다. 핸들의 위쪽 가로선을 서로 재봉한다.

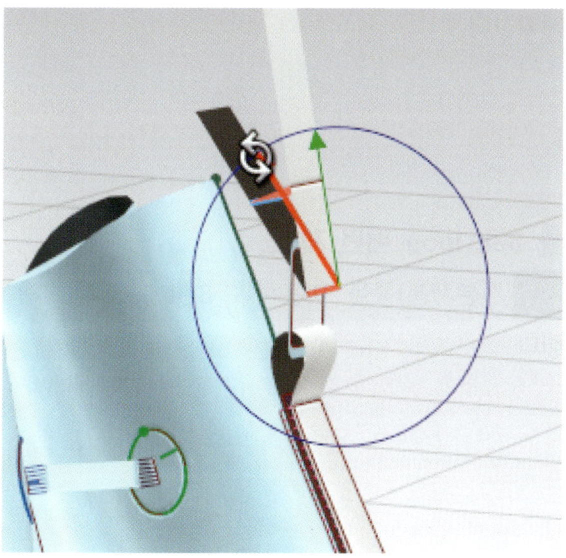

접어 배치

(접어 배치)툴을 이용하여 가운데 내부선분을 기준으로 아래쪽을 안으로 [접어 배치] 한다.

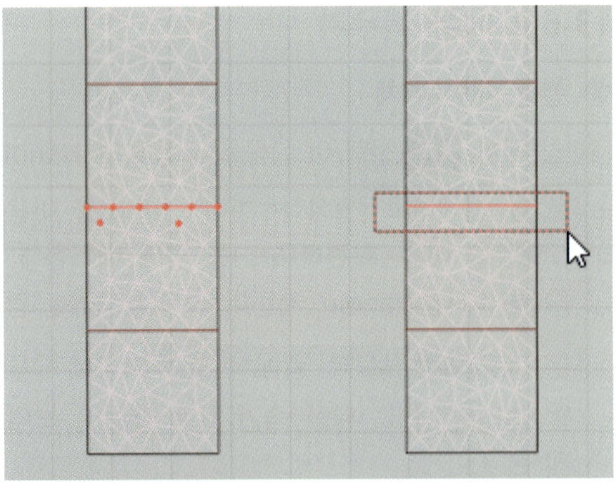

핀으로 고정

(핀(박스))을 이용하여 Handle 패턴의 접은 위치에 핀을 생성한다. [2D창]에서 영역을 지정하여 핀을 생성한다.

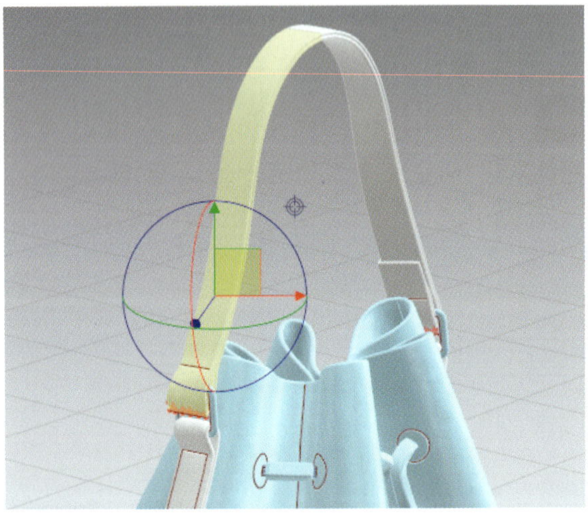

시뮬레이션

(시뮬레이션) 실행한다.

Handle 패턴이 □링에 제대로 끼워지지 않는 경우, 시뮬레이션을 정지하고 핀을 이동, 회전하여 다시 시뮬레이션 한다.

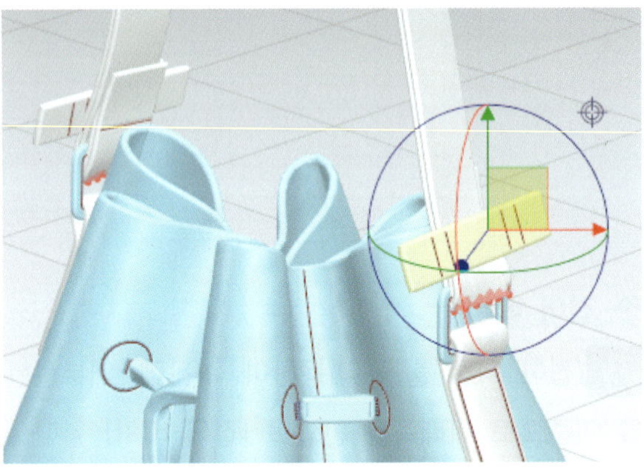

13.6.3 Belt loop 표현

패턴 배치

[3D창]에서 (선택/이동)툴을 이용하여 Belt loop 패턴을 선택하고 [활성화] 한다. 기즈모를 이용하여 패턴을 이동, 회전하여 Handle 옆에 배치한다.

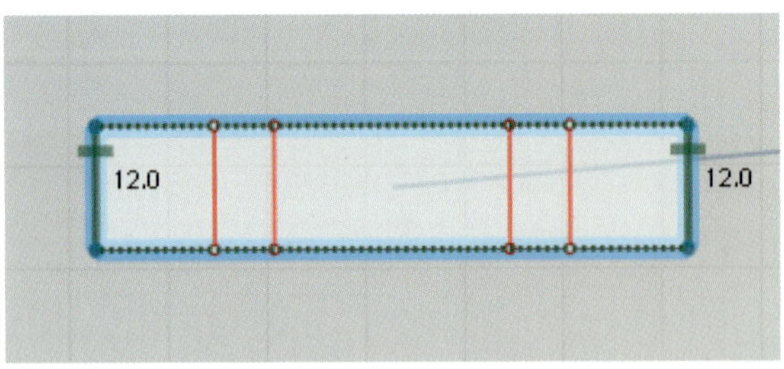

Belt loop 패턴 재봉

(선분재봉)툴을 이용하여 Belt loop를 재봉한다.

접어 배치

(접어 배치)툴을 이용하여 내부선분을 90도 정도 접어서 [접어 배치] 한다.

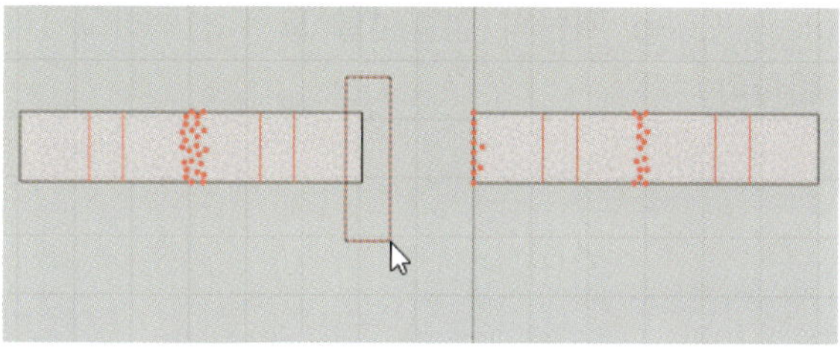

핀으로 고정

(핀(박스))을 이용하여 Belt loop 패턴의 안쪽과 바깥쪽에 핀을 생성한다. [2D창]에서 영역을 지정하여 핀을 생성한다.

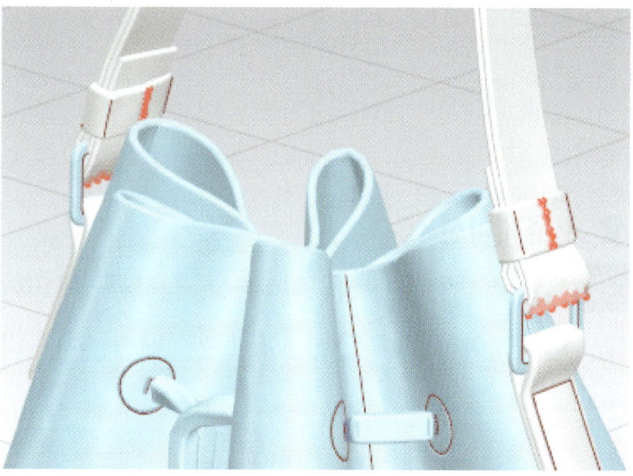

시뮬레이션

(시뮬레이션) 실행한다.

Belt loop가 Handle에 제대로 끼워지지 않는 경우, 시뮬레이션을 정지하고 핀을 이동, 회전하여 다시 시뮬레이션 한다.

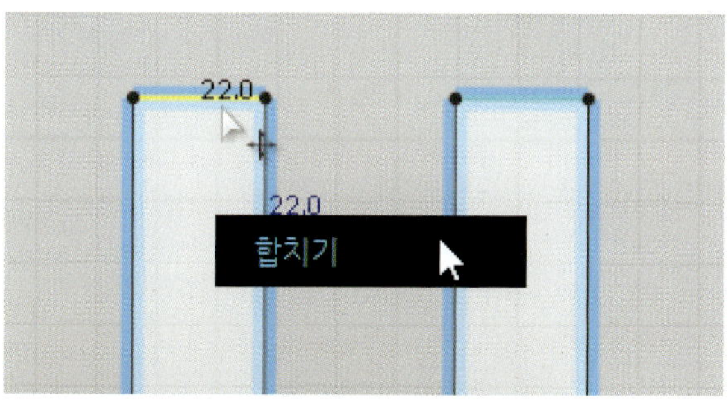

합치기

[2D창]에서 (점/선 수정)툴을 이용하여 Handle 패턴의 위쪽 가로선을 선택하고 [MRB(마우스오른쪽버튼) 팝업메뉴]-[합치기] 한다.

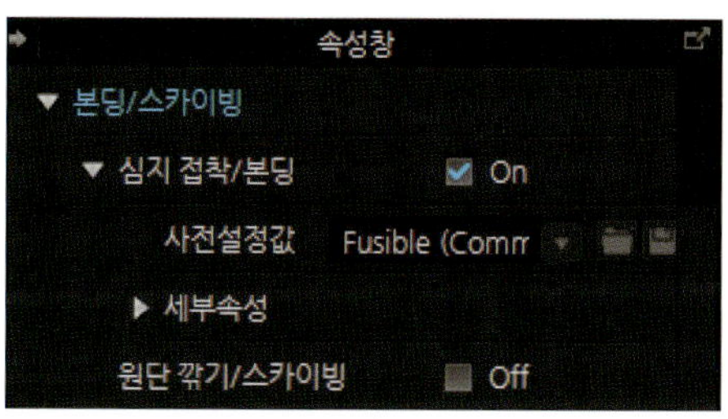

심지 접착/본딩

[2D창]에서 Handle 패턴을 선택하고 [속성창]-[본딩/스카이빙]-[심지 접착/본딩 ON] 한다. [사전설정값]은 Handle 물성에 따라 선택한다.

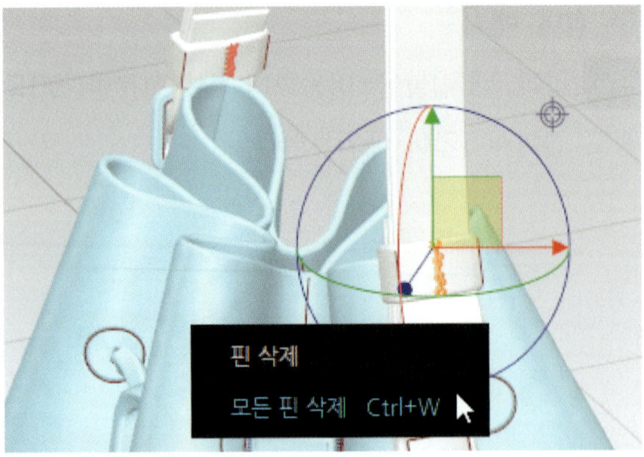

핀 삭제

[3D창]에서 (선택/이동)툴을 이용하여 핀을 선택하고 [MRB(마우스오른쪽버튼) 팝업메뉴]-[모든 핀 삭제] 한다.

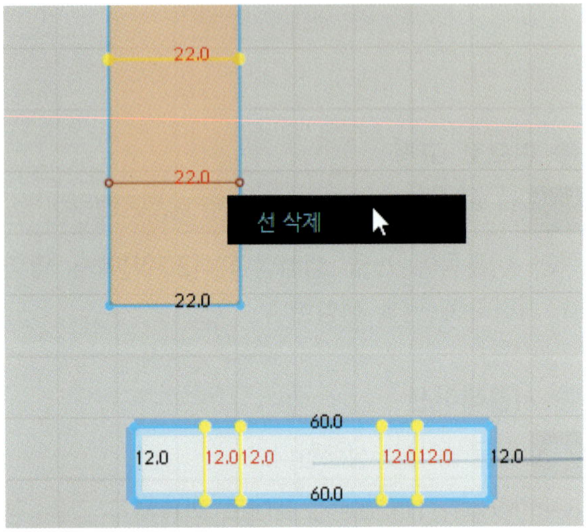

접힘선 삭제

[2D창]에서 (점/선 수정)툴을 이용하여 Handle과 Chap 패턴의 접힘선을 모두 선택하고 [삭제]한다.

시뮬레이션

(시뮬레이션) 실행하여 완성 상태를 확인한다. 시뮬레이션을 확인한 후 모든 패턴을 [프리즈] 한다.

13.7 버킷백 디테일 표현

13.7.1 Tie pull tab 표현

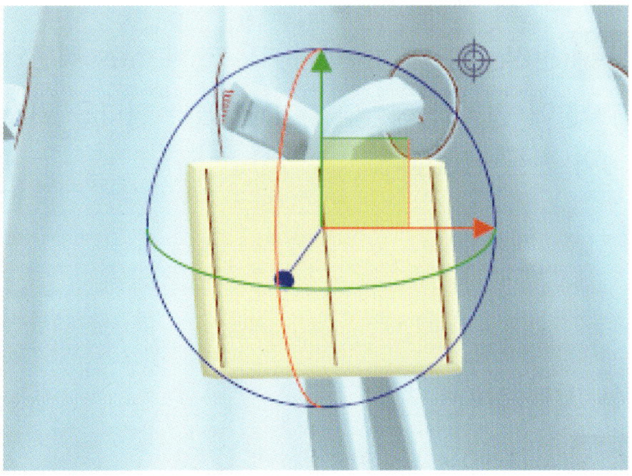

Tie pull tab 패턴 배치

Tie pull tab을 [활성화] 한다. [3D창]에서 가방 앞쪽 스트링 위치에 이동, 회전한다.

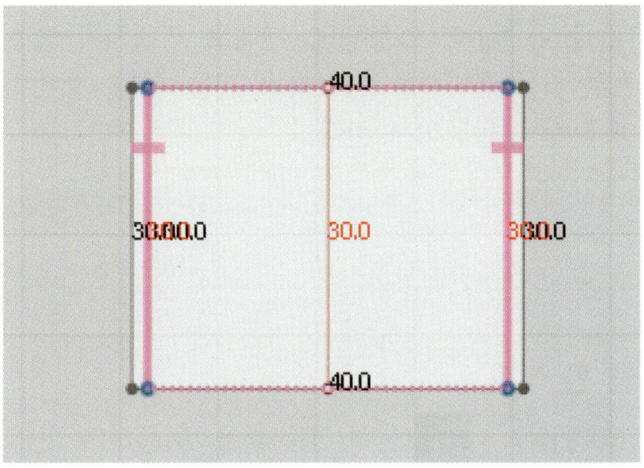

Tie pull tab 패턴 재봉

(선분재봉)툴을 이용하여 Tie pull tab의 내부선분을 재봉한다.

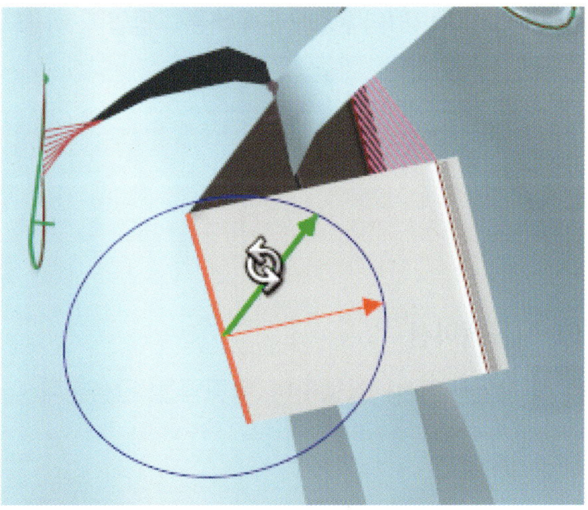

접어 배치

(접어 배치)툴을 이용하여 내부선분을 60도 정도 접어서 [접어 배치] 한다. 접어 배치한 후 내부선분은 [삭제] 한다.

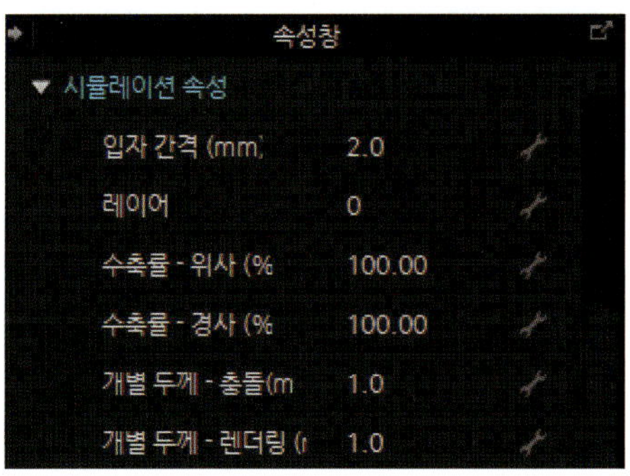

패턴 속성 변경

Tie pull tab 패턴의 [개별두께-렌더링 1]로 변경한다.

13.7.2 시뮬레이션

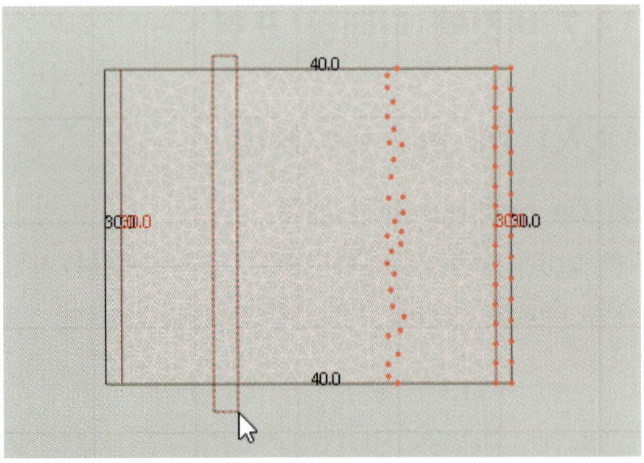

핀으로 고정

(핀(박스))을 이용하여 Tie pull tab 패턴의 3방향에 핀을 생성한다. [2D창]에서 영역을 지정하여 핀을 생성한다.

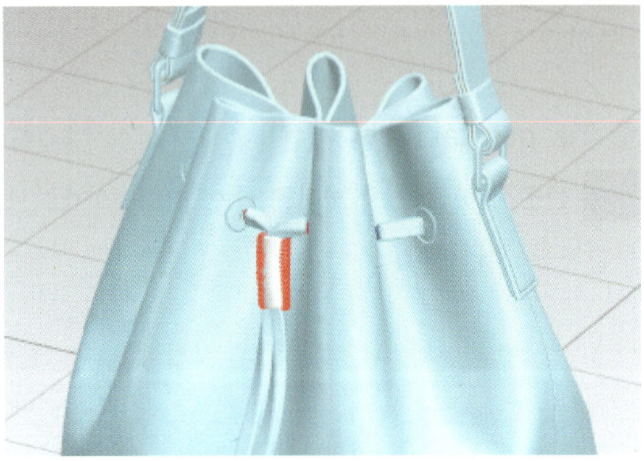

시뮬레이션

(시뮬레이션) 실행한다.

Tie pull tab이 스트링에 제대로 끼워지지 않는 경우, 시뮬레이션을 정지하고 핀을 이동, 회전하여 다시 시뮬레이션 한다.

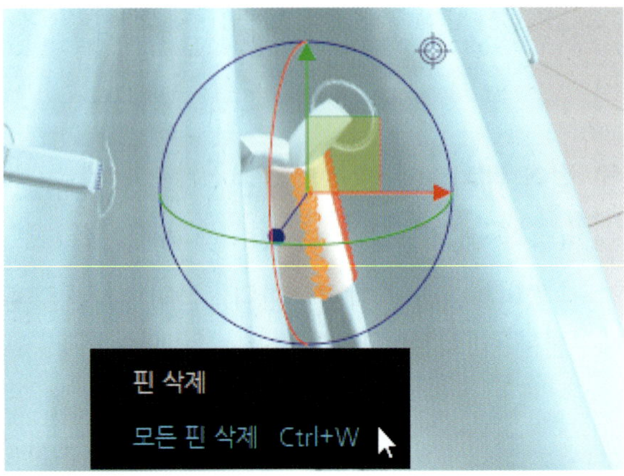

핀 삭제

[3D창]에서 (선택/이동)툴을 이용하여 핀을 선택하고 [MRB(마우스오른쪽버튼) 팝업메뉴]-[모든 핀 삭제] 한다.

시뮬레이션

(시뮬레이션) 실행하여 버킷백을 완성한다.

13.7.3 스트링 정리

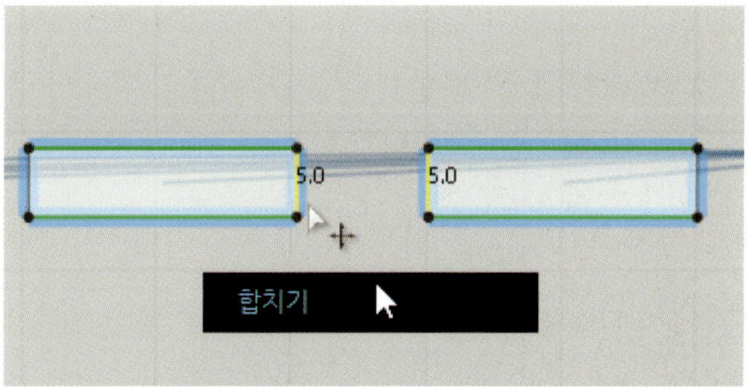

스트링 패턴 합치기

[2D창]에서 (점/선 수정)툴을 이용하여 연결되는 스트링의 세로선을 2개 선택하고 [MRB(마우스오른쪽버튼) 팝업메뉴]-[합치기] 한다.

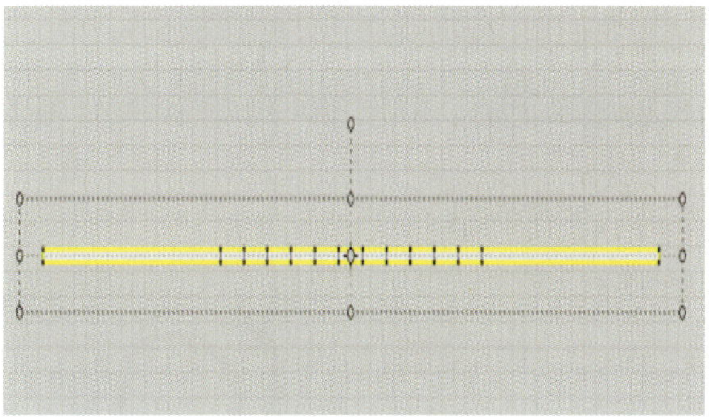

순서대로 반복하여 모든 스트링을 1개 패턴으로 [합치기] 한다.
스트링 패턴을 선택하여 [속성창]-[고무줄 OFF] 한다.

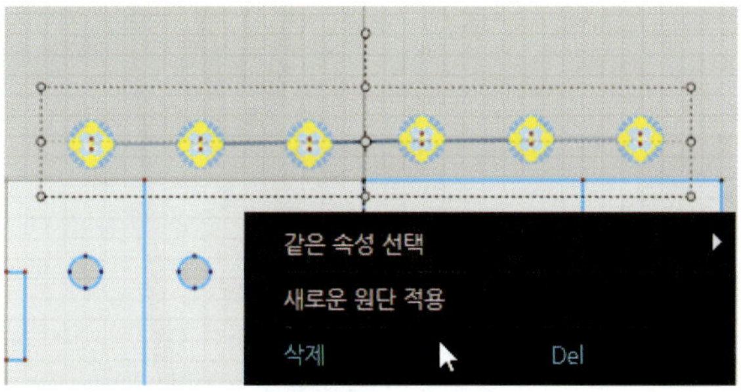

원 패턴 삭제

[2D창]에서 (패턴 이동/변환)툴을 이용하여 홀에 재봉된 원 패턴을 모두 선택하고 [삭제] 한다.

버킷백 완성

전체 재봉과 시뮬레이션 상태를 확인하여 버킷백을 완성한다. 디자인에 따라 원단 색상, 탑스티치 등 디테일을 표현한다.
버킷백을 완성한 후, □링을 OBJ로 교체한다.

14 백팩

Back pack

14.1 디자인

난이도 .... 상
패턴 .... 백팩 패턴(260, 261페이지)
주요 활용 기능 .... 사각형 패턴, 다각형 패턴, 자르기, 홀로 변환, 지퍼, 접어 배치, AI곡선, 재봉된 패턴에 배치

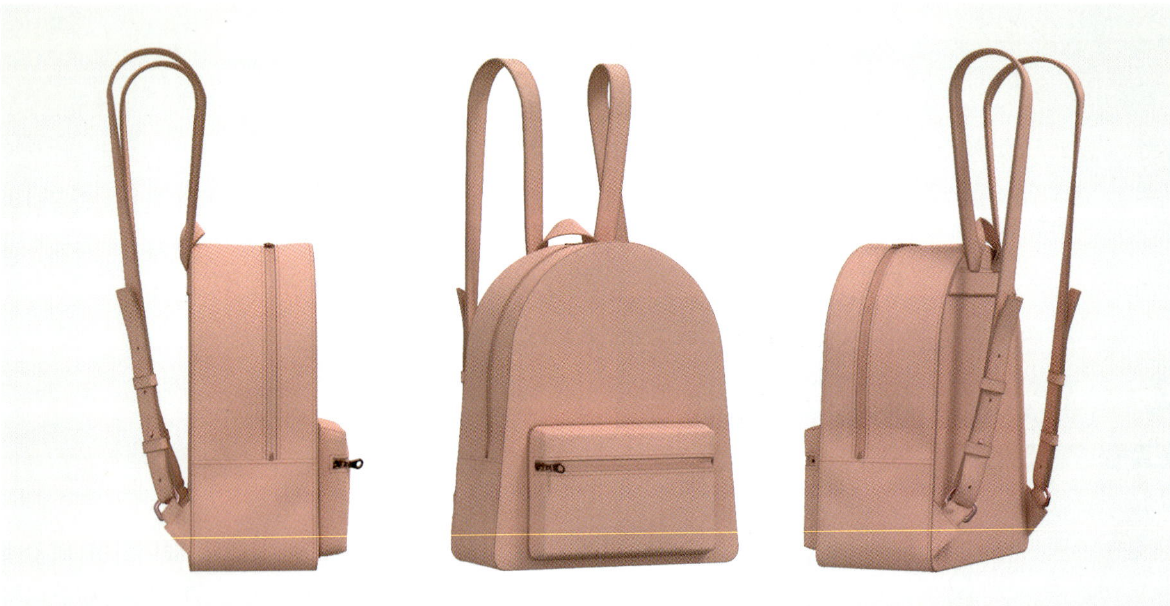

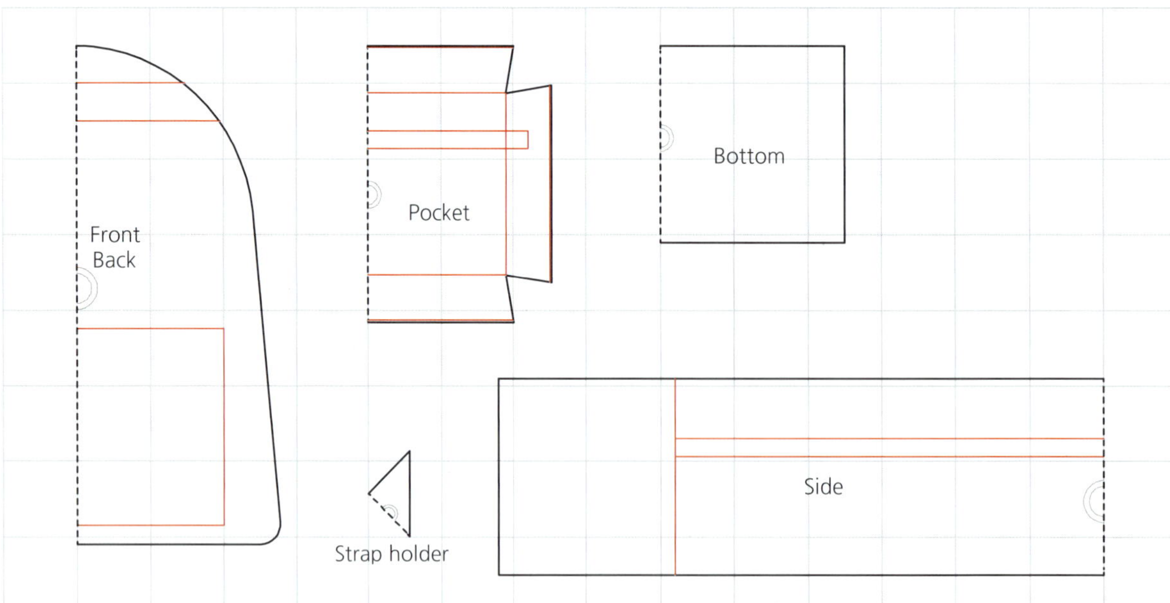

14.2 패턴 제작

14.2.1 패턴이미지 불러오기

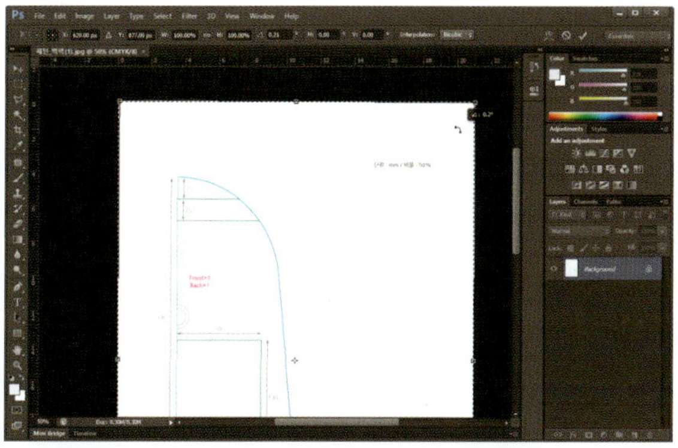

포토샵에서 패턴 이미지 정리

260, 261페이지의 패턴 이미지를 스캔한다. 스캔한 이미지를 포토샵에서 수직, 수평을 맞추어 회전시키고 패턴 영역만 [자르기(crop)]하여 jpg 또는 png 포맷으로 저장한다.

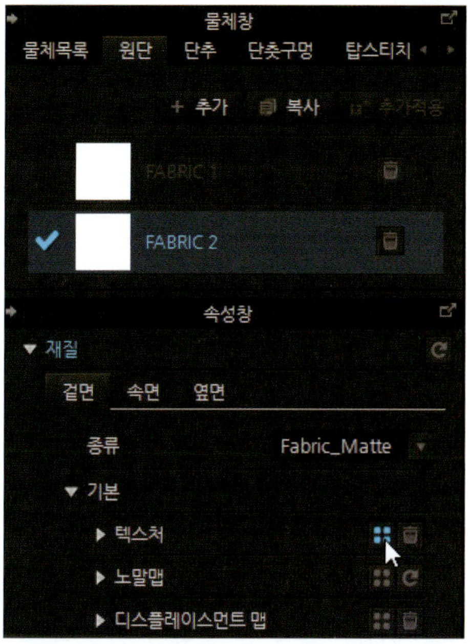

패턴 이미지 불러오기

[물체창]-[원단] 탭에서 + 추가(추가)를 2회 클릭하여 새 원단을 생성한다(FABRIC 2, FABRIC 3). [FABRIC 2]를 선택하고 [속성창]-[재질]-[텍스처]의 (탐색) 버튼을 클릭하면 [파일 열기] 윈도우가 열린다. 260페이지 패턴 이미지 파일을 선택한다. 동일한 방식으로 [FABRIC 3]에 261페이지 패턴 이미지 파일을 적용한다.

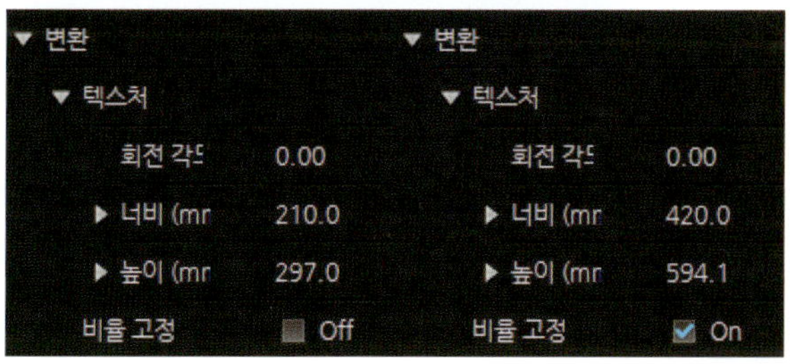

패턴 이미지 비율 변경

[물체창]-[원단] 탭에서 [FABRIC 2]를 선택하고 [속성창]-[변환]-[텍스처]에서 [비율 고정 ON] 하고, [너비] 또는 [높이]를 2배로 수정한다. [너비] 또는 [높이]를 그림과 같이 입력하는 것이 아니라, 기존 크기를 2배로 수정한다. [FABRIC 3]도 동일한 방식으로 그림 크기를 수정한다.

- 백팩 패턴 이미지는 50% 비율로 제공되므로 2배로 수정한다. 패턴 이미지의 비율이 100%라면 [너비] 또는 [높이]를 수정하지 않는다.

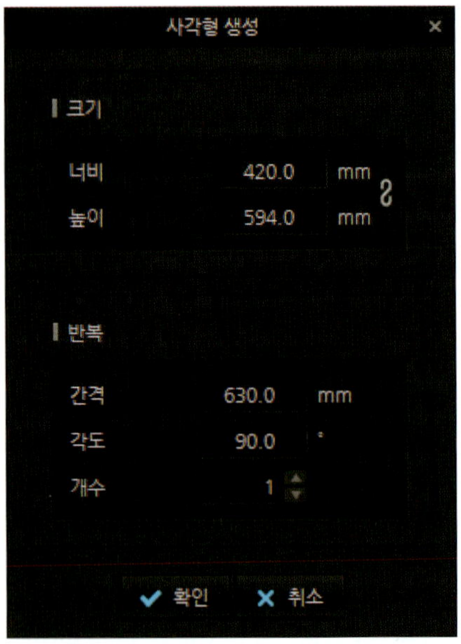

패턴 이미지를 적용할 사각형 패턴 그리기

(사각형 패턴)툴을 이용하여 [너비 420], [높이 594]의 사각형 2개를 그린다.

이 사각형은 패턴 이미지를 불러오기 위한 것이므로 사각형의 너비, 높이는 패턴이 보일 정도의 크기로 자유롭게 지정할 수 있다.

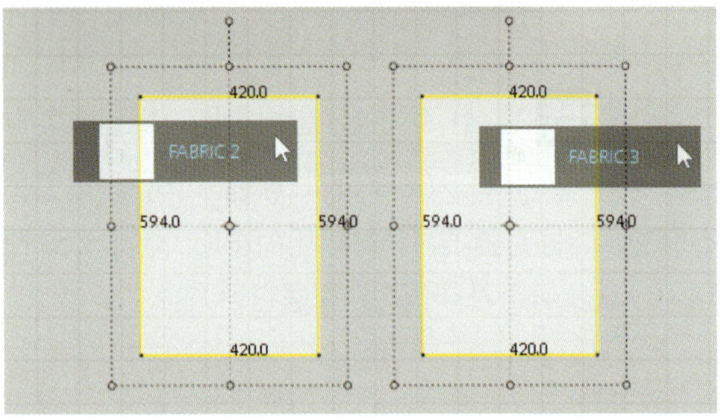

원단 적용

사각형에 각각 [FABRIC 2]와 [FABRIC 3]을 드래그 & 드롭하여 적용한다.

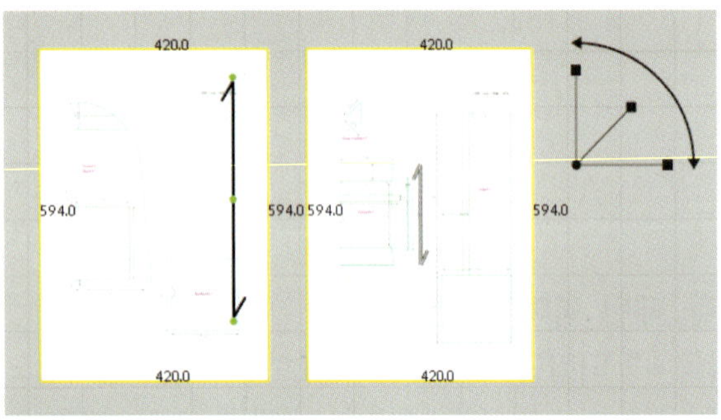

패턴 이미지 위치 이동

백팩 패턴 이미지가 사각형의 중앙에 위치하도록 텍스처를 이동시킨다. (텍스처 수정(2D))툴을 선택하여 패턴을 클릭 & 드래그하면 텍스처가 이동된다.

14.2.2 Front 패턴

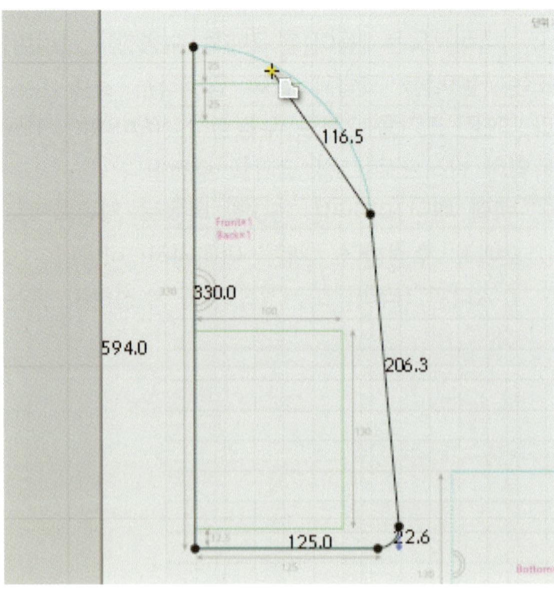

Front 패턴 외곽선 생성

(다각형 패턴)툴을 선택하여 패턴의 외곽선을 그린다. 패턴의 곡선 부분에서는 클릭한 상태로 드래그하면 AI곡선으로 그려지고 파란색 핸들이 나타난다. 다각형 패턴을 완성한 후에 핸들을 이용하여 AI곡선을 수정할 수 있다. 곡선에 연결하여 직선을 그리려면 [Backspace] 키를 탭하여 한쪽 핸들이 없어지도록 하고 다음 점 위치를 클릭한다.

도형을 그릴 때, 첫 번째 클릭했던 점을 다시 클릭하여야 폐곡선 형태로 패턴이 완성된다.

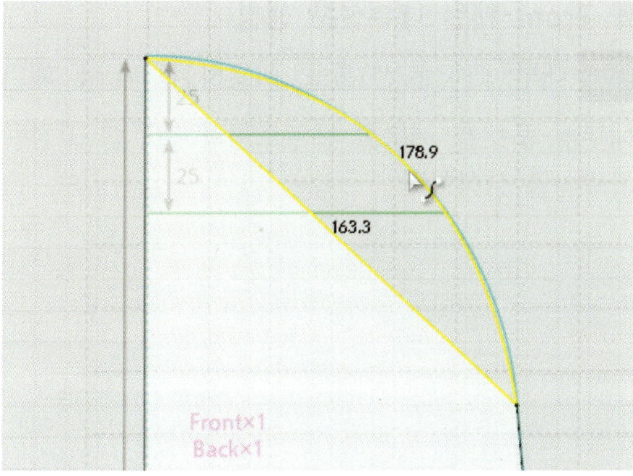

곡선 수정

직선을 곡선으로 수정하려면, (곡률 수정)툴을 이용한다. 직선을 클릭 & 드래그하여 곡선으로 변경한다.

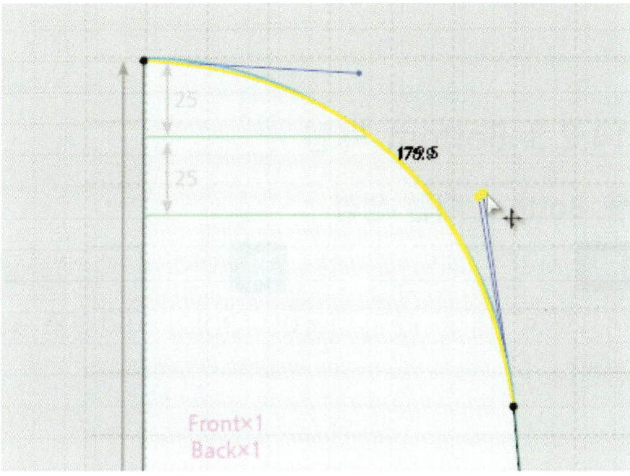

(점/선 수정)툴 또는 (곡률 수정)툴을 이용하여 파란색 핸들을 조절하면 AI곡선의 형태를 수정할 수 있다.

Q (다각형 패턴)툴을 이용하여 도형을 그릴 때, 곡선 다음에 직선을 연결하여 그리고자 한다.

A 다각형 패턴을 완성한 후에 핸들을 이용하여 외곽선을 수정할 수 있다. 곡선에 연결하여 직선을 그리려면 [Backspace] 키를 탭하여 한쪽 핸들이 없어지도록 하고 다음 점 위치를 클릭한다.

① 클릭한 상태로 드래그하여 AI 곡선을 그린다.

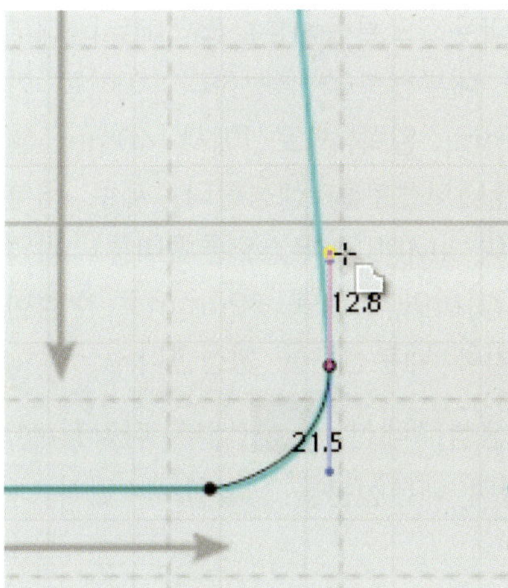

② [Backspace] 키를 누르면 핸들 한쪽이 없어진다.

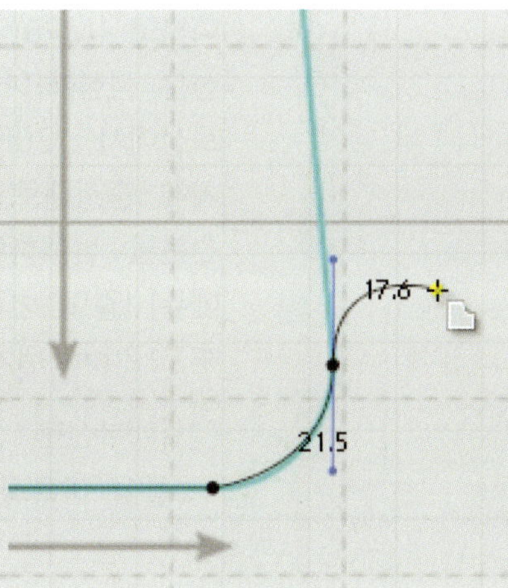

③ 핸들 한쪽이 없어지고 다음 선을 직선으로 그릴 수 있다.

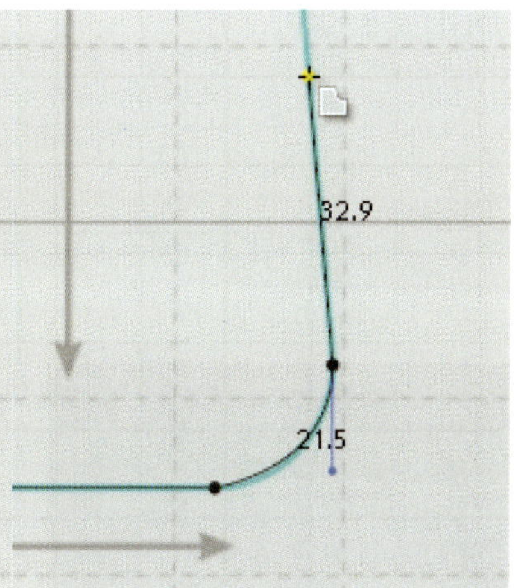

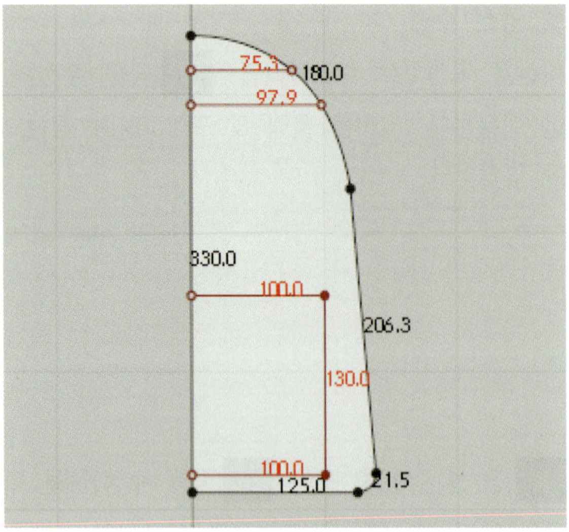

Front 패턴 내부선분 생성

(내부 다각형/선)툴을 이용하여 Front 패턴 내부에 포켓을 재봉할 내부도형과 스트랩 고정용 가로선을 생성한다.

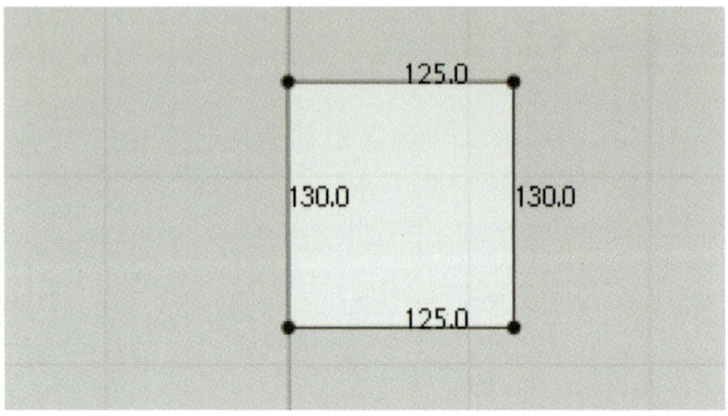

14.2.3 Bottom 패턴

Bottom 패턴 생성

(사각형 패턴)툴 또는 (다각형 패턴)툴을 이용하여 [너비 125], [높이 130]의 사각형을 생성한다.

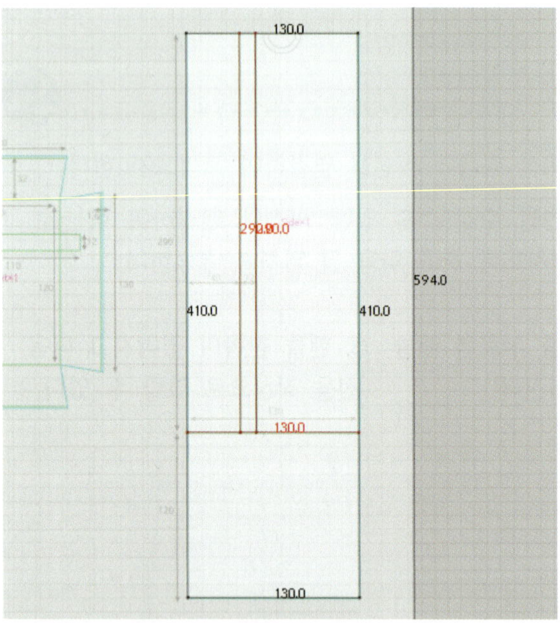

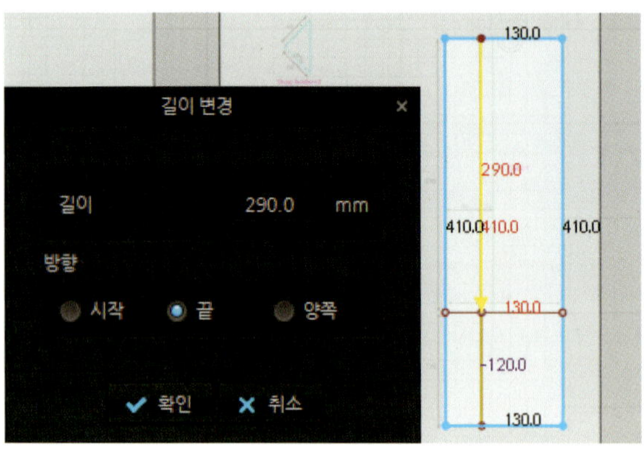

14.2.4 Side 패턴

Side 패턴 생성

(사각형 패턴)툴 또는 (다각형 패턴)툴을 이용하여 [너비 130], [높이 410]의 사각형을 생성한다.

Side 패턴 내부선분 생성

(점/선 수정)툴을 이용하여 패턴 외곽선을 선택하고 [MRB(마우스오른쪽버튼) 팝업메뉴]-[내부선분 생성]하여 내부선분을 생성한다. 아래쪽 가로선에서 120mm, 왼쪽 세로선에서 40mm 위치에 순서대로 내부선분을 생성한다. 세로 내부선분을 선택하여 [MRB(마우스오른쪽버튼) 팝업메뉴]-[길이 변경]하여 길이를 290mm로 수정한 후, 12mm 위치에 내부선분을 생성한다.

[내부선분 생성] 대신, (내부 다각형/선)툴을 이용하여 내부선분을 생성할 수 있다.

14.2.5 Pocket 패턴

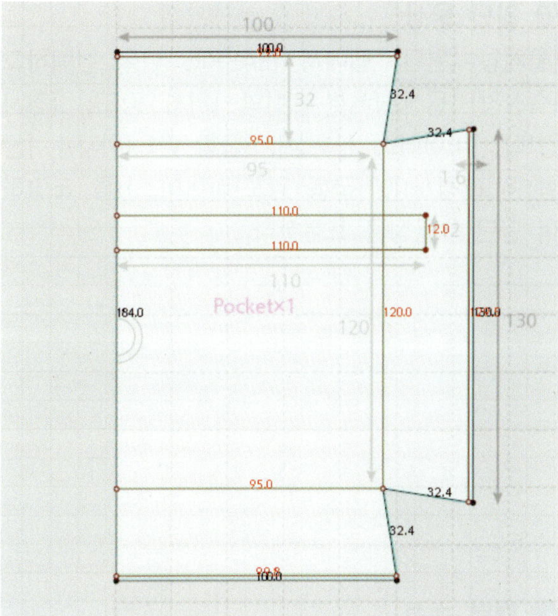

Pocket 패턴 생성

(다각형 패턴)툴을 이용하여 Pocket 패턴의 외곽선을 제도한다.

Pocket 패턴 내부선분 생성

(내부 다각형/선)툴을 이용하여 내부선분을 제도한다.

14.2.6 Strap holder 패턴

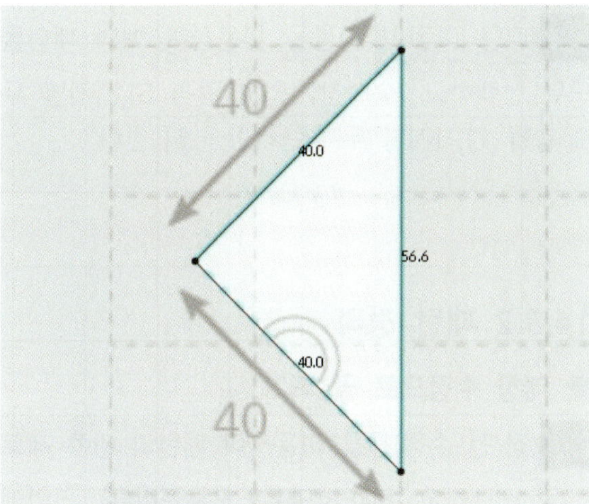

Strap holder 패턴 생성

(다각형 패턴)툴을 이용하여 Strap holder 패턴의 외곽선을 제도한다.

14.3 패턴 정리

14.3.1 원단 물성과 패턴 속성

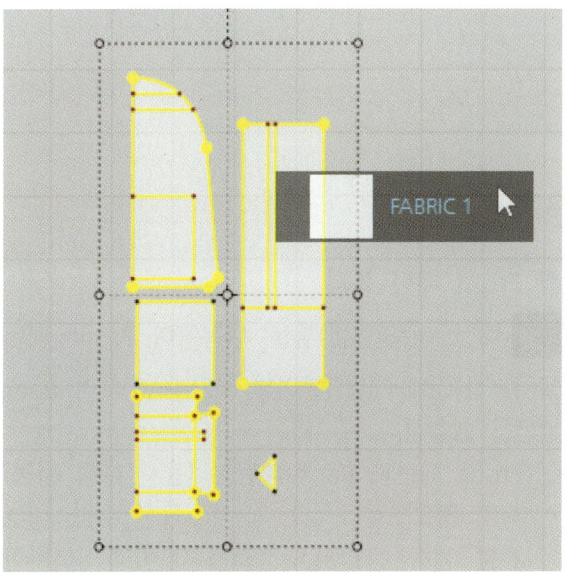

원단 적용

모든 패턴에 [물체창]-[원단] 탭에서 [FABRIC 1]을 드래그 & 드롭하여 적용한다.

원단 물성

[물체창]-[원단] 탭에서 [FABRIC 1]을 선택하고 [속성창]-[물성]-[세부속성]의 [위사 강도], [경사 강도], [바이어스 신축성], [굽힘 강도(위사)], [굽힘 강도(경사)], [굽힘 강도(바이어스)]를 조절하여 단단한 물성을 표현한다.

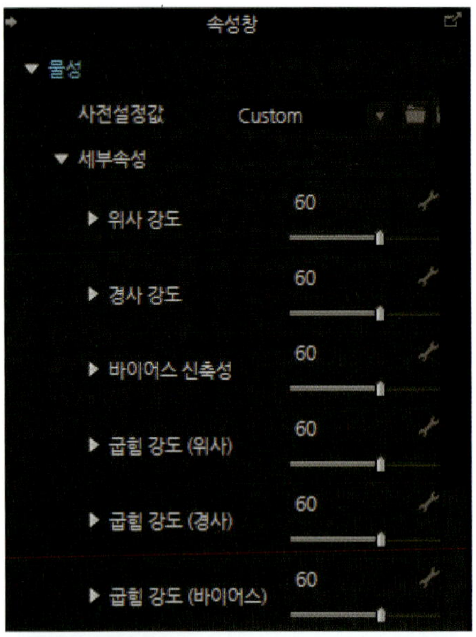

패턴 속성

(패턴 이동/변환)툴을 이용하여 백팩 패턴을 모두 선택하고 [속성창]-[입자 간격 5], [개별 두께-충돌 1], [개별 두께-렌더링 1.5] 한다.

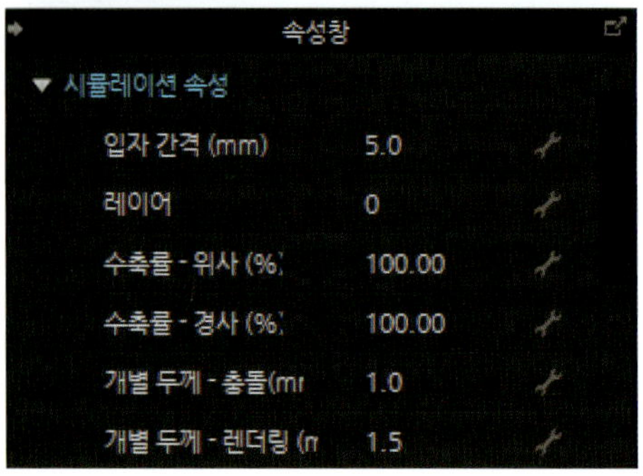

14.3.2 패턴 정리

대칭 수정으로 골 펴기

(점/선 수정)툴을 이용하여 패턴의 왼쪽 세로선을 선택하고 [MRB(마우스오른쪽버튼) 팝업메뉴]-[대칭 수정으로 골 펴기(패턴과 재봉선)] 한다.

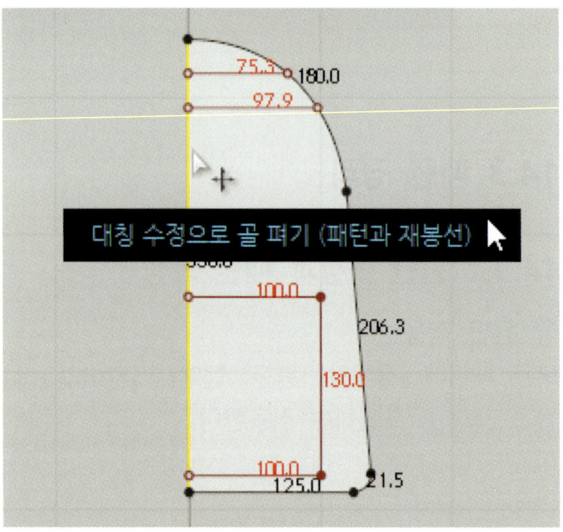

Front 패턴 복사

(패턴 이동/변환)툴을 이용하여 Front 패턴을 [복사(Ctrl+C)], [붙여넣기(Ctrl+V)]하여 Back 패턴을 생성한다.

- Front 패턴과 Back 패턴은 [동시 수정 설정] 되지 않으므로 Front 패턴의 곡선 수정, 내부 선분 생성 등 패턴 정리를 마친 후, 복사한다.

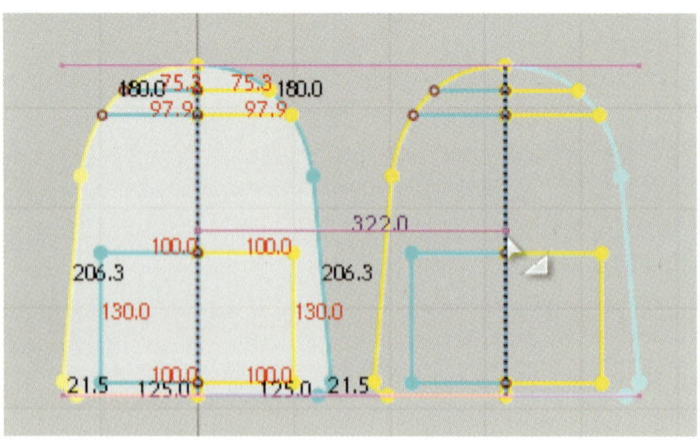

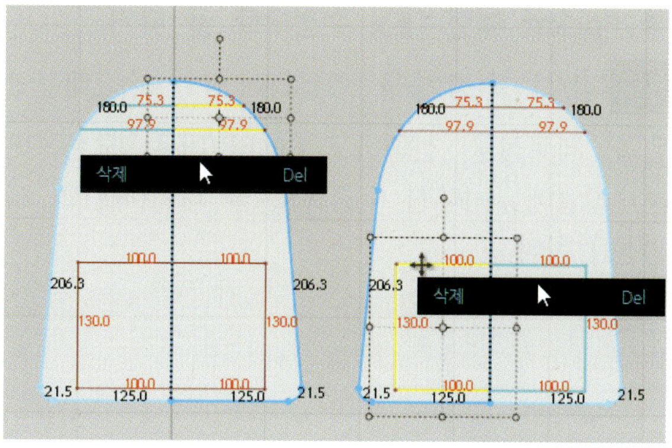

Front 패턴 정리

(점/선 수정)툴을 이용하여 스트랩 고정선을 선택하고 [삭제] 한다.

- Front 패턴과 Back 패턴의 외곽선은 동일하지만, 스트랩 고정선은 Back 패턴에만, 포켓 내부도형은 Front 패턴에만 필요하므로 사용하지 않는 내부도형 또는 내부선분은 삭제한다.

Back 패턴 정리

(점/선 수정)툴을 이용하여 포켓 재봉용 내부도형을 선택하고 [삭제] 한다.

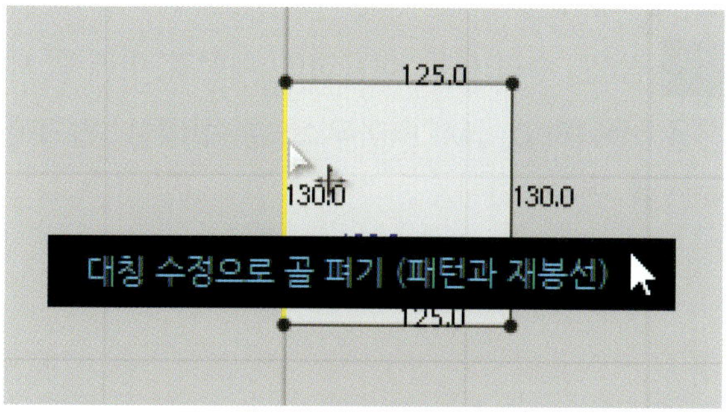

Bottom 패턴 대칭 수정으로 골 펴기

(점/선 수정)툴을 이용하여 Bottom 패턴의 왼쪽 세로선을 선택하고 [MRB(마우스오른쪽버튼) 팝업메뉴]-[대칭 수정으로 골 펴기(패턴과 재봉선)] 한다.

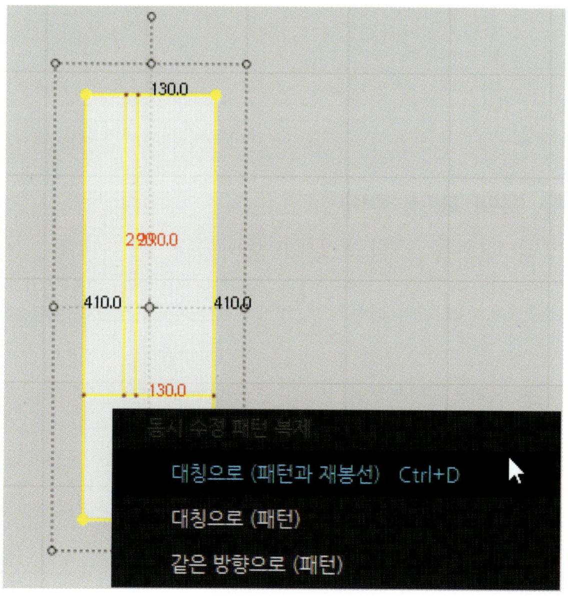

Side 패턴 동시 수정 패턴 복제

(패턴 이동/변환)툴을 이용하여 Side 패턴을 선택하고 [MRB(마우스오른쪽버튼) 팝업메뉴]-[동시 수정 패턴 복제]-[대칭으로(패턴과 재봉선)] 한다.

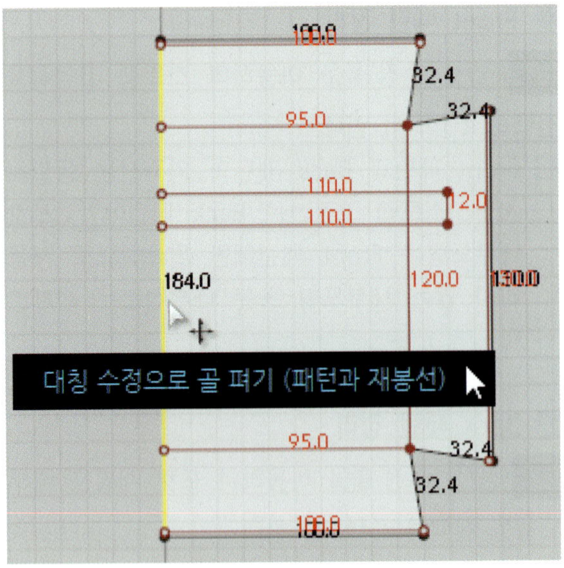

Pocket 패턴 대칭 수정으로 골 펴기

(점/선 수정)툴을 이용하여 Pocket 패턴의 왼쪽 세로선을 선택하고 [MRB(마우스오른쪽버튼) 팝업메뉴]-[대칭 수정으로 골 펴기(패턴과 재봉선)] 한다.

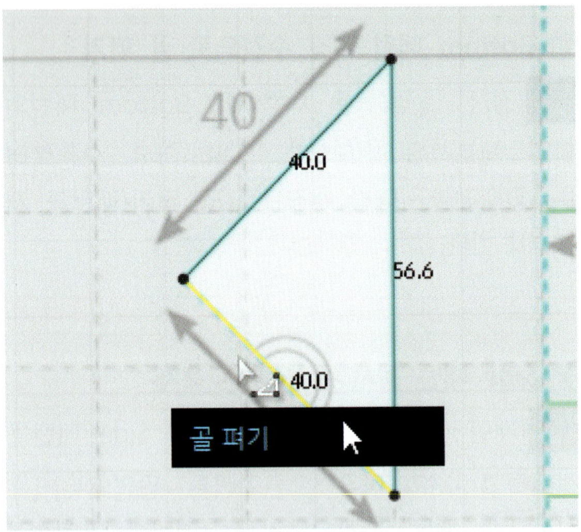

골 펴기

(점/선 수정)툴을 이용하여 패턴의 아래쪽 사선을 선택하고 [MRB(마우스오른쪽버튼) 팝업메뉴]-[골 펴기] 한다.

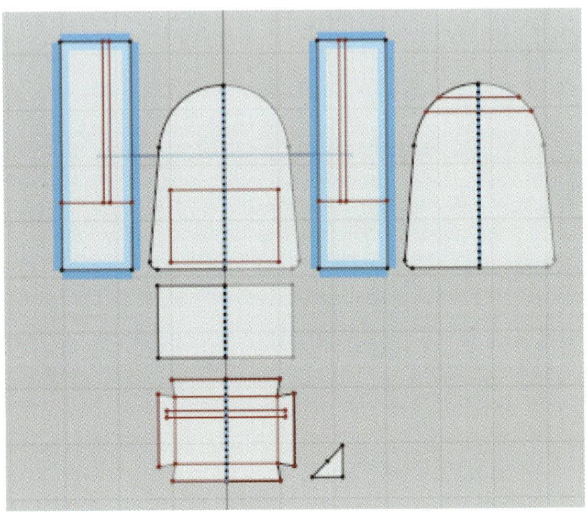

백팩 패턴 준비

백팩 패턴을 그림과 같이 준비한다.

14.4 3D 백팩 제작

14.4.1 백팩 재봉

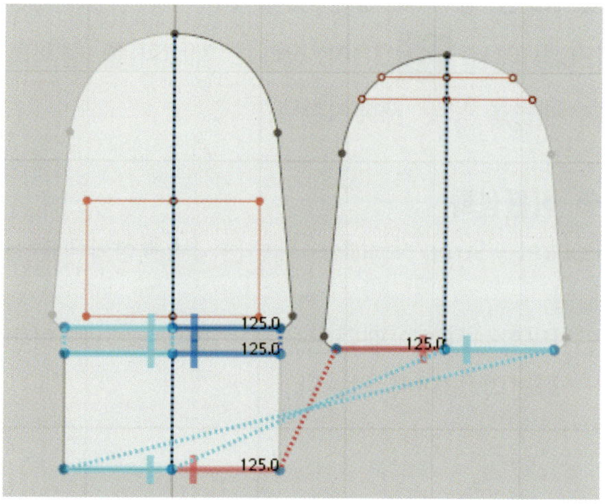

Front와 Back, Bottom 재봉

(선분재봉)툴을 이용하여 Front-Bottom, Back-Bottom을 재봉한다. 재봉선의 너치 방향에 주의한다.

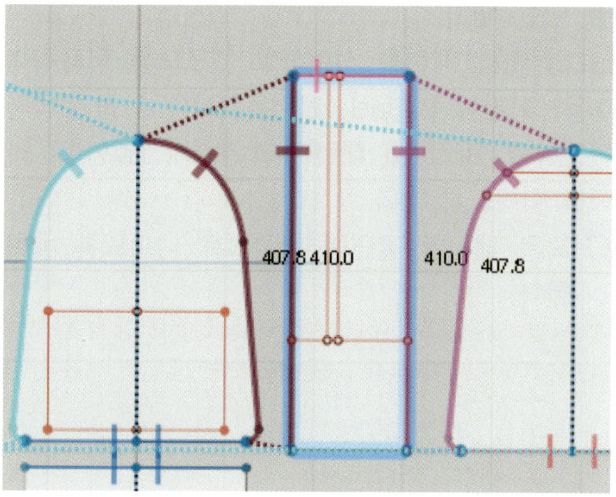

Front와 Back, Side 재봉

(자유재봉)툴을 이용하여 Front-Side, Back-Side의 세로선을 재봉한다.

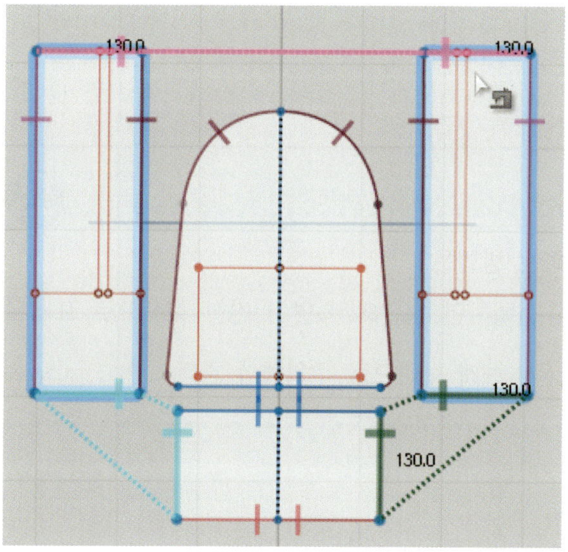

Side와 Bottom 재봉

(선분재봉)툴을 이용하여 Side-Bottom을 재봉한다.

(선분재봉)툴을 이용하여 Side의 위쪽 가로선을 서로 재봉한다.

14.4.2 [3D창]에 패턴 배치

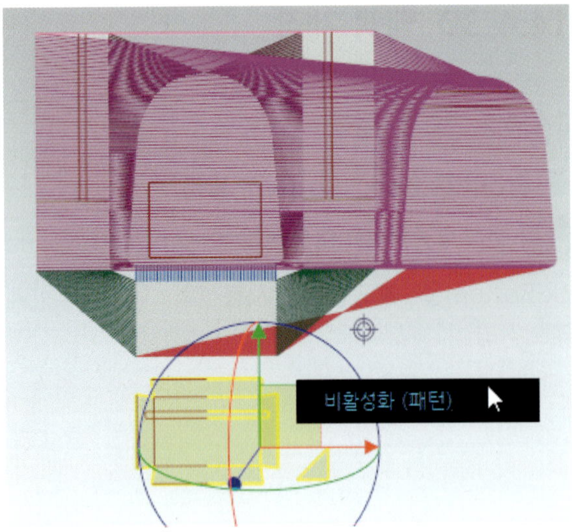

2D창 상태로 패턴 재배치

[3D창]에서 (2D창 상태로 재배치)를 클릭하여 패턴을 모두 재배치한다.

비활성화

Pocket, Strap holder 패턴은 [비활성화(패턴)]한다.

- [비활성화]한 패턴은 [3D 패턴 숨기기]하면 화면이 보이지 않는다.

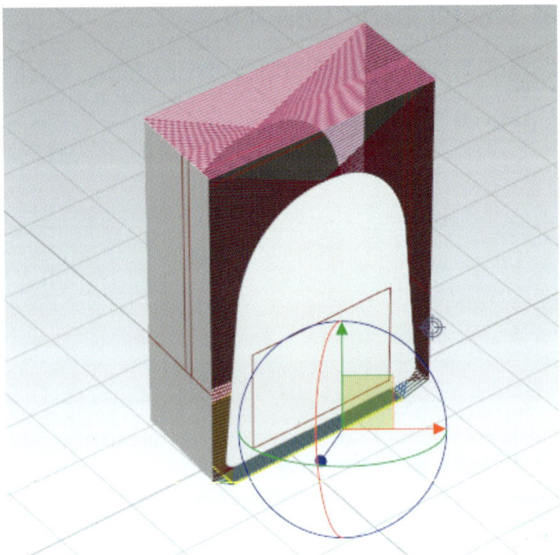

패턴 배치

[3D창]에서 패턴을 선택하고 기즈모를 이용하여 이동, 회전한다. Back 패턴은 [좌우 뒤집기]하여 이동하고, Bottom 패턴은 회전시켜 [겉면]이 바닥을 향하도록 한다.

- 모든 패턴의 겉면이 바깥으로 나오도록 배치한다.

Q [3D창]에서 패턴을 배치할 때, 겉면과 속면을 구분하는 방법은?

A [3D창] 의상렌더링 스타일 중에 (텍스처)보기를 선택하면 원단의 속면이 진한 회색으로 표시된다. (두꺼운 텍스처) 보기에서는 겉면과 속면이 동일하게 보이므로 주의해야 한다.

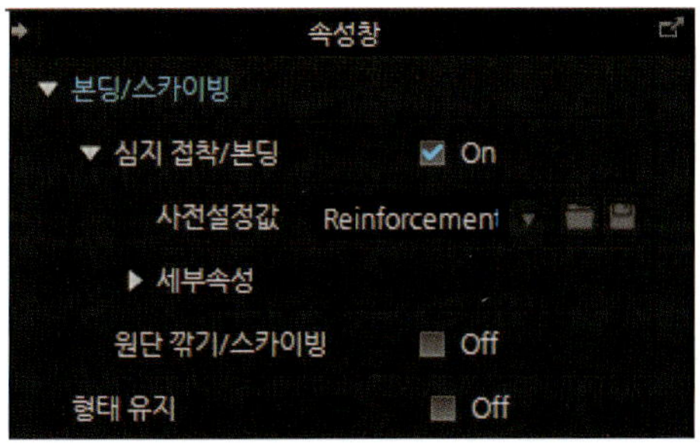

심지 접착

Bottom과 Back 패턴을 선택하여 [속성창]-[본딩/스카이빙]-[심지 접착/본딩 ON] 한다. 사전설정값에서 [Reinforcement(Pocket Bone)]를 선택한다.

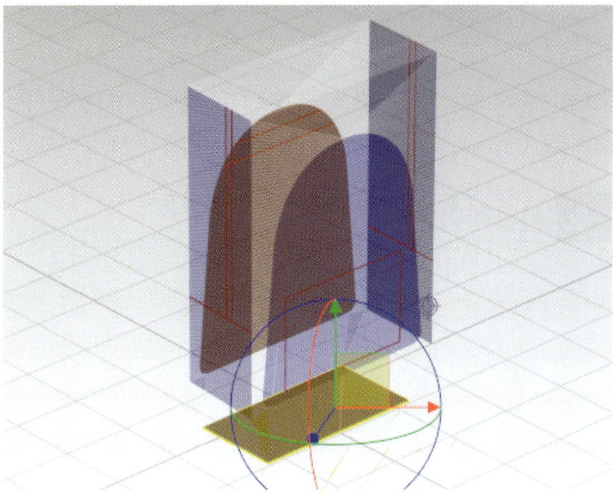

14.4.3 백팩 시뮬레이션

Bottom 시뮬레이션

Bottom을 제외한 나머지 패턴들을 모두 [비활성화(패턴과 재봉선)] 한다.

(시뮬레이션) 실행한다.

Bottom을 선택하여 [MRB(마우스오른쪽버튼) 팝업메뉴]-[프리즈] 한다.

- 가방을 시뮬레이션할 때, 바닥 패턴을 먼저 시뮬레이션하여 고정하는 것이 다른 패턴 시뮬레이션에 유리하다.

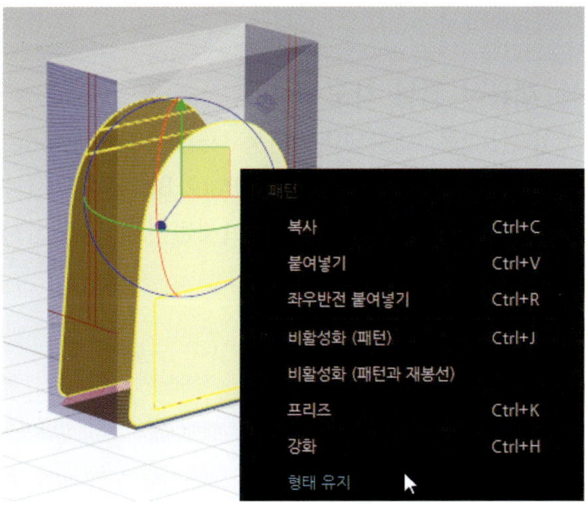

형태 유지

Front와 Back 패턴을 [활성화]한다.

Front와 Back 패턴을 선택하여 [MRB(마우스오른쪽버튼) 팝업메뉴]-[형태 유지] 한다.

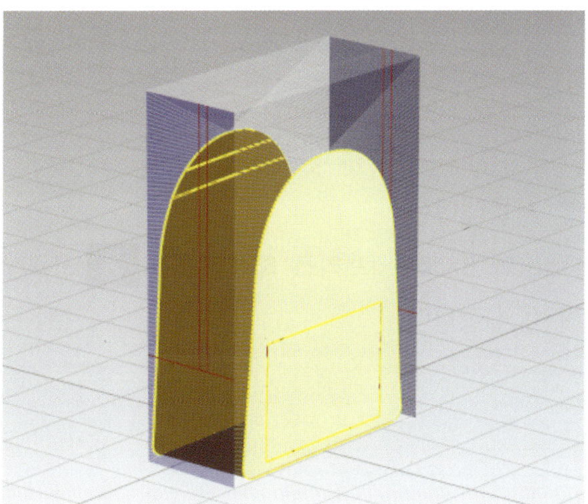

Front와 Back 시뮬레이션

(시뮬레이션) 실행한다. 시뮬레이션하는 동안 Front와 Back이 벌어지게 되므로 Front와 Back 패턴이 Bottom에 재봉될 정도로 짧게 시뮬레이션한다.

Front와 Back 패턴을 선택하여 [MRB(마우스오른쪽버튼) 팝업메뉴]-[형태 유지 해제] 한다.

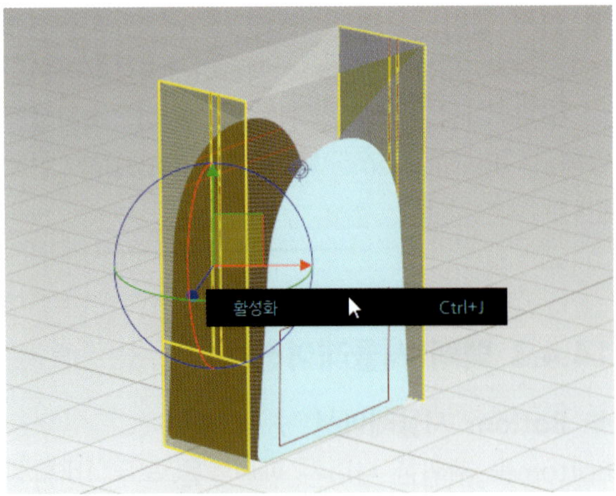

Side 시뮬레이션

Front와 Back을 [프리즈] 하고 Side 패턴을 [활성화]한다.

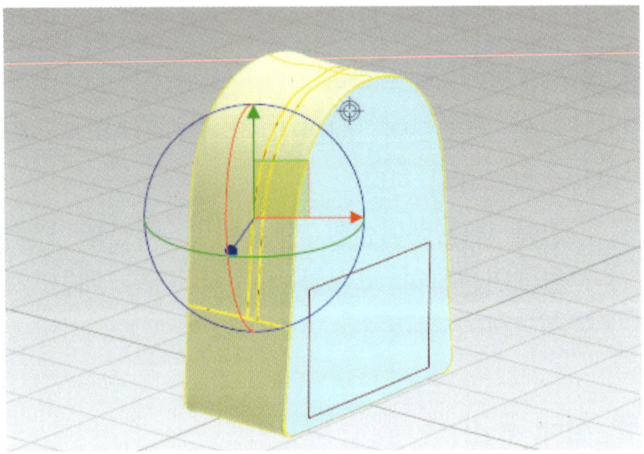

(시뮬레이션) 실행한다.

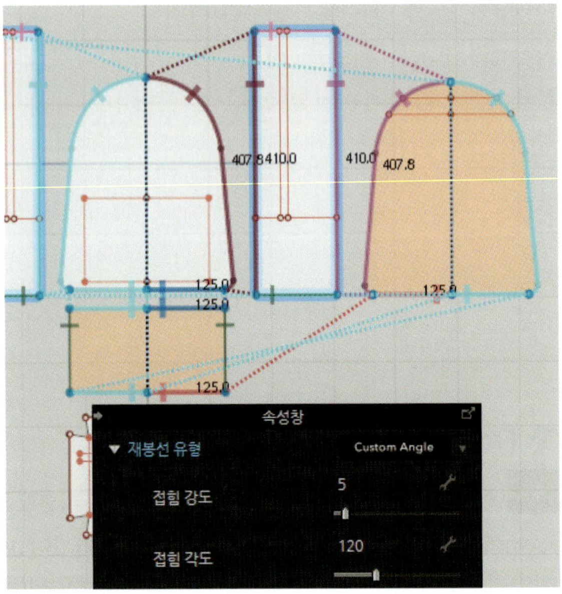

재봉선 접힘 각도

접힌 상태로 재봉되어야하는 재봉선(Front-Side, Front-Bottom, Back-Side, Back-Bottom) 재봉선을 모두 선택하여 [속성창]-[재봉선 유형]-[접힘 각도 110~120]으로 지정한다.

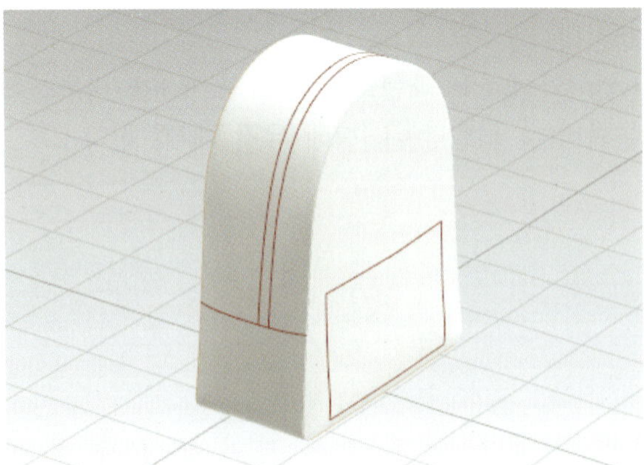

시뮬레이션

Front와 Back을 [프리즈 해제] 하고 (시뮬레이션) 실행한다.

14.4.4 지퍼 추가

Side 패턴 자르기

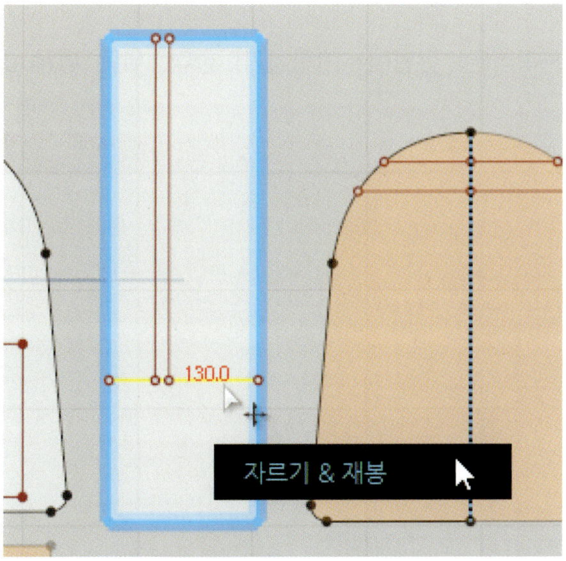

(점/선 수정)툴을 이용하여 Side 패턴의 가로선을 선택하고 [MRB(마우스오른쪽버튼) 팝업 메뉴]-[자르기 & 재봉] 한다.

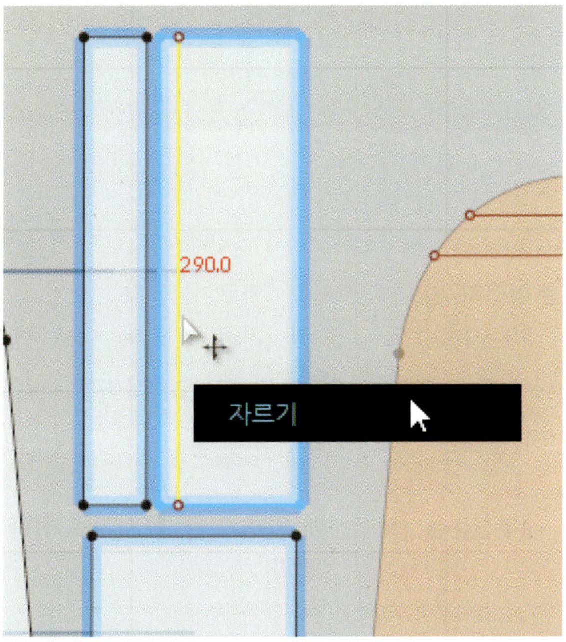

(점/선 수정)툴을 이용하여 Side 패턴의 세로선을 선택하고 [MRB(마우스오른쪽버튼) 팝업 메뉴]-[자르기] 한다. 2개 세로선 모두 [자르기] 한다.

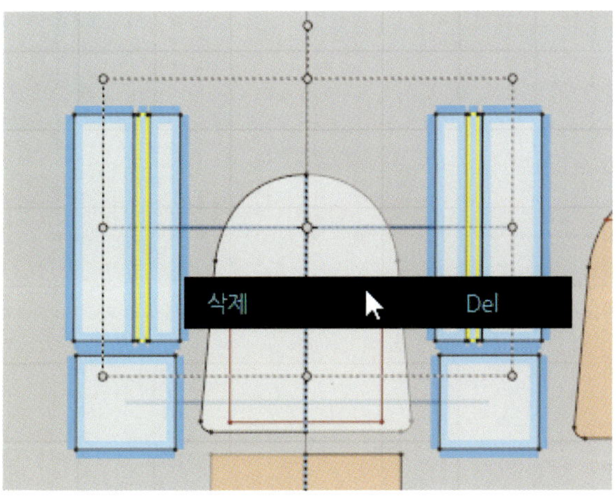

지퍼 위치 삭제

Side 패턴을 [자르기]한 가운데 피스는 삭제한다.

합치기

Side 패턴의 위쪽 가로선을 선택하여 [MRB(마우스오른쪽버튼) 팝업메뉴]-[합치기] 한다. 위쪽 패턴 2개 모두 [합치기] 한다.

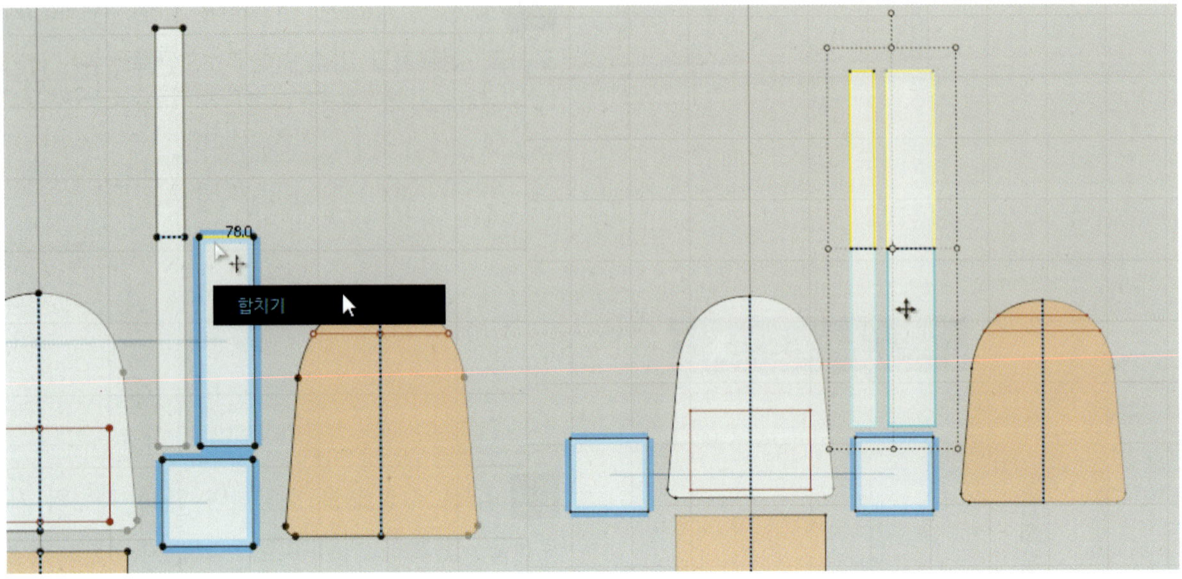

Q [자르기] 또는 [자르기 & 재봉] 하였을 때, 패턴이 분리되지 않고 다트처럼 [자르기] 된다.

A [자르기]하는 내부선분이 외곽선에 닿지 않는 경우, 내부선분의 위치까지만 [자르기] 되어, 다트처럼 [자르기] 된다. (점/선 수정)툴을 이용하여 내부선분을 선택하고 [MRB(마우스오른쪽버튼) 팝업메뉴]-[외곽선에 맞추기]를 한 후, [자르기]하면 패턴이 분리된다.

① 내부선분이 외곽선에 닿지 않은 상태에서 [자르기]한 결과

② 내부선분을 [외곽선에 맞추기]한 후, [자르기]한 결과

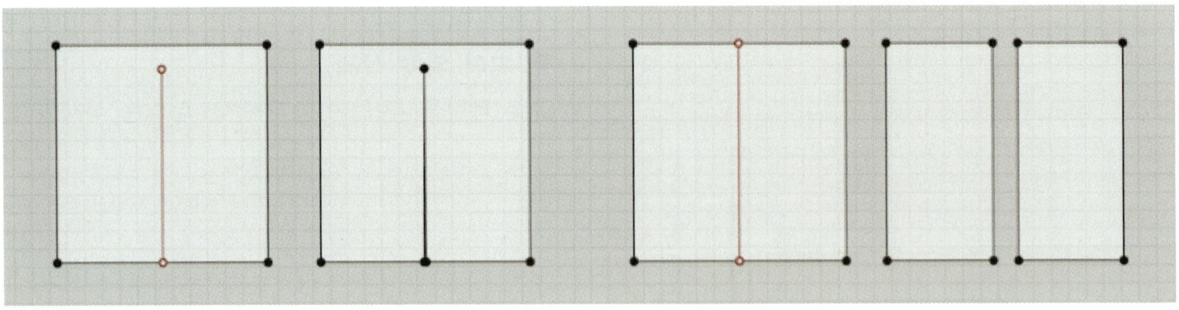

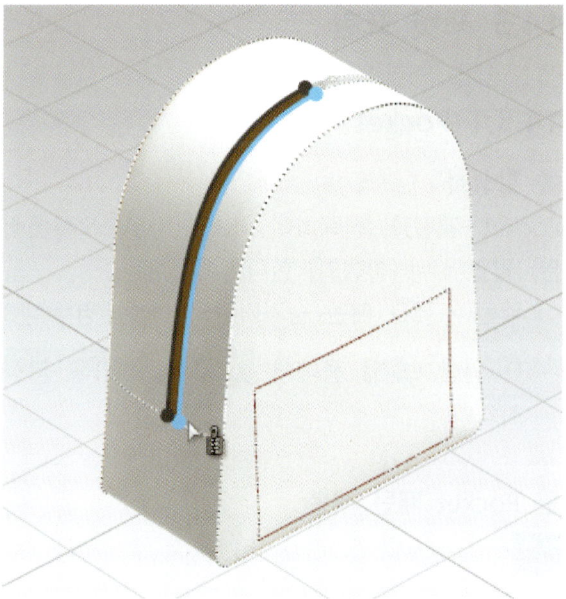

지퍼 생성

[3D창]에서 (지퍼)툴을 이용하여 지퍼를 생성한다. 지퍼의 시작점을 클릭하고 커서를 이동하여 종료 지점에서 더블클릭하면 한쪽 지퍼날의 범위가 지정된다.

반대쪽 지퍼날을 생성할 선분에서 시작점을 클릭하고 커서를 이동하면 먼저 생성한 지퍼날의 길이와 동일한 지점에 파란색 점이 표시된다. 이 파란색 점을 더블클릭하면 지퍼 생성이 완료된다.

- 백팩의 중심을 기준으로 양쪽으로 지퍼를 생성한다.
- 지퍼를 생성한 후에 패턴을 [자르기], [합치기]하면 지퍼가 삭제된다.

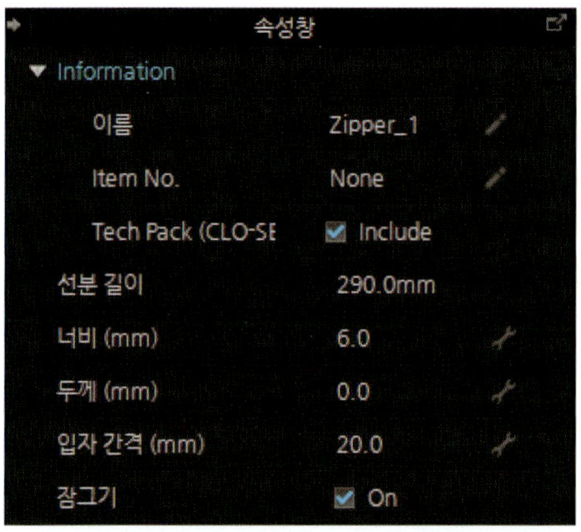

지퍼 속성

(선택/이동)툴을 이용하여 지퍼날을 선택하고 [속성창]-[너비 6], [잠그기 ON] 한다. 지퍼 2개 모두 동일한 속성을 지정한다.

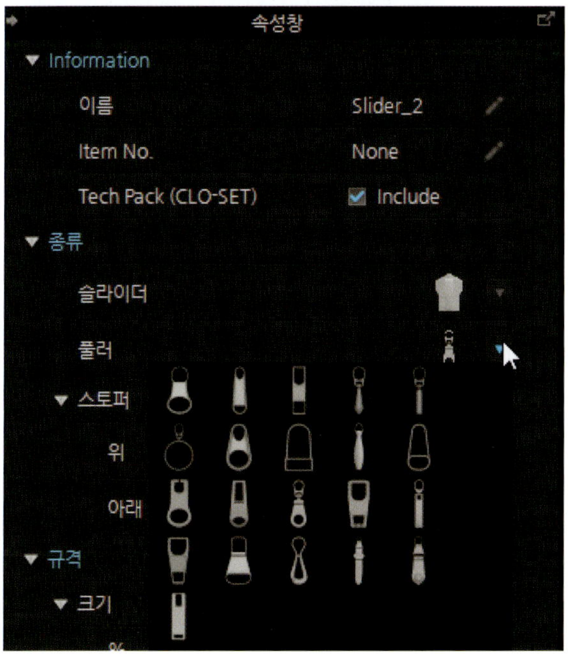

슬라이더 & 풀러

지퍼 슬라이더 또는 풀러를 선택하여 [속성창]-[종류]에서 슬라이더와 풀러의 디자인과 크기 등을 변경한다.

14.5 포켓 표현

14.5.1 Pocket 재봉

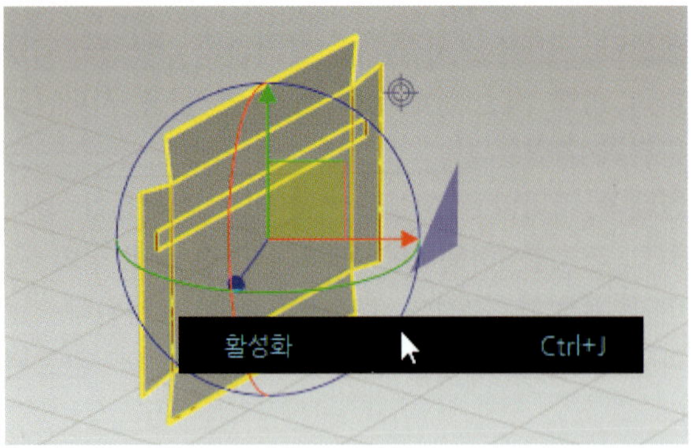

활성화

Pocket 패턴을 선택하여 [MRB(마우스오른쪽버튼) 팝업메뉴]-[활성화] 한다.

패턴이 [3D 패턴 숨기기] 되어있는 경우, [3D 의상 보기] 중에서 (의상보기)를 활성화한다.

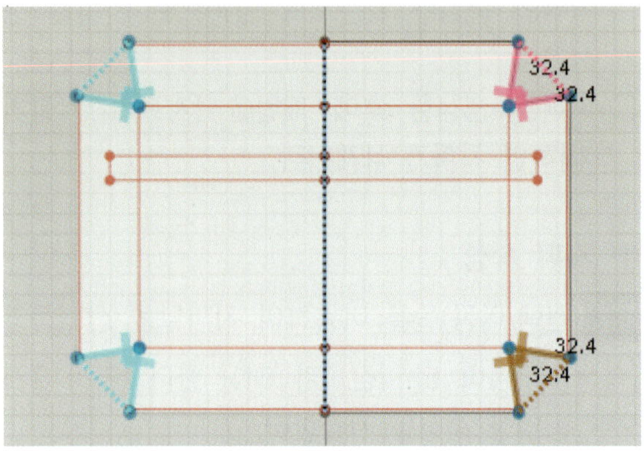

Pocket 패턴 재봉

(선분재봉)툴을 이용하여 Pocket 패턴의 두께 부분을 재봉한다.

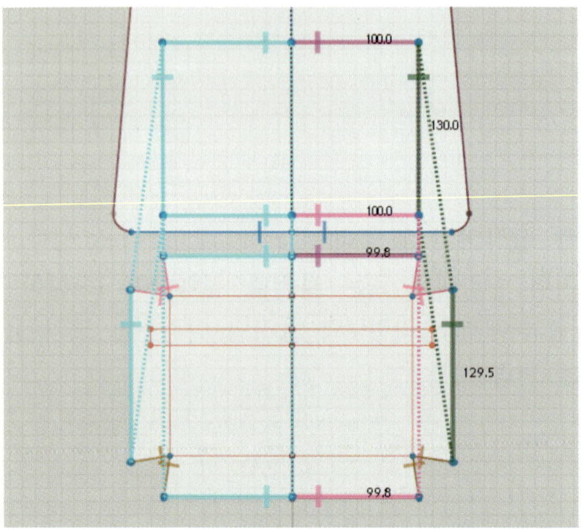

Pocket-Front 재봉

(선분재봉)툴을 이용하여 Pocket 패턴의 내부선분을 Front 패턴의 포켓 위치(내부선분)에 재봉한다.

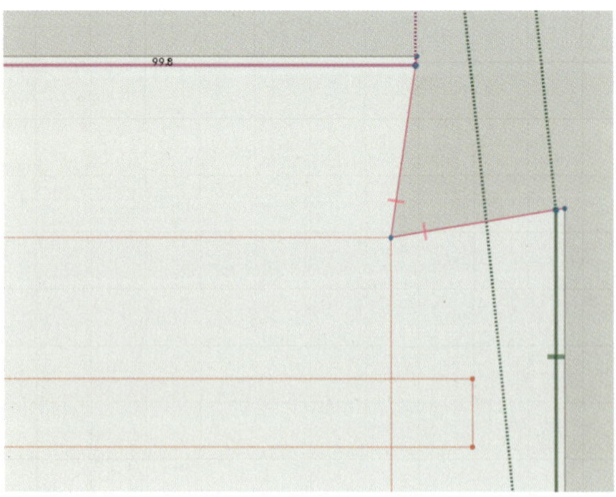

Pocket 패턴의 내부선분이 Front 패턴의 포켓 위치에 재봉되어야 한다.

14.5.2 Pocket 패턴 3D 배치

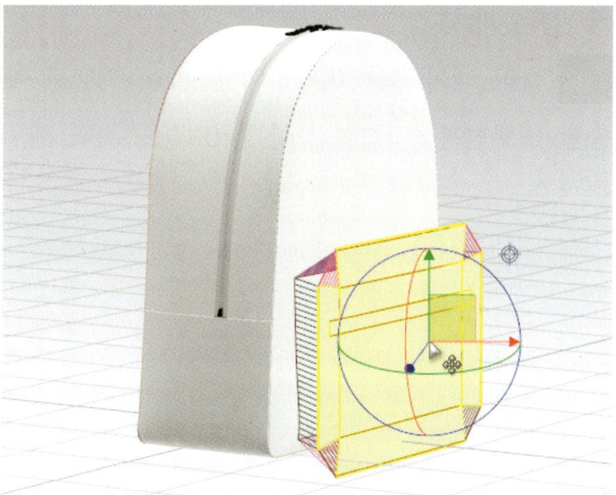

기즈모를 이용하여 배치

(선택/이동)툴을 이용하여 패턴을 클릭하면 기즈모가 나타난다. 기즈모를 이용하여 Pocket 패턴을 Front 앞에 배치한다.

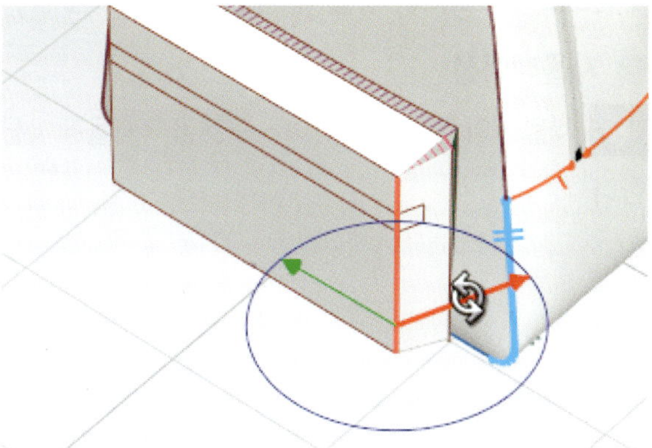

접어 배치

(접어 배치)툴을 이용하여 Pocket 패턴의 사각형 영역을 [접힘각도] 110~120 정도 접어 배치한다.

Q (접어 배치)툴을 사용할 때. 선택된 내부선분 외에 다른 내부선분까지 동시에 [접어 배치] 된다.

A 내부도형으로 연결되어 있는 내부선분을 [접어 배치]하면 내부도형 전체를 기준으로 [접어 배치] 된다. 선택한 내부선분에서만 [접어 배치]하려면 (점/선 수정)툴을 이용하여 내부도형의 연결점(속이 채워진 점 ●)을 선택하고 [MRB(마우스오른쪽버튼) 팝업메뉴]-[점 나누기] 한다. [점 나누기]하면 해당 점을 기준으로 도형이 나누어져 속이 채워지지 않은 점(○)으로 바뀐다.

① [접어 배치]할 때 여러 선분이 함께 접힌다.

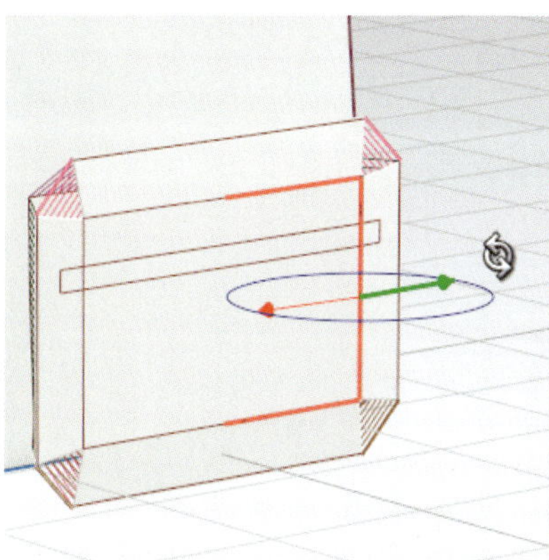

② 도형이 연결되어있는 점을 선택하여 [점 나누기] 한다.

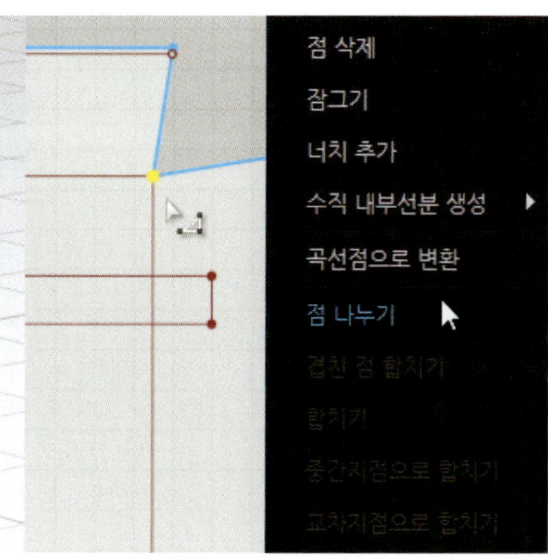

③ [점 나누기]하면 점은 선분의 끝점이 되고 선분이 나누어진다.

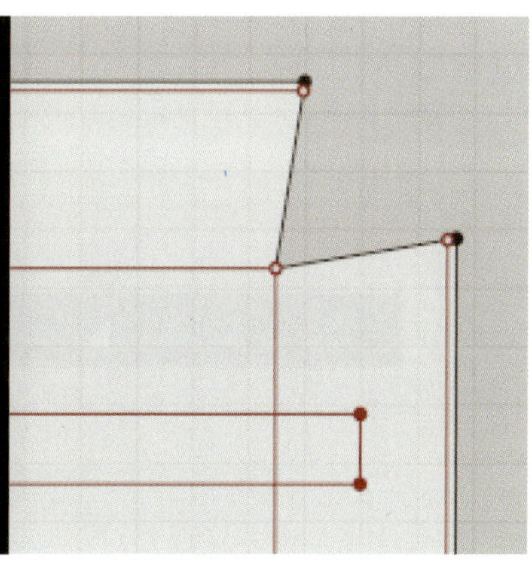

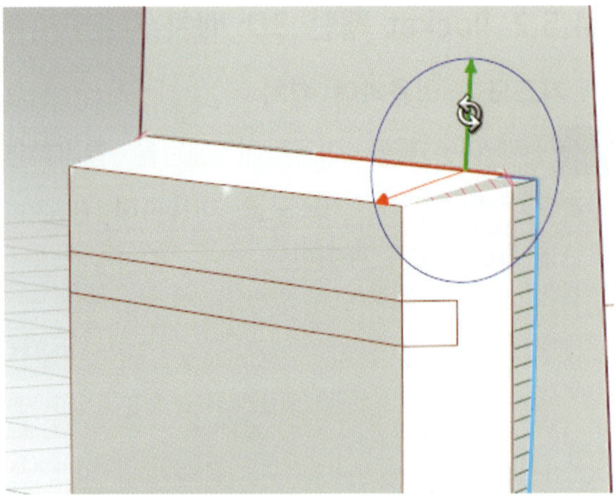

접어 배치

(접어 배치)툴을 이용하여 Pocket 패턴을 재봉한 내부선분을 [접힘각도] 270 정도 접어 배치한다.

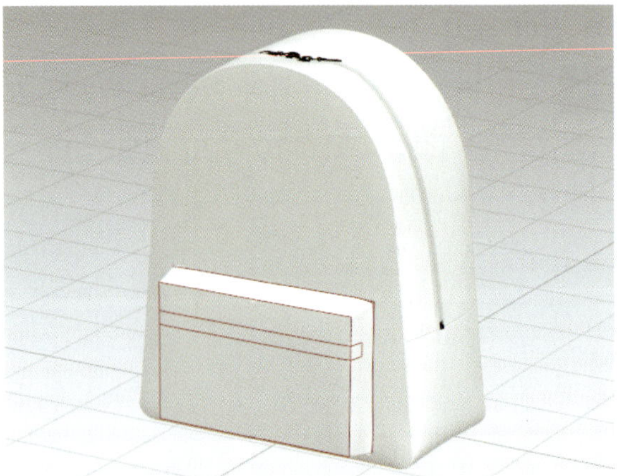

14.5.3 Pocket 시뮬레이션

시뮬레이션

(시뮬레이션) 실행하여 포켓을 시뮬레이션 한다.

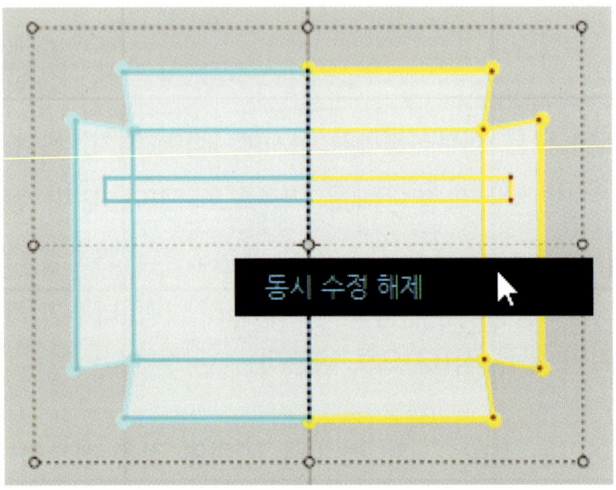

14.5.4 포켓 지퍼 추가

동시 수정 해제

Pocket 패턴을 [동시 수정 해제] 한다.

- 동시 수정이 설정되어있는 상태에서는 내부도형에 [겹친 점 합치기]가 되지 않으므로 [동시 수정 해제] 한다.

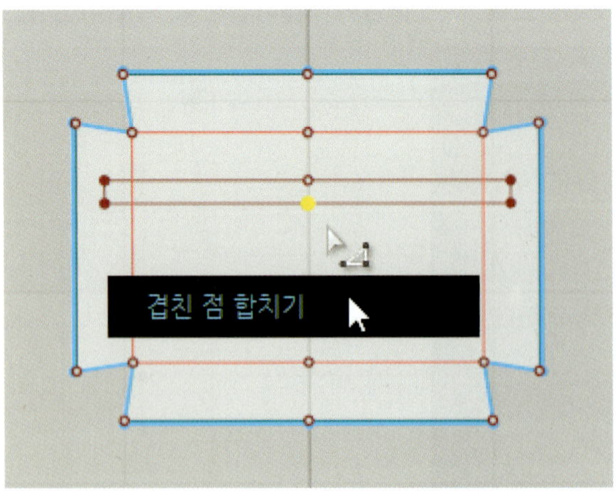

겹친 점 합치기

Pocket 패턴 내부다각형의 가운데점을 [겹친 점 합치기]한다.

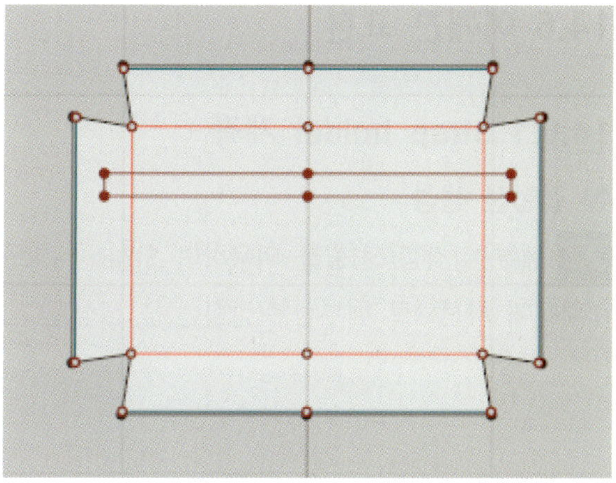

내부다각형 중심의 위, 아래 점을 각각 [겹친 점 합치기]하여 한 개의 도형으로 수정한다.

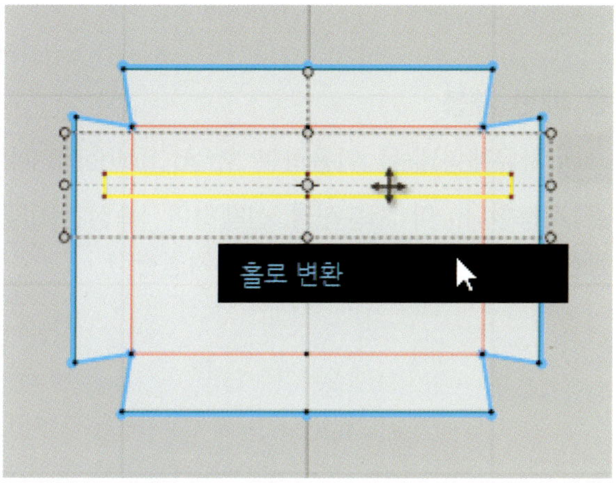

홀로 변환

[2D창]에서 (패턴 이동/변환)툴을 이용하여 내부 사각형을 선택하고 [MRB(마우스오른쪽버튼) 팝업메뉴]-[홀로 변환] 한다.

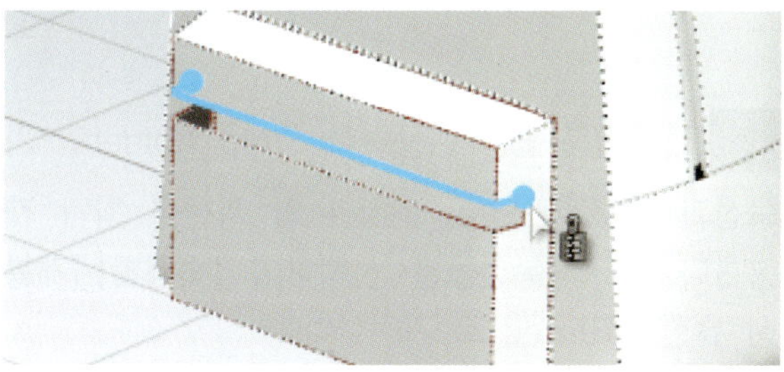

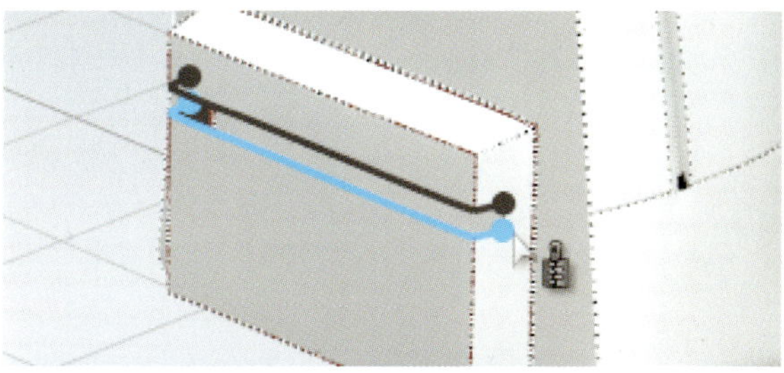

포켓 지퍼 생성

[3D창]에서 (지퍼)툴을 이용하여 지퍼를 생성한다. 지퍼의 시작점을 클릭하고 커서를 이동하여 종료 지점에서 더블클릭하면 한쪽 지퍼날의 범위가 지정된다. 반대쪽 지퍼날을 생성할 선분에서 시작점을 클릭하고 커서를 이동하면 먼저 생성한 지퍼날의 길이와 동일한 지점에 파란색 점이 표시된다. 이 파란색 점을 더블클릭하면 지퍼 생성이 완료된다.

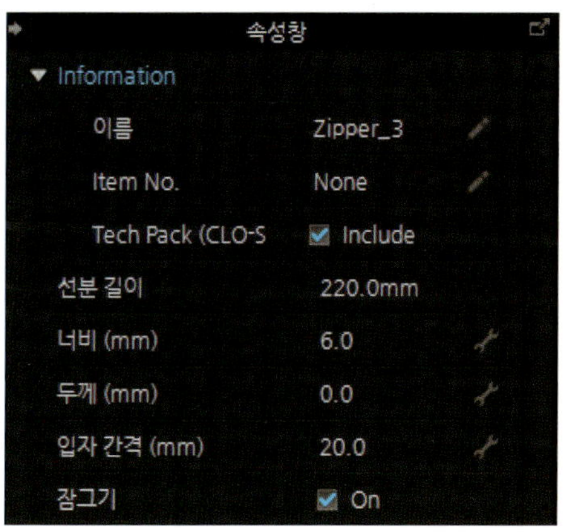

지퍼 속성

(선택/이동)툴을 이용하여 지퍼날을 선택하여 [속성창]-[너비 6], [잠그기 ON] 한다. 지퍼 2개 모두 동일한 속성을 지정한다.

지퍼의 색상, 슬라이더, 풀러 등은 디자인에 맞추어 변경한다.

14.6 어깨끈 표현

14.6.1 Strap holder 제작

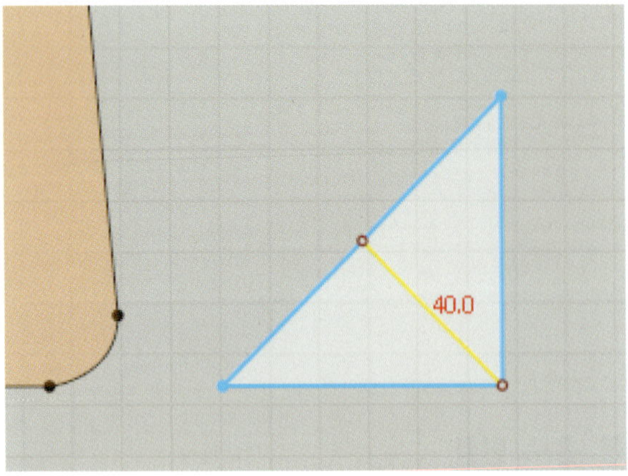

접힘선 생성

(내부 다각형/선)툴을 이용하여 Strap holder 패턴에 사선으로 내부선분(접힘선)을 생성한다.

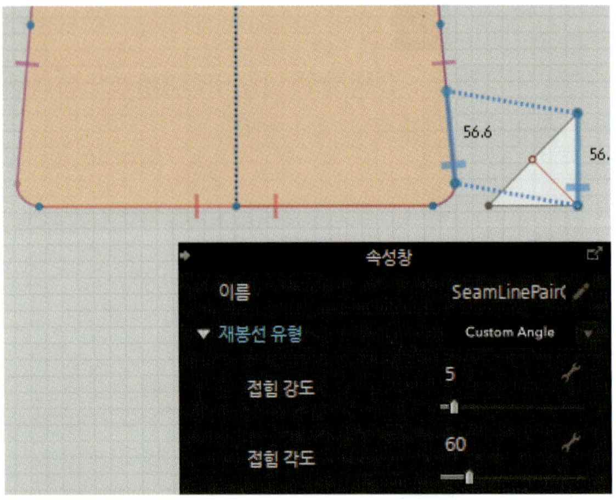

패턴 재봉

(자유재봉)툴을 이용하여 Strap holder-Back을 재봉한다. 이 재봉선을 선택하여 [속성창]-[재봉선 유형]-[접힘 각도 60]으로 지정한다.

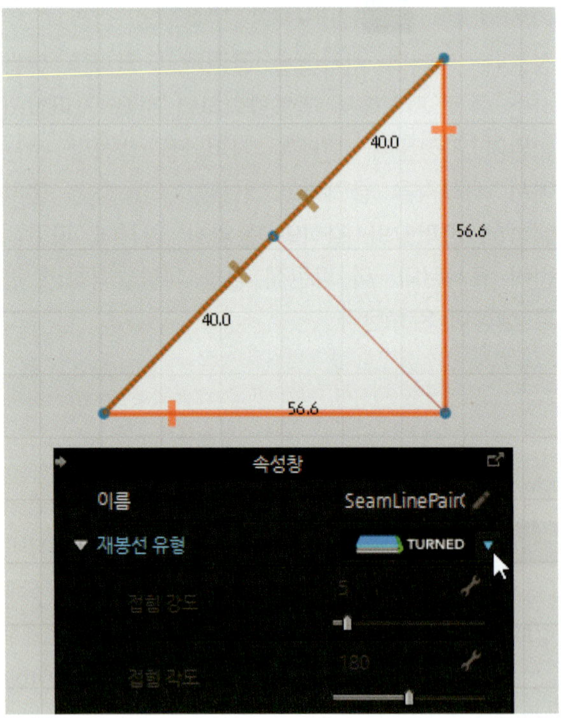

(선분재봉)툴을 이용하여 Strap holder의 가로선과 세로선, Strap holder의 사선을 각각 재봉한다. 이 재봉선들을 선택하여 [속성창]-[재봉선 유형]-[Turned]로 지정한다.

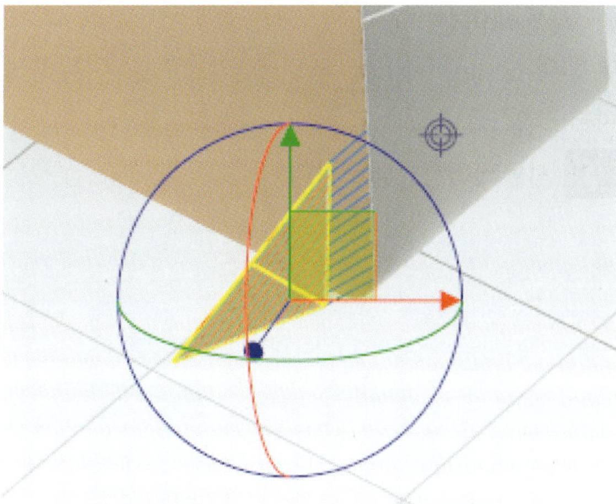

3D창에 패턴 배치

(선택/이동)툴을 이용하여 패턴을 선택하고 기즈모를 이용하여 이동, 회전한다.

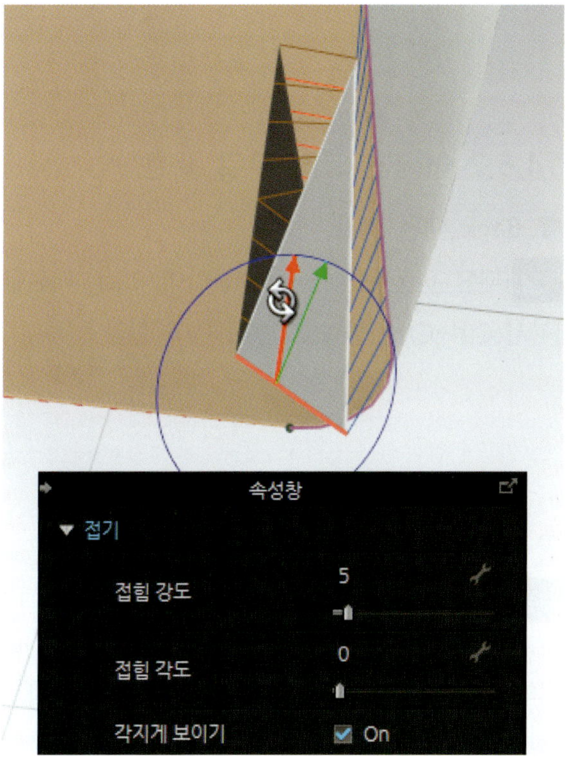

접어 배치

(접어 배치)툴을 이용하여 내부선분을 접는다. (선택/이동)툴을 이용하여 내부선분을 선택하고 [속성창]-[재봉선 유형]-[접힘 각도 0]으로 지정한다.

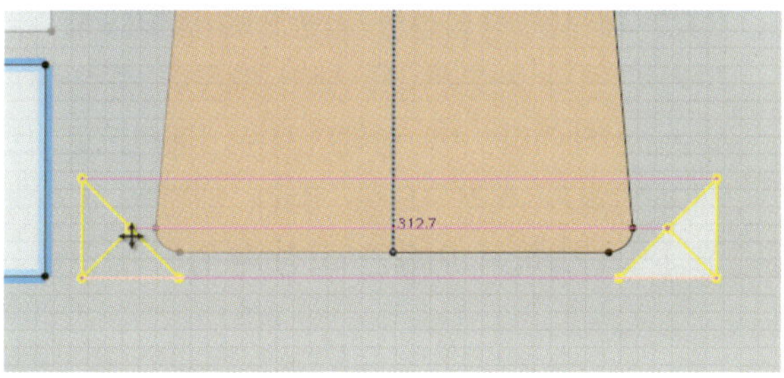

동시 수정 패턴 복제

(패턴 이동/변환)툴을 이용하여 패턴을 선택하고 [MRB(마우스오른쪽버튼) 팝업메뉴]-[동시 수정 패턴 복제]-[대칭으로(패턴과 재봉선)] 한다.

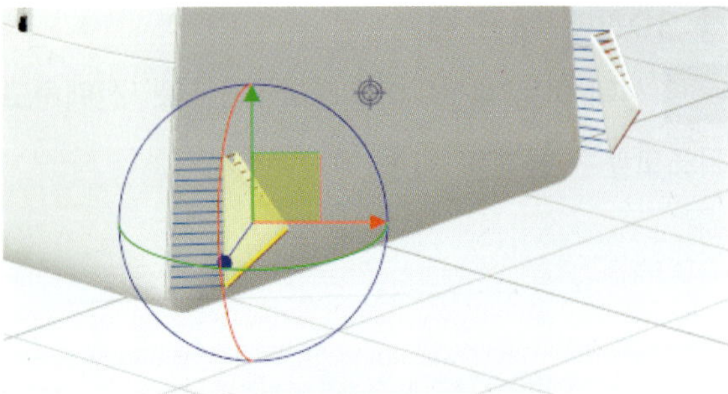

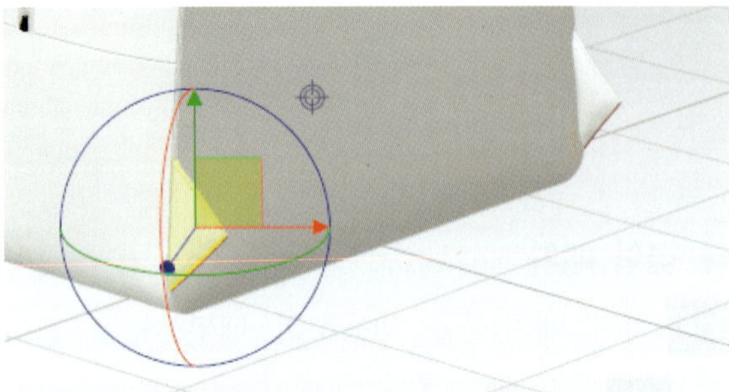

시뮬레이션

복제된 Strap holder 패턴을 기즈모를 이용하여 이동, 회전한다.

(시뮬레이션) 실행한다.

14.6.2 어깨끈 고정 부위 표현

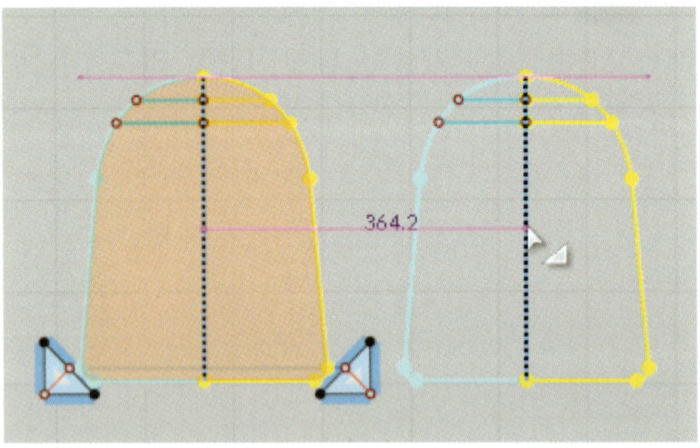

Back 패턴 복사

(패턴 이동/변환)툴을 이용하여 Back 패턴을 [복사(Ctrl+C)], [붙여넣기(Ctrl+V)] 한다.

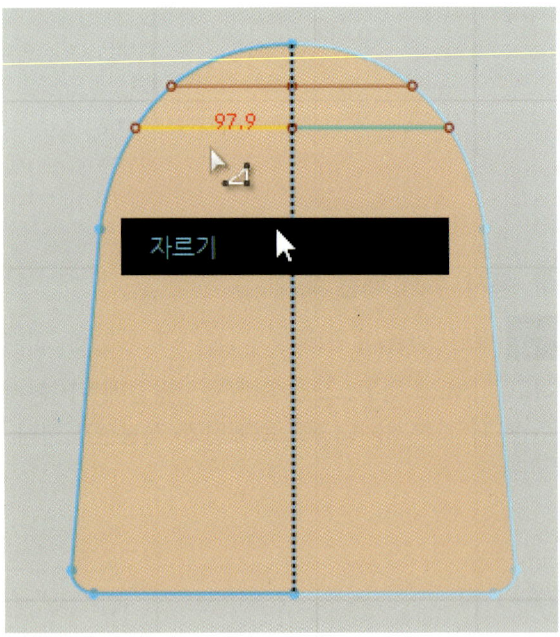

자르기

(선택/이동)툴을 이용하여 복사한 패턴의 내부선분을 선택하고 [MRB(마우스오른쪽버튼) 팝업메뉴]-[자르기] 한다. 내부선에 반복하여 [자르기]하여 Back 패턴을 3피스로 분리한다.

Back 패턴은 중심선을 기준으로 [대칭으로 골 펴기(패턴과 재봉선)]을 했기 때문에 중심선이 없는 상태이다. 이 상태에서는 [패턴으로 트레이스]하기 어려우므로, Back 패턴을 복사하고 [자르기]하여 어깨끈 고정 부위만 남긴다.

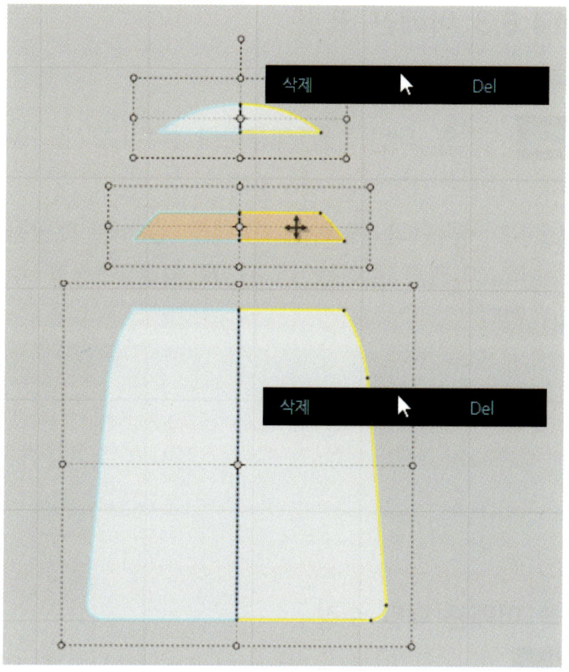

삭제

Back 패턴 복사본을 분리한 3피스 중에서 중간 피스만 남겨서 어깨끈 고정 패턴으로 사용하고 다른 2피스는 [삭제] 한다.

심지 접착

Back 패턴 복사본을 분리한 3피스 중에서 중간 피스는 [속성창]-[본딩/스카이빙]-[심지 접착/본딩 ON] 한다.

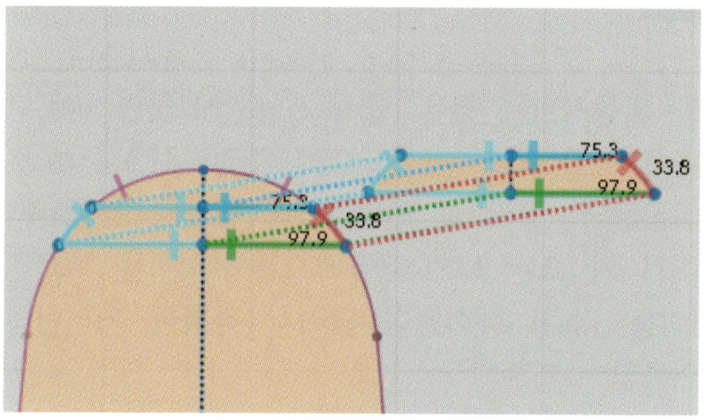

재봉

(선분재봉)툴과 (자유재봉)툴을 이용하여 어깨끈 고정 패턴을 Back 패턴에 재봉한다.

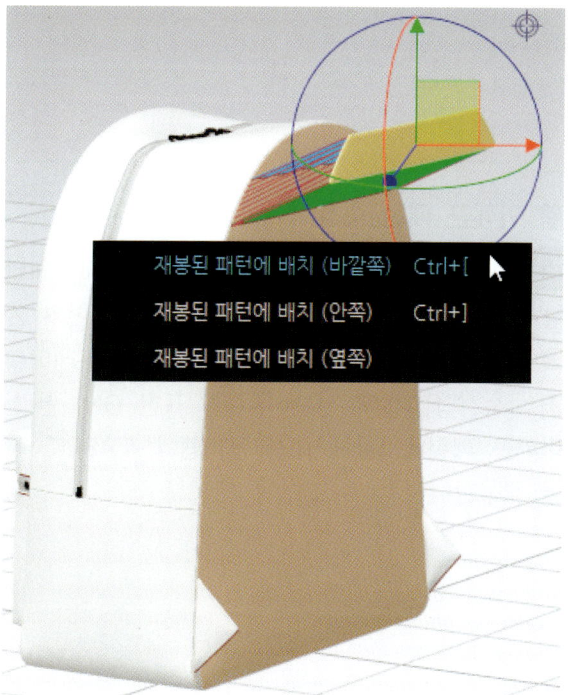

재봉된 패턴에 배치

어깨끈 고정 패턴을 선택하고 [3D창]에서 [MRB(마우스오른쪽버튼) 팝업메뉴]-[재봉된 패턴에 배치(바깥쪽)] 한다.

14.6.3 어깨끈 표현

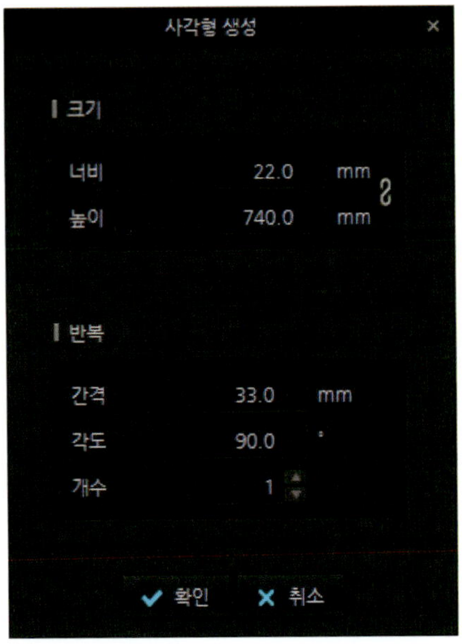

사각형 패턴 생성

(사각형 패턴)툴을 이용하여 [너비 22], [높이 740]의 사각형을 생성한다.

- 이 사각형의 [높이]는 어깨끈 길이에 해당된다. 어깨끈 길이는 디자인에 따라 변경할 수 있다.

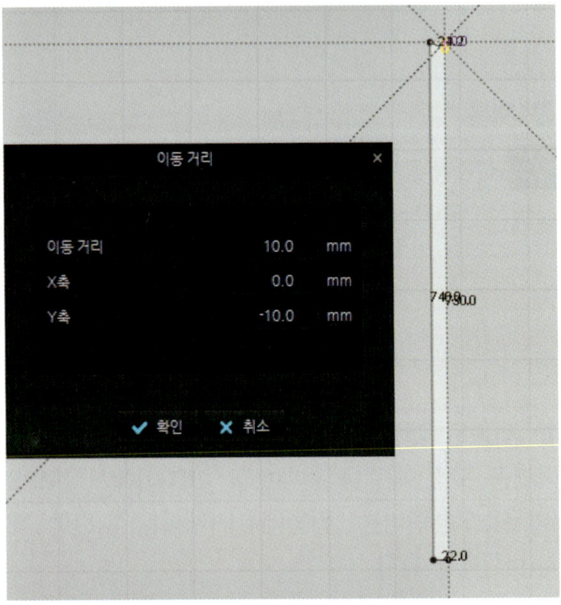

어깨끈 패턴 수정

(점/선 수정)툴을 이용하여 사각형의 우측 상단점을 선택하고 아래로 10mm 이동시킨다. 점을 이동시키는 경우, 클릭 & 드래그하면 이동되며 [Shift] 키를 누르면 수직, 수평, 45도 각도로 이동된다. 클릭 & 드래그하여 방향을 정한 후, [F1] 키 또는 MRB(마우스오른쪽버튼)을 누르면 [이동 거리] 대화창이 열려서 정확한 거리만큼 이동할 수 있다.

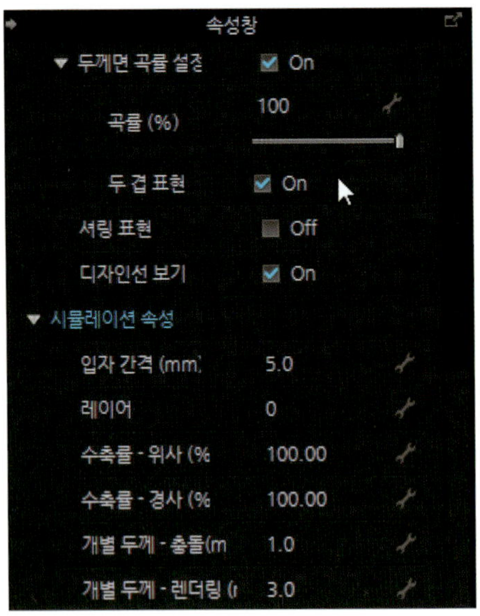

어깨끈 패턴 속성

(패턴 이동/변환)툴을 이용하여 어깨끈 패턴을 선택하고 [속성창]-[시뮬레이션 속성]-[입자 간격 5], [개별 두께-충돌 1], [개별 두께-렌더링 3], [속성창]-[선택 선분]-[두 겹 표현 ON] 한다. 어깨끈 패턴에 [물체창]-[원단] 탭의 [FABRIC 1]을 적용한다.

어깨끈 재봉

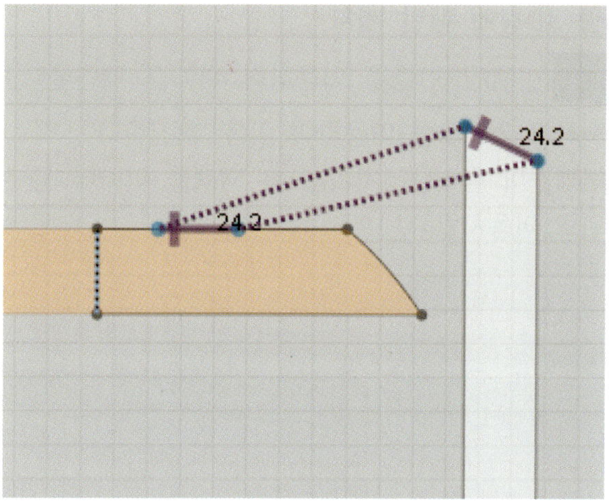

(자유재봉)툴을 이용하여 어깨끈-어깨끈 고정 패턴을 재봉한다. 어깨끈 고정 패턴의 중심에서 15mm 정도 위치에 재봉되도록 한다.

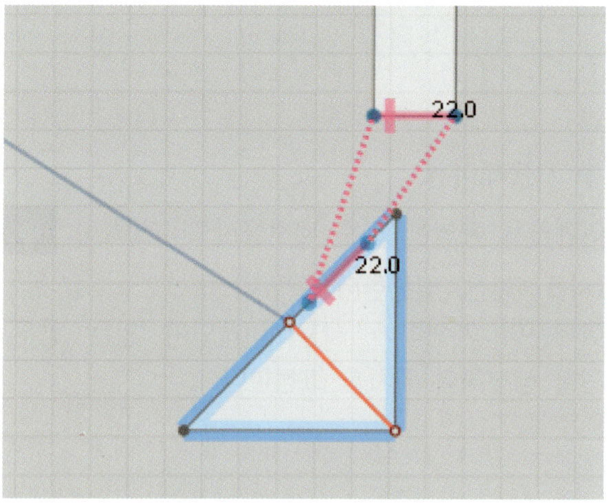

(자유재봉)툴을 이용하여 어깨끈-Strap holder 패턴을 재봉한다. Strap holder의 중심(접히는 위치)에서 10mm 정도 위치에 재봉되도록 한다.

동시 수정 패턴 복제

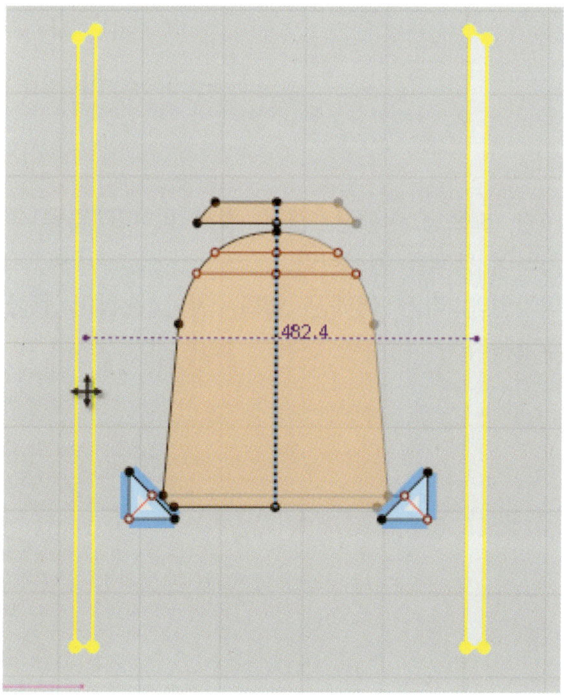

(패턴 이동/변환)툴을 이용하여 어깨끈 패턴을 선택하고 [MRB(마우스오른쪽버튼) 팝업메뉴]-[동시 수정 패턴 복제]-[대칭으로(패턴과 재봉선)] 한다.

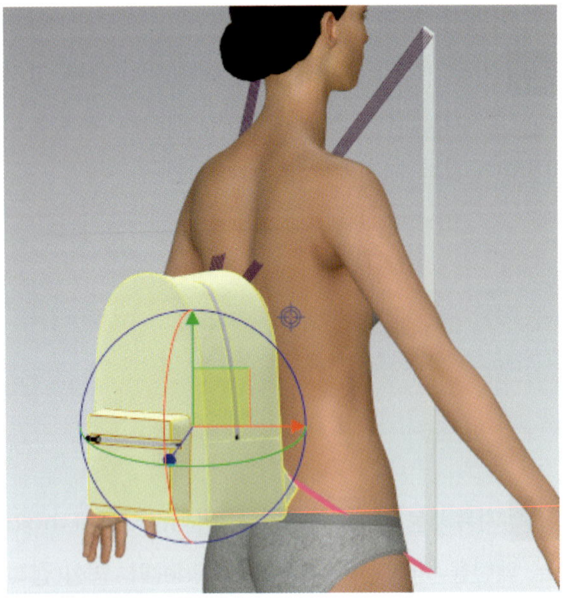

3D창에 패턴 배치

(선택/이동)툴을 이용하여 어깨끈 패턴을 선택하고 기즈모를 이용하여 이동, 회전한다.
어깨끈이 흘러내리지 않도록 백팩을 아바타 등부위로 이동시킨다.

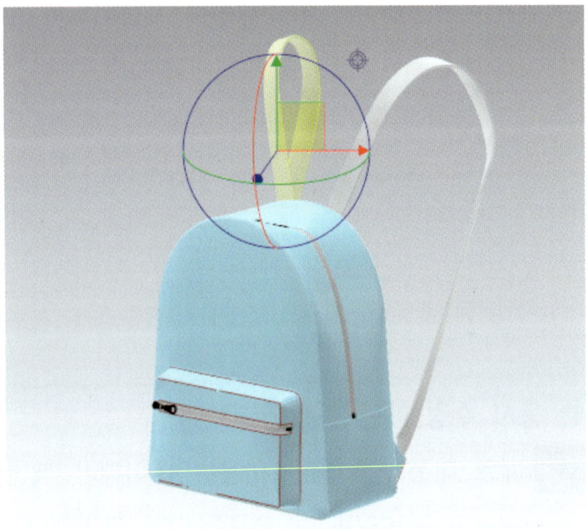

시뮬레이션

어깨끈을 제외한 모든 패턴을 [프리즈]하고 (시뮬레이션) 실행한다.
어깨끈이 제위치에 시뮬레이션되지 않는 경우, 핀을 생성하여 위치를 고정한다.

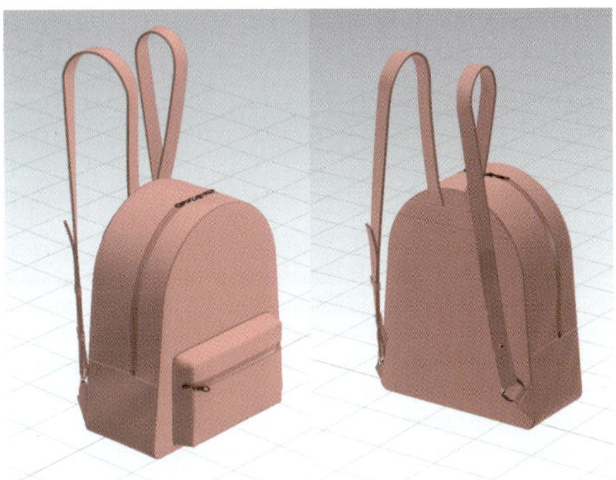

□링, 벨트형 어깨끈, 재질, 컬러 등 디테일을 추가하여 백팩을 완성한다.
디자인에 따라 어깨끈 벨트, 가방 손잡이 등을 추가한다.

[부 록]

실습용 패턴 이미지

자주하는 질문(FAQ)

2. D링, O링, □링

단위 : mm / 비율 : 100%

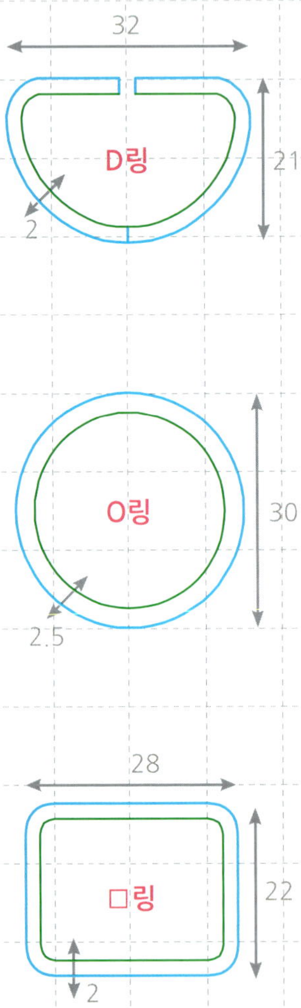

3. 버클

단위 : mm / 비율 : 100%

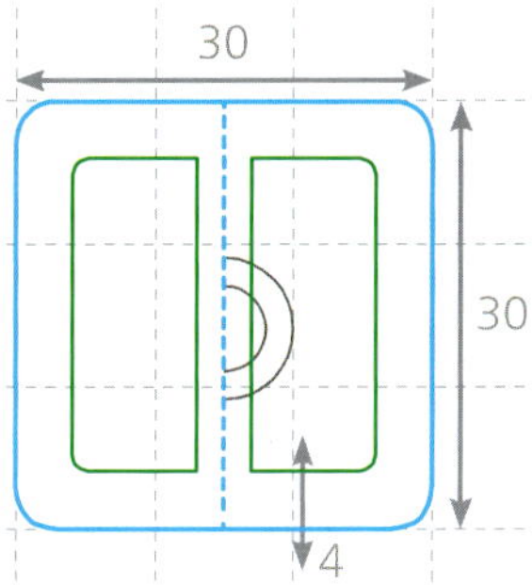

트렌치버클

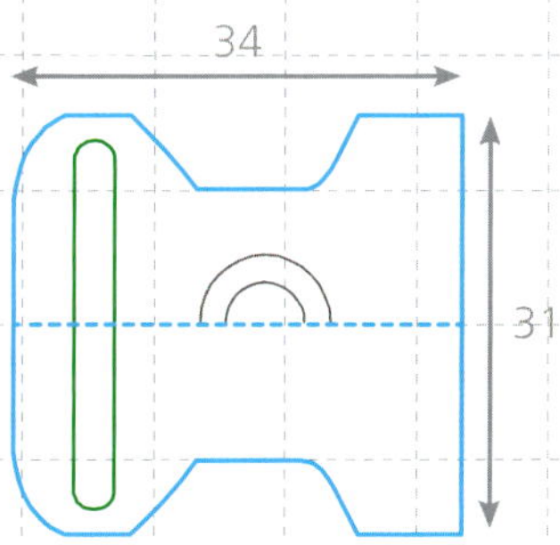

플라스틱버클(A)

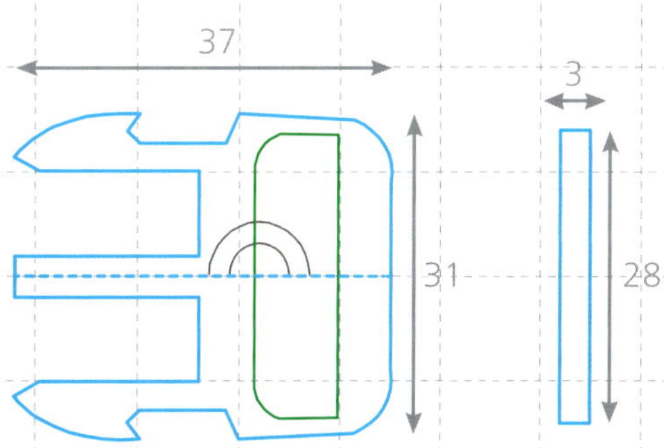

플라스틱버클(B)

4. 연결고리

단위 : mm / 비율 : 100%

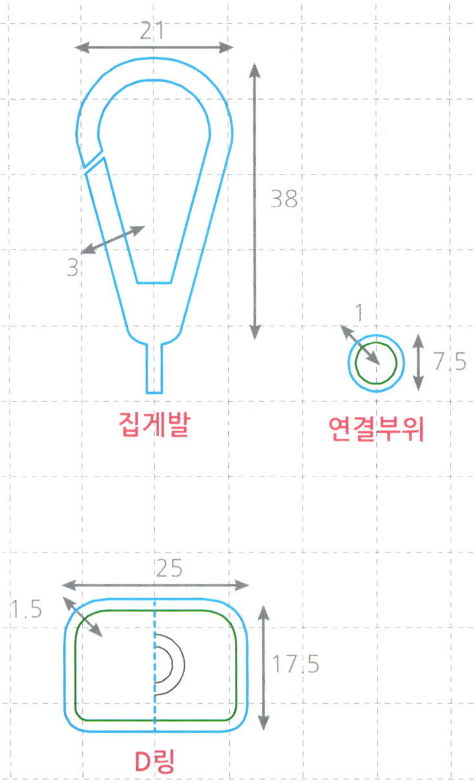

5. 헤어핀

단위 : mm / 비율 : 100%

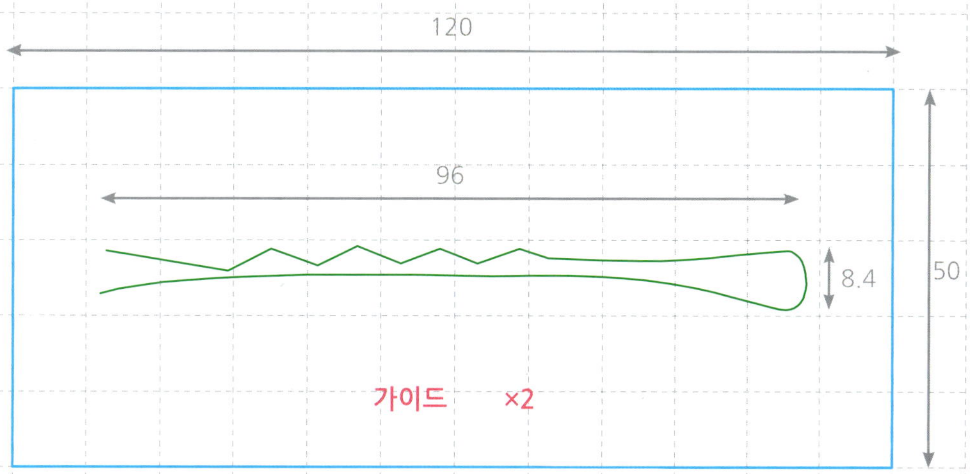

6. 태슬 & 폼폼

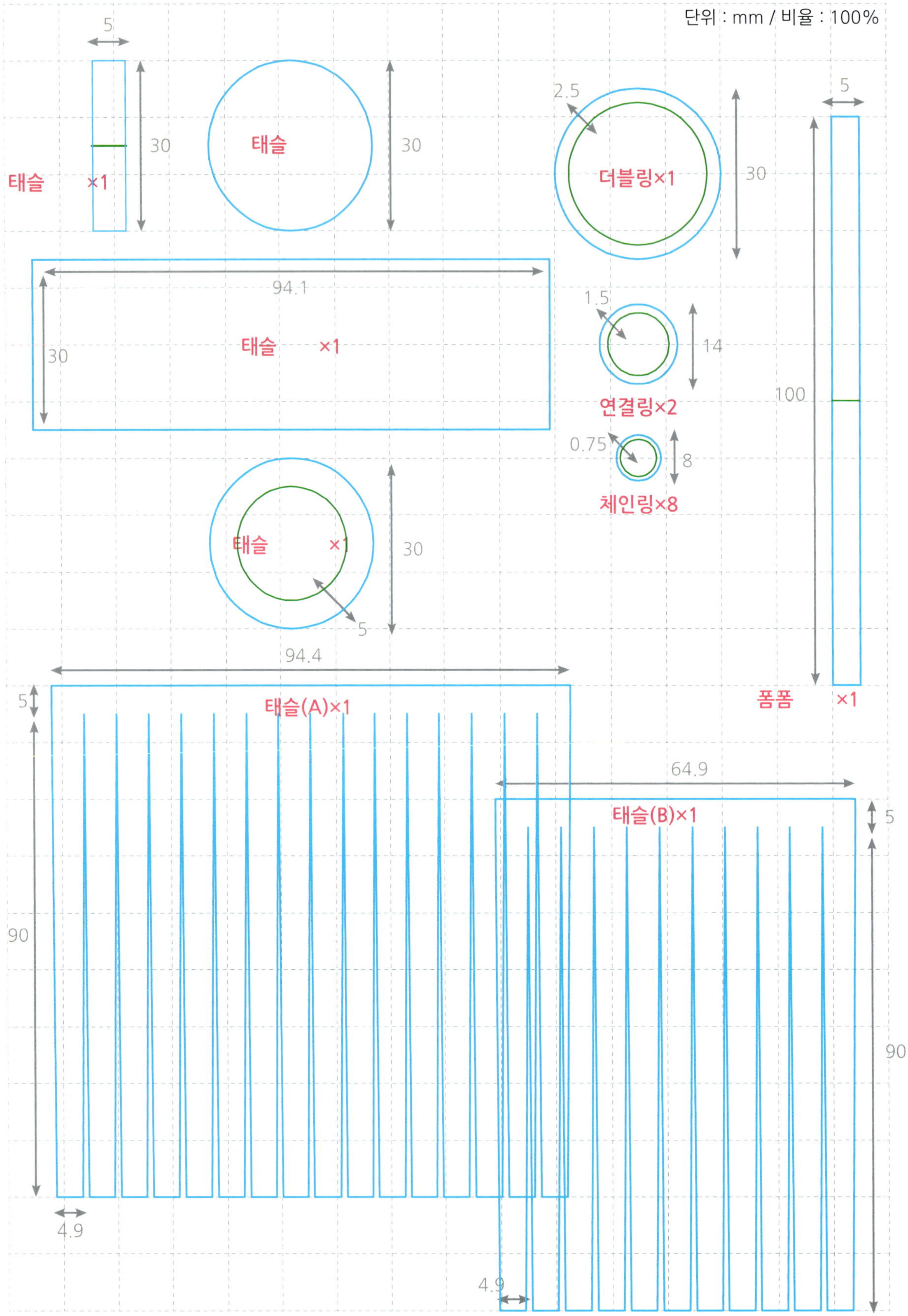

단위 : mm / 비율 : 100%
5
30
태슬
×1
태슬
30
2.5
더블링×1
30
5
94.1
30
태슬
×1
1.5
14
연결링×2
100
0.75
8
체인링×8
태슬
×1
30
5
94.4
5
태슬(A)×1
폼폼
×1
64.9
태슬(B)×1
5
90
90
4.9
4.9

7. 리본

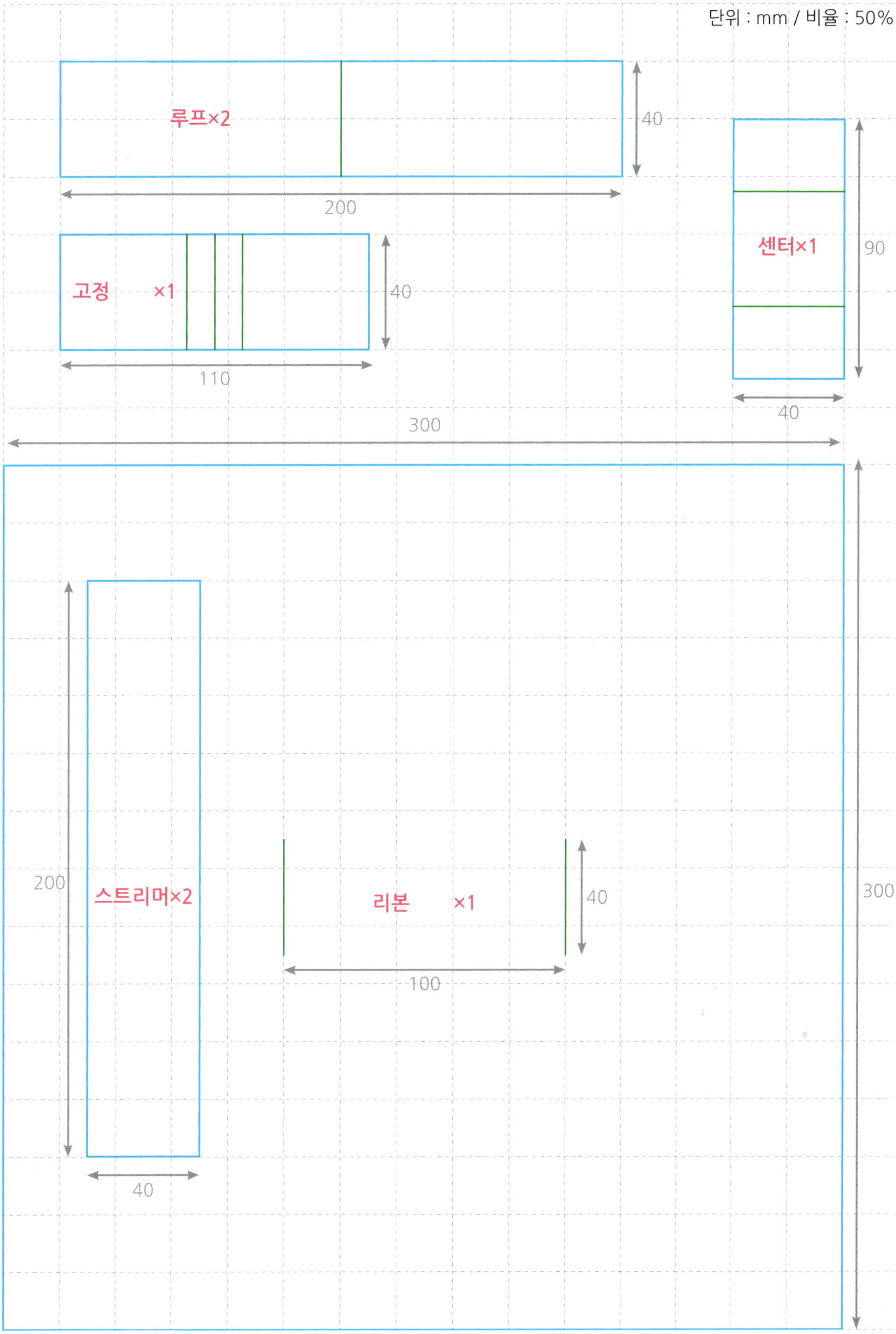

단위 : mm / 비율 : 50%
루프×2
40
200
고정 ×1
40
110
센터×1
90
40
300
200
스트리머×2
40
리본 ×1
40
100
300

8. 버킷햇

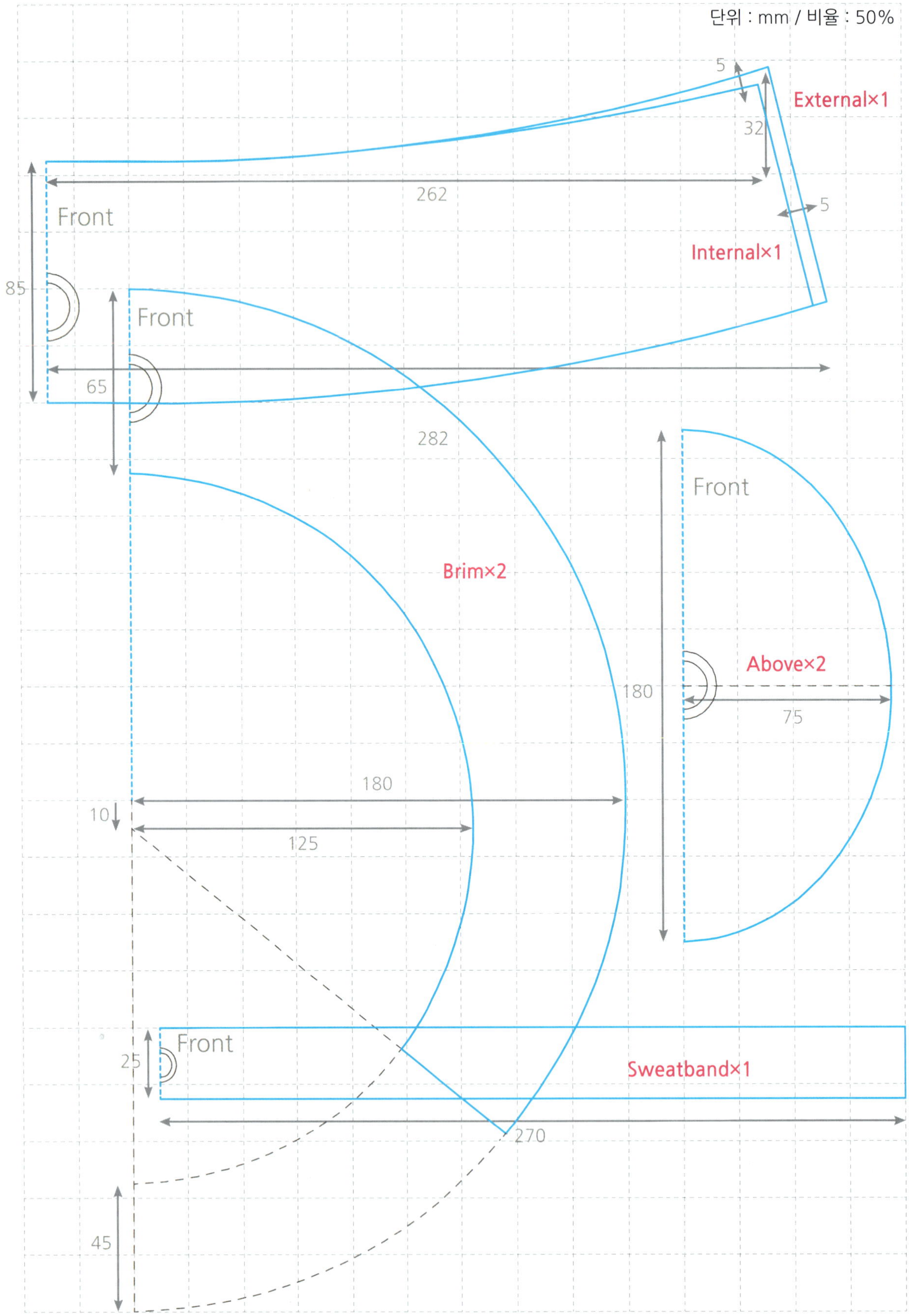
단위 : mm / 비율 : 50%
5
External×1
32
262
5
Front
Internal×1
85
Front
65
282
Front
Brim×2
Above×2
180
75
180
10
125
Front
25
Sweatband×1
270
45

9. 클로슈

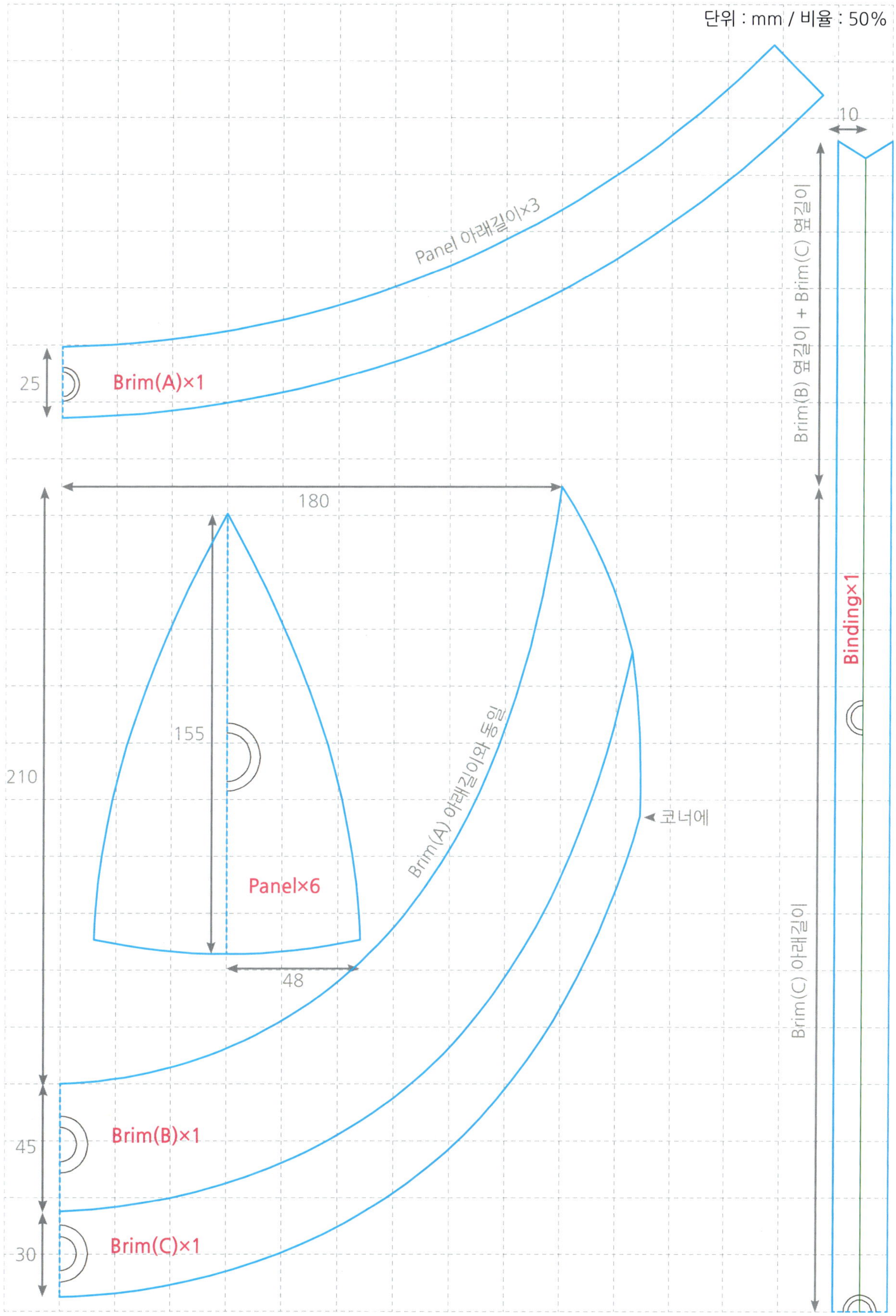

단위 : mm / 비율 : 50%
Panel 아래길이×3
25
Brim(A)×1
10
Brim(B) 옆길이 + Brim(C) 옆길이
180
210
155
Panel×6
48
Brim(A) 아래길이와 동일
코너에
Binding×1
Brim(C) 아래길이
45
Brim(B)×1
30
Brim(C)×1

10. 개츠비

단위 : mm / 비율 : 50%

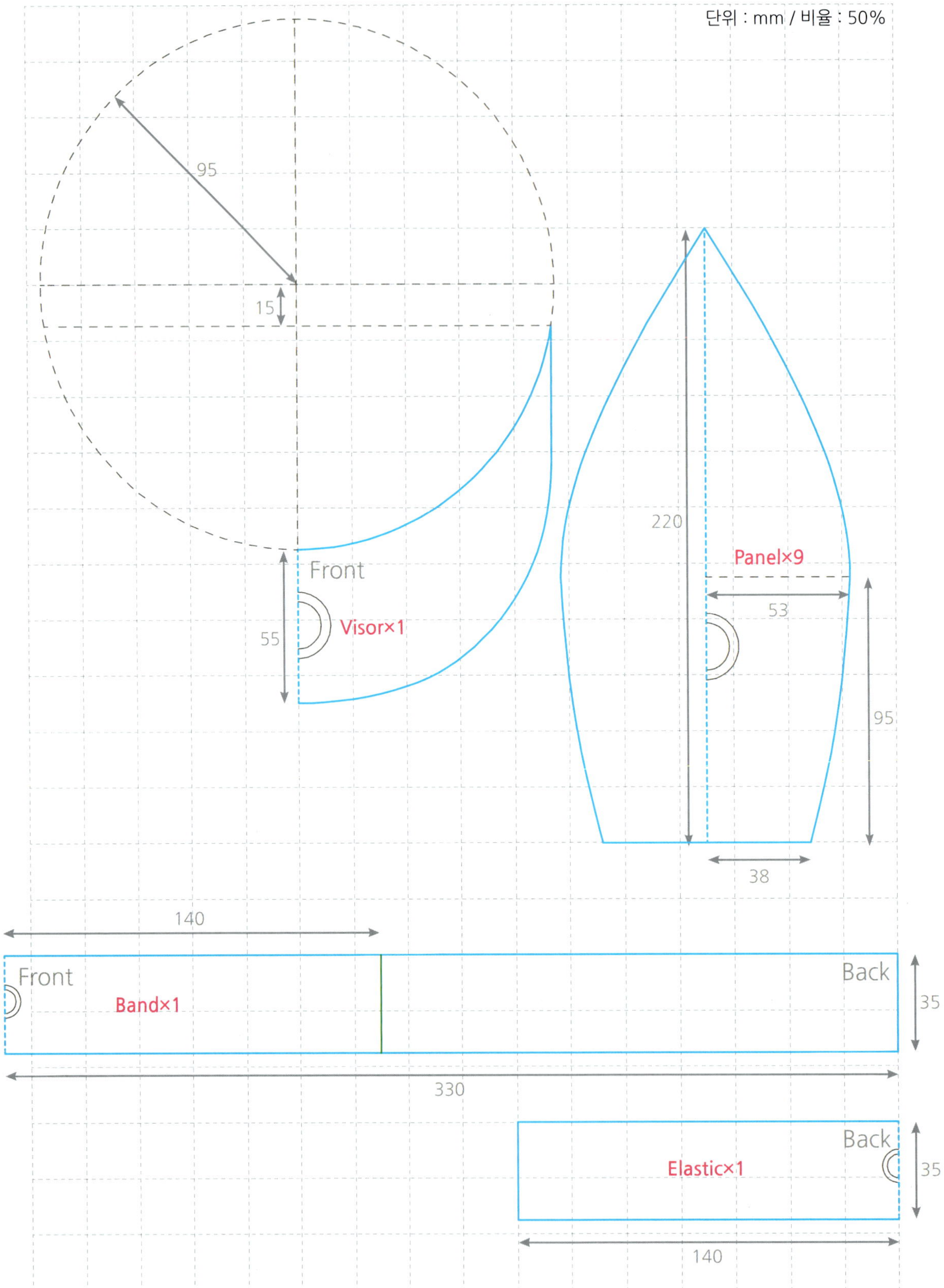

11. 야구모자

단위 : mm / 비율 : 50%

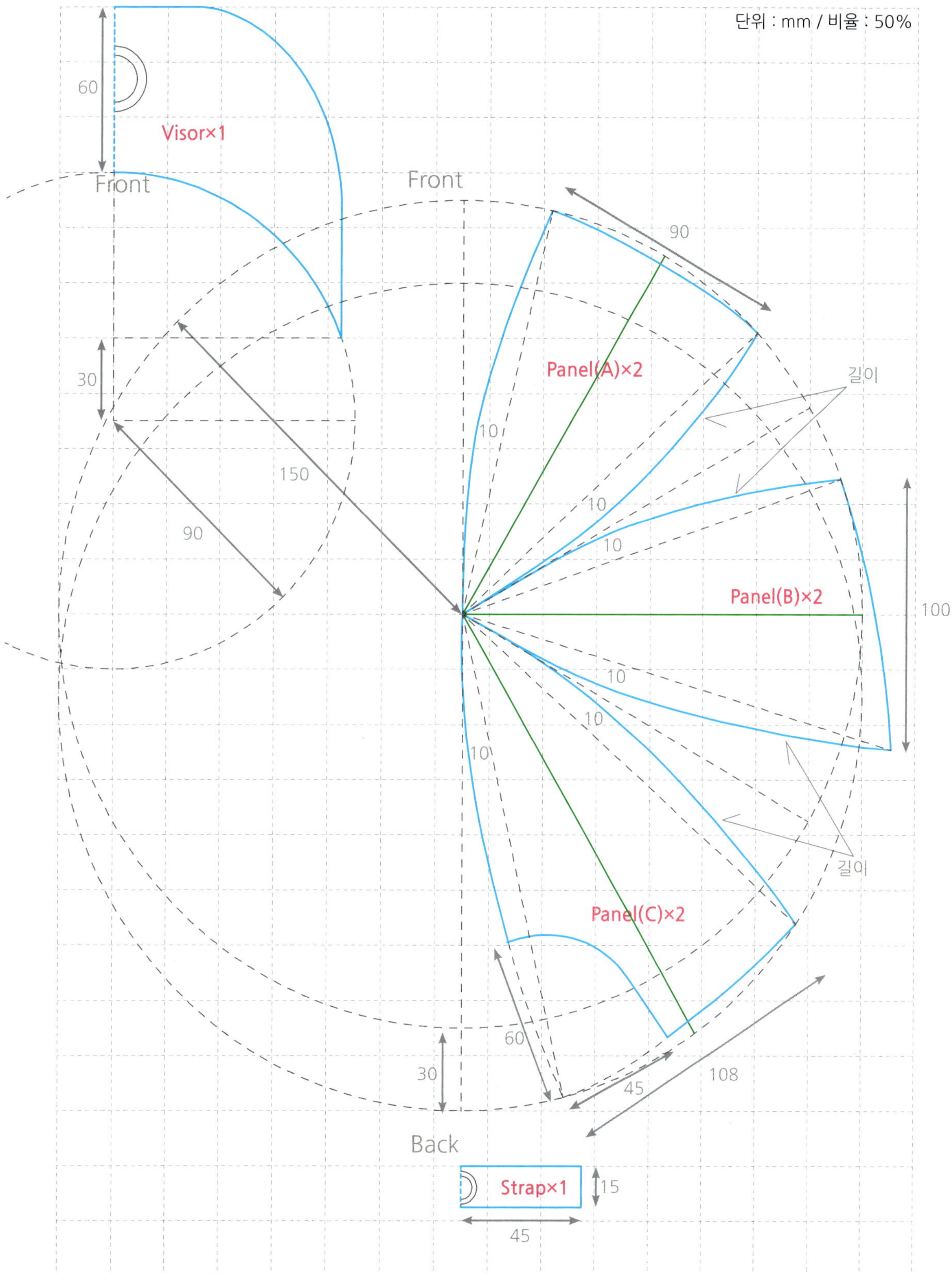

12. 쇼퍼백

단위 : mm / 비율 : 50%

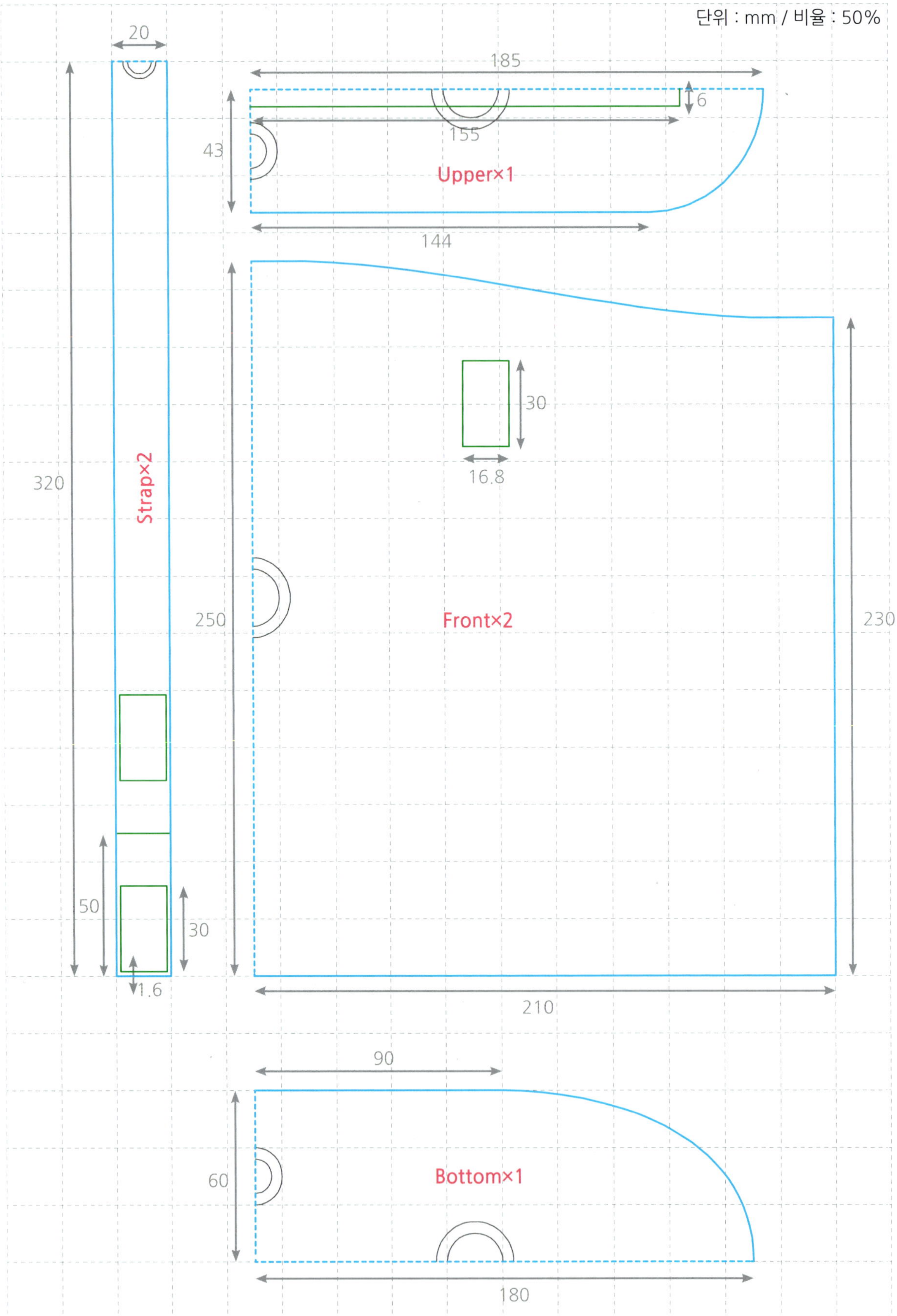

13. 버킷백

단위 : mm / 비율 : 50%

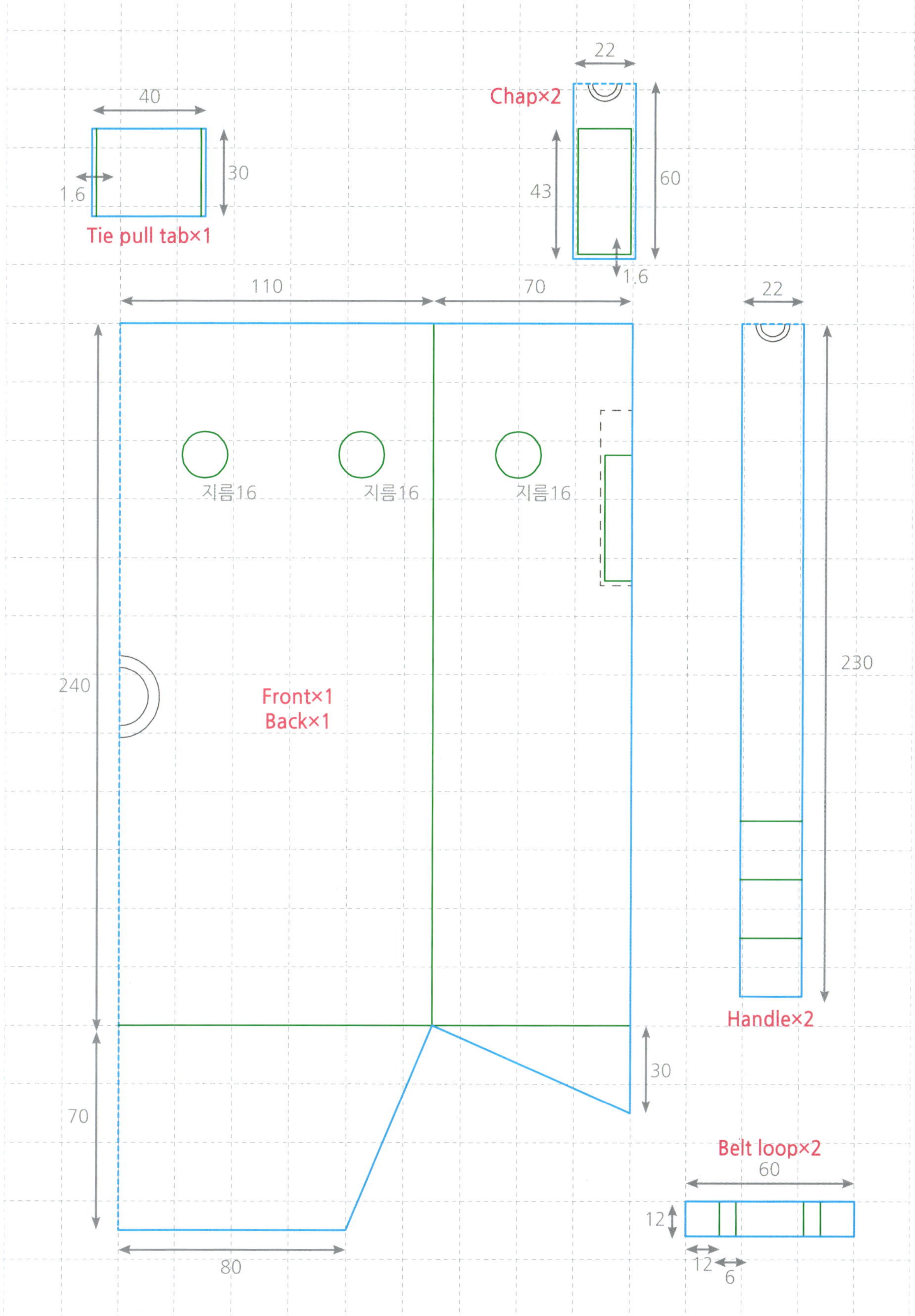

14. 백팩(1)

단위 : mm / 비율 : 50%

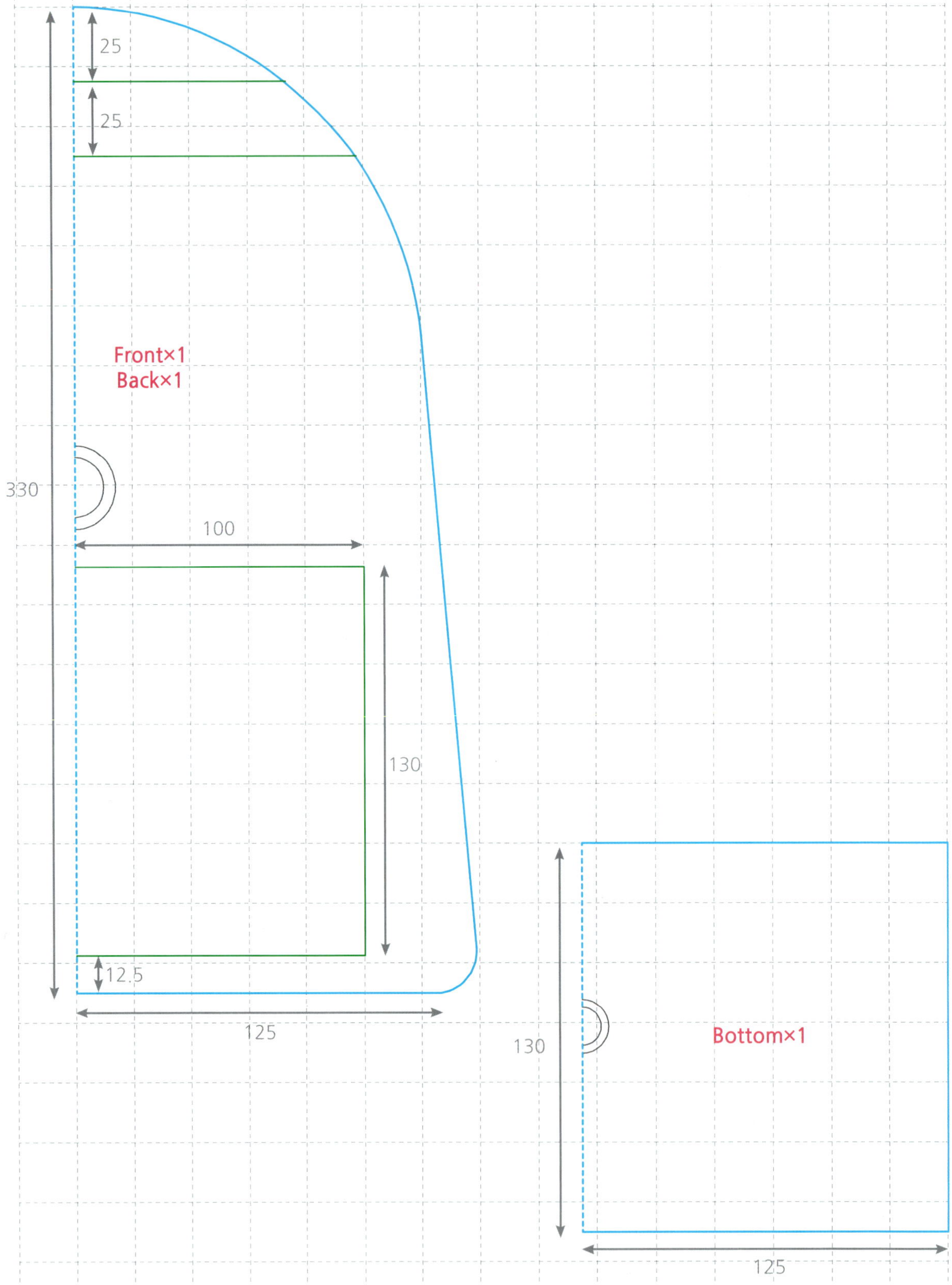

14. 백팩(2)

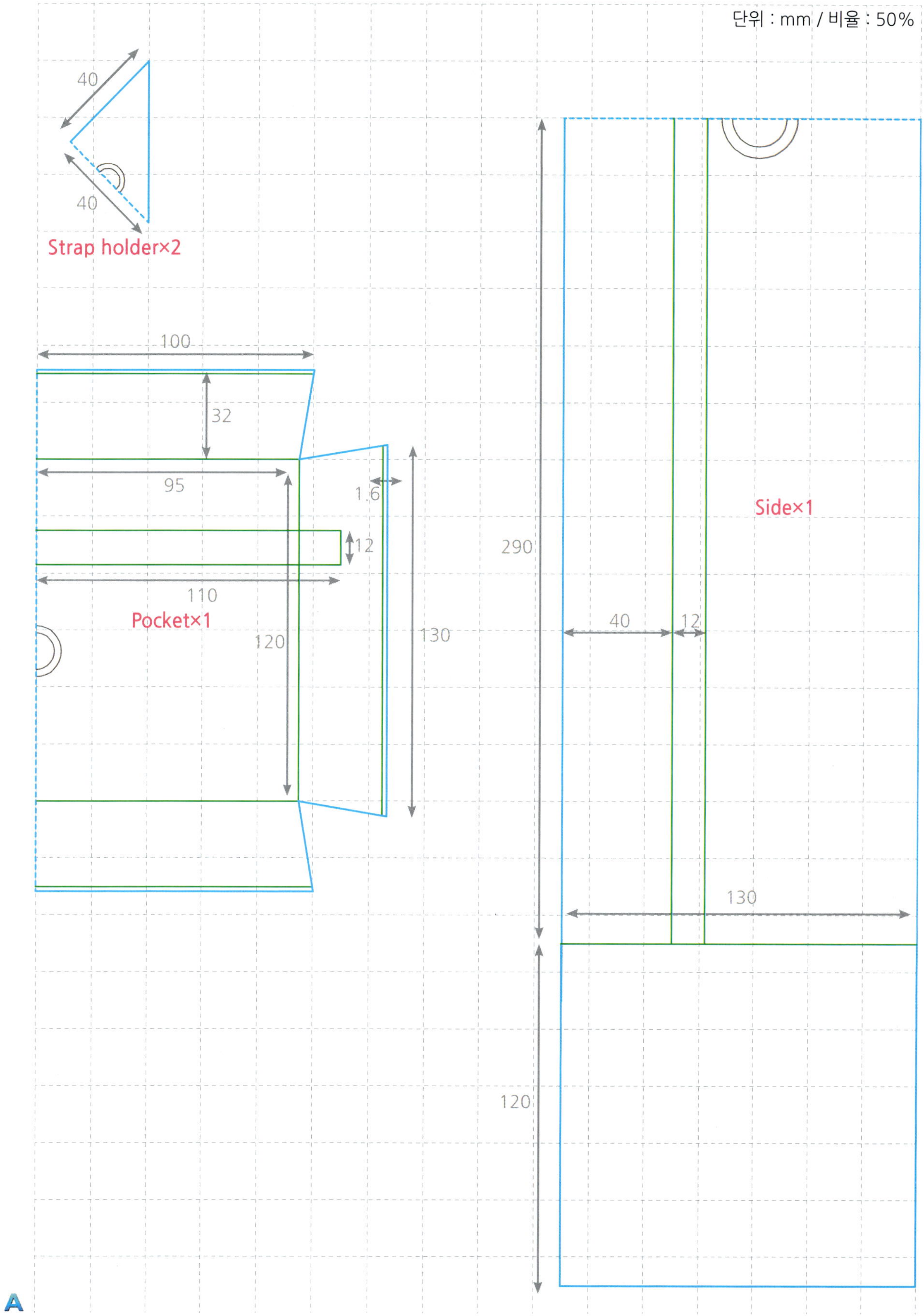

단위 : mm / 비율 : 50%
40
40
Strap holder×2
100
32
95
1.6
12
110
Pocket×1
120
130
290
Side×1
40
12
130
120

자주하는 질문(FAQ)

최영림

(현) 대구대학교 조형예술대학 패션디자인학과 교수
(현) (주)클로버추얼패션 패턴디자인부문 고문
서울대학교 대학원 의류학과 박사
Krizia Industriale(이탈리아) 모델리스트
이탈리아 밀라노 istituto carlo secoli 여성복 산업패턴, 여성복 마스터, 남성복 산업패턴 과정 수료
3D 패션디자인, 이너웨어, CLO 패션디자인 입문, 입체재단, 남성복 클래식 패턴, Proportion-based Women's Pattern 등 저술

3D 액세서리디자인 -CLO5.2-

지은이	최영림
펴낸이	양진숙
펴낸곳	교학연구사
편집	김윤경
초판발행	2020년 9월 4일
주소	서울특별시 마포구 마포대로 14길 4 (공덕동 105-67)
전화	02.711.0941(영업부)
팩스	02.703.1140
등록번호	제10-17호(1980. 4. 14)
ISBN	978-89-354-0598-5 93590
정가	25,000원

이 연구는 2020학년도 대구대학교 학술연구비지원으로 수행되었음